Indische Märchen aus dem Hindī

Herausgegeben
von Margot Gatzlaff

Zweitausendeins

Aus dem Hindī übertragen von Margot Gatzlaff

Umschlagabbildung: Rāgāmālā-Album. Um 1775/80.
Museum für Indische Kunst, Berlin

Lizenzausgabe mit freundlicher Genehmigung des
Insel Verlages Frankfurt für Zweitausendeins, Postfach,
D-60381 Frankfurt am Main.

Druck: Ebner Ulm · Printed in Germany

ISBN 3-86150-138-4

Vorwort

Die Völker Indiens haben eine uralte Erzähltradition, die bis zu den Weden zurückreicht. Sie umfaßt Mythen, Sagen, Legenden, Märchen, Schwänke, Novellen, Romane und anderes mehr, aber auch Lieder und Sprichwörter, die in den alt- und mittelindischen Sprachen, vor allem aber in Sanskrit, überliefert worden und bis in die Gegenwart hinein lebendig geblieben sind. Diese Tradition wurde in den neuindischen Sprachen fortgesetzt. Die aus den alten Überlieferungen geschöpften Stoffe wurden umgeformt, Teilmotive oder Teilaspekte von ihnen verwendet und alles oft mit neu Hinzugekommenem zu eigenständigen Märchen, Volkserzählungen und Schwänken verwoben, zu denen gänzlich neue hinzutraten. So riß der Faden der Märchentradition in Indien nie ab, blieb stark und lebensfähig. Das bezeugen auch die hier vorgestellten Hindī-Märchen.

Im Ensemble der etwas über 800 Sprachen der Indischen Republik nimmt das Hindī den vordersten Platz ein. Rund 264 Millionen (lt. Allindischem Zensus von 1981) Menschen sprechen das Hindī in Indien als Muttersprache. Diese leben vorwiegend im Norden dieses riesigen Landes, im sogenannten Hindī-Gürtel, der vor allem die Unionsstaaten Uttar Pradesh, Madhya Pradesh, Himatshal Pradesh, Haryana, Bihar und Radshasthan sowie das Unionsterritorium von Delhi umfaßt. Die Märchen dieser Sprache wurden und werden in den Dörfern des genannten Gebiets Nordindiens in den dortigen Dialekten erzählt und somit lebendig erhalten. Seit den fünfziger Jahren ist man bestrebt, diese Überlieferungen zu sammeln und durch Übersetzungen ins Literatur-Hindī einem breiten Leserkreis zugängig zu machen. Da dieser Prozeß noch im Gange ist, liegen nur von einigen dieser Dialekte Märchen vor. Diese Auswahl bezieht Märchen sowohl aus den östlichen als auch aus den westlichen Hindī-Dialekten ein, wodurch ein re-

präsentativer Einblick in das Märchenschaffen Nordindiens gewährleistet ist.
Manche Märchen werden in unserer Zeit auch in anderen Ländern der Erde erzählt, wo sich im Ergebnis der Auswanderungen aus dem Indien der Kolonialzeit größere hindīsprachige Bevölkerungsgruppen befinden, wie etwa in Burma, Malaysia, Singapur oder Mauritius. So kommen zum Beispiel das Bradsh-Märchen ›Die Krähenscheuche‹ und die Malwī-Märchen ›Das Tropfen‹ und ›Shakkar, die Schwester‹ auch in Mauritius vor, wo es ja niemals Rādshās mit ihren Rānīs gab und auch keine Löwen durch die Insel streiften. Die hier vorgestellten Hindī-Märchen zeigen ein Stück indischer Wirklichkeit, geben Kunde von der Vorstellungswelt der indischen Menschen, von ihrem Glauben an den Sieg der Gerechtigkeit, an den Sieg des Guten, wie es sich ihnen darstellt, über das Böse und ihre Hoffnung auf die ausgleichende, Unrecht wiedergutmachende Gewalt der Götter. Sie lassen übernatürliche Kräfte walten, bestrafen Bösewichte auf recht grausame Weise, geben Dummköpfe dem Gelächter preis und fordern zur Bewunderung der Schlauköpfe heraus. So sind diese Märchen, wie anderswo auch, Balsam für die vom Alltagsleid verwundete Volksseele, spenden den Menschen Trost in ihrem tristen Dasein, sprechen ihnen Mut und Hoffnung zu und richten sie im Unglück auf. Trotz verschiedenen, manchmal sogar entgegengesetzten Ideengehalts enthalten die Märchen eine Reihe von Gemeinsamkeiten. Die Rolle der Götter als über den Menschen stehend wird nicht angetastet, obgleich sie häufig mit allzumenschlichen Eigenschaften ausgestattet sind. Hinduistische Gebote der Ethik und Moral durchziehen fast alle Märchen.
Viele der hier vorgestellten Geschichten sind Zaubermärchen, in denen Rādshās und Rānīs, Prinzen und Prinzessinnen vorkommen und sich wundersame Dinge ereignen. Manchmal sind diverse Begebenheiten ineinander verschachtelt, so daß ein Märchen mehrere, nur lose miteinander verbundene Geschehnisse enthält. Einige sind Gauner- oder Diebesgeschich-

ten und manch andere können den Tier- und Naturmärchen zugeordnet werden. Auch ein Lügenmärchen fehlt nicht, und zwei der Märchen befassen sich ausschließlich mit indischen Göttern. Etliche sind aber auch religiös-moralischen Inhalts und suchen den Menschen in dieser Form rechtes Verhalten, den religiösen Normen entsprechend, einzuflößen. Wissen und Verstand stehen im allgemeinen hoch im Kurs und werden wie bereits im ›Pantshatantra‹ als Voraussetzung für rechte Lebensklugheit betrachtet.

In den Märchen treten zahlreiche Bauern auf. Von den alten wedischen Göttern erscheint vor allem der Götterkönig Indra, der in seiner Stadt Indrapurī mit tanzenden und singenden Apsaras und ihnen aufspielenden himmlischen Musikanten glanzvoll Hof hält. Er beschützt in Not geratene Menschen, macht Tote durch das Besprengen mit Amrit wieder lebendig und spielt als allmächtiger Gott, der Riesen tötet, ein Mädchen in einen Pfau verwandelt und einen Prinzen zur Wolke macht, dem mächtigen Rādshā Wikramaditya ein Rätsel aufgibt, eine nach zwölf Jahren Fastenzeit arg geschwächte Löwin schnell wieder zu Kräften bringt oder für die heiratsfähige Tochter als Bräutigam begehrt wird, auch in anderen Märchen eine gewichtige Rolle. Recht irdisch allerdings muß ihm auch die Wäsche gewaschen werden. Des weiteren finden sich noch der Todesgott Yam, der Götterbote Nārad, der Sonnengott Sūrya, dessen Mutter und Frau getrennt von ihm leben, und Tshitragupt, der als Sekretär des Todesgottes die Listen über den Lebenswandel der Lebewesen führt. Von den in der brahmanischen Periode in den Vordergrund gerückten Göttern, die heute noch im religiösen Leben der Hindus vorherrschen, tritt besonders häufig das Götterpaar Shiw und Pārmatī in Erscheinung. Shiw, der das Böse vernichtet und das Gute erneuert, hat die Kraft, Tote wieder lebendig zu machen oder anderweitig in Not geratenen Menschen zu helfen. Dabei zeigt er sich allerdings recht unlustig und wenig bereitwillig, so daß ihn seine gütige und mitleidige Gemahlin Pārwatī oft erst dazu überreden muß. Wishnu, neben Shiw und Brahmā der zweite große Gott der hinduistischen Göttertriade, der das Leben erhält, spielt in diesen Märchen keine allzu große Rolle, obwohl sich in der Gegend um Mathura, wo der Hindī-Dialekt Bradsh gesprochen wird, im Mittelalter der Krishna-Kult entwickelte. Dagegen ist seine Gemahlin Lakshmī, die Göttin der Schönheit, des Reichtums und des Glücks, oft vertreten. Brahmā, der Schöpfergott und Urheber der Weden, hingegen spielt hier keine gute Rolle. Er wird im Märchen ›Das Geschenk des Raidās‹ sogar als etwas simpel und dumm dargestellt, der bei der Göttin Gangā Wissen erlangen will. Seine Gemahlin Saraswatī, die Göttin der Rede, der Künste und der Wissenschaften, wird als mächtige Göttin dargestellt, die die schöne Weberin Lūtā Rānī für ihren Hochmut in eine Spinne verwandelt. Auch der lebenspendende und von Sünden reinigende Fluß Gangā, der wie eine Göttin verehrt wird, der man große Macht zuschreibt, ist aus diesen Märchen nicht wegzudenken. Andererseits bringt der zum Gott erhobene Planet Saturn nur Unglück. Schon in Form einer Statue ruiniert er jedes Haus, das seine Heimstatt geworden ist.

Wie auch die in verschiedenen Zeiten vorherrschenden Götter in diesen Märchen nebeneinander existieren, so sind auch unterschiedliche Vorstellungen in ihnen vertreten. Wohl spielt das Karm eine gewisse Rolle, aber die damit unlösbar verknüpfte Vorstellung von der Seelenwanderung weniger. Dafür ist der aus der wedischen Zeit stammende Glaube an den Himmel oder das Paradies und das Leben nach dem Tode im Reiche des Todesgottes Yam lebendig geblieben. Das Kastensystem – das soziale Kernstück des Hinduismus – erscheint in diesen Märchen nicht als die gottgewollte, unumstößliche Ordnung für die Menschen. Zwar gehen einige Märchen davon aus, daß es stigmatisierte Kasten gibt, doch bringt zum Beispiel das Märchen ›Das Geschenk des Raidās‹ das Streben der Menschen nach Gleichheit vor Gott zum Ausdruck, in dem die Göttin Gangā den kastenlosen Tshamāren Raidās besucht. Auch in dem Märchen ›Der Kuhbauer‹ erhört Gott Wishnu die Gebete eines einfachen Kuhbauern und zeigt sich ihm. Im allgemeinen spürt man die vorherrschende Stellung der Brahmanen, der Hüter des heiligen Wissens, man lacht aber auch über die Dummheit von Brahmanen, Kshatriyas und Waishyas, worauf das Märchen ›Der größte Dummkopf‹ aufbaut. In anderen Märchen wiederum werden Gottesverehrung und Gottesglaube, selbst in naiver Form, betont, mit deren Hilfe man sich die Götter geneigt machen kann.

Großes Gewicht haben in diesen Märchen auch die heiligen Männer. Das sind Menschen, die den weltlichen Genüssen entsagt haben, um ein Gott geweihtes Leben zu führen, und sich allerlei frommen Übungen hingeben. Solche Menschen werden im indischen Sprachgebrauch als Sādhus bezeichnet, aber auch der aus dem Arabischen stammende Ausdruck Fakīr wird im allgemeinen Sprachgebrauch nicht nur für muslimische, sondern ebenfalls für hinduistische Einsiedler, Bettelmönche und Mitglieder religiöser Orden verwendet. Sie erwerben sich durch ihr zurückgezogenes Leben im Wald, wo sie sich der Askese, Meditation und Kasteiung hingeben, hohes Ansehen. Man glaubt, daß ihre Bußübungen, die oft in furchtbaren Selbstpeinigungen, wie zum Beispiel Bestreuen des ganzen Körpers mit Asche, tagelanges Stillstehen oder -sitzen, Liegen auf einem Stachelbrett, Aushalten größter Hitze durch Entfachen von Feuern rings um sich in der größten Sonnenglut u.a., bestehen, ihnen große Macht und Zauberkraft verleihen. Ihre Ratschläge werden deshalb bedingungslos befolgt; sie sind für die einfachen Menschen oft geistige Führer, Gurus, in religiösen und weltlichen Angelegenheiten. Wenn man solch einem Sādhu dient, wird man belohnt. Die Existenz böser, egoistischer Sādhus erklärt man sich dadurch, daß böse Zauberer die Gestalt von Sādhus annehmen, die den Menschen Böses antun.

Das Streben nach Tugend durch Buße und Askese, Verzicht auf irdische Freuden, durch im Wald zurückgezogenes Leben und

Ernährung von Wurzeln und Früchten wurde den Angehörigen der drei oberen Stände, den Brahmanen, den Kshatriyas und den Waishyas, am Ende ihres Lebens in der älteren indischen Literatur angeraten. Für sie gelten vier Lebensphasen, Āshrams genannt. Nachdem sie die Phasen der Wissenserlangung als Brahmatshārī (Schüler eines Brahmanen) und der Familiengründung als Grihasth (Hausvater) durchlaufen hatten, sollten sie in der dritten Phase als Wānprasth (Waldbewohner) Weisheit finden, um danach im vierten Stadium als Sannyāsī (heimatloser Bettelmönch) umherzuziehen. In den Märchen entschließen sich Rādshās dazu, die ihre Reiche an ihren Sohn oder Schwiegersohn geben.

In den Märchen nimmt man auch Bezug auf einige der Stätten, die seit altersher als besonders heilig gelten und alljährlich das Ziel vieler Tausender von Pilgern sind. Die heiligste der heiligen Städte ist Benares, auch Kāshī oder Wārānasī genannt, wo sich Sünder in den Fluten der Gangā reinwaschen, danach in den Tempeln der Stadt zu den Göttern beten und wo Sterbende Erlösung finden.

Die Moral- und Verhaltensvorstellungen, die in diesen Märchen und Volkserzählungen ihren Niederschlag fanden und das Leben der indischen Menschen prägen, sind zumeist tief in den indischen Religionen verwurzelt. Das Dharm, das sittliche Weltgesetz mit seinen religiös-moralischen Verhaltensnormen für jedes Lebewesen, jeden Stand und jede Kaste, durchzieht viele der Märchen. Auf seiner Grundlage ist jeder Mensch gehalten, auf dem Platz, auf den er gestellt ist, gleich ob mit geringem oder hohem Rang, seine Pflicht zu tun, die dieser Platz von ihm verlangt. Das wird besonders deutlich im Märchen ›Jeder ist auf seinem Platz groß‹, in dem eine Gleichstellung der Menschen vor dem Dharm zum Ausdruck kommt. Käuflichkeit und Bestechlichkeit werden als dem Dharm schädlich angesehen und deshalb bestraft. Dazu gehört auch die Reue für Böses, das man jemandem angetan hat, der einem in Wirklichkeit aber Gutes tun wollte. Was man jedoch nicht

gleich erkannte (vgl. im Märchen ›Wie der Prinz Wissen erlangte‹ die Geschichte von dem Vogelfänger und dem Falken). Gute Taten wiederum bringen verdienten Lohn und werden durch das Karm registriert, das manchmal als eine Art automatischer Speicher fungiert, der selbständig alle Taten verzeichnet und die guten gegen die bösen wägt. In alten Zeiten wird das Karm als von dem Gott Tshitragupt verwaltet dargestellt.
Wer zu viele böse Taten auf seinem Konto hat, muß dafür nach dem Tode im Jenseits durch schwere Arbeit büßen oder in der Unterwelt höllische Qualen erdulden. Manchmal genügt aber schon eine winzige gute Tat, um das Schlimmste abzuwenden. Als gute Taten werden vor allem hervorgehoben die selbstlose Hilfe gegenüber anderen Menschen und gegenüber Tieren sowie körperliche Arbeit, die auch Rādshās und Rānīs anempfohlen wird.
Die Achtung vor den Eltern, der Glaube an die Gerechtigkeit der Götter, die Einhaltung von Versprechen, die Aufopferung für andere u.a. werden hervorgehoben. Große Wertschätzung genießen Klugheit und gute Ratschläge, mit denen man geradezu handeln oder Unglück abwenden kann. Bei Frauen spielt die Tugendhaftigkeit und Gattentreue, schon in vielen altindischen Werken besungen, man denke nur an die Sāwitrī-Legende im Mahābhārat, eine große Rolle. Sie erwecken in den Hindī-Märchen tote Gatten wieder zum Leben, lassen einen in einen Löwen verwandelten Rādshā wieder zum Menschen werden oder bringen einen Hochwasser führenden Fluß zum Stehen, damit er durchschritten werden kann. Andererseits können Frauen durch schmollendes Im-Bett-Liegenbleiben und Verweigerung von Speise und Trank bei ihren Ehemännern oder Brüdern alle Wünsche durchsetzen. Bei Männern rühmt man ihre Freundestreue, die selbst vor Verbrechen nicht zurückzuschrecken braucht, wenn man dem Freunde nützt.
Als großes Unglück oder gar Schande gilt Kinderlosigkeit, so daß man deswegen sogar ein Verbrechen begeht, den bösen Saturn zwölf Jahre in Kauf nimmt oder Tiere wie Krähe, Katze,

Löwe, ein Vögelchen oder auch einen Winzling als Kinder annimmt. Als Sünde zählt das Vergelten von Gutem mit Bösem, das Verlangen nach der Frau eines anderen, das Töten eines Brahmanen, Schwatzhaftigkeit bei Frauen u.a. mehr. Angeprangert werden auch Willkür, Anarchie und Mißwirtschaft in einem Reich.
Die Belohnungen für gute Taten wiederum tragen recht irdischen Charakter. Meist ist es Geld oder Gold oder andere Schätze, aber auch das ganze Reich oder das halbe und die Prinzessin als Frau dazu. Der Wert guter Taten wird regelrecht als in irdischen Gütern meßbar dargestellt. Die weltlichen Strafen für begangene Untaten und Verbrechen sind meist recht grausam. Da werden böse Frauen und Hexen lebendig in der Erde vergraben oder eingemauert, Prinzen in eine Ölpresse eingespannt oder gehängt.
Von der Lebensnähe dieser Märchen legen auch die in sie eingeflochtenen Sitten und Bräuche Zeugnis ab. Die wichtigsten Ereignisse im Leben eines Menschen wie Geburt, Heirat und Tod werden überall von bestimmten Zeremonien begleitet, die eng mit den vorherrschenden sozialen und religiösen Vorstellungen und Strukturen verbunden sind. So beruhen die Hochzeitsbräuche darauf, daß Töchter nach der Hochzeit in das Haus der Eltern des Mannes ziehen und dort leben und arbeiten. Das bedeutet, daß Töchter von ihren Eltern eine Mitgift erhalten und daß von diesen auch die Hochzeit auszustatten ist. Also gleichen Töchter dem wegfließenden Wasser eines Flusses, das den Eltern keinen Nutzen bringt, wie es im Märchen ›Der Bettler von Mithilā‹ dargestellt wird. Ihre Heirat wird auch durch die Eltern arrangiert, die für die Töchter nach einem passenden Bräutigam oft mit Hilfe des Hauspriesters Ausschau halten. Die Suche des Seths nach einer Frau für seinen Sohn aufgrund besonderer Umstände im Märchen ›Die treue Frau‹ wirkt deshalb unüblich und verdächtig. Die Hochzeit, sobald mit den Eltern des Bräutigams vereinbart, wird mit höchstmöglichem Prunk und größter Pracht gefeiert. Die

Hochzeitszeremonien finden im Hause der Eltern der Braut statt, zu dem der Bräutigam mit seinen Verwandten und Freunden meist am Tag vor der Hochzeit zieht. Dieser Hochzeitszug heißt Barāt. Schwiegertöchter bringen also durch ihre Mitgift Geld und Guṭ ins Haus und sind deshalb Töchtern vorzuziehen. Nur auf diesem Hintergrund kann die Forderung in dem Märchen ›Bawāriyās Schwiegertochter‹ verstanden werden, daß die Göttin Lakshmī das Haus als Schwiegertochter und nicht als Tochter betreten soll, damit sie Reichtum ins Haus bringt und nicht wegträgt.
Gleichermaßen durchziehen die Totenbräuche die Märchen. Bei den Hindus werden die Toten verbrannt und bei den Muslims in der Erde begraben. Auch das erfolgt unter Einhaltung zahlreicher Zeremonien, deren Durchführung nur den Söhnen zukommt. Bei der Verbrennung der toten Hindus ist wichtig, daß der Schädel platzt, damit die Seele aus dem Körper weichen kann. Nach der Einäscherung werden die Asche und die Knochenüberreste von den Söhnen eingesammelt und dem Wasser eines heiligen Flusses übergeben. Auf diesen Vorschriften baut das Vorgehen des Rādshās im Märchen ›Die Bestimmung des Schicksals‹ auf, um den Dieb zu fangen, der bei seiner Tochter eingestiegen war, wobei der Ziehvater des Diebes den Tod gefunden hatte.
In den Märchen treten Menschen verschiedener Berufe und Stände auf, die für die mittelalterlichen Feudalverhältnisse in Indien typisch, aber auch im heutigen Indien noch anzutreffen sind. Da gibt es Beamte, Soldaten, Hofärzte, Bauern, Händler und Händlerinnen, Kaufleute, Handwerker wie Goldschmiede, Töpfer, Gärtner und Gärtnerinnen, Wäscher und Wäscherinnen, Schneider, Kornröster, Zuckerbäcker, Weber, Tischler, Zimmerleute, Holzfäller, Hirten und Schlächter; Diener, Wasserträgerinnen, Barbiere und Barbierfrauen, Türsteher, Sänftenträger, Musikanten und auch Wucherer, Diebe, Bettler, Kupplerinnen und Räuber, Brahmanen, Purchits, Yogīs und Sterndeuter fehlen in diesen Märchen nicht.

Die Rādshās werden in diesen Märchen meist als gerecht und wahrheitsliebend gepriesen oder zum Schluß der Geschichte dazu bekehrt. Ihre Söhne, die Prinzen, ziehen auf Abenteuer aus, vollbringen wahre Wundertaten und erobern sich sechzehnjährige Prinzessinnen durch die Ausführung unmöglich erscheinender Aufgaben. Dabei helfen ihnen gute Sādhus, während sich ihnen böse Zauberer, Dämonen und Riesen, die manchmal die Gestalt von Sādhus annehmen, in den Weg stellen.

Die Rānīs sind ihren Männern treu ergeben. Auch wenn die Rādshās noch andere Frauen haben, leben alle meist wie Schwestern miteinander und teilen auch gemeinsam Not und Elend, in das sie böse Hexen stürzen. Nur in wenigen Fällen verschwören sich Rānīs gegen die Lieblingsfrau des Rādshās und erreichen durch böse Machenschaften deren Verbannung aus den Frauengemächern des Schlosses.

Oft werden in den Hindī-Märchen die Frauengestalten lebendiger dargestellt als die männlichen Helden. Da ist häufig die Rede von gescheiten Frauen, deren Verstand ihren Männern und sich selbst aus der Not hilft, deren Schlauheit selbst einem Dieb noch tausend Rupien abnimmt oder gar Dämonen bezwingt, deren Klugheit einen Rādshā zur Vernunft bringt oder aus einem dummen Hirten einen gebildeten Menschen macht, deren Tugend einen Fluß zum Stehen bringt. Diesen klugen Frauengestalten stehen nur wenige gegenüber, die anderen nach dem Leben trachten oder als geizig angeprangert werden.

Eine große Rolle spielen Tiere. Kühe, Büffel, Schafe und Ziegen gehören zum Viehbestand eines Bauern; Hunde und Katzen hält man sich als Haustiere; Pferde und Kamele benutzt man als Reittiere und Esel als Lasttiere. Im Wald gibt es jagdbare Elefanten, Löwen, Tiger, Hirsche, Antilopen, Wildschweine und Schakale. Tiere werden jedoch auch auf verschiedene Weise in die Vorstellungswelt der Menschen einbezogen, wobei nicht unbedingt einem bestimmten Tier eine bestimmte

Rolle zugedacht ist wie zum Beispiel dem Wolf oder dem Fuchs in unseren Märchen. Eine gewisse Ausnahme kommt nur dem Papagei zu, der sich traditionell als Ratgeber und hilfreicher Freund bewährt. Die Schlange erscheint den Menschen sowohl freundlich als auch feindlich gesinnt. In feindlicher Darstellung bewacht sie Schätze unter Bäumen, kriecht nachts aus Mund oder Nase von Prinzessinnen, um die Menschen zu töten, die das Geheimnis der von einem bösen Zauberer oder Dämonen besessenen Prinzessin lüften wollen, oder sie tötet, oft mit anderen Tieren, Menschen. In freundlicher Darstellung ist sie den Menschen eine hilfreiche Gefährtin oder tut dem Menschen, der gut zu ihr ist, zumindest nichts. Im Märchen ›Der dumme Ahīr‹ weigert sie sich, einen Menschen zu beißen, und das Märchen ›Gutes bringt Gutes hervor‹ ist ein regelrechtes Plädoyer für das friedliche Zusammenleben von Mensch und Schlange. Als den Menschen freundlich gesinnte Tiere treten auch der Frosch, die Schildkröte, die Krähe, die Ratte, die Ameise u. a. auf. Von besonderem Belang ist der Pfau, der beim Lachen Seidenknäuel und beim Weinen Perlen verstreut (›Der lachende und der weinende Pfau‹). Im selben Märchen löscht eine Katze das Licht, damit die Prinzessin die Spielfiguren zu ihren eigenen Gunsten vertauschen kann. Das Götterpaar Shiw und Pārwatī verwandelt sich in Geier, Katzen oder Schakale, um auf Erden zu wandeln und in Not geratenen Menschen zu helfen. Feen wiederum nehmen die Gestalt von Krähen und Geiern an, um einen Menschen zu verfolgen, der ihnen etwas gestohlen hat. Menschen hingegen werden in Fliegen oder Honigbienen verwandelt, damit sie sich vor Riesen oder Dämonen verbergen können, andere zur Strafe in einen Löwen, eine Spinne oder in eine Äffin.

Tiere beherbergen aber auch die Seelen von Dämonen und anderen bösen Geistern. Im Märchen ›Die Wetālin als Rānī‹ sind das Mainās und Papageien, im Märchen ›Der lachende und der weinende Pfau‹ ein Frosch. Wird diesem Tier ein Glied ausgerissen, so fällt das bei dem bösen Geist auch ab, dessen Seele es beherbergt, bzw. der Geist stirbt auf der Stelle, wenn das Tier getötet wird. Die Vermenschlichung kommt auch darin zum Ausdruck, daß in den Märchen Tiere sprechen können und derjenige, der ihre Sprache versteht, so manches Geheimnis zu seinem Vorteil nutzen kann, wie die Märchen ›Dshambū hat das so gemacht‹ und ›Der Wert eines Menschen‹ zeigen.

Wie in allen Märchen der Welt lassen die indischen Menschen in den ihrigen auch ihre Wunschvorstellungen Wirklichkeit werden, die ihnen helfen sollen, sich im Leben zurechtzufinden, sich dieses Leben leichter zu machen. Besonders häufig erscheint das fliegende Bett, mit dessen Hilfe man überall hingelangen kann, und einmal ist es ein hölzernes Pferd, das die Fähigkeit des Fliegens besitzt. Da gibt es auch eine Hütte, die zwischen Himmel und Erde schwebt und von selbst nach unten gleitet, ein Bett aus Sandelholz, dessen vier Beine geschnitzte Puppen sind, die nachts lebendig werden und in der Stadt umherwandernd Ordnung schaffen, einen Topf mit zweierlei Öffnungen für zwei verschiedene Speisen, einen goldenen Fingerring, der vornweg rollt und den Weg in den Himmel zeigt, ein andermal ist es eine Garnrolle; einen Teppich, auf dem das ganze Reich mit seinen Bergen, Wäldern, Feldern, Flüssen, Tieren und Vögeln eingewebt ist, eine goldene Nadel, die den Wert eines Menschen anzeigt, ein Seil, das Bösewichte von allein fesselt, ein Holz, das Speisen zubereitet, einen Knüppel, der auf Geheiß losschlägt, Hölzer, die Tote zum Leben erwecken, einen Stock, der Menschen und Tiere hinter sich herzieht, einen Esel, der alle Wünsche erfüllt, Tigermilch oder ewigen Reis, mit denen man herausgerissene Augen wieder einklebt, ein Wünschelsieb, eine Schwatzmuschel, zwei Kürbisse, von denen der eine Feuer und der andere Wasser speit, Kādshal, das einen Menschen unsichtbar macht, wenn er sich die Augen damit einreibt, oder eine Kappe mit derselben Wirkung, wenn man sie sich aufsetzt, und anderes mehr. Da haben Früchte des Flaschenbaumes die Fähigkeit, den Menschen überlange Nasen wachsen zu lassen, und Mangofrüchte die, dieselben wieder zurückzubilden. Woanders haben Blumen die gleiche Wirkung, wenn an ihnen gerochen wird. Versehentliches Treten auf die Sārī-Kante bringt verlorene Erinnerung zurück, und schnelles Laufen, bis in weite Fernen alles Sehen und Treffen von Zielen gelten als nützliche und begehrenswerte Fähigkeiten.

So verweben sich in diesen Märchen Wunschvorstellungen und Wirklichkeit zu unterhaltsamen Geschichten, die dem Leser nicht nur Freude bereiten, sondern auch zu einem tieferen Verständnis für Indien beitragen.

Margot Gatzlaff

Der Bauer und der Goldschmied

Ein Bauer und ein Goldschmied waren eng miteinander befreundet. Einmal kam der Bauer zu dem Goldschmied. Dieser bewirtete seinen Freund reichlich. Am Abend, als es Zeit zum Essen wurde, richtete der Goldschmied das Mahl auf einem goldenen Teller an. Der Blick des Bauern fiel auf diesen Teller. Er dachte bei sich, daß es ein sehr schöner Teller wäre, den er sich irgendwie aneignen müsse. Aber der Goldschmied durchschaute die Absicht des Bauern, den Teller in der Nacht stehlen zu wollen.

Der Goldschmied ging sehr schlau zu Werke. Er füllte den Teller voll Wasser und hängte ihn in einem Netz an der Dekke auf. Unter das Netz stellte er das Bett, auf dem er in der Nacht schlief, und dachte sich: ›Wenn der Bauer den Teller herunterholen will, wird mich das herabtröpfelnde Wasser wecken.‹

In der Nacht stand der Bauer auf, befühlte den Teller und stellte fest, daß er voll Wasser war. Er ging zum Herd, holte Asche und streute sie nach und nach hinein. Schließlich hatte die Asche das ganze Wasser aufgesogen. Nun holte der Bauer den Teller so geschickt herunter, daß der Goldschmied auch nicht das geringste merkte.

Als der Goldschmied am Morgen aufwachte, merkte er, daß der Teller fehlte. Der Bauer hatte den Teller noch in der Nacht in einem Wasserloch hinter dem Dorf vergraben. Seine Füße waren daher naß, und der Zufall wollte es, daß ein Fuß des schlafenden Bauern unter der Decke hervorguckte. Der Goldschmied entdeckte die Wasserspuren und begriff, daß der Bauer den Teller in einem Wasserloch vergraben haben mußte. Mit einem Zwirnsfaden maß er, wie weit der Fuß im Wasser gesteckt hatte, kroch genauso tief in das Loch, suchte den Teller im Wasser und fand ihn auch.

Am Morgen wachte der Bauer auf und sagte zu dem Goldschmied: »Bruder, ich werde jetzt gehen!« Der Goldschmied

meinte: »Bruder, bleib doch wenigstens heute noch hier! Geh erst morgen! Warum hast du es denn so eilig?«
Der Bauer antwortete: »Na gut! Ich gehe erst morgen.«
Am Abend setzte der Goldschmied dem Bauern das Essen wieder auf jenem goldenen Teller vor. Der Bauer staunte nicht schlecht und fragte: »Bruder, verrate doch mal, wie viele goldene Teller du hast! Einen habe ich doch in der Nacht gestohlen!«
Der Goldschmied antwortete: »Das ist der Teller! Ich habe ihn wieder aus dem Loch geholt, in dem du ihn in der Nacht vorher vergraben hattest.«
Darauf meinte der Bauer: »Ich habe mich selber für sehr schlau gehalten. Nun stellt es sich heraus, daß ich bei dir noch etwas lernen kann. So laß uns gehen und irgendwo gemeinsam etwas unternehmen! Bei unser beider Geschicklichkeit kommt bestimmt etwas dabei heraus!« Mit dem Gedanken, zusammen Geld zu machen, verließen sie das Haus.
Sie liefen und liefen und gelangten in eine Stadt. Dort kam ihnen ein Leichenzug entgegen, den sehr viele Leute begleiteten. Der Goldschmied meinte zum Bauern, es müsse ein reicher Seth gestorben sein, hier könnten sie etwas versuchen.
Sie gingen zur Einäscherungsstätte, wo man die Leiche verbrannte. Dort gruben beide einen unterirdischen Gang, in den sich der Goldschmied setzte. Der Bauer machte ausfindig, wo die Familie des Verstorbenen wohnte, und begab sich zum Haus des reichen Seths. Dort fragte er: »Wo ist der verehrte Seth?«
Die Söhne des Reichen antworteten: »Er ist doch heute gestorben. Wir haben ihn soeben verbrannt.«
Da fing der Bauer heftig zu weinen an. Die Söhne des reichen Seths fragten ihn nach dem Grund für seine Tränen. Der Bauer antwortete: »Der Seth hatte zehntausend Rupien von mir aufbewahrt. Wie soll ich die jetzt wiederbekommen?«
Die Söhne des reichen Seths meinten: »Wenn dein Geld im Hauptbuch eingetragen ist, werden wir es dir bestimmt zurückgeben.«

Man sah in das Hauptbuch, aber da stand nirgends etwas vom Geld des Bauern. Da sprach der Bauer: »Es kann ja sein, daß der Seth mein Geld nicht eingetragen hat, gegeben habe ich es ihm bestimmt. Jetzt müßt ihr alle mit zur Einäscherungsstätte kommen. Wenn das mit meinem Geld stimmt, wird es der Seth selber sagen.«

Die Söhne des reichen Mannes und der Bauer begaben sich zur Einäscherungsstätte. Dort angelangt, fragte der Bauer: »Wo ist er verbrannt worden?« Die Söhne zeigten es ihm. Und mit lauter Stimme rief der Bauer: »Oh, Bruder Seth-dshī! Die zehntausend Rupien, die ich dir gegeben hatte, stehen nicht im Hauptbuch. Wenn das mit meinem Geld stimmt, dann sage Ja!; wenn nicht, Nein!«

Da ließ sich die Stimme des Goldschmieds vernehmen: »Er hat mir sein Geld gegeben. Zahlt ihm alles bis auf den letzten Paisā zurück, sonst muß ich zur Hölle fahren!« Die Söhne des reichen Seths gingen nach Hause und gaben dem Bauern zehntausend Rupien.

Der Bauer dachte: ›Laß den Goldschmied sterben! Ich werde all das Geld zu mir nach Hause schaffen.‹ Der Goldschmied aber dachte: ›Der Bauer kommt mit dem Geld sicherlich nicht zu mir! Ich muß mir jetzt etwas einfallen lassen!‹ Er kaufte ein Paar schöne und teure Schuhe für zehn oder zwölf Rupien. Mit den Schuhen machte er sich auf den Weg, der zum Dorf des Bauern führte. Auf dem Weg ließ er an einer Stelle einen Schuh von dem Paar fallen, den zweiten einige hundert Gaz davon entfernt, und dort versteckte er sich.

Der Bauer kam mit dem Geldsäckchen. Er sah den ersten Schuh liegen. Der Schuh gefiel ihm sehr. Aber was sollte er mit einem Schuh? Er ließ ihn liegen und ging weiter. Dann fand er auch den zweiten Schuh auf dem Weg.

Der Bauer dachte, daß dieser Schuh dem von weiter vorn genau glich und er den nun auch holen müsse. Er stellte das Säckchen mit dem Geld ab und ging zurück, um den ersten Schuh zu holen.

Inzwischen hob der Goldschmied das Säckchen mit dem Geld auf und ging nach Hause. Er erzählte seiner Frau alles und schärfte ihr ein, daß sie ja nichts von ihm sagen solle, wenn jener Bauer käme. Er wollte sich in einem dunklen Brunnen verstecken. Sie solle ihm dorthin Essen bringen. Danach steckte er das Geld in einen Ball, vergrub ihn unter dem Gestell für den Wasserkrug und verkroch sich in einem leeren Brunnen.

Als der Bauer mit dem ersten Schuh zurückkam, fand er das Säckchen mit dem Geld nicht mehr vor. Er brauchte nicht lange, um zu begreifen, daß da der Goldschmied dahintersteckte. Schnurstracks lief er zum Haus des Goldschmieds. Dessen Frau fragte den Bauern: »Wo hast du meinen Mann gelassen? Er ist doch mit dir zusammen fortgegangen!«

Der Bauer erwiderte: »Ist er etwa bis jetzt noch nicht nach Hause gekommen?«

Die Frau des Goldschmiedes antwortete: »Wo sollte er denn jetzt herkommen?«

Zwar begriff der Bauer, daß die Frau des Goldschmieds log. Der war bestimmt schon da! Aber da konnte er nichts machen. Er beschloß nun, nicht eher wieder zu gehen, bis er es genau wußte.

Die Frau des Goldschmieds bereitete jeden Tag Essen zu. Zuerst bewirtete sie den Bauern, dann ging sie Wasser holen und nahm Essen für den Goldschmied mit. Sie warf das Essen in jenen dunklen Brunnen, holte von einem anderen Brunnen Wasser und kam wieder nach Hause. So machte sie es Tag für Tag. Einige Zeit verging.

Eines Tages folgte der Bauer der Frau des Goldschmieds heimlich und beobachtete, wie sie zu dem Brunnen ging und rief: »Nimm das Brot!« Der Bauer durchschaute alles.

Am nächsten Tag kleidete er sich wie die Frau des Goldschmieds, machte ein Bündel mit Brot zurecht, ging zu dem Brunnen, ahmte ihre Stimme nach und rief: »Nimm das Brot!« Dann fügte er hinzu: »Der Bauer weicht nicht von der Stelle.

Ich habe kein Geld mehr. Was soll ich tun?« Aus dem Brunnen heraus antwortete der Goldschmied: »Hol dir Geld aus dem Ball, den ich unter dem Gestell für den Wasserkrug vergraben habe!«

So erfuhr der Bauer, wo das Geld war. Die Frau des Goldschmieds erschien dann wie immer mit dem Brot und rief: »Nimm das Brot!« Der Goldschmied im Brunnen antwortete: »Du hast mir doch eben welches gebracht! Nun kommst du schon wieder?« Seine Frau fragte: »Wann soll ich dagewesen sein?« Sofort erfaßte der Goldschmied, daß ihn der Bauer hinters Licht geführt hatte, und rief: »He! Hol mich schnell aus dem Brunnen! Der Bauer hatte sich wie du angezogen und war hier. Er wird das ganze Geld genommen haben!«

Als er nach Hause kam, sah er, daß sich auch nicht eine Rupie mehr unter dem Gestell des Wasserkruges befand. In der Zeit, wo die Frau des Goldschmieds mit dem Brot zu dem finsteren Brunnen gegangen war, hatte der Bauer das Geld herausgeholt und sich damit aus dem Staub gemacht.

So waren zwar der Goldschmied und der Bauer immer einer schlauer als der andere gewesen, doch das Geld hatte sich letzten Endes der Bauer geholt.

Die treue Frau

Ein Seth hatte sieben Söhne. Jeder dieser sieben Söhne übertraf den anderen an Schönheit und Klugheit. Der Seth hatte auch einen Guru, und in allem, was er tat, folgte er dem Ratschlag dieses Gurus. Er wußte nicht, daß jener ein Zauberer war. Sechs Söhne hatte der Guru verheiratet, aber alle waren sie in der Hochzeitsnacht an einem Schlangenbiß gestorben. Und was als Mitgift und an Hochzeitsgeschenken ins Haus gekommen war, hatte sich der Guru des Seths mit List und Tücke angeeignet. Als der sechste Sohn starb, begriff der Seth, daß der Guru beim Tod seiner Söhne die Hand im Spiel gehabt hatte.

Nun war nur noch ein Sohn übrig. Der war seine Hoffnung, die Stütze des Ertrinkenden, der Stab des Alters, an den er sich klammerte. Er beschloß, dieses Mal nicht in die Klauen des Gurus zu geraten und die Hochzeit seines Sohnes selbst in die Wege zu leiten.

Der Seth begab sich also auf die Suche nach einer Frau für seinen jüngsten Sohn. Er durchstreifte nah und fern Städte und Dörfer, doch nirgends gefiel ihm ein Mädchen. Schließlich ließ er sich müde am Ufer eines Flusses nieder. Dort badete gerade die Tochter des Rādshās mit ihren Gespielinnen. Unter den Gespielinnen der Prinzessin befanden sich auch die Tochter eines Kaufmanns und die eines Töpfers.

Die Prinzessin fragte das Töpfermädchen: »Freundin! Was würdest du tun, wenn dein Gatte stirbt?«

Das Töpfermädchen antwortete: »Prinzessin, hoffentlich wird Gott das nicht zulassen! Sollte es aber dennoch geschehen, werde ich keinen anderen Mann heiraten, sondern mich durch meine Arbeit selbst ernähren.«

Dann fragte die Tochter des Rādshās die Tochter des Kaufmanns: »Und was wirst du tun, wenn dein Gatte stirbt?«

Die Tochter des Kaufmanns antwortete: »Schwester, ich werde meinen Gatten durch die Kraft meiner Tugend wieder zum Leben erwecken. Doch nun sage du, was du tun wirst, wenn dein Gatte stirbt!«

Die Antwort der Kaufmannstochter brachte die Prinzessin etwas durcheinander. Sie unterdrückte jedoch ihren Unmut und ihren Ärger und sprach: »Was geht mich das an? Ich bin die Tochter des Rādshās! Ich werde ruhig weiterleben.«

Der Seth hatte alles gehört. Der Mut der Kaufmannstochter beeindruckte ihn. Er folgte ihr bis zu ihrem Haus und sprach zu dem Kaufmann: »Bruder, ich möchte meinen Sohn mit deiner Tochter verheiraten.«

Der Kaufmann erwiderte: »Seth-dshī! Weshalb verdreht Ihr den Brauch? Schämt Ihr Euch denn gar nicht, daß Ihr, der Vater eines Sohnes, von Tür zu Tür geht? Sicher hat Euer Sohn

einen Fehler! Niemals werde ich Eurem Sohn meine Tochter zur Frau geben!«
Daraufhin erzählte der Seth dem Kaufmann die Geschichte seines Unglücks in allen Einzelheiten. Als der Kaufmann sie gehört hatte, verspürte er Mitleid mit dem Seth und wollte ihm nun seine Tochter geben. Er rief das Mädchen und fragte sie: »Tochter, was hältst du von dieser Heirat?«
Das Mädchen erwiderte: »Mein Vater, Euer Glück ist auch das meine.«
Da befiel den Seth Unsicherheit. Er überlegte sich, ob nicht ein Schwindel dabei sei, und wollte die Kraft der Tugend des Mädchens prüfen. Er sprach: »Tochter, wie kann ich deiner Kraft vertrauen?«
Das Mädchen gab leicht erzürnt zur Antwort: »Es ist nicht nötig, mich zu prüfen! Geht!«
Gleich darauf jedoch verspürte sie in ihrem Herzen Mitleid mit dem Seth. Sie sprach: »Mein Vater! Ich weiß, daß Ihr über den Tod Eurer sechs Söhne sehr unglücklich seid und nur deshalb so sprecht. Es stimmt schon, wenn man sagt, daß ein gebranntes Kind das Feuer scheut. Wie wollt Ihr mich prüfen? Wenn Ihr es verlangt, verwandle ich den Eisenstab hier in Wachs. Wenn Ihr es befehlt, lasse ich die Gangā aus trockener Erde hervorsprudeln.«
Der Seth gab der Kaufmannstochter den Eisenstab in die Hand und sprach. »Hier, mach ihn zu Wachs!«
Das Mädchen zerriß das Ende ihrer Sārī und schlug kraft ihrer Tugend Feuer. Dann hielt sie den Eisenstab ins Feuer, und allmählich verwandelte er sich in Wachs. Das Mädchen aber sagte: »Soll ich auch die zweite Prüfung bestehen?«
Der Seth schämte sich sehr: »Laß es gut sein, Tochter! Ich war im Irrtum. Verzeih mir!«
Die Hochzeit wurde beschlossen, und der Seth kehrte in seine Stadt zurück. Auf Geheiß des Mädchens ließ er ein so fest gefügtes Zimmer bauen, daß nicht einmal eine Ameise, geschweige denn eine Schlange, eindringen konnte.

Mit großem Pomp führte der Seth die Barāt zu dem Kaufmann und war überglücklich, als die Hochzeit ungehindert stattfand. Nachdem die junge Frau von ihren Eltern verabschiedet worden war, kehrte er nach Hause zurück und brachte seinen Sohn und die Schwiegertochter in jenem Zimmer unter. Der Guru des Seths aber lag auf der Lauer. Er schickte eine schwarze Kobra, die den Sohn des Seths beißen sollte. Als die Schlange kein Loch fand, durch das sie in das Zimmer hätte schlüpfen können, kehrte sie zu dem Guru zurück. Dieser geriet in große Wut und riß die Kobra in Stücke. Dann schickte er eine zweite Schlange aus. Die Kaufmannstochter war in ihrem ersten Leben Dshamnā, die Schwester der Gangā, gewesen. Als Gangā erfuhr, daß die Schlange den Gemahl ihrer Schwester töten wollte, schwoll sie schnell an und verlegte der Schlange den Weg. Zwar stürzte sich die Schlange furchtlos in den Wasserstrom, aber es erging ihr so schlecht darin, daß sie aufgab und zurückkehrte. Als sie wieder bei dem Guru anlangte, tötete er in seiner Wut auch sie. Nun beschloß der Guru, selbst dorthin zu gehen. Er verwandelte sich in eine Schlange, dünner noch als ein Zwirnsfaden, und schlüpfte irgendwie in das Zimmer. Der junge Mann und seine Frau schliefen tief und fest. Der Zopf des Mädchens hing vom Bett herab. Daran kletterte die Schlange auf das Bett. Doch auch die schwarze Schlange bekam die Kraft der Tugend des Mädchens zu spüren. Ehe sie ihn beißen konnte, mußte sie warten, bis ihr der junge Mann etwas zuleide tat. Sie begann, auf dem Körper des Jünglings herumzukriechen. Als sie an einen seiner Füße kam, stieß er nach ihr. Nun hatte die Schlange einen Grund, und sie biß den jungen Mann. Danach wurde sie, die bis dahin dünner als ein Zwirnsfaden gewesen war, immer dicker. Als der Jüngling die Schlange entdeckte, wußte er, daß sein Tod nahe war. Er sprach zu seiner Frau: »Wie tief und fest du bloß schläfst! Steh auf und sieh, wie sich überall in meinem Körper das Gift ausbreitet! Unternimm schnell etwas, sonst wirst du es bereuen!«

Ein Zauber des Gurus hinderte das Mädchen daran aufzuwachen, und der junge Mann starb. Als es dann die Augen öffnete, ihren Gemahl tot fand und die Schlange unter dem Bett erblickte, begriff sie alles. Sie machte die Zimmertür auf und sagte dem Seth, er solle auf der Gangā ein Boot zu Wasser lassen. In dieses Boot legte sie die Leiche ihres Gatten. Außerdem nahm sie eine schwarze Katze und einen großen Tontopf voller Milch mit. Dann setzte sie sich in das Boot und fuhr gen Indrapurī. Da fing Indras Thron an, hin und her zu schwanken, und die Blitze zuckten und die Wolken donnerten. Das Mädchen ruderte und ruderte und kam zu einem Dorf. Dort badeten einige Leute im Fluß. Ein Mann rief, als er das Mädchen erblickte: »He, du Schöne! Warum vergeudest du dein Leben mit diesem Toten? Geh mit mir und werde glücklich!«

Das Mädchen wurde sehr zornig. Es nahm Wasser aus der Gangā in die Hand und verfluchte den Mann: »Du Schuft! Werde zu Stein und warte auf mich!«

Sofort verwandelte er sich in einen Stein. Das Boot schwamm weiter. Eine Weile später sah das Mädchen eine Wäscherin, die Wäsche wusch. Sie überließ den Toten der Aufsicht der schwarzen Katze, sprang selbst aus dem Boot, ging zu der Wäscherin und sprach sie als Tante an. Die Wäscherin hatte keine Kinder. Glücklich führte sie das Mädchen zu ihrem Haus. Einige Tage lang blieb das Mädchen im Haus, dann sagte sie zu der Wäscherin: »Tante, heute werde auch ich mit dir zum Ufer gehen und Wäsche waschen.«

Die Wäscherin verbot es ihr, doch sie hörte nicht und wusch die Wäsche so sauber, daß die Wäscherin sehr staunte. Die Wäsche gehörte Rādshā Indra. Als die Wäscherin sie nach Indrapurī zurückbrachte, fragte Rādshā Indra: »Diese Wäsche hast du nicht gewaschen! Sag die Wahrheit! Wer hat sie gewaschen?«

Die Wäscherin hielt es nicht für richtig, Indra etwas vorzulügen. Sie faltete die Hände und sagte: »Mahārādsh! Die Tochter meiner Schwester ist gekommen und hat heute Eure Wäsche gewaschen.«

Darauf erwiderte Rādshā Indra: »Gut! Bring sie morgen mit hierher!«
Als die Wäscherin bei ihrer Rückkehr dem Mädchen das erzählte, war es sehr zufrieden und sofort bereit, in die Welt Indras zu gehen.
Am nächsten Tag stand es vor Indra. Rādshā Indra sprach: »Wir sind mit deiner Arbeit zufrieden. Wünsch dir etwas!«
Das Mädchen fragte: »Bekomme ich auch, was ich möchte?«
Indra antwortete: »Ja.« Das Mädchen ließ Indra erst dreimal ›ja‹ sagen, ehe es sagte, was es wollte: »Ich brauche weder Geld noch Reichtum, weder ein Königreich noch einen Thron, weder Glück noch Besitz. Nichts brauche ich. Ich möchte von Euch nur mein Eheglück und das meiner sechs Schwägerinnen erbitten.«
Rādshā Indra hatte sein Wort gegeben. Er ließ sich die Knochen der sechs Söhne des Seths vom Himmel bringen und besprengte sie mit Amrit. Die Söhne wurden alle wieder lebendig. Nun gab Rādshā Indra dem Mädchen noch etwas Amrit und sagte, daß es damit den Gatten besprengen solle. Als Indra sah, daß das Mädchen, nachdem es das Amrit genommen hatte, immer noch stehenblieb, fragte er: »Meine Tochter! Warum kehrst du jetzt nicht nach Hause zurück?«
Das Mädchen antwortete: »Mahārādsh! Ich bin heute sehr froh. Aber da ist noch etwas, das sich wie ein Stachel in mein Gemüt bohrt.«
Indra fragte: »Was ist es?«
Das Mädchen sagte: »Lieber Gott! Soll jener betrügerische Guru, der all das Unheil verursacht hat, so davonkommen?«
Als Rādshā Indra alle Schandtaten jenes Gurus erfahren hatte, geriet er in großen Zorn und ließ ihn durch Yams Boten holen. Yams Boten schlugen den Guru so lange, bis sich seine Haut löste, und warfen den blutbesudelten Körper dann ins Wasser. Sobald er ins Wasser fiel, verwandelte er sich in einen Krebs. Einige Zeit darauf kam ein Büffel dorthin, um Wasser zu saufen, und verschluckte dabei den Krebs. Zu Hause angelangt,

starb der Büffel. Die Besitzer warfen ihn vor das Dorf. Dort hackte ihm ein Geier das Fleisch ab. Der Krebs blieb liegen. Zu der Zeit kam die Kaufmannstochter dorthin und streute Salz auf den Krebs. Gleich darauf entführte ein Geier ihn in seinem Schnabel und ließ ihn im Hofe eines Rādshās fallen. Als der Krebs niederfiel, verwandelte er sich in eine wunderschöne Kette. Tagsüber blieb die Kette eine Kette, aber nachts wurde sie zu einem Mann, der mit der Prinzessin Tshausar spielte. Er wußte, daß ihm das Mädchen ganz sicher folgen würde. Deshalb schärfte er der Prinzessin ein, daß sie, falls einmal ein Bettler käme, diesem geben könne, was sie wolle, aber auf gar keinen Fall die Kette. Sollte er aber auf der Kette bestehen, dann müsse sie in einem Napf auf dem Hof zerstampft werden.

Zufällig erschien jenes seinem Gemahl treu ergebene Mädchen in der Verkleidung eines Yogī bei diesem Rādshā, um Almosen zu erbetteln. Die Prinzessin füllte einen Teller mit Perlen und hielt ihn dem Yogī hin. Doch der nahm ihn nicht und sprach: »Wenn du mir etwas geben willst, dann gib die Kette!«

Die Prinzessin antwortete: »Außer der Kette kannst du alles haben!«

Der Yogī entgegnete: »Der Fluch eines Brahmanen erreicht dich im Himmel wie in der Hölle. Ich habe schon gesagt, daß ich außer der Kette nichts anderes nehme.«

Die Prinzessin gab die Kette nicht heraus, und der Yogī wich sieben Tage lang, hungernd und durstend, nicht von ihrer Schwelle. Schließlich war die Prinzessin es leid und warf die Kette in einen Holznapf auf dem Hof. Anstelle der Perlen verstreuten sich rings um den Napf Senfkörner. Der Yogī verwandelte sich in eine Taube und pickte die Senfkörner auf. Nur eines blieb übrig. Aus ihm wurde ein Kater, der sich auf die Taube stürzen wollte, doch sie flog in Richtung Indrapurī davon. Der Kater verwandelte sich nun in einen Habicht und verfolgte die Taube. Indra versteckte sie in seiner Hand und schickte den Habicht in die Hölle, damit er dort verfaule.

Rādshā Indra war zufrieden. Er segnete das treue Mädchen, daß es stets glücklich sein möge, und verabschiedete es zusammen mit ihren sechs Schwägern.
Aus der Welt Indras kommend, begab es sich zum Haus der Wäscherin, erzählte ihr alles und ging dann zu dem Boot. Es besprengte den toten Körper des Gatten mit Amrit, und er wurde wieder lebendig.
Zusammen mit ihren Schwägern und ihrem Gemahl kam sie dann überglücklich zu ihrem Haus. Ihre Schwiegereltern waren vom vielen Weinen erblindet. Auch um die Schwägerinnen stand es schlimm. Aber sobald sie das Haus erreicht hatte, kam neues Licht in die Augen des Seths und seiner Frau. Die Schwägerinnen waren überaus froh, ihre Gatten wiederzubekommen. Nun lebten alle glücklich und in Freuden.

Die Affenprinzessin

In einem Wald lebten einmal drei Sādhus, alle drei waren sehr geschickt. Stets versuchten sie, einer den anderen herabzusetzen, und dabei geschah es auch manchmal, daß sie sich maßlos ereiferten. Einer der Sādhus hatte ein Holz, das ihm auf sein Geheiß hin die verschiedensten Speisen zubereitete. Der zweite besaß ein fliegendes Bett, und der dritte Sādhu hatte ein Seil, das alle Leute fesselte, wenn er es befahl. Eines Tages gerieten sie sich wegen dieser drei Dinge in die Haare. Der erste sagte: »Mein Holz ist viel nützlicher als das, was ihr habt.« Darauf der zweite: »Was ist schon dein Holz im Vergleich zu meinem fliegenden Bett!« Der dritte aber sprach: »Mein Seil ist viel mehr wert als eure beiden Sachen!« Der Streit war noch im Gange, als ein Prinz zu ihnen kam. Alle drei stürzten zu ihm hin. Vor Empörung hatten sie rotunterlaufene Augen, und ihre Körper bebten. Ihr Anblick flößte dem Prinzen Furcht ein, aber er sah keine Möglichkeit wegzulaufen. So faßte er Mut, blieb stehen und dachte bei sich: ›Ein Unglück kommt niemals allein. Von zu Hause bin ich, vom Unglück verfolgt, geflohen, und hier scheint es mir auch schlecht zu ergehen.‹ Sogleich standen die drei Sādhus neben ihm und forderten: »Richte über uns! Was du sagst, werden wir beherzigen.«

Der Prinz sprach: »Warum seid ihr so erregt? Berichtet zunächst in aller Ruhe, dann wird es auch einen Richterspruch geben.«

Der erste Sādhu erklärte daraufhin: »Ich besitze dieses Holz. Es kann dir jede Speise zubereiten, die du möchtest. Ein Hungriger kann schließlich Gott nicht dienen. Sobald der Bauch voll ist, fällt einem gleich viel mehr ein. Ein hungriger Mensch ist unfähig, etwas zu vollbringen. Deshalb sage ich, daß das Holz besser ist als die beiden anderen Dinge.«

Nun kam der zweite Sādhu an die Reihe. Er erzählte: »Ich habe ein fliegendes Bett. Es kann einen überall in der Welt herumtragen. Was ist schon ein Leben ohne Vergnügungsreisen! Die ganze Zeit nur vom Essen reden ist ein Zeichen von Dummheit.«

Der dritte berichtete: »Bruder! Ich aber sage, daß mein Seil von allem das beste ist, denn es hilft in der Not. Im Wald ist es äußerst nützlich. Sobald ein wildes Tier dahergelaufen kommt, zeigt es schon aus der Ferne seine Macht. Es fesselt das Tier, wo es sich gerade befindet. Essen, Trinken und Vergnügungsreisen sind nur dann angenehm und schön, wenn man im Leben nichts zu fürchten hat. Deshalb meine ich, daß mein Seil von allen Dingen das beste ist.«

Der Prinz dachte bei sich: ›Tatsächlich, von allen drei Dingen ist eines besser als das andere! Jedes hat seine Vorzüge. Warum sollte ich nicht aus diesem Streit meinen Nutzen ziehen?‹ Er nahm das Seil, band einen Stein hinein, schwenkte es kräftig und schleuderte den Stein weit weg, so daß er nicht mehr zu sehen war. Dann sprach er zu den drei Sādhus: »Wer von euch den Stein herbeibringt, dessen Gegenstand soll der beste sein.«

Als die drei Sādhus losgerannt waren, um den Stein zu suchen, nahm sich der Prinz das Seil und das Holz, setzte sich auf das fliegende Bett und war im Nu auf und davon.

Die drei Sādhus suchten und suchten. Auf einmal fiel jedem von ihnen auch sein Zaubergegenstand wieder ein. Sofort kehrten sie um, aber als sie zu ihrem Platz zurückkamen, fanden sie nicht einen mehr vor. Die drei Gegenstände, um deretwegen sie sich gestritten hatten, waren verschwunden. Alle drei Sādhus bereuten nun ihr Los.

Der Prinz aber war von zu Hause weggelaufen, weil ihm die Frau seines älteren Bruders arg zugesetzt hatte. Selbst beim Essen und Trinken machte sie ihm Vorwürfe. Eines Tages, als der Prinz beim Essen war, warf ihm seine Schwägerin vor: »Lālādshī! Wie lange soll ich dich noch bedienen? Gründe endlich eine eigene Familie, damit ich dich loswerde!« Sofort hatte der Prinz seinen Teller beiseitegeschoben, war aufgesprungen und mit den Worten aus dem Haus gelaufen: »Gut! Ich werde von nun an nichts mehr essen, was du zubereitet hast!«

Der Prinz flog und flog und gelangte in eine Stadt. Er ließ sein fliegendes Bett dort niedergehen. Die Prinzessin in dieser Stadt hatte bis jetzt noch keinen Mann gesehen. Der Prinz schwor, daß er nur sie heiraten werde. Tagsüber schlief er lange und fest, in der Nacht aber begab er sich zum Schloß der Prinzessin. An der Ostseite stand ein Fenster offen. Mit Hilfe des Seils kletterte er ins Zimmer der Prinzessin, die in tiefem Schlaf lag. Der Prinz hüllte sie in seinen Schal, nahm den ihren und wikkelte sich hinein. Als die Prinzessin am Morgen aufstand, wunderte sie sich sehr. Sie rief ihre Dienerinnen und ließ den Schal des Prinzen verbrennen. In der ganzen Stadt breitete sich die Nachricht aus, daß in der Nacht ein Dieb in das Schloß eingedrungen war.

Der Rādshā war sehr beunruhigt. Er dachte lange nach und fand schließlich einen Ausweg. Er ließ eine Pfanne mit Tinte füllen und ins Fenster der Prinzessin stellen, damit sich die Kleider des Diebes, sobald er kam, schwarz färbten und man ihn dadurch fassen konnte.

Der Prinz ahnte nichts von dem Schachzug des Rādshās. Wie in der vorangegangenen Nacht erschien er auch diesmal furchtlos am Fenster und fiel mit lautem Getöse in die Pfanne. Still schlich er sich davon. Alle seine Kleider waren mit Tinte befleckt. Voller Furcht eilte er schnurstracks zum Dhobī, weckte ihn und befahl: »Wasch sofort die Kleider! Ich hole sie mir morgen um dieselbe Zeit wieder ab.«
Der Dhobī war noch schlaftrunken. Er antwortete: »Ja, ja!« und schlief wieder ein.
Als sich die Prinzessin am Morgen erhob, sah sie, daß die Wand mit Tinte bespritzt war. Da wußte sie, daß in der Nacht bestimmt jemand in die Pfanne gefallen sein mußte. Nachdem der Rādshā das erfahren hatte, ließ er alle Männer herbeibringen. Zufällig erschien der Dhobī in dem mit Tinte durchtränkten Hemd vor dem Rādshā. Da stand fest, daß er der Dieb war. Die Prinzessin befahl, ihn vor der Stadt an einem Pīpalbaum aufzuhängen, ihm die Augen auszureißen und sie ihr zu bringen.
Der Dhobī begriff überhaupt nichts, wagte es aber nicht, vor dem Rādshā nach dem Grund der Strafe zu fragen. Wie sehr er auch bettelte und flehte, es war alles umsonst.
Der Prinz bekam Mitleid mit dem Dhobī und rief laut vor allen Leuten: »Rādshā! Dieser Mann ist unschuldig. Der Dieb bin ich. Bestraft mich, wie Ihr wollt!«
Als die Prinzessin davon hörte, sagte sie: »Was geht es mich an, wer der Dieb ist! Wer in Euren Augen als Dieb feststeht, soll die Todesstrafe bekommen. Ihm sollen die Augen ausgerissen und mir vorgelegt werden! Mehr will ich nicht!«
Der Prinz erbat sich vom Rādshā eine Galgenfrist. Er versteckte sein fliegendes Bett auf dem Pīpalbaum und erschien wieder vor dem Rādshā.
Der Rādshā freute sich sehr über die Zuverlässigkeit des Prinzen, hatte aber nicht den Mut, die von der Prinzessin geforderte Strafe zu ändern.
Die Henkersknechte brachten den Prinzen unter den Pīpal-

baum. Er bat darum, vor seinem Tode noch einmal auf den Baum klettern zu dürfen, um eine Zeitlang zu Gott zu beten. Die Henkersknechte meinten, daß er ihnen ja doch nicht entkommen könne, und waren einverstanden. Der Prinz aber machte sich mit seinem fliegenden Bett auf und davon, und die Henkersknechte hatten das Nachsehen. Nun sorgten sie sich, weil die Prinzessin sie bestrafen würde. Sie gingen zu einem Gauner und fragten ihn: »He, Kamerad! Nimm alles, was wir haben, aber sage uns, wie wir der Prinzessin die Augen des Diebes vorlegen sollen!«

Der Gauner antwortete: »Seid ihr aber dumm! Nehmt doch die Augen einer Ziege! Die Prinzessin wird schon nicht so genau hinsehen!«

Den Henkersknechten gefiel das, und sie beschlossen, so zu verfahren. Mal sehen, was daraus wurde. Sie rissen einer Ziege die Augen aus und brachten sie dem Rādshā. Auf Geheiß der Prinzessin belohnte der Rādshā sie reichlich.

Unterdessen gelangte der Prinz, der mit dem Leben davongekommen war, mit seinem fliegenden Bett in einen Wald. Dort erblickte er einen Granatapfelbaum mit reifen Früchten. Er ließ sein fliegendes Bett landen, kletterte auf den Baum und fing an, sich Granatäpfel zu pflücken. Er war noch nicht dazu gekommen, von ihnen zu essen, als er jene drei Sādhus auf sich zukommen sah. Da überlegte er, daß es wohl besser wäre, nicht herunterzuklettern, und versteckte sich in einer Baumhöhle. Die Sādhus traten genau unter jenen Baum und unterhielten sich. Als sie die reifen Früchte entdeckten, verlangte es sie danach, aber die Früchte hingen so hoch über ihnen, daß sie nicht eine erlangen konnten. Verstohlen ließ der Prinz ein paar Früchte herabfallen. Die Sādhus waren darüber sehr erfreut und sprachen: »Seht nur, wie gut es Gott mit uns meint! Auch ohne Anstrengung haben wir nun Früchte!«

Einer der Sādhus meinte: »Wie gut, daß wir welche haben. Aber ich kenne eine Wurzel, die, wenn man daran riecht, einen

Menschen in einen Affen verwandelt, der bis in die höchsten Zweige klettern kann.«
Der zweite darauf: »Und ich kenne ein Kraut, mit dessen Hilfe ich einen Affen wieder zu einem Menschen machen kann.« Da rief der dritte Sādhu: »Das ist ja überaus erfreulich! Verwandelt mich in einen Affen, und ich werde euch viele Granatäpfel pflücken.«
Bedauernd meinte der erste Sādhu: »Oh, wie schön wäre es, wenn ich noch mein Holz hätte!« – »Was hilft schon die Reue, wenn die Vögel das Feld bereits leergepickt haben!« erwiderte der zweite, und der dritte fügte hinzu: »Brüder! Es bringt nie etwas Gutes, wenn man sich streitet. Hätten wir uns nicht gestritten, wären auch unsere Sachen nicht weggekommen. Deshalb, Brüder, betrügt mich jetzt nicht, damit ich nicht mein ganzes Leben lang als Affe auf Bäumen herumspringen muß! Macht mich anschließend wieder zum Menschen!«
Der erste antwortete: »Nein, Bruder! Jetzt werden wir drei stets in Frieden und Eintracht leben.«
Nach diesen Worten riß er dem Strauch neben sich eine Wurzel aus und ließ den dritten Sādhu daran riechen. Der verwandelte sich sogleich in einen Affen, kletterte auf den Baum, pflückte reife Granatäpfel, aß selbst davon und gab auch seinen Gefährten welche zu essen. Als er wieder herunterkam, riß der zweite Sādhu von einem anderen Strauch eine Wurzel aus und ließ den Affen an ihr riechen. Der Affe wurde wieder zum Sādhu. Danach gingen die drei weiter. Als sie den Augen des Prinzen entschwunden waren, kletterte dieser vom Baum, holte sich von beiden Sträuchern die Zauberwurzeln und steckte sie in seine Tasche. Nachts stieg der Prinz wieder heimlich durch das Ostfenster in das Zimmer der Prinzessin und ließ sie an der einen Wurzel riechen. Gleich darauf verwandelte sich die Prinzessin in ein Affenweibchen. Der Prinz setzte sie auf sein Bett und flog mit ihr davon. Im Wald zündete er ein Feuer an und begann sich zu kasteien. Die Äffin hatte er in einiger Entfernung zurückgelassen. Kreischend war sie eingeschlafen. Als

der Prinz sah, daß die Äffin schlief, ließ er sie an der anderen Wurzel riechen, und sie verwandelte sich wieder in eine Prinzessin. Ringsum im Wald brüllten die Löwen. Die Prinzessin erwachte und schrie vor Angst auf. Dann entdeckte sie, daß etwas weiter weg ein Feuer brannte. Sie eilte dorthin und sagte, als sie den Prinzen erblickte: »Rette mich! Ich fürchte mich allein.«

Der Prinz antwortete: »Prinzessin, komm mir nicht zu nahe! Ich halte es für eine Sünde, Frauengesichter anzusehen.«

Als die Prinzessin aber bettelte und flehte, bekam der Prinz Mitleid. Er nahm ihr das Versprechen ab, daß sie ihn heiraten werde.

Was tut jemand, der dem Tod nahe ist, nicht alles! Die Arme gab dem Prinzen augenblicklich das Heiratsversprechen. Im Gespräch entlockte die Prinzessin dem Prinzen alle Geheimnisse, und kaum war er eingeschlafen, ließ ihn die Prinzessin liegen, setzte sich auf das fliegende Bett und flog davon.

Als der Prinz aufwachte, durchschaute er ihre List, aber die Sache mit der Wurzel hatte er der Prinzessin nicht verraten. So nahm er die Wurzel, begab sich eines Nachts wieder heimlich in ihr Zimmer, verwandelte sie in eine Äffin und stahl sich davon. In der Stadt erhob sich nun ein Geschrei, weil die Prinzessin zu einer Äffin geworden war. Wer auch immer zu ihr kam, auf den stürzte sie sich kreischend, um ihn zu beißen.

Der Rādshā ließ austrommeln, daß derjenige die Prinzessin heiraten und sein halbes Königreich erhalten solle, der die Äffin wieder zur Prinzessin mache.

Der Prinz befand sich noch in der Stadt. Er hatte sich als Brahmane verkleidet und lief mit dem Tilak auf der Stirn und Holzsandalen an den Füßen umher. Den Soldaten des Königs teilte er mit, daß er die Äffin in einer Minute wieder in die Prinzessin verwandeln könne. Da brachten die Soldaten den als Brahmanen verkleideten Prinzen vor den Rādshā.

»Rādshā!« sprach der Prinz. Wenn ich meine Kunst bei der Prinzessin anwende, darf niemand zugegen sein.«

Der Rādshā willigte ein und schickte den Prinzen allein zur Prinzessin. Der Prinz ließ sich Akaziendornen bringen, streute sie im Zimmer aus und legte die Äffin darauf. Nun kreischte sie noch lauter. Die Dornen zerstachen ihren Körper, aber sie konnte sich nicht davon befreien. Der Prinz ließ sie an der Wurzel riechen, und sie verwandelte sich wieder in die Prinzessin, doch er ließ sie in den Dornen liegen. Als ihn die Prinzessin anflehte, sagte er: »Ich berühre keine Frau.«

Die Prinzessin empfand Reue über das, was sie getan hatte, und bat den Prinzen mehrmals um Verzeihung. Da befreite er sie mit großer Mühe aus den Dornen und brachte sie zu ihrem Vater. Der Rādshā war sehr froh und verheiratete die Prinzessin mit dem Prinzen. Er gab eine reiche Mitgift und das halbe Königreich dazu.

Der Prinz begab sich mit der Prinzessin zu seiner Schwägerin und sagte: »Schwägerin! Ich habe eine eigene Familie gegründet. Nun brauchst du dich nicht mehr um mich zu kümmern!«

Die Schwägerin erwiderte darauf: »Das war doch alles nur ein Scherz! Wie hätte ich denn wissen können, daß du dir das so zu Herzen nimmst!«

Danach lebte der Prinz mit seiner Rānī herrlich und in Freuden. Oft neckte er sie: »Willst du wieder einmal das fliegende Bett nehmen und wegfliegen?« Dann antwortete die Prinzessin lachend: »Und du? Verzauberst du mich wieder in eine Äffin?«

Lakhtakiyā

Es war einmal ein Rādshā, der hatte drei Söhne, und alle drei waren verheiratet. Eines Tages begab sich der Rādshā auf die Jagd. Dort traf er den Gott Saturn. Der sprach zu ihm: »Rādshā! Rādshā! Soll ich jetzt in dein Haus kommen oder erst in einem Jahr?«

Der Rādshā antwortete: »Ich werde mich erst mit meinen Söhnen und Schwiegertöchtern beraten und dir morgen Bescheid geben.«

Saturn erwiderte: »Es ist gut.«

Als der Rādshā niedergedrückt nach Hause kam, fragte ihn der älteste Sohn: »Vater! Warum seid Ihr so traurig?«

Der unglückliche Rādshā antwortete: »Mein Sohn! Ich habe heute Saturn getroffen. Er fragte mich, ob er heute kommen solle oder erst in einem Jahr. Ich habe ihm gesagt, daß ich mich erst mit den Meinen beraten müsse, ehe ich ihm antworte.«

Da meinte der älteste Prinz: »Das habt Ihr gut gemacht, Vater! Morgen, wenn er fragen sollte, antwortet ihm bitte, er möge erst in einem Jahr kommen!«

Auch der zweite und der dritte Sohn waren dafür, daß Saturn erst in einem Jahr kommen sollte.

Der Rādshā dachte: ›Nun gut! Dann ist das Unglück für ein Jahr hinausgeschoben.‹

Seine jüngste Schwiegertochter liebte der Rādshā besonders, und so wollte er auch ihren Rat einholen. Als er ihr alles erzählt hatte, sprach sie: »Vater! Warum sollen wir Saturn sagen, er möge erst in einem Jahr kommen, wenn er so oder so kommt? Man muß das Unglück ertragen, gleich, was für eines es ist! Deshalb meine ich, daß es nichts einbringt, wenn man die Sache aufschiebt. Geht und sagt ihm, er soll gleich kommen!«

Dem Rādshā gefiel, was die jüngste Schwiegertochter gesagt hatte, und er begab sich auf die Suche nach Saturn. Saturn saß im Wald und wartete auf ihn. Als er den Rādshā erblickte, rief er sofort: »Nun sprich, Mahārādsh! Was wurde beschlossen?«

Der Rādshā antwortete: »Bruder! Was gab es da schon zu beschließen? Schließlich willst du ja kommen, deshalb komme gleich!«

Saturn war sehr zufrieden. Als der Rādshā nach Hause kam, hatte sich Saturn dort schon breitgemacht. Elefanten und Pferde, die Krieger, alles wurde verkauft und die Schatzkammer geplündert. Der Rādshā war nun so arm, daß er sich nicht einmal mehr Brot zum Essen leisten konnte. Wie aber sollte er in seinem eigenen Land um Almosen betteln? Er dachte, es sei besser, wegzugehen, und so begaben sich der Rādshā und die Rānī mit ihren drei Söhnen und ihren drei Schwiegertöchtern außer Landes.

Sie wanderten und wanderten und kamen zu einer Stadt. Hätten sie jemals schon gebettelt, würden sie jetzt nicht zögern. Voller Unruhe ließen sie sich alle unter einem Baum nieder. Vor Hunger kamen sie fast um, hatten aber auch nicht eine Kaurī bei sich. Die jüngste Schwiegertochter hatte bis jetzt sieben Rubine verborgen gehalten, die ihre Mutter ihr beim Abschied gegeben hatte. Nun konnte sie sie nicht länger zurückhalten. Sie zog einen Rubin heraus, drückte ihn ihrem Schwiegervater in die Hand und sagte: »Vater! Vom Grämen wird es auch nicht besser! Nehmt diesen Rubin, verpfändet ihn bei einem Seth und bringt etwas zu essen und zu trinken. Für ein paar Tage wird es schon reichen.«

Der Rādshā nahm den Rubin und ging los. Weder kam der Vater zurück, noch geschah sonst etwas. Die jüngste Schwiegertochter gab den zweiten Rubin ihrem ältesten Schwager, aber auch der ließ sich nicht wieder sehen. Und so verschwanden auch der zweite Schwager und ihr Gemahl mit je einem Rubin.

Schließlich gab sie den fünften Rubin ihrer Schwiegermutter, doch warum sollte gerade sie zurückkommen? Auch sie hatte andere Absichten. Nun blieben ihr nur noch zwei Rubine. Sie gab die Steine ihren beiden Schwägerinnen, jeder einen. Daß Menschen in der Armut eigennützig werden, ist nicht ungewöhnlich. Die beiden ließen sie allein im Wald zurück.

Nun hatte die jüngste Schwiegertochter nichts mehr. Sie beunruhigte sich sehr und wandte sich an Gott: »Woher sollte ich wissen, daß mich alle verlassen würden? Nun bist allein du meine Stütze! Töte oder rette mich!«

Vor sich hinweinend verfiel sie auf einen Ausweg. Was tat sie?

Sie verkleidete sich als Prinz und begab sich an den Hof des Rādshās jener Stadt.
Als der Rādshā den Prinzen erblickte, war er von dessen Schönheit geblendet. Er dachte, daß dies ein vom Unglück verfolgter Prinz sein müsse, und fragte: »Prinz! Wer bist du? Und warum bist du hierhergekommen?«
Der Prinz antwortete: »Mahārādsh! Ich bin ein Fremder und auf der Suche nach einer Anstellung an Euren Hof gekommen.«
Der Rādshā fragte weiter: »Und welche Arbeit willst du tun?«
Der Prinz erwiderte: »Mahārādsh! Ich werde das tun, was keiner von Euren Hofleuten vollbringen kann.«
Der Rādshā fragte: »Was verlangst du als Lohn?«
Der Prinz sagte: »Jeden Tag einhunderttausend Takās.«
Der Rādshā war einverstanden, weil er dachte, der Prinz würde jene gefahrvollen Aufgaben lösen, die kein anderer vollbringen konnte. Von nun an nannte er ihn Lakhtakiyā.
Lakhtakiyā war sehr zufrieden, weil er glaubte, es gäbe nichts Unmögliches zu tun, man werde ihn deshalb nicht brauchen und er könne so mühelos einhunderttausend Takās täglich einnehmen.
»Ich habe noch eine Bedingung«, fügte er hinzu.
Darauf der Rādshā: »Nenne die Bedingung!«
Lakhtakiyā antwortete: »Ich werde nicht jeden Tag an Eurem Hof anwesend sein. Sobald Ihr etwas für mich zu tun habt, stehe ich Euch zu Diensten.«
Der Rādshā sprach: »Einverstanden.«
Gut! Und was geschah nun? Lakhtakiyā wohnte in einem wunderschönen Schloß. Um ihn drängten sich Diener und Dienerinnen, aber hereinzukommen war niemandem erlaubt. Die größten Rādshās verneigten sich vor ihm. Es gab nichts zu tun, den ganzen Tag über hatte er Ruhe.
Was aber geschah nun eines Tages? Mitten in der Nacht war auf dem Dach das schreckliche Geschrei einer Frau zu hören. Die

Stimme wurde immer lauter, aber niemand wagte sich dorthin.
Der Rādshā befahl: »Holt Lakhtakiyā! Er hat sich an ein bequemes Leben gewöhnt. Wann wird er von Nutzen sein?«
Lakhtakiyā erschien schnell vor dem Rādshā, neigte das Haupt und sprach: »Mahārādsh! Was befehlt Ihr Eurem Diener?«
Der Rādshā antwortete: »Stelle fest, welche Frau auf dem Dach des Schlosses so schreit!«
Lakhtakiyās Frauenherz erbebte auf einmal, doch durfte er ja keine Schwäche zeigen. Mit gezücktem Schwert und auf Gott vertrauend stieg er auf das Dach. Dort sah er ein totes Kind in der Luft hängen und eine Hexe, die immer wieder hochsprang und es zu fassen suchte. Es gelang ihr nicht, das Kind zu erreichen und deswegen schrie sie so laut.
Lakhtakiyā faßte Mut und fragte: »Tante! Warum schreist du so, mitten in der Nacht?«
Weinend gab sie zur Antwort: »Mein Sohn! Dieses Kind ist mein einziger Junge. Ich möchte ihn zum letzten Mal nach Herzenslust umarmen. Aber was soll ich tun? Wie sehr ich mich auch bemühe, ich kann ihn nicht erreichen.«
Lakhtakiyā redete ihr zu: »Mütterchen, bleib ruhig! Ich lege mich auf den Boden, und du stellst dich auf mich. Es fehlt doch nicht viel! Wenn du dich auf mich stellst, wirst du das Kind erreichen.«
Lakhtakiyā legte sich also hin, und die Hexe stellte sich auf ihn. Aber anstatt das Kind an ihre Brust zu drücken, riß sie ihm das Herz heraus und fing an, es zu essen. Lakhtakiyā war auf der Hut gewesen, denn er ahnte, daß da etwas nicht stimmte. Er holte mit dem Schwert aus, hieb der Hexe einen Fuß ab, und sie fiel zu Boden. Als sie sich wieder aufgerappelt hatte und humpelnd davoneilte, blieben ihre Kleider in Lakhtakiyās Hand. Sie rissen entzwei, und Lakhtakiyā hielt die eine Hälfte in der Hand. Die Hexe verschwand und mit ihr auch das Schreien.
Nachdem Lakhtakiyā die Hexe vertrieben hatte, kehrte er in sein Schloß zurück und nähte sich noch in der Nacht aus jenen

Kleidern eine Bluse. Zu Hause zog Lakhtakiyā nämlich stets Frauenkleider an. Er hatte überall verkündet, daß seine Frau bei ihm lebe, und niemand hatte die Erlaubnis, in sein Haus einzudringen.
Eines Tages geschah es, daß die Barbierfrau des Rādshās heimlich dorthin gelangte. Lakhtakiyā hatte Frauenkleider an. Die Barbierfrau versteckte sich und stahl nach einer Weile Lakhtakiyās Bluse vom Kleiderhaken.
Als sie in das Schloß des Rādshās kam, zeigte sie die Bluse der Prinzessin und sagte: »Sieh nur, was für Kleider Lakhtakiyās Frau trägt! Du hast solche Kleider noch nicht einmal gesehen, geschweige denn angezogen! Mit welchem Recht zieht die Frau deines Dieners prächtigere Kleider an als du?«
Als die Prinzessin das hörte, ließ sie alles stehen und liegen und legte sich schmollend ins Bett. Der Rādshā redete lange auf sie ein, doch sie wollte nicht sprechen. Wieder begann der Rādshā: »Tochter! Warum stehst du nicht mehr auf? Wir haben doch jetzt mit Lakhtakiyā einen so tüchtigen Diener in unserem Reich. Wenn du möchtest, kann ich dir die Sterne vom Himmel holen lassen.«
Die Prinzessin holte die Bluse hervor, hielt sie dem Rādshā hin und sagte: »Was für kostbare und wunderbare Kleider Lakhtakiyās Frau trägt! Ich werde so lange weder Speise noch Trank anrühren, bis ich nicht auch so eine Bluse habe.«
Der Rādshā erwiderte: »Ha, was ist das schon für eine große Sache! Ich werde dir nicht nur eine, nein, Tausende solcher Blusen machen lassen.« Nach langem Zureden aß die Prinzessin nun wieder etwas.
Der Rādshā schickte seine Leute in alle Himmelsrichtungen, doch sie fanden nirgends solchen Stoff. Schließlich kam Lakhtakiyā an die Reihe.
Der Rādshā sagte zu ihm: »Lakhtakiyā! Du mußt für die Prinzessin genau den Stoff herbeischaffen, aus dem die Bluse deiner Frau gefertigt ist. Gelingt dir das nicht, dann wisse, daß ich dir den Kopf abschlagen lasse.«

Lakhtakiyā begriff zwar die List der Barbierfrau, doch was konnte er schon tun? Er erbat sich vom Rādshā eine Frist von einem Jahr.
Er verließ das Schloß und gelangte nach einer Weile zu einer Totenverbrennungsstätte. Dort sah er die Leiche eines Jünglings aufgebahrt liegen. Es war Mitternacht. Ringsum hörte man das fürchterliche Geschrei der Schakale und der Eulen. Der Rādshā hatte befohlen, die Leiche nicht vor Morgengrauen anzuzünden. Nun beriet man, wer die Leiche in der Nacht bewachen sollte. Lakhtakiyā bereit, selbst sein Leben zu opfern, trat vor. Er sagte zu den Leuten, die gekommen waren, den Toten zu verbrennen: »Brüder! Legt euch ohne Sorge schlafen! Ich werde auf die Leiche achtgeben.«
Als alle schliefen, näherte sich ein Rākshas der Leiche. Er hielt zwei Hölzer in der Hand. Eines legte er der Leiche zu Füßen, das andere an den Kopf. Dann tauschte er sie um, legte das Holz vom Fußende ans Kopfende und das vom Kopfende ans Fußende. Als er das getan hatte, wurde der Tote sogleich wieder lebendig. Doch kurze Zeit später wiederholte der Rākshas alles in umgekehrter Reihenfolge, wodurch der Jüngling wieder tot dalag, und nahm seine Hölzer, um sich zu entfernen.
Lakhtakiyā aber lag auf der Lauer, und als der Rākshas seine Hölzer genommen hatte und weggehen wollte, hieb er derart zu, daß dem Rākshas beide Hände abgeschlagen wurden und zu Boden fielen. Aus Furcht rannte der Rākshas davon, so schnell er nur konnte. Lakhtakiyā hob die Hölzer auf und nahm sie an sich.
Sobald es dämmerte, begannen die Vorbereitungen zur Verbrennung des Toten. Lakhtakiyā hielt alle zurück und machte den Toten mit Hilfe der Hölzer wieder lebendig. Alle Leute staunten über die Maßen. Als der Rādshā davon hörte, eilte er herbei. Zufrieden gab er Lakhtakiyā das halbe Königreich und wollte auch seine Tochter mit ihm verheiraten. Lakhtakiyā aber sagte: »Rādshā! Ich bin von zu Hause weggegangen, um eine schwierige Aufgabe auszuführen. Sobald ich das getan habe,

komme ich zurück und werde Eurem Befehl unbedingt Folge leisten.«

Mit dem Segen des Rādshās machte Lakhtakiyā sich auf den Weg. Er zog von Ort zu Ort, von Herberge zu Herberge und kam schließlich in einen dichten Wald. Er war sehr müde. Da sah er ein Haus vor sich. Er beschloß, dort hinzugehen und sich auszuruhen.

Das war schon ein seltsames Haus! Es hatte weder Tür noch Fenster. Verzweifelt lief Lakhtakiyā um das Haus herum, fand aber keine Öffnung, durch die er hätte hineinschlüpfen können. Abends lugte ein Mädchen vom Dach herunter. Als sie Lakhtakiyā erblickte, sprach sie: »He, du Menschenkind! Wie kommst du hierher? Lauf schnell weg von hier! Meine Eltern werden gleich kommen. Die fressen dich bei lebendigem Leibe auf.«

Lakhtakiyā erwiderte darauf: »O Dewī! Komme, was da wolle! Auf mich lauert überall der Tod. Wenn mir der Tod durch deine Eltern bestimmt ist, so kümmert mich das nicht. Ich bin so müde, daß ich keinen Schritt mehr gehen kann.«

Das Mädchen war von Lakhtakiyā ganz bezaubert. Es dachte nach, wie es ihm das Leben retten könnte, verwandelte ihn in eine Fliege und klebte ihn an die Wand. Ein wenig später kamen die Hexe und ihr Mann. Sie schnüffelten herum und meinten: »Tochter! Es riecht nach Menschenfleisch!«

Das Mädchen sagte: »Vater! Was ist denn geschehen, daß Ihr heute nicht einmal Eurer Tochter traut? Wie könnte es hier einen Menschen geben, wenn sich schon die Vögel fürchten, sich hierher auch nur zu verirren! Es kommt Euch nur so vor, weil Ihr auf Menschen Jagd gemacht habt. Der menschliche Geruch sitzt Euch noch in der Nase.«

Als sie das vernahmen, legten sich die Hexe und ihr Mann nieder. Die Hexe sprach: »Wenn ich den erwische, der meine Kleider zerrissen hat, fresse ich ihn mit Haut und Haaren auf.«

Und der Hexerich schimpfte: »Wenn ich den erwische, der mir die Hände abgehackt hat, zerreiße ich ihn in Stücke.«

Der in eine Fliege verwandelte Lakhtakiyā hörte das. O weh! Da war er also heute in das Haus seiner Feinde geraten! Er begriff, daß dies jene Hexe war, die damals so geschrien hatte, und dies jener Rākshas, der den Toten wieder lebendig gemacht hatte. Vor Furcht erstarrte ihm das Blut in den Adern. Mit Mühe verbrachte er die Nacht.

Am Morgen erhoben sich die Hexe und der Hexerich und gingen auf die Jagd. Das Mädchen verwandelte Lakhtakiyā wieder in einen Menschen und sagte: »Wie schön du bist! Ich möchte dich heiraten.«

Lakhtakiyā erwiderte: »Was für unmögliche Dinge du da sprichst! Wie könnten mich deine Eltern am Leben lassen? Sie werden mich mit Haut und Haaren auffressen.«

Das Mädchen entgegnete: »Du weißt nicht, wie gern sie mich haben. Sie haben mir versprochen, daß ich heiraten darf, wen ich will. Demjenigen werden sie niemals etwas antun.«

Lakhtakiyā meinte daraufhin: »Aber ich bin doch ihr Feind!«

Das Mädchen sprach: »Wer es auch immer sei, sie sind durch ihr Versprechen gebunden. Sie dürfen meinem Gatten kein Leid zufügen. Sprich! Was steht dem noch im Wege?«

Lakhtakiyā geriet in Verlegenheit: »Aber ich kann jetzt nicht heiraten. Ich bin von zu Hause weggegangen, um eine schwierige Aufgabe auszuführen. Erst wenn ich das geschafft habe, kann ich heiraten.«

Da fragte das Mädchen: »Was ist das für eine Aufgabe?«

Lakhtakiyā antwortete: »Ich brauche die Kleider deiner Mutter. Kannst du sie mir besorgen?«

Das Mädchen sagte: »Bist du aber einfältig! Wenn sie mich verheiraten, werden sie dir wohl auch geben, was du gern haben möchtest. Paß auf! Ich sage dir etwas. Wenn mich meine Eltern verabschieden, damit ich mit dir ziehe, werden sie dir sagen, daß du dir etwas erbitten kannst. Dann verlange von ihnen die Flöte und das fliegende Bett!«

Lakhtakiyā unterbrach sie: »Aber ich brauche doch die Kleider! Was soll ich denn mit der Flöte und dem fliegenden Bett!«

Darauf entgegnete das Mädchen: »He, du siehst die Dinge nicht im rechten Licht! Die Flöte ist keine gewöhnliche Flöte. Es ist eine Zauberflöte. Wenn du mit ihr über Lumpen streichst, erhältst du jede Kleidung, die du möchtest.«

Lakhtakiyā war sehr zufrieden.

Bei der Rückkehr der Hexe und des Hexerichs verwandelte das Mädchen Lakhtakiyā wieder in eine Fliege.

Die Hexe meinte: »Tochter! Du siehst heute etwas niedergedrückt aus.«

Das Mädchen antwortete: »Aber nein! Es ist durchaus nicht so. Aber wenn Ihr nicht böse werdet, möchte ich Euch etwas sagen.«

Die Hexe erwiderte äußerst liebevoll: »Sprich nur ohne Furcht! Für dich mache ich selbst Unmögliches möglich.«

Auch der Hexerich meinte: »Ja, Tochter! Was solltest du fürchten! Wer könnte uns denn teurer sein als du?«

Nachdem das Mädchen diesen Zuspruch erhalten hatte, fragte es: »Mutter! Erinnert Ihr Euch an Euer Versprechen?«

Die Hexe antwortete: »Ist es jenes, daß du heiraten kannst, wen du willst, und wir ihm nichts Böses antun werden?«

Darauf das Mädchen: »Ja! Wenn ich heirate, werdet Ihr meinen Mann doch nicht töten?«

Die Hexe und der Hexerich versicherten einstimmig: »Niemals! Niemals! Niemals!«

Nachdem das Mädchen diese Zusicherung dreimal erhalten hatte, verwandelte es Lakhtakiyā wieder in einen Menschen und sprach: »Das ist mein zukünftiger Gemahl.«

Als die Hexe und der Hexerich ihren Feind erblickten, kochten sie vor Wut. Doch was konnten sie schon tun? Sie hatten es ihrer Tochter ja versprochen! Sie mußten sich mit der Heirat einverstanden erklären. Beim Abschied wandte sich die Hexe an Lakhtakiyā: »Mein Sohn! Ab heute bist du mein Schwiegersohn. Verlange, was du möchtest!«

Lakhtakiyā forderte daraufhin: »Mutter! Ich möchte Eure Flöte.«
Die Hexe gab ihm die Flöte.
Der Hexerich sprach: »Mein Sohn! Verlange auch von mir, was du gern möchtest!«
Lakhtakiyā erbat von ihm das fliegende Bett, setzte seine Frau darauf und flog in das Reich des Rādshās, dessen Sohn er wieder zum Leben erweckt hatte. Von dort nahm er die Prinzessin mit und begab sich in jene Stadt, in der er eine Anstellung hatte. In der ganzen Stadt erhob sich nun ein Geschrei, daß Lakhtakiyā zurück sei.
Lakhtakiyā ließ dem Rādshā sagen, daß er alle Lumpen und Fetzen, die in der Stadt vorhanden waren, auf einem außerhalb gelegenen Platz aufhäufen lassen und zusammen mit allen anderen dorthin kommen solle, um sich das Schauspiel anzusehen.
Kaum hatte der Rādshā den Befehl gegeben, als sich auch schon im Handumdrehen ein Berg Lumpen auftürmte. Die Leute eilten herbei, um sich das Schauspiel anzusehen. Sobald Lakhtakiyā die Flöte über den Lumpen hin und her bewegte, bildeten sich, ein Stück nach dem anderen, genau die gleichen Kleider, wie sie die Hexe hatte. Lakhtakiyā schenkte dem Rādshā ein Kleidungsstück und verteilte alle anderen unter den Anwesenden. Die Leute priesen Lakhtakiyā, und die Prinzessin wurde vor Freude ohnmächtig. Der Rādshā, zufrieden, legte die Heirat der Prinzessin mit Lakhtakiyā fest.
Dieser aber sagte: »Mahārādsh! Ich möchte der Prinzessin ein wunderschönes Schloß bauen lassen. Sobald es fertig ist, werde ich heiraten.«
Der Rādshā gab abermals sein Einverständnis und ließ für den Bau des Schlosses Arbeiter von weither holen. Lakhtakiyā entdeckte unter ihnen auch ihre Schwiegereltern, ihre Schwäger, ihre Schwägerinnen und auch ihren Gatten. Das machte sie traurig. Niemand erkannte Lakhtakiyā. Lakhtakiyā befahl, diese sieben Arbeiter am Abend nach Arbeitsschluß zurückzu-

halten. Vom Ziegel- und Mörteltragen schmerzte ihnen der Rücken. Wer weiß, was Gott Saturn nun für sie bereithielt!
Lakhtakiyā sah, daß die Haare und Bärte des Schwiegervaters, der Schwäger und ihres Gatten länger geworden waren. In ihren Gesichtern zeigten sich Falten. Vom Arbeiten hatten sie Schwielen an den Händen bekommen. Die Haut der Füße wies böse Risse auf. In ihren Augen standen Tränen. Lakhtakiyā ließ ihnen den Bart scheren, prächtige Kleider geben und ordnete an, ihnen den Lohn zu zahlen, ohne daß sie dafür arbeiten mußten. Danach befahl er der Schwiegermutter, sie solle ins Schloß gehen und seine Frau bedienen.
Im Schloßinneren aber pflegte Lakhtakiyā Frauenkleider zu tragen. Eines Tages forderte er die Schwiegermutter auf, ihm den Rücken zu massieren.
Während sie das tat, brach die Schwiegermutter in Tränen aus und schluchzte laut.
Lakhtakiyā fragte: »Sag aufrichtig, was geschehen ist! Warum weinst du so?«
Die Schwiegermutter antwortete: »Das Muttermal auf deinem Rücken erinnert mich an meine jüngste Schwiegertochter. Durch den Zorn Saturns trübte sich unser Verstand, wir haben sie getäuscht und allein im Wald umherirren lassen. Nun wissen wir nicht, ob sie tot oder noch am Leben ist.«
Als sie den Schmerz der Schwiegermutter sah, konnte sie nicht länger schweigen. Sie fiel ihr zu Füßen und sagte: »Mutter! Ich bin Eure jüngste Schwiegertochter!« Da drückte die Schwiegermutter sie an ihre Brust.
Danach schickte sie nach ihrem Schwiegervater, ihren Schwägern und Schwägerinnen. Auch sie schämten sich sehr für ihre Handlungsweise. Sie trat mit ihrem Gatten vor den Rādshā und sprach: »Mahārādsh! Das ist Euer Schwiegersohn! Ich bin Eure Tochter.« Sie erzählte dem Rādshā die Geschichte vom Anfang bis zum Ende.
Der Rādshā verheiratete seine Tochter mit dem Prinzen und gab ihm das halbe Königreich. Die zwei Frauen, die Lakhtaki-

yā geheiratet hatten, waren nun auch die Rānīs des jüngsten Prinzen.
Der jüngste Prinz kehrte mit seinen vier Rānīs und seiner Familie in sein Reich zurück. Inzwischen war ein ganzes Jahr vergangen, und Saturn hatte sich eilig davongemacht. Als der Rādshā morgens aufstand, herrschte wieder die alte Pracht. Alle lebten nun glücklich und zufrieden.

Der lachende und der weinende Pfau

In einer Stadt regierte einmal ein Rādshā. Eines Tages warf er vor versammeltem Hof seine Betelrolle zu Boden und rief: »He! Gibt es hier einen Helden, der einen Pfau herbeischaffen kann, bei dessen Lachen Seidenknäuel und bei dessen Weinen Perlen verstreut werden?«
Ringsum im Hofstaat wurde es still. Keiner trat vor.
Der Rādshā geriet in großen Zorn, er stampfte mit dem Fuß auf und fuhr seine Söhne an: »Fluch über euer Kriegerblut, wenn ihr so mit gesenkten Köpfen dasteht!«
Das erschütterte den Stolz der Prinzen, ihr Mut erwachte. Sie traten vor und sprachen: »Vater! Wir werden alle zusammen ganz bestimmt einen solchen Pfau ausfindig machen.«
Der Rādshā umarmte die sieben Prinzen zufrieden, gab jedem einen Schild und ein Schwert und segnete sie zum Abschied.
Alle sieben Prinzen begaben sich auf die Suche nach dem Pfau. Sie gingen und gingen, wußten aber nicht, wohin sie sich wenden sollten, denn niemand hatte ihnen gesagt, wo ein solcher Pfau zu finden sei. Und wie sie so gingen, kamen sie in einen Wald. Dort erblickten sie eine seltsame Hütte, die weder auf der Erde stand, noch den Himmel berührte. Sie hing in der Mitte zwischen beiden. Der älteste Prinz faßte sich ein Herz und trat heran. Sogleich glitt die Hütte nach unten und stieß den Prinzen an den Kopf. Voller Angst rannte der Prinz zu-

rück. Ganz langsam glitt die Hütte zur Erde. Ihre Tür stand offen, doch hatte keiner der Prinzen den Mut hineinzugehen. Der jüngste Prinz aber war von einfachem Gemüt. Alle flüsterten ihm zu, er solle hineingehen. Als er eingetreten war, sah er dort einen Sādhu sitzen, der sich im Zustand der Versenkung befand. Seinen Körper bedeckten lange Haare, sein Bart reichte bis zu den Füßen, und sein Haupthaar wellte sich auf dem Boden. Auch sein Schnurrbart war überaus lang. Der Prinz blieb eine Weile schweigend stehen, doch des Sādhus in sich gekehrte Pose löste sich nicht. Der Prinz wusch den Körper des Sādhus mit Wasser sauber und ordnete ihm mit einem Kamm das Haar. Dann entdeckte er in einer Ecke der Hütte Butter und in einer anderen Zwiebeln, Wurzelwerk und Früchte. Er nahm von der Butter und begann, damit dem Sādhu die Stirn einzureiben. Kaum hatte er die Butter aufgetragen, als der Sādhu zu sich kam. Er sprach: »Mein Sohn! Ich bin mit deinen Diensten sehr zufrieden. Was du dir wünschst, wirst du erhalten.«

Der Prinz ließ den Sādhu das Versprechen, daß er ihm jeden Wunsch erfüllen werde, dreimal wiederholen.

Dann erklärte er: »Ich bin der Sohn eines Rādshās. Unser Vater hat mir und meinen Brüdern etwas sehr Schweres aufgetragen. Bitte sagt uns, wie wir das lösen können!«

Der Sādhu fragte: »Was ist es?«

Der Prinz antwortete: »Bābā. Wir sollen unserem Vater einen Pfau bringen, bei dessen Lachen Seidenknäuel und bei dessen Weinen Perlen verstreut werden.«

Da erwiderte der Sādhu: »Mein Kind! Das ist nicht nur schwer, sondern unmöglich! Gut! Das macht nichts! Ich werde dir schon irgend etwas raten, wie du diesen Pfau bekommst!«

Der Sādhu zog aus seinem Bündel eine Schachtel mit Kādshal, gab sie dem Prinzen und sagte: »Nimm das! Wenn du es auf die Augen aufträgst, kannst du alle sehen, dich aber sieht niemand. Geh mit Gott! Er wird alles zum Guten lenken.«

Kaum war der Prinz aus der Hütte getreten, drängten sich seine

Brüder um ihn und fragten, warum er sich so lange darin aufgehalten hatte.
Der Prinz zeigte ihnen die Schachtel und berichtete: »Brüder! In dieser Hütte lebt ein Sādhu. Er hat mir diese Schachtel mit Kādshal gegeben. Wer das Kādshal auf seine Augen aufträgt, wird von niemandem gesehen.«
Darauf meinte der älteste Prinz: »Dann ist das eine Zauberschachtel. Gib sie mir! Du bist noch ein Kind und wirst sie verlieren.«
Der jüngste Prinz war ohne Arg. Er stellte die Schachtel neben seinen ältesten Bruder. Nach dem langen Tag waren alle müde, legten sich nieder und schliefen sofort ein. Der älteste Prinz aber blieb wach. Nach und nach weckte er seine Brüder und ging mit ihnen weg. Den jüngsten Bruder aber ließ er schlafend zurück.
Am Morgen, als der Prinz erwachte und sah, daß seine Brüder verschwunden waren, geriet er in große Aufregung. Doch was sollte er tun? Er wappnete sich mit Geduld und machte sich auf den Weg. Als er einige Tage umhergeirrt war, kam er in eine Stadt. Die Prinzessin jener Stadt war stumm. Man trommelte aus, daß die Prinzessin mit dem verheiratet werde, der sie zum Sprechen bringe. Ein Bewerber aber, dem das nicht gelinge, werde in den Kerker geworfen. Als der Prinz das hörte, hielt er es für besser, nichts zu überstürzen, und begab sich in eine Herberge.
Als ihn die Wirtin erblickte, rief sie aus: »Mein Sohn! Es waren schon sechs Prinzen hier, die wie du aussahen. Sie wollten die stumme Prinzessin heiraten, doch vermochte keiner, sie zum Sprechen zu bringen. Jetzt verfaulen sie im Kerker.«
Da antwortete der Prinz: »Das sind meine Brüder! Auf der Suche nach ihnen bin ich hierhergekommen. Haben sie ihre Sachen hiergelassen?«
Die Wirtin entgegnete: »Ja. Ihre Sachen sind gut aufgehoben.«
Zufrieden legte der Prinz der Wirtin fünf Goldstücke auf die

Hand. Darauf gab sie dem Prinzen die Sachen, darunter auch die Kādshal-Schachtel.

Der Prinz fragte nun die Wirtin: »Du lebst doch schon lange in dieser Stadt? Sicher weißt du, wie man die stumme Prinzessin zum Sprechen bringen kann?«

Die Wirtin hatte Geld bekommen und hoffte auf mehr. Sie nahm den Prinzen mit in eines der Zimmer und verschloß die Tür von innen. Dann sagte sie: »Mein Sohn! Die stumme Prinzessin ist eine sehr gute Schachspielerin. Niemand kann sie besiegen. Sollte doch einmal jemand nahe daran sein, sie zu bezwingen, dann gibt sie ihrer dressierten Katze ein Zeichen. Die reißt erst die Öllampe um, und dann, in der Dunkelheit, wirft sie alle Schachfiguren durcheinander. So gewinnt am Ende die Prinzessin, und wer mit ihr gespielt hat, wird im Kerker eingesperrt.«

Nachdem der Prinz dieses Geheimnis erfahren hatte, zähmte er eine Maus. Er versteckte sie in seinem Ärmel, ging zum Schloßeingang und schlug die Trommel. Die Leute des Rādshās begriffen, daß heute wieder ein Vögelchen auf den Leim gegangen war. Sie ließen ihn eintreten und brachten ihn zu der stummen Prinzessin.

Auf Befehl der Prinzessin wurde alles zum Schachspielen hergerichtet. Im Zimmer befand sich niemand außer der Prinzessin und dem Prinzen. Der Prinz spielte so geschickt, daß die Prinzessin nur so staunte. Sie war dabei zu verlieren, als sie ihrer Katze ein Zeichen gab. Die Katze löschte das Licht und wollte eben die Figuren durcheinander werfen, als der Prinz die Maus losließ. Sofort sprang die Katze auf die Maus los und vergaß ganz, die Figuren umzuwerfen. Die stumme Prinzessin wurde vom Prinzen besiegt und rief voller Zorn: »Wie konnte das geschehen?« Außer sich vor Freude rief der Prinz: »Laßt die Trommel schlagen! Die stumme Prinzessin hat gesprochen.«

Die Trommel wurde mit großem Lärm geschlagen, und die ganze Stadt erfuhr, daß die Prinzessin gesprochen hatte. Überall pries man nun den Prinzen. Die stumme Prinzessin malte dem Prinzen den Tilak auf die Stirn und sagte: »Jetzt werde ich nur mit dir gehen.«

Der Prinz aber meinte: »Ich werde dich ganz bestimmt mitnehmen, aber erst in einigen Tagen. Zuerst holst du meine Brüder aus dem Kerker!«

Alle sechs Prinzen kamen aus dem Kerker heraus. Das Glück ihres jüngsten Bruders erfüllte sie mit Neid. Sie sagten zu ihm: »Bruder! Wir dürfen hier keine Zeit in Prunk und Bequemlichkeit verlieren. Wir müssen uns beeilen und den Pfau ausfindig machen.«

Wie sie so gingen, gelangten sie in einen öden Wald. Sie kamen fast um vor Durst. In einiger Entfernung zeigte sich ihnen ein Brunnen. Der jüngste Bruder ging, um Wasser zu holen. Als er auf dem Brunnenrand stand und Wasser heraufzog, hackten ihm seine Brüder die Hände ab und stießen ihn in den Brunnen. Es war aber nur wenig Wasser darin, deshalb ertrank er nicht. Seine Brüder machten sich aus dem Staub. Einige Zeit später kamen Kornhändler vorbei. Als der Prinz ihre Schritte vernahm, fing er laut zu singen an. Die Kornhändler suchten nach der Stimme, konnten aber niemanden entdecken. Schließlich lugte einer der Kornhändler in den Brunnen. Er schrie auf und wich zurück: »Kameraden! Da sitzt ein Gespenst.«

Als ein zweiter Kornhändler Mut faßte und herunterschaute, sprach der Prinz: »Warum fürchtet ihr euch ohne jeglichen Grund? Ich bin kein Gespenst, sondern ein Mensch, genau wie ihr.« Dann zeigte er seine Armstümpfe und erzählte: »Meine Brüder haben mir die Hände abgehackt. Nun könnt ihr sicher sein, daß ich euch nichts Böses antun kann.«

Die Kornhändler verspürten Mitleid mit dem Prinzen und zogen ihn aus dem Brunnen. Der Prinz hütete ihr Vieh und war es zufrieden. So vergingen die Tage, und der Winter kam. Zum Füttern des Viehs hatte man viele Hirsehalme aufgehäuft. Der arme Prinz legte sich darin schlafen. Eines Nachts drang leiser

Gesang an sein Ohr. Er wachte auf und sah, daß sich unter dem Haufen Hirsehalme eine Grube aufgetan hatte, in die eine Treppe hinabführte. Er nahm Kādshal aus der Schachtel, trug es auf seine Augen auf und stieg die Treppe hinab. Unten erblickte er einen sehr großen Saal, den die Mehtars gerade fegten und in dem Bhishtīs Wasser verspritzten. In der Mitte stand auf einer Erhöhung ein mit Diamanten und Edelsteinen verzierter goldener Thron. Ringsum lagen Samtteppiche ausgebreitet, und die Luft war mit wohlriechenden Essenzen getränkt. Auf dem Thron saß ein prächtiger Gott. Vor ihm sangen und tanzten Apsarās. Still setzte sich der Prinz in eine Ecke und genoß dieses Schauspiel. Plötzlich erwachte in ihm der Wunsch, etwas Kādshal wegzureiben, um zu sehen, was seine Anwesenheit hier bewirken würde. Kaum hatte er das getan, fuhr der auf dem Thron sitzende Gott in die Höhe und schrie: »Wer bist du? Weißt du denn nicht, daß Menschen auf einer Zusammenkunft der Götter nichts zu suchen haben?«
Der Prinz erwiderte demütig: »Ich weiß das, oberster aller Götter! Ihr liebt die Musik, und hier werden Musik und Tanz in großer Vollendung gezeigt. Doch ohne Tablā wirkt das alles wie ein Essen ohne Salz.«
Den Gott beeindruckten die Worte des Prinzen. Er fragte: »Kannst du einen guten Tablāspieler herholen?«
Der Prinz antwortete: »Wo soll ich den hernehmen? Hätte ich meine Hände noch, wäre ich Euch selbst zu Diensten.«
Der Gott war es zufrieden und befahl den niedrigeren Gottheiten, dem Prinzen Hände anzufügen. Sofort hatte der Prinz seine Hände wieder. Er schlug den Tablā so gut, daß alle in Entzücken gerieten. Als das Beisammensein beendet war, wollte der Prinz gehen, aber der Gott hielt ihn zurück: »Wo willst du hin? Gib erst die Hände zurück!«
Der Prinz gab ihm die Hände und ging weg. Seit diesem Tag nahm der Prinz täglich an den Zusammenkünften der Götter teil und schlug den Tablā. Dem Gott gefiel das sehr. Eines Tages bat der Prinz: »Mahārādsh! Ohne Hände lebt es sich

schwer. Die Nächte vergehen mit rauschenden Festen, aber die Tage gehen einfach so dahin. Obwohl ich arbeite, bekomme ich nicht genügend zu essen. Erbarmt Euch und laßt mir meine Hände für immer!«

An diesem Tag nahm der Gott die Hände nicht zurück. Am nächsten verließ der Prinz jenen Ort. Er ging und ging und kam in eine Stadt. Als er zum Dach des Schlosses blickte, sah er dort die Tochter des Rādshās, die gerade ihr Haar schmückte. Ihr Blick fiel auf den Prinzen, und beide waren voneinander bezaubert. Der Prinz erfuhr, daß der Mann, den die Prinzessin heiraten würde, noch in der gleichen Nacht ein Opfer des Todes werde. Der Prinz beschloß dennoch, die Prinzessin zu heiraten, und schickte eine Nachricht ins Schloß.

Die Prinzessin ließ den Prinzen rufen und sprach: »Ich habe nichts gegen die Heirat. Aber du weißt nicht, daß der Mann, der mich heiratet, den nächsten Morgen nicht mehr erblickt. Sechs Prinzen, die dir glichen, waren schon hier, und einer nach dem anderen starb. Ich selbst bin sehr unglücklich, kann aber nichts dagegen unternehmen. Nimm den Heiratsantrag zurück, damit du mit dem Leben davonkommst!«

Der Prinz hörte nicht auf sie, und die Hochzeit fand statt. In der Nacht schlief die Prinzessin tief und fest, der Prinz aber wachte. Er hatte das Kādshal aufgetragen und wartete nun auf das Unheil. Mitten in der Nacht sah er eine glänzende, sich hin und her windende Kobra aus dem Mund der Prinzessin kriechen. Als sie herausgekommen war, wollte sie, wie immer, auf das Bett des Prinzen kriechen. Der Prinz lag auf der Lauer. Er zog sein Schwert, hieb sie in drei Stücke, die er in den Spucknapf warf. Danach streckte er sich aus und schlief ein.

Als die Prinzessin am Morgen erwachte, sah sie gar nicht erst zu dem Prinzen hin, da sie der Anblick des toten Gatten nur unglücklich machen würde. Dann aber vernahm sie sein Schnarchen und fuhr zusammen: »He! Ist das etwa ein Traum?« Sie schmiegte sich an den Prinzen. Der Prinz öffnete die Augen und sprach: »Rānī! Heute habe ich sehr glücklich geschlafen.«

Die Prinzessin wußte nichts von dem Geheimnis. Sie sprach zu dem Prinzen: »Heute scheint mir ganz leicht ums Herz zu sein. Sag die Wahrheit! Welchen Zauber kennst du, mit dem du dein Leben gerettet und mich vor Schande bewahrt hast?«

Der Prinz hob den Spucknapf hoch, zeigte der Prinzessin die Stücke der Schlange und erzählte ihr alles. Der Prinzessin standen die Haare zu Berge. Sie führte den Prinzen in einen Raum und zeigte ihm die Gebeine der Prinzen, die bis jetzt der Schlange zum Opfer gefallen waren.

Als der Prinz weiterziehen wollte, hatte die Prinzessin den Wunsch, mit ihm zu gehen. Der Prinz aber sprach: »Ich bin auf der Suche nach einem Pfau, bei dessen Lachen Seidenknäuel und bei dessen Weinen Perlen verstreut werden. Ich kenne nicht einmal den Ort, wo es ihn gibt. Wenn du mit mir gehst, wirst du dich nur verirren. Bleib deshalb lieber hier! Sobald ich meine Aufgabe erfüllt habe, kehre ich schnell zurück.«

Da antwortete die Prinzessin: »Nicht weit von hier übt ein Mahātmā strenge Buße. Er wird wissen, wo es einen solchen Pfau gibt. Sicher wird er dir helfen! Doch habe ich gehört, daß es sehr schwer sein soll, ihn zufriedenzustellen.«

Der Prinz versicherte der Prinzessin, daß er bald zurückkommen werde, und ging fort. Als er eine Weile gewandert war, traf er jenen Mahātmā, der in tiefer Versenkung saß. Seinen Körper bedeckte ein Lehmhaufen, an einigen Stellen hatten sich Ameisen eingenistet. Sogleich machte sich der Prinz daran, dem Mahātmā zu dienen. So vergingen sechs Monate. Eines Tages sah der Prinz, daß der Mahātmā die Augen öffnete. Er war darüber sehr glücklich und fiel ihm zu Füßen.

Der Mahātmā sprach: »Mein Sohn! Dienste werden stets belohnt. Ich bin sehr zufrieden mit dir. Ich weiß, daß du einen Pfau suchst. Aber den gibt es nur in der Hauptstadt der Riesen. Wer dorthin geht, kommt nicht lebend zurück. Trotzdem werde ich dir sagen, wie du dorthin gelangst.« Er gab dem

Prinzen eine Garnrolle und fuhr fort: »Wirf die Garnrolle vor dir her, und du wirst ungehindert in die Hauptstadt der Riesen gelangen. Im Schloß des Riesenkönigs lebt eine Prinzessin. Mit ihrer Hilfe wirst du deine Aufgabe lösen. Mein Segen ist mit dir. Fürchte dich nicht! Nun geh!«

Der Prinz schritt, die Garnrolle vor sich her werfend, los und gelangte in die Hauptstadt der Riesen. Er hatte um seine Augen Kādshal gemalt, kletterte auf Bäume, pflückte die Früchte des Gartens und aß davon.

In diesem Garten stand ein Pavillon mit zwölf Türen. Darin stand ein reich verzierter Thron, auf dem eine Prinzessin lag. Da rief der Prinz mit lauter Stimme: »Du Schöne! Ich bin gekommen, dich zu befreien.«

Verwirrt sah sich die Prinzessin um, konnte aber niemanden entdecken. Ängstlich fragte sie: »Wie kommt die Stimme eines Menschen in die öde Stadt der Riesen, und wo ist sie?«

Schnell wischte sich der Prinz das Kādshal ab und trat in seiner wahren Gestalt vor die Prinzessin.

Beeindruckt vom Aussehen des Prinzen, erinnerte sich die Prinzessin doch sofort an den König der Riesen. Mit zitternder Stimme fragte sie: »Warum bist du hierhergekommen? Geh sofort! Geh auf der Stelle weg von hier! Der Riesenkönig muß gleich hier sein. Der läßt dich nicht am Leben. Ich falte die Hände, ich falle dir zu Füßen, lauf weg von hier!«

Der Prinz trug Kādshal auf und war wieder unsichtbar.

Nach einiger Zeit kam der König der Riesen. Die Prinzessin gab ihm reichlich Wein zu trinken, fuhr ihm zärtlich mit den Fingern durchs Haar und sagte: »Väterchen! Ihr werdet alt. Wie soll ich allein hier leben, wenn Euch etwas zustößt? Dieser Gedanke bewegt mich.«

Der Riese antwortete lachend: »Du Dumme! Wer könnte schon meinem Leben ein Ende setzen? Ich sage dir etwas. Hör gut zu! In dem Garten hinter dir befindet sich doch ein Springbrunnen, auf dem ein weißer Pfau sitzt, nicht wahr? Dieser Pfau, weißt du, was das für einer ist? Wenn er lacht, fallen

Seidenknäuel zur Erde, wenn er weint, verstreut er Perlen. Nimmt man den Pfau weg, sieht man eine Rinne. In dieser Rinne sitzt ein Frosch, den niemand sehen kann, ohne die Rinne freizulegen. Gut! In diesem Frosch ist mein Leben. Nun sag! Ist deine Sorge nicht völlig unbegründet? Nie wird jemand etwas von diesem Frosch erfahren, noch werde ich sterben.«

Während sie sich so unterhielten, schlief der König der Riesen ein. Am nächsten Morgen begab er sich auf die Jagd.

Der unsichtbare Prinz hatte alles gehört, worüber der König der Riesen und die Prinzessin sprachen. Gleich, nachdem der Riese fort war, ging er in den Garten. Zuerst streichelte er den weißen Pfau lange, der auf dem Springbrunnen saß, dann hob er ihn herunter. Nun fand er tatsächlich eine Rinne. Kaum hatte der Prinz sie freigelegt, sprang ein Frosch heraus, und es erhob sich sogleich ein heftiger Sturm. Der Riese kam keuchend auf den Prinzen zugerannt. Als der Prinz das sah, riß er dem Frosch ein Bein aus. Da fing der Riese an zu humpeln. Der Prinz riß auch das zweite Bein heraus. Jetzt kam der Riese sich rollend und wälzend auf den Prinzen zu. Schnell drehte der Prinz dem Frosch den Hals um. Der König der Riesen fiel stöhnend zu Boden und war tot.

Der Prinz nahm den Pfau und war sehr froh. Er brachte ihn zu der Prinzessin und befahl: »Jetzt bring ihn zum Lachen und zum Weinen!«

Die Prinzessin sprach. »Brüderchen Pfau! Brüderchen Pfau! Der Riese ist tot.«

Da lachte der Pfau, und vor ihm häuften sich die seidenen Garnknäuel. Dann sagte die Prinzessin: »Brüderchen Pfau! Brüderchen Pfau! Ich verlasse dich und gehe mit dem Prinzen.«

Da fing der Pfau an zu weinen, und ringsum verstreuten sich Perlen.

Der Prinz freute sich sehr. Er nahm die Prinzessin und den Pfau und machte sich auf den Weg in sein Reich. Unterwegs sagte die Prinzessin: »Hör zu! Die Perlen, die der Pfau beim

Weinen verstreut, sind sehr nützlich. Streut man sie einem Toten auf die Gebeine, wird er im Nu wieder lebendig.«
Dem Prinzen kam es vor, als träume er. Jetzt schwirrte ihm nur noch das eine im Kopf herum, nämlich, zu der Prinzessin mit der Schlange zurückzukehren und seine Brüder wieder am Leben zu sehen. Das gab seinen Beinen Kraft, und bald langte er dort an. Er trat in das Zimmer und streute Perlen über die Gebeine seiner Brüder. Alle Prinzen erhoben sich und riefen: »Gelobt sei Gott! Gelobt sei Gott!«
Nun machten sich der Prinz, die Prinzessin mit der Schlange und seine Brüder auf den Weg. Sie gingen und gingen und gelangten zu der stummen Rānī. Die stumme Rānī hatte für den Prinzen ein fliegendes Bett. Der Prinz setzte alle darauf, aber als er selbst aufsteigen wollte, verrieten seine Brüder ihn wieder. Sie hießen das fliegende Bett, sich in den Himmel zu erheben. Zu Hause angekommen, teilten sie ihrem Vater mit, daß sie den Pfau, nach dem er verlangt hatte, gebracht hätten.
Die Rānīs waren über die Trennung von dem jüngsten Prinzen sehr unglücklich. Auch der Pfau wurde schweigsam und traurig. Als der Rādshā sah, daß der Pfau weder lachte noch weinte, wurde er sehr zornig. Er beschuldigte die Prinzen des Betrugs und wollte sie hängen lassen. Als man sie zum Galgen führte, kam der jüngste Prinz, der lange umhergeirrt war, dort an. Kaum hatte der Pfau ihn erblickt, lachte er los. Ringsum häuften sich die seidenen Garnknäuel. Sie waren so schwer, daß man sie nicht hochheben konnte.
Beim Anblick des jüngsten Prinzen befahl der Rādshā böse: »Hängt ihn auch auf!«
Als der Pfau das hörte, fing er an zu weinen und überschüttete alle mit Perlen.
Der Rādshā hatte also den gewünschten Pfau bekommen und freute sich sehr. Doch wußte er noch immer nicht, wer ihn denn nun eigentlich gebracht hatte. Er hob den Befehl, die Prinzen zu hängen, wieder auf und rief sie zu sich. Sie

erzählten dem Rādshā die Wahrheit und baten ihn um Verzeihung.
Der Rādshā aber hörte nicht darauf. Der jüngste Prinz bekam das ganze Reich, und alle anderen Prinzen wurden des Landes verwiesen.
Der jüngste Prinz lebte nun mit seinen Rānīs herrlich und in Freuden.

Die Krähenscheuche

›Vom Schicksal Vorherbestimmtes kann selbst mit Hunderttausenden Mitteln nicht umgangen werden.‹ Wem das Schicksal Unglück verheißt, vermag dem nicht zu entgehen, auch wenn es sich um eine Rānī oder Mahārānī handelt. In einer Stadt herrschte einmal ein Rādshā. Er hatte sieben Rānīs. Keine von ihnen war mit Kindern gesegnet. Der Sterndeuter erklärte, daß der Rādshā von der achten Rānī Kinder haben werde. Da feierte der Rādshā noch einmal Hochzeit. Als er die schöne und tugendhafte Rānī sah, pries der Rādshā sein Geschick. Von nun an liebte er die kleine Rānī am meisten. Für die anderen Rānīs war diese Liebe wie der Stachel eines Skorpions. Doch was hätten sie zu dem Rādshā sagen können? Innerlich vergingen sie fast vor Eifersucht und Neid.
Einige Zeit später wurde die kleine Rānī schwanger. Das war für die sieben anderen Rānīs so, als ob ein Brand ausgebrochen wäre. Sie zerbrachen sich Tag und Nacht den Kopf darüber, wie sie die Rānī in den Augen des Rādshās herabsetzen könnten, aber sie fanden nichts. Nun berieten sie sich wieder untereinander und dachten sich etwas Neues aus. Sie fingen in vermeintlicher Sorge an, um die kleine Rānī herumzuschwänzeln. Der Rādshā war über ihr Gebaren sehr erstaunt. Er vermutete zunächst eine List dahinter. Als er jedoch sah, daß die Rānīs sich die größte Mühe bei der kleinen Rānī gaben, glaubte er ihnen allmählich. Er dachte, daß es auch ihnen nicht gefiel, wenn es im Hause kein Kind gab, und sie deshalb wohl

meinten, daß auch das Kind einer ihrer Nebenfrauen dem Hause Glanz verleihen werde. Außerdem war die kleine Rānī ja auch sehr schlicht und treuherzig. Wer konnte schon neidisch auf sie sein? Nach und nach gab es der Rādshā auf, sich Sorgen zu machen. Zwischen den Rānīs schien bestes Einvernehmen zu herrschen.
Als ihre Zeit herankam, bekam die kleine Rānī Schmerzen. Der Rādshā war auf der Jagd. Die sieben Rānīs kamen mit großem Eifer herbeigelaufen. Sie ließen sich von einer Sklavin einen großen Tontopf bringen und banden der Rānī die Augen zu. Dann sprachen sie: »Jetzt steck dein Gesicht in diesen Tontopf. Bei uns ist das so Brauch, wenn ein Kind zur Welt kommt.«
Wie hätte die kleine Rānī hinter diese List kommen können? Als ihr die großen Rānīs das sagten, steckte sie das Gesicht in den Tontopf. Die Rānīs umwickelten die Öffnung des Topfes gut mit Stoff. Die kleine Rānī gebar Zwillinge, ein Mädchen und einen Jungen. Die Rānīs steckten die beiden Kinder in eine Holzkiste und ließen sie in den Fluß werfen. Danach erhoben sie großes Geschrei, die kleine Rānī habe Ziegelsteine geboren. Als die Rānī ihr Gesicht aus dem Tontopf zog, war tatsächlich kein Kind da. Nur ein paar mit Asche beschmierte Ziegelsteine lagen herum. Der kleinen Rānī schmerzte das Herz. So etwas war ihr noch nie zu Ohren gekommen. Inzwischen kehrte der Rādshā von der Jagd zurück. Die sieben Rānīs führten ihn laut lachend in das Gemach der kleinen Rānī, zeigten ihm die Ziegelsteine und sagten: »Sieh nur, was deine Lieblingsfrau hervorgebracht hat! Nur Ziegelsteine!«
Als der Rādshā das sah, kochte er vor Zorn und verurteilte die unschuldige Rānī auf Geheiß der anderen zur Krähenscheuche. In Lumpen gehüllt saß sie auf dem Dach und scheuchte die Krähen weg. Dafür erhielt sie ein ganzes Ser Gerste zum Essen. Die Rānī flatterte wie ein flügelloser Vogel hin und her, doch wer konnte sie dort schon hören? Der Rādshā sah ja nicht einmal zu ihr hin! Auch die Rānīs nannten sie eine Schande

ihres Geschlechts. Im Schloß wurden Feste gefeiert, auf dem Dach aber vergoß die Rānī Ströme von Tränen.
Über wen Gott seine Hand hält, dem kann nichts Böses widerfahren. Die Holzkiste schwamm auf dem Fluß dahin, als der Blick eines Sādhus auf sie fiel, der dort badete. Er holte die Kiste ans Ufer. Als er sie geöffnet hatte, erblickte er darin zwei wunderschöne Kinder, die an ihren Daumen lutschten. Der Sādhu wunderte sich sehr. Was sollte er mit ihnen machen? Behalten konnte er sie nicht, aber er konnte sie auch nicht wieder aussetzen. Eine Zeitlang schwankte er innerlich hin und her, schließlich brachte er die Kinder in seine Hütte. Er hatte eine Kuh, molk ihre Milch in eine Kokosnußschale und gab sie den Kindern mit einem Stoffbausch zu trinken. Die Kinder wuchsen mit jedem Tag. Nun ging der Sādhu betteln, brachte Mehl mit, bereitete daraus Brot und gab das den Kindern zu essen. Dem Sādhu gefiel es nicht, diesen Kindern, zart wie eine Blume, nur trockenes Brot zu geben. Bei sich sprach er: »Seht nur das Schicksal dieser Kleinen! Sie könnten einem Schloß mehr Glanz verleihen! Wo sind sie nur hingeraten, die Armen?«
So sorgte der Sādhu zwölf Jahre für sie, dann sagte er eines Tages zu ihnen: »Kinder! Ihr seid nun groß geworden. Wie lange wollt ihr mich noch in irdische Bande verstrickt halten? Geht nun! Geht in irgendeine Stadt! Vielleicht nimmt euch ein Reicher, der keine Kinder hat, als seine an. Ich kann hier nichts mehr für euer Glück tun.«
Die beiden fielen dem Sādhu um den Hals und begannen zu weinen. Begütigend redete der Sādhu lange auf sie ein. Er nahm einen Kranz aus der Kiste, in der er sie gefunden hatte, gab ihnen diesen und sprach: »Meine lieben Kinder, sorgt euch nicht! Solange ihr diesen Kranz habt, kann euch niemand etwas Böses antun.« Weinend nahmen die Kinder Abschied von dem Sādhu.
Sie liefen und liefen und kamen in eine Stadt. Dort ließen sie sich vor dem Schloß des Rādshās nieder. Wenn der Rādshā

vorbeikam, blieben seine Augen an diesen Kindern hängen, aber er sprach nicht mit ihnen. Der Bruder ging Geld verdienen, die Schwester kümmerte sich um den Haushalt. Mit der Zeit wurde aus dem Jungen ein großer Kaufmann, und er ließ sich vor dem Schloß des Rādshās selbst ein Schloß bauen, das noch viel höher als das des Rādshās war. Fiel der Blick der sieben Rānīs auf dieses Schloß, ärgerten sie sich sehr darüber, daß solch ein hergelaufener Mensch sich mit dem Rādshā gleichsetzen wollte. Und wenn sie vom Dach ihres Schlosses aus das Mädchen sahen, stach ihnen dessen Schönheit in die Augen, und sie sagten zueinander: »Wie seltsam! Schwester und Bruder gleichen einander wie ein Ei dem anderen.«

Plötzlich kam es der großen Rānī in den Sinn: »Ob das nicht die Kinder der Krähenscheuche sind? Ich habe schon mehrmals gesehen, daß ihr Blick an den Kindern haften bleibt. Glaubt es oder glaubt es nicht! Mein Herz sagt mir, daß das ihre Kinder sind.«

Die zweite Rānī meinte: »Warum sollten wir das nicht glauben? Es ist durchaus möglich, daß jemand die Kiste an sich genommen hat und die Kinder gerettet wurden.«

Die dritte fügte hinzu: »Und wer sie gerettet hat, überläßt sie nicht ihrem Schicksal!«

Die vierte sprach: »Habt ihr aber Sorgen! Selbst wenn es die Kinder der Krähenscheuche sind! Was kann sie denn jetzt noch tun? Den Rādshā haben wir fest in der Hand.«

Als sie das alles überdacht hatten, gaben sie sich erst einmal zufrieden, doch der Stachel saß tief in ihrem Herzen. Sie sannen auf Mittel und Wege, wie sie die beiden beiseite schaffen könnten. Eines Tages riefen sie zwei Kupplerinnen herbei und fragten sie nach ihren besonderen Fertigkeiten. Die erste sprach: »Ich bin so geschickt, daß ich Wolken zerreißen kann.«

Die zweite prahlte: »Ich aber kann zerrissene Wolken wieder zusammenflicken.«

Die zweite Kupplerin gefiel den Rānīs, und so wählten sie diese für ihre Zwecke aus.

Seitdem ging die Kupplerin in dem anderen Schloß ein und aus. Mit dem Mädchen verkehrte sie bald wie eine Tante. Eines Tages sagte sie ihr im Gespräch: »Töchterchen! Dein Schloß ist sehr schön, auch dein Garten ist herrlich. Doch so lange, wie es in ihm noch keine Mangobäume aus dem Land der Feen gibt, fehlt ihm der Glanz. Laß dir von deinem Bruder zwei solche Bäume bringen, und dann wirst du sehen, wie prächtig dein Garten aussieht!«
Das Mädchen, von Natur aus arglos, glaubte der Kupplerin. Als ihr Bruder kam, legte sie sich schmollend aufs Bett. Sobald der Bruder den Unmut seiner Schwester bemerkte, fragte er sie: »Schwester, was ist mit dir?«
Das Mädchen antwortete: »Brüderchen! Bring mir zwei Mangobäume aus dem Land der Feen!«
Darauf erwiderte der junge Mann: »Schwester! Das ist sehr schwierig. Auf dem Weg dorthin befindet sich das Haus eines Dānaw. Der läßt mich nicht am Leben.«
Das Mädchen aber sprach: »Brüderchen, das sind doch nur Vorwände! Ich verstehe, du liebst mich nicht.«
Da erwiderte der junge Mann: »Wie dumm du bist! Du sagst, daß ich dich nicht liebe. Wen habe ich denn außer dir auf dieser Welt? Also gut! Wenn du mir nicht glaubst, dann bereite ein Viertel Man Malīdā zu und gib es mir mit! Ich mache mich auf den Weg.«
Als er das Malīdā bekommen hatte, zog der junge Mann los. Unterwegs traf er auf den Dānaw. Der sprach: »Junge! Ich werde dich auffressen.«
Da entgegnete der junge Mann: »Onkel, o Onkel, warum willst du mich auffressen? Ich habe dir doch Malīdā mitgebracht!«
Als der Dānaw hörte, daß man ihn mit Onkel anredete, drückte er den Jungen liebevoll an seine Brust und sagte: »Gib her! Wo ist das Malīdā? Wir beide werden es zusammen essen.«
Der Jüngling gab dem Dānaw das Malīdā. Der Dānaw freute sich sehr.

Als der Prinz weiterging, begegnete ihm der Sādhu. Der fragte ihn: »Mein Kind! Wo gehst du denn hin?«
Der Jüngling antwortete: »Bābā! Die Schwester ist von dem Wunsch besessen, daß ich ihr aus dem Land der Feen Mangobäume hole.«
Da sprach der Sādhu: »Das ist nicht schlimm. Den Dānaw hast du schon zufriedengestellt. Nun wirst du unterwegs keine Hindernisse mehr haben. Nicht weit von hier ist ein herrlicher See. Jede Nacht kommen die Feen zum Baden dorthin. Sie tauchen nur einmal und drehen sich auch nicht um. Während sie tauchen, mußt du die Bäume nehmen und mit ihnen weglaufen.«
Zufrieden ging der Jüngling weiter. In der Nacht wartete er am See auf das Erscheinen der Feen. Jede Fee hielt eine Mangopflanze in der Hand. Sie legten die Pflanzen am Ufer nieder und tauchten in den See. Der Prinz nahm sich zwei der Pflanzen und rannte zu dem Sādhu zurück. Alle Feen verwandelten sich in Krähen und flogen hinter dem Jüngling her. Der Sādhu verwandelte den Jüngling in eine Fliege und setzte sie an die Wand. Die Feen kamen in die Hütte des Sādhus und suchten dort nach dem Jüngling, mußten aber enttäuscht wieder umkehren. Der Jüngling kehrte wohlbehalten mit den Mangobäumen zu seiner Schwester zurück. Die Schwester war sehr glücklich. Sie pflanzte die Mangobäume in ihren Garten. Kaum waren sie in der Erde, wurden sie zu großen, dichten Bäumen, die des Gartens Zierde erhöhten.
Die Rānīs hatten geglaubt, daß der Dānaw den Jüngling auffressen werde, und mußten nun mit ansehen, wie ihr Feind wohlbehalten und munter zurückkam. Wieder schickten sie die Kupplerin zu dem Mädchen.
Die Kupplerin stellte sich sehr froh und sagte: »Siehst du nun, daß ich dir etwas Gutes geraten habe? Selbst die Rānīs erfaßt der Neid, wenn sie jetzt herauskommen und die Pracht des Schlosses und diese Bäume sehen. Ja, nun ist nur noch etwas zu tun übrig.«

Das Mädchen fragte: »Was?«
Der Pfeil der Kupplerin traf die richtige Stelle. Sie sagte: »Sag deinem Bruder, er soll dir zwei Käfige mit Koyals holen! Wenn es nieselt und der Koyal vom Mangobaum herab ruft, dann gleicht dieses Schloß dem Paradies.«
Dem Mädchen lief der Speichel im Munde zusammen. Sie sagte: »Tante! Wach endlich auf! Warum hast du mir das nicht schon früher gesagt? Verrate jetzt gleich auf einmal, was du noch für das Schloß willst! Ich möchte dem Bruder nicht immer wieder zusetzen.«
Die Kupplerin antwortete: »Töchterchen! Gut, daß du mich erinnerst! Ohne eine Schwägerin ist das Schloß öde und leer. Sag dem Bruder, er soll die Fee des Lächelns heiraten und herbringen!«
Nachdem sie das geraten hatte, ging die Kupplerin fort, und das Mädchen legte sich wieder schmollend ins Bett. Als der Bruder kam, bedeckte sie das Gesicht und stellte sich schlafend. Nachdem der Bruder lange auf sie eingeredet hatte, sprach sie: »Brüderchen! Wir brauchen zwei Käfige mit Koyals, um sie in die Mangobäume zu hängen, und um uns zu zerstreuen, brauchen wir im Haus die Fee des Lächelns als Schwägerin.«
Da wunderte sich der Jüngling: »Schwester! Was ist nur mit dir los? Jeden Tag denkst du dir etwas anderes für mich aus! Hast du denn gar keine Angst um mein Leben?«
Das Mädchen antwortete: »Brüderchen! Sag, was du willst! Solange du mir die beiden Wünsche nicht erfüllt hast, werde ich weder Essen noch Trinken anrühren.«
Der Jüngling gab sich geschlagen, nahm ein Viertel Man Malīdā und ging fort. Unterwegs traf er wieder jenen Dānaw. Der fühlte sich schon ganz als sein Onkel. Er aß das Malīdā und freute sich. Er fragte: »Mein Sohn! Warum kommst du schon wieder hierher?«
Der Jüngling erzählte ihm von der Fee des Lächelns und von den Käfigen mit den Koyals.

Der Dānaw antwortete: »Mein Sohn! Du sollst dich nicht unter die Feen mischen! Wenn sie dich erblicken, lassen sie dich nicht am Leben.«
Der Jüngling aber sagte: »O Onkel, was soll ich tun? Meine Schwester liegt doch auf dem Bett und schmollt!«
Darauf meinte der Dānaw: »Nun gut! Weil du mich deinen Onkel nennst, muß ich dir das Geheimnis verraten. Zu dem herrlichen See kommen jeden Tag die Feen, um zu baden. Unter ihnen ist auch die Fee des Lächelns. Man erkennt sie daran, daß sie in jeder Hand einen Käfig mit einem Koyal hält. Wenn sie die Käfige am Ufer hingestellt hat und im Wasser untergetaucht ist, mußt du die Käfige ergreifen und damit weglaufen!«
Der Jüngling ging zu dem See. Unterwegs erzählte er auch dem Sādhu die ganze Angelegenheit. Als die Feen in der Nacht zum Baden kamen, versteckte er sich. Dieses Mal war er mehr auf der Hut als beim vorhergehenden Mal. Sobald die Feen unter Wasser waren, ergriff er die Käfige und rannte los. In Geier verwandelt, verfolgten ihn die Feen. Der Jüngling verschwand wieder in der Hütte des Sādhus, der ihn auch diesmal in eine Fliege verwandelte und an die Wand setzte. Die Feen schmeichelten dem Sādhu auf jegliche Art und Weise, aber er ließ sie nicht in seine Hütte. Schließlich bat die Mutter der Fee des Lächelns den Sādhu, ihr jenen Jüngling zu zeigen. Sie werde ihm auch nichts Böses antun.
Da meinte der Sādhu: »Wenn du bereit bist, die Fee des Lächelns mit diesem Jüngling zu verheiraten, kann ich ihn dir zeigen.«
Die Mutter der Fee des Lächelns war sehr besorgt, denn die Fee konnte auch nicht einen Tag lang ohne die Koyals im Käfig leben. Sie gab sich geschlagen und ging auf den Wunsch des Sādhus ein. Nachdem der Sādhu ihr einen dreifachen Schwur abgenommen hatte, stellte er den Feen den Jüngling vor. Die Fee des Lächelns bebte vor Zorn, aber als sie den Jüngling erblickte, verschlug ihr dessen Schönheit die Sprache. Nun

mußte sie das Versprechen der Mutter einlösen. Die Hochzeit der Fee des Lächelns mit dem Jüngling fand statt. Die Mutter der Fee des Lächelns sprach zu dem Jüngling: »Mein Sohn! Sollte dich einmal ein Unglück treffen, dann nimm etwas Erde, bereite ein kleines Viereck und denke an mich! Ich werde sofort zur Stelle sein, um dir zu helfen.«

Auch der Sādhu versprach: »Mein Sohn! Auch ich werde sofort da sein, um dich zu beschützen.«

Mit der Fee des Lächelns und den Koyals in den Käfigen erreichte der Jüngling sein Schloß. Als das Mädchen sah, daß der Bruder zurück war und ihre beiden Wünsche erfüllt hatte, fing es vor Freude an umherzuspringen.

Der Jüngling hängte die Käfige mit den Koyals in die Mangobäume. Um diese Zeit fing es an zu nieseln, und die Koyals begannen zu rufen. Als die Kupplerin das bemerkte, war sie sehr beunruhigt. Alle ihre Anschläge waren fehlgeschlagen. Aus Furcht vor den Rānīs verließ sie schleunigst die Stadt.

Der Jüngling gab aus Freude über seine Heirat ein Essen für die ganze Stadt. Auch der Rādshā wurde dazu geladen. Der Rādshā und seine sieben Rānīs erschienen mit großem Pomp. Niemand hatte auch nur im geringsten an die Krähenscheuche gedacht. Das Mädchen aber hatte die Krähenscheuche jeden Tag auf dem Dach gesehen und bestand vor dem Rādshā darauf, daß auch sie geholt wurde.

Es war das erste Mal, daß der Jüngling sich so etwas Großes vorgenommen hatte. Auch das Mädchen wußte nicht genau, wie alles zu richten wäre. Da nahm der Jüngling eine Handvoll Erde vom Hof, bestrich damit eine Fläche und dachte an die Mutter der Fee des Lächelns und an den Sādhu. Schnell eilten die beiden herbei und bereiteten das Essen und alles andere vor. Vor jedem Gast standen sechsunddreißig verschiedene Speisen, nur auf den Tellern des Rādshās und der Rānīs sah man nichts davon, auf ihnen lagen bunte Kieselsteine.

Der Jüngling trat vor alle hin und forderte sie zum Essen auf.

Als der Rādshā das hörte, war er vor Wut außer sich. Er donnerte seine Krieger an: »Meine Krieger! Seht ihr das? Schlagt dem Jüngling den Kopf ab!«
Die Krieger zogen ihre Schwerter aus der Scheide und traten vor. Da hielt sie der Sādhu zurück und fragte den Rādshā: »Mahārādhs! Weswegen verurteilt Ihr diesen unschuldigen Jüngling zum Tode?«
Der Rādshā erwiderte zähneknirschend: »Bābā-dshī! Geht mir aus dem Weg! Seht Ihr denn nicht, daß man mich und die Rānīs hier beleidigt? Da fragt Ihr noch, warum ich diesen Jüngling bestrafe? Seht diese Kieselsteine! Kann man die etwa essen?«
Der Sādhu faltete die Hände und sprach: »Rādshā! Verzeiht mir! Wenn es einem Rādshā nicht möglich ist, Kieselsteine zu essen, dann sollte man überlegen, wie eine Rānī Ziegelsteine zur Welt bringen kann!«
Die Augen der Krähenscheuche glänzten auf. Die sieben Rānīs zitterten am ganzen Körper vor Furcht. Beunruhigt fragte der Rādshā: »Bābā! Ich verstehe Euch nicht. Was sagt Ihr da?«
Der Sādhu antwortete: »Rādshā! Öffnet Eure Ohren und hört gut zu! Es gibt noch etwas zu berichten. Diese beiden sind Eure Kinder, und die Krähenscheuche ist ihre Mutter.«
Dem Rādshā war zumute, als ob er vom Himmel herabstürze. Alle sieben Rānīs rafften sich auf und fragten zitternd: »Könnt Ihr das beweisen?«
Der Sādhu holte jene Holzkiste herbei, in der die Kinder damals in den Fluß geworfen worden waren. Danach erzählte er die Geschichte von Anfang bis Ende.
Der Rādshā glaubte ihm zwar, meinte aber trotzdem: »Mahārādsh! Das reicht noch nicht als Beweis.«
Der Sādhu geriet in Zorn, seine Augen röteten sich vor Wut. Er sagte: »Gut! Wenn Ihr wollt, daß alle Eure Schmach und die der Rānīs sehen, werde ich den Beweis erbringen.«
Der Sādhu ließ alle Anwesenden zu einem Kreis zusammentreten, und in dessen Mitte stellte er die Krähenscheuche. Alle Leute sahen nun, wie aus ihren Brüsten Ströme von Milch her-

vorsprudelten. Ein Strom richtete sich auf den Mund des Jünglings, der andere auf den des Mädchens. Die Leute staunten. Überglücklich drückte der Rādshā seinen Sohn und seine Tochter ans Herz. Die Augen der Krähenscheuche füllten sich mit Freudentränen. Sogleich ließ der Rādshā die sieben anderen Rānīs unter dem Schloßtor lebendig eingraben. Die Krähenscheuche aber bat er um Verzeihung und führte sie mit allen Ehren in sein Schloß. Die kleine Rānī vergaß nun alle Unbill, die ihr angetan worden war, sie hatte ja nun ihre Kinder und ihren Gatten wieder.

Die Bestimmung des Schicksals

In einem Dorf lebte einmal ein Brahmane. Er war so gütig und redlich, daß ihn das ganze Dorf verehrte. Selbst in die umliegenden Orte holte man ihn, damit er dort die alten Geschichten erzählte, das Feueropfer vollzog und andere Aufgaben erfüllte. Habgier war ihm völlig fremd. Er begnügte sich mit dem, was er bekam. Nur seine Frau war nicht zufrieden, aber ihre Unzufriedenheit rührte nicht daher, daß sie wenig Geld hatten, sie hatte ihren Grund darin, daß sie sich Kinder wünschte. Ohne Kinder kam es ihr vor, als herrsche unter der Lampe Dunkelheit. Der Pandit hatte Anteil am Glück und Unglück aller Leute im Dorf, den Schandfleck seiner Kinderlosigkeit aber konnte er nicht ausmerzen. Ständig opferte die Frau dem Sonnengott Sūrya Wasser und brachte Gott Shiw Blumengirlanden dar. Doch schien es, als hätten sich beide Götter Watte in die Ohren gestopft. Dennoch verzagte die Frau nicht und verbrachte Tag und Nacht mit Opfern und Gebeten.
So vergingen zwölf Jahre. Dann erfüllte Gott ihren Herzenswunsch. Sie brachte einen wunderschönen Knaben zur Welt. Mit Liebe und Zärtlichkeit zog sie ihn auf. Der Brahmane aber war, seitdem er einen Sohn hatte, sehr traurig. Weder sah er zu ihm hin, noch lachte und scherzte er mit ihm. Innerlich zürnte

die Brahmanin ihrem Gatten sehr, doch wagte sie nicht, ihn deswegen zu befragen. Je größer der Junge wurde, um so mehr sorgte sich der Brahmane. Nun hatte auch die Brahmanin keine Ruhe mehr, denn das ganze Dorf war des Unfugs überdrüssig, den der Junge anstellte. Mal nahm er den anderen Kindern das Spielzeug weg, mal ein Buch, mal die Schreibfeder. Und obgleich ihm der Brahmane immer wieder neue Sachen mitbrachte, hörte der Junge nicht auf, andere zu bestehlen. Eines Tages hatte es der Pandit satt, er sagte zu seiner Frau: »Begreifst du nun den Grund meiner Traurigkeit? An dem Tag, als unser Sohn geboren wurde, habe ich die Sterne befragt und dabei erfahren, daß er ein unverbesserlicher Dieb sein wird. Jetzt siehst du mit eigenen Augen, was dein Sohn alles anrichtet!«

Die Brahmanin erwiderte: »Pandit-dshī! Ich sehe zwar, was er anrichtet, doch was könnte ich denn dagegen tun? Wenn es nicht anders geht, schicke ihn in einen Āshram! Vielleicht bessert er sich dort.«

Dem Brahmanen gefiel der Vorschlag. Am nächsten Tag schon begab er sich mit seinem Sohn zu einen Āshram. Dem Vorsteher des Āshrams erzählte er von der häßlichen Angewohnheit seines Sohnes, damit dieser sich vorsah und versuchte, ihn mit Liebe auf den rechten Weg zu bringen. Alle Bewohner des Āshrams ließen sich geduldig den Schabernack des Knaben gefallen. Stahl er etwas, so sagten sie nichts, sondern holten nachts, wenn er schlief, heimlich die von ihm gestohlenen Sachen wieder hervor und gaben sie den Eigentümern zurück. Wenn der Junge das Verschwinden dieser Sachen bemerkte, ärgerte er sich sehr. Doch wie hätte er sich beschweren können? Er meinte, daß es hier Diebe gab, die selbst ihn noch etwas lehren konnten. Eines Nachts nahm er einen dicken Knüppel, versteckte ihn unter seinem Bettzeug und legte sich schlafen. Natürlich schlief er nicht, sondern stellte sich nur so. Als der Vorsteher des Āshrams in seinen Sachen nach dem gestohlenen Gut suchte, stand der Junge leise auf und versetzte ihm mit dem Knüppel einen kräftigen Hieb auf den Rücken. Der Vorsteher fiel auf der Stelle bewußtlos nieder. Der Junge machte sich sogleich aus dem Staub und kehrte nach Hause zurück.

Der Brahmane und die Brahmanin waren sehr betrübt. Sie beschlossen, den diebischen Sohn nicht im Hause zu behalten. Welch ein Unglück, wenn der Sohn eines Brahmanen ein Dieb ist! Eines Tages brachte der Brahmane den Jungen in eine Stadt, um ihn spazierenzuführen; dort verließ er ihn heimlich und kehrte nach Hause zurück. Tag und Nacht irrte der Knabe auf der Suche nach seinem Vater umher. Schließlich gab er es auf, setzte sich an den Straßenrand und fing an zu weinen. Da kam der Rādshā mit seinem Gefolge vorbei. Als er den kleinen Jungen schluchzen sah, schmolz ihm das Herz. Er rief ihn zu sich, strich ihm liebevoll mit der Hand über den Rücken und fragte: »Mein Sohn! Warum weinst du?«

Schluchzend gab der Junge zur Antwort: »Mein Vater hat mich hierhergebracht, um mir die Stadt zu zeigen. Dann ist er weggelaufen.«

Der Rādshā hieß ihn schweigen und sprach: »Wer macht denn so etwas und läuft dann weg? Ich werde dich zu ihm bringen.«

Weinend erwiderte der Junge: »Rādshā! Ich werde nie mehr sein Haus betreten. Er wird mich nicht bei sich behalten.«

Erstaunt fragte der Rādshā: »Warum?«

Der Junge berichtete: »In meinem Horoskop steht geschrieben, daß ich ein unverbesserlicher Dieb sein werde. Nur deshalb will mein Vater mich nicht in seinem Haus behalten.«

Die Worte des Jungen machten großen Eindruck auf den Rādshā. Er zog ihn an sein Herz und sprach: »Mein Sohn! Ab heute bist du mein Kind. Ich werde schon sehen, ob du dich auch als Prinz zum unverbesserlichen Dieb entwickelst und werde zeigen, daß dein Horoskop nicht stimmt.«

Der Rādshā setzte den Jungen in seinen Wagen und brachte ihn ins Schloß. Wie ein Prinz wurde er nun behandelt. Auch jetzt

noch stahl er tausenderlei kleine Dinge. Doch wer beschwert sich schon über einen Prinzen?
Allmählich wuchs er heran. Nun begab er sich unter dem Vorwand, auf die Jagd zu gehen, in andere Städte und befriedigte dort seine Lust am Stehlen. Er war so geschickt, daß man ihn niemals erwischte. Doch wie lange kann man etwas verheimlichen? Nach und nach erfuhr der Rādshā von all seinen Taten und meinte, daß er den Jungen einmal begleiten müsse. Als der Jüngling sich wieder anschickte, auf die Jagd zu gehen, sagte der Rādshā: »Mein Sohn, ich werde heute mit dir gehen.«
Der Jüngling antwortete: »Gut!«
So begleitete der Rādshā den Jüngling. Den ganzen Tag lang vergnügten sie sich mit Jagen. Nachts gelangten sie in eine Stadt. Der Jüngling sprach zum Rādshā: »Mein Vater! Die Prinzessin dieser Stadt liebt mich sehr. Es ist Nacht geworden. Ich denke, es wäre nicht gut, jetzt nach Hause zu gehen. Weshalb sollten wir die Nacht nicht bei der Prinzessin verbringen?«
Der Rādshā war einverstanden. Der Jüngling schlug ein Loch in die Mauer des Schlosses und gelangte zusammen mit dem Rādshā in das Zimmer der Prinzessin. Die Prinzessin fuhr aus dem Schlaf. Als sie den Jüngling erblickte, wußte sie nicht, ob dies ein Traum war oder ob sie tatsächlich einen Prinzen vor sich hatte. Seine Schönheit nahm sie ganz gefangen. Sie ließ sich auf ein Gespräch mit ihm ein und lachte und scherzte mit ihm. Vor dem Schlafen pflegte die Prinzessin ihren Schmuck abzunehmen und ans Kopfende ihres Bettes zu legen. Heimlich nahm der Jüngling die Schachtel an sich und sprach dann zu der Prinzessin: »Der Morgen bricht gleich an. Ich gehe jetzt. Morgen nacht komme ich wieder.«
Sobald der Jüngling draußen war, wollte auch der Rādshā durch das Loch kriechen. In diesem Augenblick schrie die Prinzessin: »Ein Dieb! Ein Dieb!« Auf das Geschrei hin eilten die Soldaten herbei.
Vor Aufregung fiel der Rādshā von der Schloßmauer und war

auf der Stelle tot. Der Jüngling war sehr unglücklich, doch aus Angst, ergriffen zu werden, hieb er dem toten Rādshā den Kopf ab und lief davon.

Als man das Schloß absuchte, fand man den Rumpf eines Menschen. Inzwischen hatte die Prinzessin bemerkt, daß die Schachtel mit ihrem Schmuck fehlte. Als der Rādshā davon hörte, meinte er: »Wenn der Schmuck der Prinzessin fehlt, kann man sicher sein, daß noch jemand hier gewesen ist. Dieser Mensch da scheint alt zu sein. Ich denke, Vater und Sohn waren ausgezogen, um zu stehlen. Der Junge ist weggelaufen, und das ist der Vater. Gut, es macht nichts! Zeigt seine Leiche überall in der Stadt herum! Wer auch immer sein Sohn ist, er wird bei diesem Anblick in Tränen ausbrechen.«

Der Jüngling erfuhr, was der Rādshā gesagt hatte, verkleidete sich als Holzhändlerin, nahm ein Bündel Holz und ging zum Verbrennungsplatz. Die Soldaten feilschten mit ihm um das Holz. Er aber wollte das Holz auf gar keinen Fall verkaufen und sagte: »Ihr Soldaten! Seit zwei Tagen konnte zu Hause kein Brot gebacken werden, weil kein Brennholz da war. Alle meine Kinder sind hungrig und warten auf mich. Ich kann das Holz nicht verkaufen, gleich, was ihr mir dafür geben werdet.«

Die Soldaten nahmen nun das Holz mit Gewalt und gaben nicht einmal Geld dafür. Er blieb dort sitzen, schlug sich immer wieder an den Kopf und heulte laut. Schließlich jagten ihn die Soldaten weg. So erfuhr niemand die Wahrheit.

Als der Rādshā sah, daß keiner der Angehörigen zu der Leiche gekommen war, sprach er: »Das macht nichts! Sicher kommt der Sohn und bringt den Schädel seines Vaters, damit er im Totenfeuer mit verbrennt. Dann fassen wir ihn.«

Die Nacht ging vorbei. Man bereitete mit dem Holz das Totenfeuer vor. Kaum hatte man den Holzstoß angezündet, züngelten die Flammen empor. Dieses Mal hatte sich der Sohn des Brahmanen als Bettlerin verkleidet und kam mit einer Schüssel Mehl zum Totenfeuer. Die Soldaten, die dort Wache standen, drohten: »He! Wo willst du hin mit dem Mehl?«

Er flehte: »Nirgendwohin, Brüder! Das Mehl ist alles, was ich den lieben langen Tag erbettelt habe. Als ich das Feuer hier brennen sah, bin ich hergekommen. Ich dachte mir, daß ich zwei dicke Fladen darin backen und dann essen kann. Gott wird euch Gutes tun! Laßt mich zwei Brotfladen backen!«

Die Soldaten brüllten: »Du Verrückte! Verschwinde von hier! Siehst du denn nicht, daß es ein Totenfeuer ist? Und da willst du Brot backen!«

Er erwiderte: »Brüder! Wenn man hungrig ist, kommen einem sogar Bretter wie Pāpar vor. Deshalb werde ich mir in diesem Feuer etwas backen.«

Die Soldaten meinten darauf: »Wenn du nicht hören willst, dann stirb! Was geht uns das an!« Der Brahmanensohn hatte den Kopf des Rādshās im Sārī-Ende verborgen. Unter dem Vorwand, sich Brotfladen zu backen, setzte er sich ans Feuer und warf, vor den Augen der Soldaten verborgen, den Kopf des Rādshās in den Scheiterhaufen.

Die ganze Nacht über wachte man, aber der Dieb wurde nicht gefaßt. Darüber wunderte sich der Rādshā sehr. Nun ließ er den Chef der Polizei rufen und sagte zu ihm: »Polizeichef! Einfache Soldaten schaffen es nicht, diesen schlauen Dieb zu fassen. Sie merkten nicht einmal, daß der Kopf ins Feuer geworfen wurde. Erst am Morgen stellten sie fest, daß auch die Schädelknochen drin lagen. Dieses Mal müßt Ihr selber Wache halten! Der Dieb wird sicher kommen, um die Asche seines Vaters in den Fluß zu werfen!«

Der Polizeichef vertraute voll und ganz auf seinen Scharfsinn und ließ mit großem Pomp auf dem Verbrennungsplatz sein Lager aufschlagen. Er sorgte für Musik und Gesang, damit er nicht einschlief. Wein machte die Runde, und im Rausch sangen und spielten alle. Da kam der Sohn des Brahmanen, als Tänzerin verkleidet und mit Schmuck klirrend, dort vorbei. Als der Polizeichef die Tänzerin sah, fuhr er sofort hoch: »Wo gehst du hin?«

Sehr geziert und mit feiner Stimme sprach der Brahmanen-

sohn: »Was geht das Euch an? Ich bin die Tänzerin des Rādshās. Laßt mich gehen! Der Rādshā wird schon auf mich warten.«
Darauf entgegnete der Polizeichef: »Ich gehöre auch zum Rādshā. Tanze erst für uns und geh dann zum Rādshā«, und er griff nach dem Sārīzipfel. Bei diesem gewaltsamen Zugriff riß die Kette der Tänzerin, und die Perlen verstreuten sich auf der Erde. Der Brahmanensohn stieß die Hand des Polizeichefs zurück und sprach mit Frauenstimme: »Geh weg! Laß mich in Ruhe! Du hast meine Kette zerrissen!«
Darauf fing er an, zusammen mit den Perlen die Asche aufzusammeln. Am Morgen merkte der Polizeichef, daß der Dieb, als Tänzerin verkleidet, dagewesen war. Nun bereute er seine Sorglosigkeit sehr.
Als der Rādshā sah, daß es auch dem Polizeichef nicht gelungen war, den Dieb zu fassen, beschloß er, das selbst zu tun. Nun mußten die Überreste noch dem Wasser übergeben werden. Der Rādshā hielt den Dieb für sehr schlau; ganz bestimmt würde er kommen, um die sterblichen Reste seines Vaters dem Ganges zu übergeben. In der Nacht begab sich der Rādshā auf Wache und lief dabei umher. Der Jüngling baute sich eine kleine Hütte und setzte sich, als Kornmahlerin verkleidet, hin, um die Mühle zu drehen. Als der Rādshā dort vorbeikam, fragte er: »Warum mahlst du noch so spät in der Nacht?«
Der Jüngling erwiderte: »Ich mahle Korn für die Pferde des Rādshās. Wenn ich das nicht bis zum Morgen geschafft habe, wird der Rādshā böse, und ich bin meine tägliche Einnahme los.«
»Hast du jemanden hierhergehen sehen?« fragte der Rādshā weiter.
Der Jüngling antwortete: »Wen soll ich schon gesehen haben! Ach, da war doch eben einer hier, der neben mir Pfeife geraucht hat! Ich habe das Feuer noch nicht mal ausgemacht!«
Des Wachens müde fragte der Rādshā: »Kannst du ihn wiedererkennen?«

»Weshalb nicht? Ich sagte doch schon, daß er eben erst von hier weggegangen ist. Er redete davon, daß er sich um die sterblichen Reste seines Vaters kümmern müsse.«
Darauf meinte der Rādshā: »Dann läuft die Sache! Das war der Dieb!«
Der Jüngling sagte: »Warum zögerst du noch? Mach schnell und fang den Dieb!« Daraufhin der Rādshā: »Ich bin sehr müde. Ich werde deine Mühle drehen. Du aber geh und bring ihn irgendwie hierher! Ich werde dich reich dafür belohnen.«
Der Jüngling hielt die Asche in seinem Gürtel verborgen. Im Innern sehr froh, lief der Jüngling zum Ganges, übergab die sterblichen Überreste dem Wasser und atmete dann erleichtert auf. Der Rādshā saß in der Hütte, mahlte das Korn und wartete darauf, daß der Dieb gefangen werde. Als am Morgen die Soldaten kamen, sahen sie, wie ihr Rādshā die Mühle drehte. Jener schämte sich sehr, daß sie ihn in einer solchen Lage vorfanden, und sagte: »Der Dieb ist tatsächlich sehr ausgekocht! Er hat auch mich hinters Licht geführt!«
Der Rādshā schickte sich in seine Niederlage und ließ austrommeln, der Dieb möge furchtlos vor ihn treten. Er werde ihn nicht bestrafen, sondern erkenne seine Überlegenheit an. Er wolle ihn mit seiner Tochter verheiraten und ihm das halbe Reich übergeben.
Der Jüngling freute sich, ging an den Hof, beugte den Kopf vor dem Rādshā und sprach: »Rādshā! Verzeiht mir! Ich war es, der Euch die Mühle drehen ließ.«
Der Rādshā begriff alles. Er feierte mit großer Pracht die Hochzeit seiner Tochter mit dem Jüngling und gab ihm das halbe Königreich. Seitdem stahl der Jüngling niemals wieder. Er holte auch seine alten Eltern zu sich und lebte nun glücklich und zufrieden.

Sant und Basant

Es war einmal ein Rādshā, der hatte zwei Söhne. Der ältere hieß Sant und der jüngere Basant. Beide waren dem Rādshā und der Rānī sehr ans Herz gewachsen. Im Schlafgemach der Rānī hatte ein Vogel sein Nest gebaut. Das Vogelpaar lebte sehr zärtlich miteinander. Wenige Tage später legte das Vogelweibchen Eier, und die Rānī konnte beobachten, wie aus den Eiern Vögelchen krochen. Das Vogelpärchen schleppte Futter heran, und, die Schnäbel in die der Vogelkinder gesteckt, fütterten sie ihre Jungen. Die Rānī verglich ihren kleinen Haushalt oft mit dem des Vogelweibchens. Genauso, wie ihr Haushalt gedieh, zwitscherte das Vogelweibchen voller Lust und Freude in ihrer Familie.

Eines Tages, als die Rānī auf dem Bett lag, bemerkte sie, daß das Vogelweibchen nicht in das Nest zurückgekehrt war. Die Vogelkinder piepsten und warteten auf die Mutter, und das Vogelmännchen saß traurig daneben. Die Nacht verging, aber das Vogelweibchen kam nicht wieder. Die Rānī schlief auch nicht eine Minute. Sie machte sich Sorgen, was wohl geschehen sein konnte, daß das Vogelweibchen ausblieb. Dann kam ihr der Gedanke, was denn mit ihren Kindern würde, wenn sie einmal nicht mehr da wäre.

Einige Tage später brachte das Vogelmännchen ein anderes Weibchen, und in das verödete Nest kam neues Leben. Das Vogelmännchen war sehr zufrieden. Auch die Kinder waren froh, doch sobald sie ihrer neuen Mutter piepsend den Schnabel zuwandten, versetzte ihnen das Vogelweibchen voller Unmut und Zorn einen Hieb mit dem Schnabel. So wurde das Leben dieser eingeschüchterten Kinder freudlos und traurig. Weder Futter noch Wasser bekamen sie rechtzeitig. Auch das Vogelmännchen wurde gleichgültig gegen seine Kinder.

Eines Tages sah die Rānī, daß die beiden Vogelkinder tot auf der Erde lagen und die Augen des Vogelweibchens vor Freude strahlten. Das versetzte dem Herzen der Rānī einen schweren

Stoß. Sie überlegte sich, daß Sant und Basant wohl dasselbe Unglück zustoßen würde, wenn sie einmal starb und der Rādshā ein zweites Mal heiratete. Da kam der Rādshā zu ihr, und als er die Rānī so traurig sah, fragte er verwundert: »Was ist? Fühlst du dich nicht wohl?«

Die Rānī erwiderte: »Nein.«

Der Rādshā befahl, den Waidya zu holen, doch die Rānī gebot ihm Einhalt und sprach: »Wirst du mir einen Wunsch erfüllen?«

Der Rādshā meinte darauf: »Ist es denn schon einmal vorgekommen, daß ich nicht auf dich gehört hätte? Worum geht es denn?«

Die Rānī bat: »Sollte ich einmal sterben, dann heirate kein zweites Mal! Sieh dieses Vogelmännchen! Das erste Vogelweibchen ist gestorben, und es hat sich ein zweites genommen. Das hat die Kinder so gequält, daß die Armen gestorben sind. Als das erste Vogelweibchen noch lebte, hat sich auch das Vogelmännchen für sie fast umgebracht, doch nach dem Tod des ersten Vogelweibchens wurde es zum Sklaven des zweiten. Hätte er sich um die Kinder gekümmert, wären sie nicht gestorben! Deshalb flehe ich dich mit gefalteten Händen an: Heirate nicht wieder!«

Der Rādshā gab lachend darauf zur Antwort: »Was soll denn das! Wegen dieser Vögel denkst du dir dein eigenes Unglück aus! Warum solltest du denn sterben? Gott wird dir ein langes Leben schenken!«

Die Sache wurde nicht weiter beachtet, nur im Gemüt der Rānī nistete sich die Sorge ein. Sie wurde von Tag zu Tag dünner, bis sie schließlich erkrankte und trotz tausenderlei Bemühungen des Rādshās nicht gerettet werden konnte. Die Kinder waren nun mutterlos.

Als die Rānī gestorben war, erhielt der Rādshā von allen Seiten neue Heiratsangebote, doch er dachte an die Geschichte mit den Vögeln und lehnte immer wieder ab. Als jedoch alle darauf bestanden, gab er schließlich nach und heiratete wieder. Mit dem Kommen der zweiten Rānī kehrte wieder Freude in das verödete Haus ein. Auch Sant und Basant freuten sich, wieder eine Mutter zu haben. Der Rādshā war überglücklich.

Eines Tages spielten die Kinder draußen Ball, und die Rānī badete im Hof. Unglücklicherweise fiel der Ball dorthin und traf sie. Die Rānī schrie laut Weh und Ach! Die Kinder kamen herbeigelaufen, als sie jedoch die Rānī weinen sahen, blieben sie erschrocken stehen. Die Rānī zog sich schmollend zurück. Selbst als der Rādshā kam, blieb sie mit dem Gesicht nach unten liegen. Der Rādshā fragte: »Was ist geschehen?«

Ärgerlich antwortete die Rānī: »Deine Lieblinge Sant und Basant haben mir den Ball auf den Bauch geworfen. Ich bin vor Schmerzen fast gestorben. Wozu hast du mich denn geheiratet und hierhergebracht, wenn du dich nicht um mich kümmerst? Entweder liebst du sie oder mich! Zwei Schwerter kann man nicht in eine Scheide stecken! Die beiden sind Dornen in meinen Augen, denn sie quälen mich immer.«

»Habe Geduld, Rānī! Wenn sie dir weh tun, werde ich sie in einem anderen Schloß unterbringen lassen.«

Die Rānī fuhr wütend hoch: »Denkst du denn, daß sie mich in Ruhe lassen werden, wenn sie in einem anderen Schloß wohnen? Ich will keine Schlange an meinem Busen nähren. Wenn du mich liebst, wirst du beiden das Herz herausreißen und mir bringen lassen. Nur dann werde ich Ruhe finden.«

Die Augen des Rādshā füllten sich mit Tränen. Er bebte vor Zorn und Schmerz: »Rānī! Überlege dir gut, was du sagst! Willst du mir das Herz brechen?«

Die Rānī erwiderte: »Was gibt es da noch zu überlegen? Ich werde so lange weder essen noch trinken, bis mein Wunsch erfüllt ist.«

Der Rādshā sprach lange auf die Rānī ein, doch sie ließ sich durch nichts erweichen. Da rief er die Henker, übergab ihnen die beiden Prinzen und befahl, ihnen sogleich das Herz auszureißen und es der Rānī zu bringen.

Die Henker führten Sant und Basant in den Wald. Ihre Hand

aber wollte sich nicht gegen die wie Knospen zarten Prinzen erheben. Sie ließen die beiden im Wald zurück und brachten der Rānī das Herz eines Schakals und das eines Hundes. Da beruhigte sich die Rānī, und man gab sich Vergnügungen und Zerstreuungen hin.

Sant und Basant aber irrten im Wald umher. Eines Tages fiel Basant in einen Brunnen. Was sollte da der arme Sant machen? Weinend lief er davon.

Kurze Zeit danach kam eine Töpfersfrau zum Brunnen, um Wasser zu schöpfen. Als sie den Eimer hinuntergelassen hatte, ergriff Basant das Seil. Die Töpfersfrau blickte in den Brunnen und erschrak. Basant rief: »Fürchte dich nicht! Ich bin ein Prinz. Hol mich heraus!«

Die Töpfersfrau zog ihn heraus. Sie hatte keine Kinder, deshalb freute sie sich sehr über ihn. Eines Tages kam ein Rādshā, der sich auf der Jagd befand, in jenes Dorf. Als sein Blick auf Basant fiel, wunderte er sich, wie ein so schönes Kind in das Haus eines Töpfers gekommen war. Er wollte das Kind haben, aber der Töpfer war auf gar keinen Fall bereit, Basant herauszugeben. Schließlich sagte die Töpfersfrau zu ihrem Mann: »Uns sind vom Schicksal Arbeit und Mühe bestimmt, und so arbeiten und mühen wir uns. Warum sollten wir aber diesen Prinzen nicht dem Rādshā geben, wenn er sich ihm zuwendet? Er wird dem Haus des Rādshās Glanz verleihen.« Beide überlegten hin und her, dann übergab die Töpfersfrau Basant dem Rādshā. Der Rādshā setzte ihn aufs Pferd und brachte ihn in sein Schloß. Den Töpfer und die Töpfersfrau holte er in seine Stadt, gab ihnen ein gutes Haus zum Wohnen und sorgte für sie ihr Leben lang.

Basant ließ der Rādshā lesen und schreiben lernen, lehrte ihn, mit Pfeil und Bogen umzugehen, verheiratete ihn, als er groß geworden war, mit einer schönen Prinzessin und gab ihm sein halbes Reich dazu.

Eines Tages lag Basant in seinem reich geschmückten Schlafgemach, als er die schmerzerfüllte Stimme eines Bettlers ver-

nahm: »O lieber Sohn von Rādshā Tshitrandshan! Sant und Basant waren Brüder.«
Kaum hatte er das gehört, als er zur Tür eilte und, obwohl ihn die Rānī zurückhalten wollte, den Bettler an sein Herz drückte. Die Rānī blieb wie erstarrt stehen. Der Bettler war Basants großer Bruder Sant, der, nachdem er viel umhergestoßen worden war, nun in diese Stadt zum Betteln gekommen war. Basant tat es weh zu sehen, in welcher schlechten Lage sich sein Bruder befand. Er führte ihn ins Schloß, ließ ihn mit Sandelholzpaste einreiben und ihm schöne Kleider anziehen. Einige Tage verbrachten Sant und Basant zusammen, dann machten sie sich auf den Weg in ihre Hauptstadt. Basants Schwiegervater gab seiner Tochter beim Abschied viel Geld und Gut mit.
Sant und Basant kehrten in ihre Heimatstadt zurück. Als sie dort ankamen, stellten sie fest, daß ihr Vater erblindet war und die Rānī sich nur ihren Vergnügungen hingab. Basant geriet in großen Zorn, ließ eine Grube ausheben und die Rānī bei lebendigem Leib eingraben. Dann lebten alle froh und zufrieden.

Das Granatapfelmädchen

Es war einmal ein Rādshā, der hatte vier Söhne. Drei waren bereits verheiratet, nur der jüngste noch nicht. Da starb der Rādshā eines Tages, und der älteste Prinz bestieg den Thron. Er liebte seine jüngeren Brüder mehr als sein Leben, aber seine Frau war von heftigem Wesen. Mit den anderen Prinzen hatte sie nur wenig zu schaffen, der jüngste aber machte ihr mehr Arbeit als der älteste. Täglich hatte sie etwas an ihm auszusetzen. Wenn sie ihm etwas auftrug, pflegte sie zu sagen: »Bring dein Granatapfelmädchen her, damit es nach deiner Pfeife tanzt!« Der jüngste Prinz hatte ihr häßliches Betragen gründlich satt. Eines Tages ging er heimlich aus dem Haus und schwor bei sich, nur mit einem Granatapfelmädchen wieder

zurückzukehren. Sollte ihm das nicht gelingen, wollte er niemandem mehr unter die Augen treten.
Er lief und lief und kam in einen Wald. Dort unterhielt ein Sādhu ein Feuer für seine Bußübungen. Als der Prinz den Sādhu erblickte, verspürte er etwas Erleichterung und grüßte ihn ehrerbietig.
Der Sādhu fragte: »Mein Kind, weshalb irrst du hier im Wald umher?«
Der Prinz antwortete traurig: »Bābā! Ich suche ein Granatapfelmädchen.«
Da sprach der Sādhu: »Deswegen braucht man sich doch keine Sorgen zu machen, mein Sohn! Ich kann für dich sogar die Sterne vom Himmel holen. Bleib nur ruhig hier! Ich werde dir helfen.«
Das ermutigte den Prinzen sehr. Er dachte bei sich: »Wie dem auch sei! Das muß ein großer Sādhu sein!« Er fiel ihm zu Füßen und sagte: »Bābā! Ich stehe jetzt unter deinem Schutz! Töte mich, wenn du willst, oder rette mich!«
Der Sādhu erwiderte: »Mein Sohn! Du wirst sehr müde sein. Ruh dich ein Weilchen aus! Ich will zum Bāzār gehen und dir etwas zu essen und zu trinken holen.«
Als der Sādhu gegangen war, sah der Prinz ein Schlüsselbund auf der Erde liegen. Er hob es auf. Es hingen sieben Schlüssel daran. Der Prinz öffnete eine Kammer nach der anderen. In der einen befand sich Korn, in der zweiten Reis, in der dritten Sirup, in der vierten lagen Goldbarren, in der fünften Silberbarren, in der sechsten wunderschöne Seidenkleider. Als er schließlich die siebente öffnete, wäre er beinahe ohnmächtig hingefallen, doch beherrschte er sich. In dieser Kammer lagen Hunderte Skelette. Kaum sahen sie den Prinzen, als sie laut loslachten. Der Prinz nahm sich ein Herz und fragte: »Ihr Skelette! Warum lacht ihr über mich?«
Sie antworteten: »Auch wir waren einmal Prinzen, genau wie du, und sind von zu Hause weggegangen, um ein Granatapfelmädchen zu suchen. Wir haben nicht einmal den Schatten eines

Granatapfelmädchens gefunden. Obendrein widerfuhr uns dieses Unglück, das du ja selber siehst. Wir mußten lachen bei dem Gedanken, daß auch du dich nach einiger Zeit in derselben Lage befinden wirst.«

Beunruhigt fragte der Prinz: »Was soll ich jetzt tun? Sagt mir, wie ich mich retten kann!«

Ein Skelett sprach: »Dieser Sādhu ist ein großer Bösewicht. Wenn jemand zu ihm kommt, umsorgt er ihn zuerst, dann lenkt er ihn ab und bringt ihn um.«

Der Prinz fragte: »Wie?«

Das Skelett antwortete: »Auf der anderen Seite im Hof befindet sich ein Ofen. Darauf steht eine mit Öl gefüllte Pfanne. Sobald dich der Sādhu bewirtet hat, schickt er dich nachzusehen, ob das Öl in der Pfanne schon siedet, und stehst du neben der Pfanne, stößt er dich in das siedende Öl. Mehr brauche ich dir nicht zu sagen. Du hast ja alles vor Augen. Wenn du dich retten willst, mußt du so vorgehen: Sagt dir der Sādhu, daß du nach der Pfanne sehen sollst, antworte, daß du ein Prinz bist, so etwas noch nie gemacht hast und deshalb nicht weißt, wann Öl siedet. Er soll zuerst gehen, und du folgst ihm. Ist der Sādhu bei der Pfanne angelangt, mußt du ihn hineinstoßen.«

Der Prinz geriet in eine unruhige Spannung. Schnell verschloß er alles wieder und kehrte auf seinen Platz zurück. Dann kam der Sādhu zurück und setzte dem Prinzen liebevoll ein reichliches Essen vor. Danach bat er: »Mein Kind! Sieh doch einmal nach, ob draußen das Öl heiß ist! Ob es schon siedet oder nicht!«

Sofort gab der Prinz zur Antwort: »Bābā! Woher soll ich, ein in Schlössern wohnender Prinz wissen, wann Öl siedet? Geht Ihr doch erst einmal! Ich werde Euch folgen.«

Der Sādhu hielt den Prinzen für ebenso arglos wie die anderen. Lachend ging er voran. Sobald er bei der Pfanne angelangt war, hob ihn der Prinz hoch und warf ihn in das siedende Öl. Der Sādhu fing an zu schreien: »O weh! Ich sterbe! O weh! Ich brenne!«

Der Prinz sah sich an, wie er sich wand, und sagte: »He, du Schuft! Heute bekommst du den Lohn für deine Taten! Wer sollte dich jetzt retten?«

Danach atmete der Prinz beruhigt auf und ging weiter. Nicht weit entfernt sah er einen anderen Sādhu in tiefer innerer Versenkung sitzen. Die Furcht vor dem ersten steckte dem Prinzen noch in den Gliedern, deshalb dachte er bei dem Anblick, daß auch das ein Wolf im Schafspelz sein könnte. Als er zu dem Sādhu kam, war der Prinz von der Kraft seiner Tugend geblendet. Er grüßte ehrerbietig, und der Sādhu fragte ihn erfreut: »Mein Kind, wie kommst du hierher?«

Der Prinz antwortete: »Bābā! Ich bin ausgezogen, um ein Granatapfelmädchen zu heiraten.«

Verwundert sprach der Sādhu: »Mein Kind! Wie hast du es geschafft, lebendig bis hierher zu gelangen? Unterwegs lebt ein als Sādhu verkleideter Rākshas. Wie hast du dich vor ihm gerettet?«

Der Prinz erzählte alles. Als der Sādhu vom Tode des anderen Sādhus hörte, war er sehr froh und sagte: »Mein Kind! Ich preise deinen Mut. Ich werde dir jetzt sagen, wie du ein Granatapfelmädchen bekommst. Nicht weit weg von hier befindet sich ein Teich. An seinem Ufer steht ein Granatapfelbaum. Jede Nacht kommt eine Fee zu dem Teich, um darin zu baden. Sobald sie im Wasser ist, pflücke eine Blüte von dem Granatapfelbaum und stecke sie in deine Tasche! Laß die Fee rufen, so viel sie will! Gib ihr weder eine Antwort, noch dreh dich nach ihr um! Alles weitere werde ich dir morgen erzählen, wenn du zurückgekommen bist.«

Um Mitternacht ging der Prinz zu dem Teich, pflückte, wie ihn der Sādhu geheißen, von dem Granatapfelbaum eine Blüte und steckte sie in die Tasche. Da rief ihn die Fee mit lockender Stimme: »O Prinz, nimmst du mich denn nicht mit?«

Der Prinz vergaß, was ihm der Sādhu gesagt hatte. Er drehte sich um und sah zu der Fee hin. Kaum hatte er sie angesehen, fiel er tot unter dem Granatapfelbaum nieder.

Der Sādhu hielt einige Tage nach dem Prinzen Ausschau. Als jener aber nicht zurückkam, dachte er sich, daß ihm sicher ein Unglück widerfahren war. Er suchte ihn und kam zum Ufer jenes Teiches. Dort fand er den leblosen Körper. Die Sorglosigkeit des Prinzen versetzte ihn zwar in großen Zorn, doch erweckte er ihn kraft eines Mantras wieder zum Leben. Er sprach zu dem Prinzen: »Mein Sohn! Ich gehe jetzt, du aber bleib die Nacht hier! Dieses Mal paß besser auf und beachte, was ich dir gesagt habe!«

Der Prinz bat: »Bābā! Sagt mir bitte jetzt gleich, was weiter geschieht!«

Der Sādhu antwortete: »Wenn du die Blüte vom Granatapfelbaum gepflückt und in deine Tasche gesteckt hast, geh wieder in deine Stadt! Unterwegs wirst du vom Laufen Durst bekommen. Wasser kannst du trinken, aber denk daran, schlafen darfst du nicht, wenn du müde bist! Sonst war alles vergebens.«

Der Sādhu ging weg, und der Prinz blieb. In der Nacht pflückte er eine Blüte und steckte sie in seine Tasche. Die Fee rief und lockte, doch der Prinz schenkte ihr nicht die geringste Beachtung. Unterwegs bekam er Durst und trank Wasser, das er aus einem Brunnen schöpfte. Vor Müdigkeit fühlte er sich sehr schlecht, deshalb wollte er sich ein Weilchen im Schatten eines Baumes hinsetzen und ausruhen. Kaum hatte er sich etwas abgekühlt, als ihn der Schlaf übermannte. Ein wenig später fing er zu schnarchen an. Plötzlich verwandelte sich die Blüte in seiner Tasche in eine wunderschöne Frau. Die Schöne war das vom Prinzen gewünschte Granatapfelmädchen. Sie legte sich neben den Prinzen. Als sie jedoch keinen Schlaf fand, spazierte sie ein wenig umher. Sie sah, wie sich neben dem Brunnen eine Frau vor Durst quälte. Die Frau bat das Granatapfelmädchen: »Schwester! Wie schön du bist! Gott möge dir Gutes tun! Gib mir etwas Wasser zu trinken!«

Das Granatapfelmädchen meinte darauf: »Der Brunnen befindet sich vor dir. Eimer und Strick sind auch da. Warum schöpfst du dir nicht selber Wasser zum Trinken?«

Die Frau antwortete: »Wäre ich dazu in der Lage, würde ich dich nicht darum bitten. Ich gehöre zur Kaste der Tshamāren. Wie könnte ein Tshamār Wasser aus dem Brunnen hochgeborener Leute schöpfen?«

Das Granatapfelmädchen bekam Mitleid. Es warf den Eimer in den Brunnen. Da nahm ihm die Tshamārfrau die Kleider und den Schmuck ab und stieß es in den Brunnen. Danach legte sie sich selber neben den Prinzen. Als der Prinz die Augen aufschlug, fragte er: »Wer bist du?«

Sie antwortete: »Ich bin das Granatapfelmädchen.«

Als der Prinz die Hand in die Tasche steckte, war die Blüte weg. Er glaubte nun, daß sie zu dem Granatapfelmädchen geworden war. Darüber war er sehr enttäuscht, denn man hatte ihm das Aussehen eines Granatapfelmädchens schon so oft gepriesen. Und dieses hier war häßlicher als eine einfache Frau! Nun gut! Er gab seinem Schlafen die Schuld daran, daß das Granatapfelmädchen so schlecht ausgefallen war.

Als er die Tshamārfrau, die er für ein Granatapfelmädchen hielt, ins Schloß brachte, machten sich alle über ihn lustig.

Das Granatapfelmädchen aber hatte sich, nachdem es in den Brunnen gefallen war, in eine Rose verwandelt. Eines Tages kam der Prinz mit seinen älteren Brüdern dorthin. Als erster entdeckte der älteste Bruder, als er in den Brunnen schaute, die auf dem Wasser schwimmende schöne Rose. Er ließ den Eimer hinab. Wie sehr er sich auch mühte, die Blume in den Eimer zu bekommen, um so mehr wich sie zurück. Der Reihe nach versuchten nun alle, die Blume herauszuholen, doch vergebens. Zum Schluß ließ der jüngste Prinz den Eimer hinab, und – o Wunder! – die Blume glitt gleich beim ersten Versuch hinein. Der Prinz legte sie in seine Kappe und trug sie nach Hause. Als die Tshamārfrau die Blume sah, wußte sie gleich Bescheid. Sie tat, als hätte sie Leibschmerzen. Man rief Hākims und Waidyas, doch brachte ihr deren Medizin keine Linderung. Da sagte sie: »Ich hatte früher auch schon solche Leibschmerzen. Da half die Essenz einer in einem Brunnen gewachsenen Rose.«

Der Prinz erwiderte arglos: »Nimm! Ich habe doch solch eine Rose. Was bedeutet schon so eine Blume im Vergleich zu deinen Schmerzen!«

Die Tshamārfrau aber zierte sich: »Nein, Mahārādsh! Laß es gut sein! Du hängst doch an der Blume!«

Der Prinz hörte nicht darauf und gab der Tshamārfrau die Rose. So ging ihr Plan auf. Sie trampelte auf der Blume herum und warf sie hinter das Schloß. Dort, wo die Blume niederfiel, wuchs ein Granatapfelbaum, der übergroße Granatäpfel trug. Der Prinz wußte nichts davon. Die Tshamārfrau war schon vorher auf der Hut. Als sie den mit Granatäpfeln behangenen Baum sah, brachte sie der Neid fast um. Sie befahl, den Baum mit der Wurzel herauszureißen. Kaum war der Befehl dazu erteilt, als auch schon die Axtschläge auf den Baum herniederprasselten. Der Lärm lockte auch den Prinzen dorthin. Da war eine Stimme aus dem Baum zu hören: »Schlagt ganz langsam! Schlagt von der Seite! Schlagt nicht in die Mitte!«

Als der Prinz das hörte, befahl er, ganz langsam zuzuschlagen. Kaum war der Baum gefällt, fiel aus seinem Stamm eine wunderschöne Granatapfelblüte. Die Tshamārfrau erfuhr nichts davon, und der Prinz versteckte die Blüte in der Hütte mit dem Weizen. Als er am nächsten Tag in die Hütte schaute, sah er dort eine wunderschöne Prinzessin. Er holte sie heraus und feierte mit ihr Hochzeit. Die Tshamārfrau war sehr eifersüchtig auf die junge Frau und sann, wie sie sie töten könnte. Täglich ließ sie aus dem Pferdestall ein Pferd umbringen und schmierte dessen Blut dem schlafenden Granatapfelmädchen ins Gesicht. Nach und nach waren nur noch wenige Pferde im Stall übriggeblieben. Der Prinz wunderte sich sehr. Er sprach zu Hause darüber. Das Granatapfelmädchen schwieg dazu, aber die Tshamārfrau nahm den Prinzen beiseite und sagte: »Mahārādsh! Ihr befindet Euch in einem großen Irrtum. Die kleine Rānī, die Ihr so sehr liebt, ist eine Hexe. Wenn Ihr mir das nicht glaubt, werde ich morgen den Beweis dafür liefern. Ich habe es selbst schon viele Male mit eigenen Augen gesehen; doch aus Furcht habe ich Euch nichts gesagt.«

Der Prinz entfernte sich verwirrt. In der nächsten Nacht ließ die Tshamārfrau wieder ein Pferd töten und legte sein blutbesudeltes Herz neben den Kopf des Granatapfelmädchens. Sein ganzes Gesicht war mit Blut beschmiert. Dann holte sie den Prinzen. Bei diesem ekelhaften Anblick erstarrte der Prinz. Er wollte seinen Augen nicht trauen, mußte es aber glauben. Er rief die Henker und befahl ihnen, die Hexe wegzubringen, sie in Stücke zu hacken und ihr Fleisch den Geiern und Krähen vorzuwerfen.

Der Prinz hatte es befohlen. Das Granatapfelmädchen weinte und flehte, fiel dem Prinzen zu Füßen, doch dieser ließ sich nicht erweichen. Die Henker führten sie in den Wald und hieben sie in Stücke.

Als die Henker zurückkehrten, belohnte die Tshamārfrau sie reichlich.

Im Wald wuchs wieder ein Granatapfelbaum, und zwar dort, wo das Blut des Granatapfelmädchens geflossen war. Neben diesem Baum hauste der Sohn eines armen Brahmanen in einer Hütte. Um seine Hütte in Ordnung zu bringen, grub er Lehm, da fiel der Baum plötzlich um. Aus ihm trat eine schöne Frau hervor. Sie legte dem Jüngling die Hand auf die Schulter und sprach: »Von heute an sind wir Bruder und Schwester. Wir beide werden zusammen wohnen.«

Der Jüngling zögerte und sprach: »Ich arbeite Tag und Nacht und kann mich nicht satt essen. Wie sollte ich dich da auch noch erhalten?«

Das Granatapfelmädchen antwortete: »Bruder! Warum machst du dir deswegen Sorgen? Ich kann sehr schön weben. Ich werde Tücher weben, und du wirst sie dem Rādshā verkaufen. Davon können wir beide dann recht gut leben.«

Seitdem webte das Granatapfelmädchen Tücher, und der Jüngling verkaufte sie dem Prinzen.
Zu gerne hätte der Prinz gewußt, wo der Jüngling die schönen Tücher hernahm. Eines Tages fragte er ihn: »Wo holst du die Tücher her?«
Der Jüngling antwortete: »Rādshā! Meine Schwester webt sie.«
Als der Jüngling gegangen war, folgte ihm der Prinz. Den ganzen Weg über dachte er darüber nach, wie schön jemand sein mußte, der so schöne Tücher anfertigte. So gelangte er allmählich zur Hütte des Jünglings. Er sprach zu ihm: »Ich brauche ein Tuch.«
Als das Granatapfelmädchen die Augen hob, erkannte es den Prinzen. Es antwortete: »Ich werde dir nicht nur ein Tuch, sondern vier Tücher geben. Doch erst hör mich an!«
Der Prinz schaute ganz verzaubert auf das Granatapfelmädchen. Ihm kam es vor, als träumte er. Er erwiderte: »Sprich! Was möchtest du sagen?«
Das Granatapfelmädchen begann: »Prinz! Bist du einmal in die Klauen eines bösen Sādhus geraten und hattest dich seiner entledigt, indem du ihn in siedendes Öl warfst?«
Der Prinz wunderte sich sehr: »Woher weißt du das?«
Das Granatapfelmädchen erwiderte: »Es wäre unmöglich gewesen, ein Granatapfelmädchen zu bekommen, ohne ihn zu töten.«
Es erzählte ihm auch ausführlich alles, was danach geschah. Dann sagte es: »Prinz! Du lebtest mit geschlossenen Augen, als du der Tshamārfrau Glauben schenktest und das Granatapfelmädchen hast umbringen lassen.«
Dem Prinzen schien die Erde unter den Füßen wegzurutschen. Stumm starrte er das Granatapfelmädchen an.
Die Augen voller Tränen, fuhr es fort: »Ich bin jenes unglückliche Granatapfelmädchen, für das du einmal dein Leben aufs Spiel gesetzt hattest und mit dessen Blut du deine Hände beflecktest, als du es bekommen hattest.«

Der Prinz bereute, was er getan hatte, fiel dem Granatapfelmädchen zu Füßen und bat es um Vergebung: »Granatapfelmädchen, glaub mir! Ich werde dir jetzt kein Leid mehr zufügen. Mein Blut werde ich auf die Stelle fließen lassen, auf die dein Schweiß fällt. Vergib mir und komm mit mir!«
Das Granatapfelmädchen antwortete: »Rādshā! Ich habe volles Vertrauen zu dir. Ich weiß, du bist unschuldig. Erst laß jene Tshamārfrau töten und unter der Tür vergraben! Dann gehe ich mit.«
Der Prinz tat das. Dann brachte er die reich geschmückte Sänfte mit dem Granatapfelmädchen in sein Schloß. Die ganze Stadt jubelte vor Freude.

Die Verwünschung

Vor langer, langer Zeit gab es in Madhuwan ein sehr großes Schloß; darin wohnte ein sehr mächtiger Rādshā. Einmal brach in jenem Reich eine schlimme Hungersnot aus. Der Rādshā öffnete seine Schatzkammer für alle. Einige Tage lebten die Leute ruhig, doch als das gesamte Korn und das ganze Wasser aufgebraucht waren, liefen alle aus Madhuwan weg. Der Rādshā aber harrte aus. Eines Tages kam eine vom Hunger gequälte Bettlerin zu ihm. Der Rādshā stellte sofort seinen Teller mit Speisen vor sie hin. Die Frau war aber mit dem Essen allein nicht zufrieden. Sie setzte dem Rādshā zu, daß er sie heiraten sollte.
Der vom Unglück verfolgte Rādshā geriet in großen Zorn, als er dieses Ansinnen vernahm: »Man gibt dir den kleinen Finger, und du willst die ganze Hand! Wer bist du denn schon, daß man dich heiraten könnte! Verschwinde von hier! Als ob bloß du zum Heiraten da wärest! So eine Apsarā!«
Das brach der Bettlerin das Herz. Sofort wurde aus ihr eine schöne Frau. Sie verwünschte den Rādshā: »Herzloser! Du hast dem Herzen eines hilflosen Weibes schweres Leid zuge-

fügt! Niemals wirst du glücklich sein können! Morgen schon wirst du dich nach der verzehren, die du heute so sehr gekränkt hast! Die Stimme meiner gequälten Seele sagt mir, daß du kein Mensch, sondern ein Tier bist.«

Nach diesen Worten verschwand die Schöne. Der Rādshā verwandelte sich zur gleichen Zeit in einen Löwen und fing erschrocken zu brüllen an. Der auf dem Kailās-Berg sitzende Mahādew-dshī lachte laut los, als er das sah. Pārwatī gefiel es nicht, daß er so lachte. Sie sagte: »Swāmī! Was habt Ihr da gemacht? Solch strenge Prüfung sollte man nicht zulassen! Nehmt den Fluch von diesem unglücklichen Löwen!«

Mahādew kannte seine Pārwatī. Sie würde nicht eher Ruhe geben, bis sie durchgesetzt hatte, was sie sich vornahm. Deshalb sagte er: »Nun ist geschehen, was geschehen sollte. Fällt nach zwölf Jahren eine Träne jener Frau auf den Löwen, wird er wieder ein Mensch werden.«

Die Frau wurde bei einem Kaufmann geboren. Der Kaufmann hatte noch zwei Töchter, mit der Schönheit der jüngsten konnten sie es aber nicht aufnehmen. Die jüngste Tochter liebte der Kaufmann am meisten. Das erregte den Neid der älteren. Die jüngste aber beachtete den Haß der älteren Schwestern einfach nicht. Nach der Geburt der jüngsten Tochter blühte der Handel des Kaufmanns auf. Die älteren Töchter verlangten stets etwas Neues, waren aber nie zufrieden, wenn sie ihre Wünsche erfüllt bekamen. Die jüngste äußerte nie einen Wunsch. Ja, Blumen liebte sie sehr. Den ganzen Tag spielte sie mit ihrer Puppe oder ging in den Garten, um mit dem Gärtner zusammen zu hacken. Sie flocht Blumenketten, die sie sich um den Hals legte, oder Blumenkronen, die sie sich auf den Kopf setzte, oder Gehänge, die sie sich an die Ohren hängte.

Mit den Armreifen und dem Gürtel aus Blumen glich sie Shakuntalā aufs Haar.

Eines Tages reiste der Kaufmann außer Landes. Er rief seine drei Töchter und fragte sie: »Was soll ich jeder von euch mitbringen?«

Die erste wollte eine Brillantkette, die zweite ein Halstuch. Die jüngste aber sprach: »Väterchen! Für mich bring bitte eine Rose aus Madhuwan mit!«

Der Kaufmann zog los. Die beiden Mädchen machten sich jeden Tag über den Geschmack ihrer jüngeren Schwester lustig und setzten ihr arg zu.

Die Brillantkette und das Halstuch hatte der Kaufmann gekauft. Nun fehlte ihm noch die Rose für die jüngste Tochter. Auf der Suche nach der Blume machte er sich in Richtung Madhuwan auf den Weg. Da erfuhr er, daß seine Schiffe im Meer untergegangen waren. Das machte ihn sehr unglücklich, doch die Blume mußte er holen. Er wanderte immer weiter. Es erhob sich ein heftiger Sturm. Vor Hunger und Durst fühlte er sich sehr elend. Zu allem Unglück starb auch sein geliebtes Pferd unterwegs. Strauchelnd und stolpernd lief er weiter, als sich ihm in einiger Entfernung ein hohes Schloß zeigte. Es wurde bereits Nacht, die wollte er in diesem Schloß zubringen. Seine Füße trugen ihn schneller. Als er bei dem Schloß anlangte, fand er dank der Güte Gottes das Tor offen und schlüpfte hinein. Drinnen fand er aber keinen Menschen, nicht einmal einen Vogel. Er sah sich nacheinander in einigen Zimmern um. Schließlich gelangte er in den Speisesaal. Dort befand sich eine mit Edelsteinen verzierte Erhöhung. Auf goldenem und silbernem Geschirr waren Speisen angerichtet. Zuerst fürchtete sich der Kaufmann, doch hatte er so großen Hunger, daß er es nicht länger aushalten konnte. Er aß sich satt. Selbst der Untergang seiner Schiffe war seinem Sinn entfallen. Danach legte er sich im Schlafgemach aufs Bett. Als er sich am Morgen erhob, staunte er über seine Kleidung. Solch kostbare Kleider waren ihm noch niemals unter die Augen gekommen. An der Tür stand ein reich geschmücktes Pferd für ihn bereit. Der Kaufmann bestieg das Pferd und wollte gerade losreiten, da erblickte er Rosen. Er begriff, wie auch immer, das mußten die Rosen sein, die seine Tochter haben wollte. Er pflückte eine Blüte. Kaum hatte er das getan, rannte brüllend ein Löwe herbei. Dem Kaufmann schwanden

die Sinne, die Blume fiel ihm aus der Hand. Zornig schrie der Löwe: »Wer hat dir erlaubt, diese Blume zu pflücken?«
Der Kaufmann flehte ihn an: »König des Waldes! Meine jüngste Tochter liebt Blumen sehr. Um ihren Wunsch zu erfüllen, habe ich Euch gekränkt.«
Der Löwe lachte und verzog ärgerlich das Gesicht: »So! Da hast du also sogar eine Tochter, die diese Blumen liebt? Geh und hol das Mädchen sofort hierher! Wenn du innerhalb von acht Tagen nicht zurück bist, dann denke daran: Ich werde in deinem Haus keinen einzigen Menschen am Leben lassen!«
Was sollte der arme Kaufmann tun? Er versprach zurückzukehren, und froh, mit dem Leben davonzukommen, ritt er von dannen.
Er liebte die jüngste Tochter mehr als sein Leben. Unterwegs überlegte er, was nun zu tun wäre. Schließlich verfiel er darauf, dem Löwen ein anderes Mädchen zu übergeben. Doch wenn das der Löwe merkte, ließ er sicher niemanden am Leben!
Als der Kaufmann nach Hause kam, rief er die drei Mädchen zu sich und übergab ihnen, was sie sich gewünscht hatten. Der jüngsten Tochter reichte er die Blume und sagte dabei: »Meine liebe Tochter! Nach deiner Blume mußte ich lange suchen.«
Das Mädchen fragte: »Väterchen! Wo überall bist du deswegen umhergestreift?«
Der Kaufmann erzählte die ganze Geschichte.
Die beiden Mädchen warfen der jüngsten Schwester zornige Blicke zu und sagten: »Deinetwegen ist unser Vater ins Unglück geraten! Was wäre aus uns geworden, wenn ihm etwas zugestoßen wäre? Jetzt mußt du dich zu dem Löwen begeben! Den Vater lassen wir niemals mit dir gehen.«
In der Tat war die jüngste Tochter ja die Ursache des ganzen Unheils. Bei den Worten der Schwestern traten ihr die Tränen in die Augen. Der Kaufmann nahm sie auf den Schoß, streichelte sie zärtlich und sagte: »Meine Tochter, warum weinst du? In Gottes Namen werden wir gemeinsam dorthin gehen. Laß sie nur reden!«

Die Tage vergingen wie im Fluge. Der Vater wußte nicht einmal, wann die acht Tage vergangen waren, aber das Mädchen zählte jeden Tag. Am achten Tag trat sie, kaum daß der Morgen graute, in den Stall zu jenem Pferd und sprach: »Bruder, jetzt bist du mein Gefährte in Freud und Leid! Bring mich schnell zu deinem Herrn!«

Das Pferd hörte auf sie. Das Mädchen stieg auf und galoppierte gen Madhuwan davon.

Als das Mädchen zum Tor des Schlosses kam, stieg es vom Pferd und trat ein. Im Schloß sah sie niemanden. Wie bei ihrem Vater war alles für sie zum Baden und Waschen, zum Essen und Trinken angerichtet. In der Nacht, als sie schlief, setzte sich der Löwe ans Kopfende ihres Bettes und legte seinen Kopf neben den ihren. Das Mädchen schlug die Augen auf. Der Anblick des Löwen flößte ihm kein bißchen Furcht ein. Es richtete sich auf und strich mit der Hand über seinen Körper. Da erstrahlten die Augen des Löwen in Liebe zu ihm. Seitdem wohnten beide zusammen, aßen zusammen und gingen zusammen spazieren.

Eines Nachts lag das Mädchen in tiefem Schlaf. Plötzlich fuhr es erschrocken hoch. Der Löwe fragte: »Was ist los?«

Das Mädchen antwortete: »Ich hatte einen ganz schrecklichen Traum. Mein Vater ist sehr krank, und meine Schwestern kümmern sich nicht um ihn. Es ist niemand da, der dem Vater zu Diensten steht. Erlaubt Ihr, daß ich einige Tage nach Hause gehe?«

Der Löwe meinte: »Natürlich! Geh nur! Ich habe nur Angst, daß du dann vielleicht dort bleibst und mich vergißt.«

Darauf das Mädchen: »Wie könnte das geschehen? Ich werde dich nicht mehr verlassen. Glaub mir! In acht Tagen komme ich zurück.«

Den Löwen plagten Zweifel. Einmal glaubte er, daß es zurückkäme. Das andere Mal kam es ihm so vor, als ob es nur schöne Worte machte, um ihn hinters Licht führen und weglaufen zu können. Schließlich beschloß er, wie dem auch war, es nicht zurückzuhalten und erlaubte ihm zu gehen.

Das Mädchen ritt auf dem Pferd nach Hause. Dort angekommen, sah es, daß sein Traum Wirklichkeit war. Der Vater freute sich sehr, als er seine Tochter erblickte. Das Mädchen pflegte ihn gut, so daß er nach vier Tagen bereits wieder gesund wurde. Nun verschob das Mädchen seine Abreise aber von einem Tag auf den anderen. Es vergingen acht Tage, es vergingen zehn, dann fünfzehn, so wurde ein Monat daraus.

Der Löwe wartete und wartete und meinte dann, das Mädchen werde nicht mehr zurückkommen. Er hörte auf zu essen und zu trinken und irrte im Wald umher.

Die Tochter des Kaufmanns hielt sich zwar noch zu Hause auf, allmählich aber wurde sie bei dem Gedanken an ihr Versprechen unruhig. Nach einem Monat schließlich verabschiedete sie sich von ihrem Vater und zog los.

Als sie im Schloß ankam, suchte sie ringsum alles ab, doch von dem Löwen fand sich keine Spur. Sie ging hierhin und dorthin und kam ans Ufer des Flusses. Dort sah sie den Löwen bewußtlos daliegen und die letzten Atemzüge tun. Sie eilte zu ihm, schmiegte sich an ihn und fing an zu weinen.

Sobald ihre Tränen den Körper des Löwen benetzten, verwandelte er sich in einen schönen Prinzen, und als er das Mädchen sah, freute er sich sehr. Die Tochter des Kaufmanns erzählte ihm das Geheimnis, wie sie zu ihm gekommen war, um ihn zu heiraten, wie sie ihn verwünscht hatte und weggegangen war, wie sie im Hause des Kaufmanns geboren wurde und so weiter.

Der Rādshā hörte sich alles aufmerksam an, war darüber sehr froh und heiratete das Mädchen. Für ihn begannen wieder gute Zeiten. Alle Leute, die wegen der Hungersnot weggelaufen waren, kehrten zurück. In der Stadt herrschten wie früher reges Leben und Treiben.

Spaßvogel

In einem Dorf lebte einmal ein Mann, der ständig irgendwelche Späße trieb. Deshalb nannten ihn alle ›Spaßvogel‹. Er trieb aber so arge Späße, daß allmählich das ganze Dorf erbost darüber war. Eines Tages kamen alle zusammen, um zu beraten, wie sie Spaßvogel den Kopf zurechtrücken könnten. Sie beschlossen, entweder ließe Spaßvogel ab von seinen Späßen, oder er müsse das Dorf verlassen und woanders hingehen. Das teilten sie seinem Onkel mit, auf daß er den Neffen überzeuge, sonst müßten beide aus dem Dorf verschwinden.

Am nächsten Tag ging der Onkel zu Spaßvogels Haus und verkündete ihm den Beschluß: »Mein Sohn! Was hast du davon, wenn du dir den Dorfältesten zum Feind machst? Laß die Späße sein!«

Spaßvogel antwortete: »Was ist das schon, Onkel? Bis jetzt habe ich nur schlechte Späße gemacht. Gibst du mir hundert Rupien, werde ich einen richtigen Spaß vorführen.«

Der Onkel erzählte allen, was Spaßvogel gesagt hatte. Der Dorfälteste meinte: »Zwar werden hundert Rupien dabei draufgehen, doch dafür erfahren wir, was ein richtiger Spaß ist.« Alle kamen, drückten Spaßvogels Onkel hundert Rupien in die Hand und sprachen: »Sag Spaßvogel! Er soll uns seinen richtigen Spaß zeigen!«

Der Onkel begab sich sogleich zu Spaßvogels Haus, gab ihm die hundert Rupien und sagte: »Mein Sohn! Das ganze Dorf ist einverstanden, sich deinen richtigen Spaß anzusehen. Nimm die hundert Rupien und führe ihn vor!« Spaßvogel freute sich im stillen, ging zu seiner Frau und trug ihr auf: »Hör zu! Der Onkel hat mir hundert Rupien gegeben und gesagt, daß ich jetzt allen einen richtigen Spaß zeigen soll. Deshalb paß auf! Heute abend, wenn du Wasser holen gehst, wirst du am Brunnen vor den Frauen mit besorgtem Gesicht erscheinen. Sie werden fragen: ›He, Schwester! Warum bist du so traurig?‹ Du aber antworte mit Tränen in den Augen: ›Spaßvogel ist krank. Ihm geht es sehr schlecht. Hoffentlich übersteht er die Nacht!‹«

Am Abend tat Spaßvogels Frau, was er ihr geheißen hatte. Als die Frauen von Spaßvogels Krankheit hörten, sagten sie: »Oh! Der arme Spaßvogel soll gesund werden! Was für ein guter Mensch er ist! Er ist so lustig, bringt alle zum Lachen, selbst wenn sie traurig sind.« Da fing Spaßvogels Frau heftig zu weinen an. Alle redeten ihr zu: »Warum weinst du? Bleib ruhig! Gott wird alles zum Guten lenken!«

Weinend und klagend füllte Spaßvogels Frau ihren Krug, ging nach Hause und erzählte Spaßvogel alles.

Es wurde Nacht. Alle ruhten, nachdem sie gegessen und getrunken hatten. In Spaßvogels Nachbarschaft lag ein Muslim schon lange Zeit krank darnieder. In der Nacht starb er. Alle gingen noch in der gleichen Nacht, ihn zu begraben. Spaßvogel erfuhr davon. Heimlich ging er mit. Als er sah, daß die Leute, nachdem sie den Toten begraben hatten, wieder gegangen waren, nahm er seinen Spaten, grub den Toten wieder aus und brachte ihn zu sich nach Hause. Er legte den Toten im Hof nieder, holte sein Rasiermesser, schor ihm den Bart vom Kinn und von den Wangen ab und hüllte ihn in gute Kleider ein. Dann sagte er zu seiner Frau: »Ich verstecke mich im Haus. Du aber weine und klage recht gut!«

Spaßvogels Frau fing laut zu wehklagen an. Als die Leute ihr Klagen vernahmen, dachten alle, Spaßvogel sei gestorben. Die Frauen meinten, Spaßvogels Frau hätte die Wahrheit gesagt; als sie seinen Tod für den Morgen vorausgesagt hatte.

Sie kamen zu Spaßvogels Haus, setzten sich im Hof nieder und weinten. Wehklagend schlug sich Spaßvogels Frau immer wieder an die Brust. Eine der Frauen wollte weinend das Tuch von dem Toten ziehen, um ein letztes Mal sein Gesicht zu sehen, doch Spaßvogels Frau hielt ihre Hand fest und bat weinend: »Entblöße sein Gesicht nicht! Ehe er starb, hat er gesagt, daß niemand sein Gesicht sehen dürfe, denn wer es sich ansehe, dessen Haus werde völlig zerstört.«

Wer aber möchte schon sein Haus zugrunde richten? Die Frau legte das Tuch wieder so hin wie vorher. Nun kamen alle Männer und bauten eine Holzbahre, um den Toten zum Verbrennungsplatz zu tragen. Sobald die Frauen Spaßvogels Frau beruhigt hatten, gingen sie nach Hause.

Nicht weit weg vom Dorf befand sich ein Tempel. Dort lebte eine Priesterin. In der Nacht tauchte Spaßvogel im Tempel auf. Er bat die Priesterin: »Tante Priesterin! Gib mir etwas Feuer! Ich möchte Pfeife rauchen.«

Die Priesterin verschluckte sich vor Schreck. Als sie wieder sprechen konnte, fragte sie: »Bist du es, Spaßvogel?«

»Ja, Tante, ich bin es.«

Verwundert fragte die Priesterin: »Mein Sohn! Du bist doch aber gestorben! Wie kommst du denn jetzt hierher?«

Spaßvogel antwortete: »Was soll ich da sagen, Tante? Ich komme geradenwegs aus dem Paradies. Oh, Tante! Wie soll ich dir all die Pracht im Paradies beschreiben? Riesengroße Teppiche sind dort ausgebreitet. Täglich wird gefeiert. Es gibt schöne Gärten und Parks. Bis zwölf Uhr tanzen und singen die Feen. Und wenn ich mich hinlege, massieren sie mir die Beine. Oh, Tante! Auf den Betten dort liegt es sich so ruhig und weich, daß man bis zum Morgen durchschläft.«

Als die Priesterin so viel Schönes über das Paradies hörte, wurde sie vor Neid ganz blaß. Sie bettelte: »Mein Sohn! Nimm mich mit ins Paradies! Die Dorfbewohner lassen mich nicht in Ruhe. Einer will Wasser zum Trinken haben, der andere etwas Feuer. Erst wenn ich sterbe, geht es mir gut.«

Spaßvogel erwiderte darauf: »Was redest du da, Tante! Man kann nicht einfach so ins Paradies gehen! Gib mir hundert Rupien, dann werde ich sehen, was sich machen läßt. Sobald ein Platz frei wird, gebe ich dir Bescheid.« Mit diesen Worten ging Spaßvogel weg.

Eine Weile später, nachdem Spaßvogel gegangen war, erschien

Spaßvogels Onkel im Tempel. Kaum hatte ihn die Priesterin erblickt, als sie auch schon rief: »Lālā-dshī! Soll ich dir etwas sagen? Eben war Spaßvogel hier.«

Der Onkel antwortete: »Priesterin! Hast du den Verstand verloren? Spaßvogel ist doch gestorben! Wie könnte er da hierherkommen?«

Die Priesterin erwiderte: »Lālā! Weshalb sollte ich lügen? Er hat hundert Rupien von mir genommen und gesagt, daß er mir einen Platz im Paradies besorgen will. Ich war sehr erstaunt. Er berichtete, daß es im Paradies sehr angenehm ist.«

Als der Onkel hörte, wie es im Paradies zuging, meinte er: »Wie willst du da hingehen? Zuerst werde ich gehen! Schließlich bin ich sein leiblicher Onkel! Erst muß er mir einen Platz geben!«

Die Priesterin beruhigte ihn: »Lālā! Warum bist du so zornig? Morgen um diese Zeit kommt Spaßvogel wieder. Dann kannst du ihm alles sagen!« Der Onkel füllte seine Pfeife und verließ den Tempel.

Als er in der nächsten Nacht zur Priesterin kam, war Spaßvogel schon da. Zornig fuhr der Onkel ihn an: »Bist du etwa mit der Priesterin verwandt, daß du sie mit ins Paradies nimmst und mir nicht ein Wort davon sagst?«

Spaßvogel redete auf den Onkel ein: »Onkel! Du mußt mir schon hundert Rupien geben. Es ist sehr schwer, einen Platz zu bekommen. Ich muß erst deinen Namen aufschreiben lassen, ehe ich dich mitnehmen kann.«

»Was soll das Gerede vom Namen! Ich weiß davon nichts!« Er holte zweihundert Rupien aus seinem Dhotī-Knoten: »Nimm zweihundert Rupien! Sie hat dir hundert gegeben. Ich gebe dir zweihundert. Aber du mußt mir einen Platz im Paradies verschaffen!«

Spaßvogel steckte das Geld ein und meinte: »Gut! Morgen nacht genau um zwölf Uhr kommt ihr beide an den von mir bestimmten Ort! Ich werde euch ins Paradies bringen.« Danach ging er wieder.

In der nächsten Nacht erwarteten ihn die Priesterin und der Onkel. Spaßvogel kam im Dunkeln am Haus des Töpfers Mattī vorbei, der seinen Esel draußen angebunden hatte. Er brauchte für seinen Spaß einen Esel mit einer Packtasche und nahm ihn heimlich mit. Der Töpfer merkte nichts davon. Genau um zwölf Uhr erreichte Spaßvogel den Tempel. Den Esel ließ er draußen, und er trat ein. Die Priesterin und der Onkel erwarteten ihn festlich gekleidet.

Spaßvogel grüßte: »Rām! Rām! Macht schnell, sonst sind im Paradies alle Plätze weg!« Spaßvogel bedeckte beiden die Augen mit einer Binde und sagte, sie sollten sich beim Fliegen nicht fürchten. Beim Fliegen gäbe es Stöße und manchmal höre man auch eine Stimme wie die eines Esels.

Nachdem er beiden die Augen verbunden hatte, brachte er sie hinaus, um sie im ›Flugschiff‹ unterzubringen. Er setzte die Priesterin auf der einen Seite des Esels in die Packtasche und gab ihr die Ohren des Esels in die Hand. In der Tasche auf der anderen Seite brachte er den Onkel unter und ließ ihn den Schwanz des Esels halten: »Haltet euch fest«, rief er, »damit ihr nicht herunterfallt, wenn das Flugschiff abhebt!«

Die Priesterin saß mit dem Gesicht nach vorn auf dem Esel und der Onkel mit dem Gesicht zum Schwanz hin.

Nun führte Spaßvogel den Esel eilig in ein Feld, und danach ließ er ihn an einem Brunnen haltmachen. Dort schlug er von oben auf den Esel ein, so daß der erschrocken in die Knie ging, dann schlug er ihn von unten, so daß er nach oben hüpfte. So ging das eine Weile hin und her. Der Priesterin und dem Onkel auf dem Esel erging es schlecht. Beide riefen immer wieder: »Spaßvogel! Wie weit ist es noch bis zum Paradies? Wir haben es über, im Flugschiff zu sitzen.«

Spaßvogel meinte, sie wären gleich da. Jetzt sei ein Kampf im Gange. Dann ließ er den Esel zum Tor des Onkels laufen und dort stehenbleiben. Den beiden aber sagte er, sie wären nun im Paradies angekommen. Der Rādshā des Paradieses sei Dharmrādsh. Sie sollten ihn rufen, damit er sie einlasse.

Die Priesterin und der Onkel schrien laut: »Oh, Dharmrādsh! Wir sitzen in einem Flugschiff. Führ uns ins Paradies! Oh, Dharmrādsh! Mach schnell!«

Der Sohn des Onkels hieß Dharmrādsh. Als dessen Frau die Stimme hörte, wachte sie auf. Sie weckte ihren Mann: »Es scheint, als rufe dein Vater.« Dharmrādsh, noch im Schlaf, fragte: »Was ist los? Warum ruft er in der Nacht?«

»Dharmrādsh! Dharmrādsh!« schrien draußen die beiden. Der Onkel geriet in großen Zorn und rief erneut: »Oh, Dharmā! Führ uns ins Paradies! Wir kommen hier im Flugschiff um.« Und noch einmal flehte er Dharmā an, daß er etwas tun möge. Als die Schwiegertochter die Stimme erneut hörte, sagte sie zu ihrem Mann: »Was ist das für ein Traum? Seitdem ich aufgewacht bin, höre ich die Stimme. Steh doch auf und sieh nach, ob es dein Vater ist!«

Als Dharmā die Stimme erkannt hatte, ging er hinaus und sah im Tor einen Esel stehen, auf dem mit verbundenen Augen die Priesterin und sein Vater saßen. Die eine hielt die Ohren in der Hand, der andere den Schwanz, und beide schrien: »Bring uns schnell ins Paradies!«

Dharmā geriet in Wut und öffnete beiden die Augen. Er gab seinem Vater einen Stoß und fragte: »Bist du von Sinnen? Hockst auf einem Esel und schreist, daß du in einem Flugschiff sitzt und man dich ins Paradies bringen soll!« Die Hände der Priesterin befreite er von den Eselsohren, stieß auch sie an und sagte: »Geh nach Hause, Priesterin! Du bist auf einem Esel im Paradies angekommen.«

Als der Priesterin und dem Onkel die Binde von den Augen genommen war und sie den Esel erblickten, staunten sie nicht schlecht. Die Priesterin heulte los, daß Spaßvogel sie ausgeplündert habe. Der Priester habe hundert Rupien Vorschuß gegeben, und die habe ihr dieser Schuft abgenommen. Der Onkel fügte hinzu: »O weh! Mich hat er um zweihundert Rupien geprellt!«

Am nächsten Tag, als Spaßvogel vor alle hintrat, fielen die

Leute über ihn her, wofür er denn das Geld genommen habe.

Spaßvogel gab zur Antwort, daß er ja vorher schon gesagt hätte, er wolle einen richtigen Spaß zeigen. Warum sollte er das Geld zurückgeben? Das sei jetzt seins. Der Dorfälteste gab sich geschlagen und entschied: »Bruder! Wir haben verloren, du hast gewonnen!«

Spaßvogel ging lachend nach Hause.

Was man sät, wird man ernten

Ein Rādshā hatte drei Söhne. Alle drei waren sehr klug, gehorsam und geschickt in den Angelegenheiten des Reiches. Der Minister, der Feldherr und der Schatzmeister des Reiches hatten jeder eine Tochter. Die drei wollten ihre Töchter mit den drei Prinzen verheiraten. Der Rādshā war einverstanden, und so wurde die Heirat beschlossen. Man feierte die Verlobung.

Ein Sprichwort sagt: ›Der Mensch denkt, und Gott lenkt.‹ Gott wollte, daß der Rādshā noch vor der Hochzeit starb. Kaum war der Rādshā tot, als der Minister, der Feldherr und der Schatzmeister ihre Absichten änderten. Sie wollten nun die Prinzen töten lassen und das Reich an sich bringen. Das beschlossen sie untereinander. Jeder rief seine Tochter zu sich und sprach: »Töchterchen! Du mußt etwas tun! Ich werde dich mit einem anderen Prinzen verheiraten. Es ist besser, den Prinzen, mit dem du verlobt bist, umzubringen. Sobald er tot ist, befindet sich das Reich in unseren Händen. Es heißt: ›Tötet den Mörder! Doch haltet das nicht für ein Verbrechen oder eine Sünde!‹ Deshalb bereite vergiftetes Laddū zu, ruf den Prinzen und sag ihm, daß er heute noch in die Fremde gehen muß, in einem Jahr erst zurückkehren darf und dir etwas Außergewöhnliches mitbringen soll! Erst dann wollest du ihn heiraten. Zum Schluß gibst du ihm die Schachtel mit den Süßigkeiten.

Sobald alle drei Prinzen in die Fremde gezogen sind, werden wir uns des Reiches bemächtigen.«

Es heißt: ›Der Apfel fällt nicht weit vom Stamm.‹ Auch die Töchter beteiligten sich an der Verschwörung. Jede ließ ihren Prinzen rufen und sagte ihm, was ihr Vater sie geheißen hatte. Sie gaben ihnen die vergifteten Süßigkeiten und forderten sie auf, außer Landes zu gehen.

Die drei Brüder machten sich auf den Weg. Als sie fort waren, rissen der Minister, der Feldherr und der Schatzmeister das Reich an sich. Sie teilten es in drei Teile, in denen sie jeweils ihren Namen ausrufen ließen. Das Volk war darüber so bestürzt, als hätte man es vergiftet.

Die Prinzen liefen und liefen und gelangten am nächsten Tag in das Reich eines anderen Rādshās. Es war fast Mittag, als sie vor der Stadt an einem Teich Rast machten. Sie wollten baden, etwas essen und dann weiterziehen. Da kam der Austrommler und verkündete: »Hört, ihr Leute dieser Stadt! Ein Elefant des Rādshās ist toll geworden. Jeden Tag richtet er in der Stadt Schaden an. Hunderte Menschen hat er schon umgebracht. Unser Rādshā läßt deshalb verkünden, daß er demjenigen seine Tochter zur Frau gibt und das halbe Königreich als Mitgift dazu, der diesen Elefanten tötet.«

Die drei Brüder vernahmen den Aufruf. Sie legten ihre Schachteln mit dem Laddū unter einen Baum am Ufer und badeten im Teich. Plötzlich rief einer von ihnen: »Um Gottes willen! Ein riesiger Elefant kommt durch den Teich und wühlt das Wasser auf.« Als die Leute den tollen Elefanten auf sich zukommen sahen, rannten alle weg. Was aber sollten die drei Brüder tun? Sie waren ja mitten im Teich! Sie tauchten unter. Der Elefant kam angerannt und fing an, die Laddūschachteln mit dem Rüssel umherzuwerfen. Das gesamte Laddū verstreute sich auf der Erde. Der Elefant sammelte es auf und fraß es. Wenig später trompetete er fürchterlich, fiel dröhnend zu Boden und starb kurz darauf mit zuckenden Gliedern. Die drei Brüder beobachteten das alles vom Teich her. Als der Elefant umgefallen

war, krochen sie aus dem Wasser und zogen sich trockene Kleider an. Der Elefant war tot.
Die Prinzen begriffen, daß das Laddū vergiftet gewesen war und man es ihnen mitgegeben hatte, um sie zu ermorden. Nun dankten sie Gott für seinen Schutz. Ein Sprichwort sagt: ›Wenn dir alle böse sind, Gott ist es nicht.‹ Sie freuten sich sehr, denn man hatte ja nichts unversucht gelassen, sie zu töten, und in Wahrheit ist ein Retter mehr wert als ein Mörder.
Nun begaben sie sich zum Rādshā und sagten: »Mahārādsh! Wir haben den tollwütigen Elefanten getötet.« Der Rādshā gab dem ältesten Prinzen seine Tochter zur Frau und das halbe Königreich als Mitgift dazu. Der älteste Bruder blieb nun dort und übernahm die Herrschaft. Die beiden anderen Prinzen zogen weiter.
Sie wanderten und wanderten und gelangten eines Abends in eine Stadt. Die ganze Stadt schien völlig verlassen zu sein. Es gab keine Spur von einem Menschen. Als sie weitergingen, erblickten sie ein großes Schloß. Auch im Innern des Schlosses fanden sie niemanden. Sie stiegen die Treppe hinauf. Oben stand die Tür zu einem Zimmer offen, in dem ein wunderschönes Mädchen von etwa sechzehn Jahren saß. Die Zöpfe mit Perlen durchflochten, gepudert und gesalbt, von Kopf bis Fuß reich geschmückt. Füße und Hände mit Myrtenpuder bemalt, bekleidet mit einer Brokat-Sārī und eine Geldbörse aus Goldbrokat am Gürtel, war sie herrlich anzusehen. Womit könnte man ihr Aussehen wohl vergleichen? Sie glänzte wie eine Lampe zum Diwālī- oder zum Holī-Fest. Sie war fein und köstlich wie ein Butterbällchen, zart wie ein Oleanderzweig, so daß man befürchten mußte, sie könnte in zwei Teile zerbrechen, wenn man sie auch nur berührte. Ihr Anblick bezauberte die beiden Brüder so, daß sie sie unverwandt anstarrten.
Als das Mädchen die beiden Brüder erblickte, fragte sie: »Wer seid ihr? Weswegen seid ihr hier? Wißt ihr denn nicht, daß in diesem Haus eine Hexe wohnt? Sie hat die ganze Stadt in ihrer Gewalt. Ich bin die Prinzessin dieses Landes. Meine Eltern hat

sie aufgefressen und hält mich jetzt gefangen. Lauft schnell weg! Sonst frißt sie euch, sobald sie kommt.«
Die Prinzen stellten sich vor und sprachen: »Dann los! Wir laufen alle drei zusammen weg. Ohne dich gehen wir nicht!«
Die Prinzessin wußte aber, wann die Hexe zurückkam. Sie versteckte die beiden Prinzen in einem Haufen Pīpalblätter und sagte: »Haltet euch die Nacht über hier versteckt! Morgen früh, wenn die Hexe fort ist, hole ich euch wieder heraus.«
Die Prinzessin begab sich anschließend auf das Dach des Schlosses. Inzwischen kam die Hexe auf ihrem fliegenden Bett herbeigeflogen. Sie fragte die Prinzessin, als sie bei ihr anlangte: »Töchterchen! Es riecht hier heute nach Menschenfleisch. Was ist los? Ist etwa ein Mensch hier gewesen?«
Das Mädchen erwiderte: »Wie sollte ein Mensch hierherkommen? Im Umkreis von zwölf Kos verschonst du doch keinen! Der Geruch wird aus meinem Körper dringen. Wenn du mich fressen willst, dann tu es!«
Die Hexe lachte: »Laß es gut sein! Ich habe Hunger. Laß uns zusammen essen. Ich habe heute viele schöne Dinge für dich mitgebracht.«
»Ich habe keinen Hunger«, sagte das Mädchen. »Ich will nichts essen. Du läßt mich immer allein und gehst deiner Wege. Wenn dich eines Tages jemand tötet, was soll ich dann machen? Ich werde dich nicht einmal mehr zu sehen bekommen!« Damit fing das Mädchen laut zu schluchzen an.
Darauf sagte die Hexe: »Halte ein, du Dummchen! Weshalb hast du Angst? Wer könnte mich denn töten? Selbst wenn mich jemand in Stücke haut, wäre ich nicht tot. Weißt du, wo sich meine Seele befindet? Hör zu! Ich werde es dir verraten. In der mittleren Kammer mit der starken Tür steht eine große Truhe. In dieser Truhe steckt eine zweite aus Silber. Und darin befindet sich eine eiserne Vorrichtung. Zerbricht ein Mensch diese Vorrichtung, sterbe ich. Aber das ist unmöglich! Die Vorrichtung ist nämlich so beschaffen, daß sie den, der die Truhe öffnet, sofort in Staub verwandelt. Deshalb mach dir um mich

keine Sorgen!« Danach faßte die Hexe die Prinzessin an der Hand, gab ihr zu essen, legte sie neben sich und schlief ein.
Kaum war der Morgen angebrochen, nahm die Hexe ihr Bett und flog weg. Die Prinzessin holte die beiden Prinzen unter den Blättern hervor und erzählte ihnen die ganze Geschichte.
Als die beiden Brüder nun um das Geheimnis der Hexe wußten, begaben sie sich zu jener mittleren Kammer. Der eine brach mit dem Schwert das Schloß auf, der andere schlug mit einem Hammer die starke Tür ein. Nun war die Kammer offen. Danach öffneten sie auf die gleiche Weise die Truhe. Jeder von ihnen nahm einen der beiden Stöcke von der Vorrichtung fest in seine Hände, so daß sie nicht in Bewegung geraten konnte. Die Prinzessin löste den Bolzen. Was geschah nun? Mit einem Hammerschlag sprang die Vorrichtung entzwei. Da war auf einmal ein Rauschen zu hören. Die Hexe näherte sich auf ihrem fliegenden Bett. Stolpernd stieg sie herunter, kam schreiend näher und fiel neben der Schwelle der Kammer mit lautem Dröhnen zu Boden. Sie hatte ihren Geist aufgegeben.
Nachdem die Hexe tot war, heiratete der mittlere Bruder die Prinzessin. Die Nachricht von ihrem Tod verbreitete sich schnell ringsum. Die Stadt füllte sich mit neuem Leben. Der mittlere Bruder war nun der Rādshā dieses Reiches und herrschte darüber.
Der jüngste Prinz blieb einige Tage, dann flog er auf dem fliegenden Bett der Hexe davon. Er flog und flog. Am Mittag schwebte das Bett über einem dichten Wald, in dem es viele Flaschenbäume gab. Sie trugen reiche Früchte. Der Prinz ließ das Bett hinuntergehen. Er pflückte sich einige reife Früchte und aß sie. Aber was war das? Kaum hatte er davon gegessen, als seine Nase mehr als eine Handlänge größer wurde. Das verstörte ihn sehr. Gleich darauf erblickte er die Hütte eines Sādhus. Er lief zu ihm, fiel ihm zu Füßen und erzählte ihm alles: »Bābā! Helfen Sie mir! Meine Nase ist über eine Handlänge größer geworden. Ihre Last zersprengt mir fast die Stirn.«

Der Sādhu erwiderte: »Hab Geduld, mein Sohn!« Er holte aus seiner Tasche eine Mangofrucht, gab sie ihm und sagte: »Iß das!« Nachdem der Prinz die Mangofrucht gegessen hatte, nahm seine Nase wieder ihre vorherige Größe an.
Bei diesem Sādhu wohnte die Tochter eines Rādshās, die der Sādhu von klein an aufgezogen hatte. Ihretwegen hatte er große Schwierigkeiten, seine Bußübungen durchzuführen. Der Sādhu verheiratete sie mit dem Prinzen und gab ihnen als Mitgift einen Zauberstock. Er erklärte dazu: »Nimm ihn mit! Er wird dir stets gehorchen und dich beschützen.« Der Prinz holte sich sechs Flaschenfrüchte aus dem Wald, erbat sich auch sechs Mangofrüchte von dem Sādhu und nahm alles an sich. Nun ließ er seine Frau Abschied nehmen. Sie setzten sich auf das Bett und flogen in seine Stadt zurück. Der Prinz ließ sich außerhalb, im Garten eines Dorfes, nieder. Der Sādhu, der sich nicht länger um die Prinzessin zu sorgen brauchte, begab sich in den Himalaya, um sich seinen Bußübungen hinzugeben.
Der Prinz erfuhr, daß sich der Minister, der Feldherr und der Schatzmeister das Reich seines Vaters angeeignet hatten. Das war bitter für ihn. Eines Tages verkleidete er sich als Obsthändler und verkaufte im Hause des Ministers, des Feldherrn und des Schatzmeisters je zwei Flaschenfrüchte. Sie aßen die Früchte und gaben auch ihren Töchtern davon, aber kaum hatten alle davon gegessen, als ihre Nasen über eine Handlänge größer wurden. Nun erhob sich großes Wehklagen. Was war nur geschehen? Vor Scham wagten sie sich nicht aus dem Haus.
Eines Tages holte der Prinz seinen Zauberstock hervor und befahl ihm: »Mein lieber Stock! Geh, ergreife den Minister, den Feldherrn, den Schatzmeister und deren Töchter und bring sie hierher!«
Zuerst nahm der Stock das Aussehen eines Brahmanen an und begab sich zum Minister: »Herr Minister! Mein Mahārādsh lädt Euch und Eure Tochter zu sich ein. Wollt Ihr bitte mit mir kommen?« Zornig fuhr der Minister auf: »Woher stammt die-

ser Mahārādsh? Wie kommt er dazu, mir zu befehlen? Wenn er mich braucht, soll er gefälligst vor mir erscheinen! Weil du ein Brahmane bist, lasse ich es gut sein. Sonst ließe ich dir eine Lehre erteilen!« Der Brahmane sprach: »Also gut! Wenn Ihr es nicht anders begreifen wollt! Auch die Frau eines Schusters lernt nur, wenn sie geschlagen wird!« Darauf nahm der Zauberstock seine wahre Gestalt an und stürzte sich auf den Minister, und dem erging es schlecht. Er rief: »Halte ein! Halte ein! Ich komme mit! Du bringst mich ja um!«
Der Zauberstock ließ von ihm ab und forderte: »Nimm auch deine Tochter mit!« Es heißt: ›Gegen einen Starken kann man nicht ankommen.‹ So nahm der Minister gezwungenermaßen auch seine Tochter mit. Auf diese Weise holte der Zauberstock auch den Feldherrn, den Schatzmeister und deren Töchter. Unterwegs blieben die Leute vor ihnen stehen, wenn sie die langen Nasen sahen. Am liebsten wären sie vor Scham in der Erde versunken. Schließlich erreichten alle den Garten. Dort sahen sie den Prinzen, auf ein Kissen gestützt, dasitzen. Als sie ihn erblickten, erstarrten sie vor Schreck. Hätte man sie jetzt geschnitten, kein Blut wäre aus der Wunde geflossen.
Der Prinz sprach: »Setz dich, Minister! Setz dich, Feldherr! Setz dich, Schatzmeister!« Alle nahmen schweigend Platz. Vor Scham hielten sie die Köpfe gesenkt. Sie gestanden ihre Schuld ein und baten den Prinzen um Verzeihung: »Wir geben Euch Euer Königreich zurück. Geht und setzt Euch auf den Thron!«
Der Prinz glaubte, daß diese Leute auf den rechten Weg zurückgekehrt seien. Stellt man das, was man tagsüber falsch gemacht hat, abends richtig, ist es kein Vergehen mehr. Also verzieh ihnen der Prinz. Schließlich gehörten sie ja zu seinem Reich! Er verspürte Mitleid und meinte, ihnen nun auch die Mangofrüchte des Sādhus geben zu müssen, damit sie ihre lästigen Nasen loswürden.
Mit diesem Gedanken rief der Prinz die Gärtnerin: »Gärtnersfrau! Hol die sechs Mangos, die ich dir gegeben habe, und laß den Minister und alle Leute hier davon essen, damit sie von

ihren lästigen Nasen befreit werden und diese wieder ihre vorige Größe annehmen!«
Die Gärtnersfrau ging weg und kam nach einer Weile mit sechs Obstkernen zurück. Sie sagte: »Mahārādsh! Vergebt mir meine Schuld! Die Mäuse haben die Mangos aufgefressen. Nur die Kerne blieben übrig.«
Der Prinz erwiderte: »Ich wollte sie von ihren lästigen Nasen befreien, aber Gott ist damit nicht einverstanden. Sie müssen nun ernten, was sie gesät haben! Ein Sprichwort sagt auch: ›Kein Vergehen ohne Strafe!«
Der Prinz, der Minister, der Feldherr, der Schatzmeister und ihre Töchter gingen nun alle in die Stadt. Die Jungen liefen in Scharen hinter den langnasigen Mädchen her und riefen: »Nasenkönigin! Nasenkönigin!«
Der Prinz bestieg den Thron und herrschte in seinem Reich. Der Minister, der Feldherr und der Schatzmeister aber mußten zusammen mit ihren Töchtern die Last der langen Nasen und die der Scham tragen. Das war der Lohn für ihr Tun.

Unterdrück die erste Regung

In alter Zeit lebte einmal ein Brahmane mit seiner Frau in einer Stadt. Der Brahmane war ein Gelehrter. Er hatte nur einen Sohn, der zu großen Hoffnungen berechtigte. Was ihn sein Vater lehrte, lernte er im Fluge. Der Brahmane freute sich im stillen sehr über die Klugheit seines Sohnes, nach außen aber schalt er ihn immerzu. Niemals lobte er ihn. In wenigen Jahren wuchs der Sohn zu einem bekannten Pandit heran. Der Ruf von seinen Tugenden und Vorzügen breitete sich bis in weite Fernen aus. Die Leute waren überzeugt, daß es kein anderer Pandit in dieser Gegend mit ihm aufnehmen konnte.
Trotzdem änderte der Brahmane seine Haltung nicht und schalt den Sohn weiterhin beim geringsten Vergehen. Der Sohn war kein Knabe mehr, er war verheiratet und zählte zu den bedeu-

tendsten Gelehrten, und dennoch achtete der Vater seine Tugenden nicht. Das ärgerte den Sohn zutiefst. Er dachte: ›Ich bin ein bedeutender Gelehrter geworden, gehe den rechten Weg, die Leute hören nicht auf, mich zu loben, aber mein Vater sieht an mir nur Fehler. Zu jeder Zeit schilt er mich. Es scheint, als sei er auf meine Tugenden und die mir erwiesene Achtung neidisch.‹ So verging noch eine Weile. Aber die bösen Regungen, die im Herzen des Sohnes gegen den Vater aufgekommen waren, nahmen von Tag zu Tag mehr Gestalt an. Schließlich bekam der Teufel der Wut in ihm die Oberhand. Er beschloß, die Qual seiner Tage und Nächte abzuschütteln, indem er seinen Vater umbrachte. Er meinte: »›Wenn es das Schilfrohr nicht mehr gäbe, könnte auch die Flöte nicht mehr spielen‹, wie es in einem Sprichwort heißt.«

Es war in einer Vollmondnacht im Herbst im Monat Kwār. Der Mond überflutete mit seinem Licht die Erde. Mitten in der Nacht nahm der Sohn des Brahmanen sein Schwert und begab sich in das Obergeschoß, wo seine Eltern schliefen, um den Vater zu töten. Als er bei der Tür anlangte, merkte er, daß die Eltern wach waren und sich unterhielten. Heimlich lauschte er ihrem Gespräch.

Die Mutter sagte: »Sieh nur, wie schön heute der Mond scheint! Sein Licht fällt wie Nektar auf die Erde. Sag mir doch, ob es auf dieser Erde jemanden gibt, dessen Ruhm hell wie der Mond leuchtet!«

Der Vater antwortete: »Warum nicht? Wozu suchst du in der Ferne? Sieh nur deinen Sohn an, der mit seinem Wissen ringsum noch mehr Licht als der Mond ausstrahlt. Dem Licht des Mondes fehlt der Duft, aber der Duft der Tugenden deines Sohnes ist überall auf der Erde zu spüren. Die Süße seines Betragens erfüllt alle wie Amrit mit Verlangen. Vor seinem Ruhm verblaßt der des Mondes. Deinem Schoß sei gedankt, aus dem ein solcher Edelstein hervorging.«

Der Sohn des Brahmanen blieb wie erstarrt stehen, als er aus dem Mund seines Vaters solche Worte vernahm. Er dachte bei sich: ›Wie verwirrt war doch mein Sinn! Ohne etwas zu verstehen, wollte ich eine große Sünde begehen!‹ Die Reue bedrückte ihn sehr. Beschämt kehrte er um. In dieser Nacht mied ihn der Schlaf.

Am nächsten Tag nach dem morgendlichen Bad und der Morgenandacht trat er vor seinen Vater und sagte: »Vater! Ich möchte Euch etwas fragen.«

Der Vater erwiderte: »Sprich, mein Sohn! Worum geht es?«

Der Sohn sagte: »Vater! Welche Buße muß jemand tun, der sich vorgenommen hat, den eigenen Vater zu erschlagen, dessen Sinn sich aber dann änderte, und der es nicht tut?«

Der Vater erwiderte: »In den Shāstras sind dafür zwei Bußen vorgeschrieben. Die eine besteht darin, daß er auf einen Pīpalbaum steigen, darunter Feuer legen und zusammen mit dem Pīpalbaum verbrennen muß. Die andere verlangt, daß er zwölf Jahre lang die Kühe eines guten Brahmanen uneigennützig hüten und ihnen mit Leib und Seele dienen soll.«

Nachdem der Brahmanensohn die Bußen erfragt hatte, begab er sich zu seiner Frau und sprach: »Ich gehe für zwölf Jahre in die Fremde, um Buße zu tun. Für meinen Unterhalt brauche ich zwölftausend Rupien. Ich schreibe einen Schuldschein, mit dem gehst du zu einem Seth und hinterlegst ihn dort als Pfand.«

Die Brahmanenfrau suchte einen reichen Seth auf und wies den Schein vor. Den Sohn des Brahmanen verehrte man allerorten. Daraufhin gab der Seth der Brahmanenfrau das Geld, und sie kehrte nach Hause zurück. Erst als sie gegangen war, las der Seth den Schuldschein. Darauf stand geschrieben:

»Unterdrück die erste Regung! Bleib geduldig!«

Der Seth klebte den Zettel auf eine eiserne Schatztruhe, die am Kopfende seines Bettes stand.

Der Brahmanensohn übergab seinem Vater sechstausend Rupien von dem Geld und sprach: »Ich gehe jetzt für zwölf Jahre in den Wald, um Buße zu tun. Bestreitet Euren Unterhalt von diesem Geld!« Was übrig war, steckte er für den eigenen Unterhalt ein und verließ das Haus. Er wanderte und wanderte und kam sehr weit. Schließlich fand er am Ufer des Ganges einen Ort, wo er für einen Brahmanen, der sich der Tapasyā unterzog, die Kühe hüten und ihm mit Leib und Seele dienen konnte. Er lebte von seinem eigenen Geld und versorgte die Kühe Tag und Nacht.

An jenem Tag, da der Brahmanensohn in den Wald ging, war auch der reiche Seth aufgebrochen, um den Ozean zu überqueren und auf einer Insel Handel zu treiben. Um diese Zeit war die Frau des Seths schwanger. Der Seth verwickelte sich in der Fremde so tief in seine Geschäfte, daß er zwölf Jahre lang nicht nach Hause zurückkehren konnte. Sein Sohn war nun schon zwölf Jahre alt, sah aber wie achtzehn aus, weil er in einem gut versorgten Haus heranwuchs, wo es ihm an nichts mangelte. Eines Tages klagte der Junge über Kopfschmerzen, und die Mutter ließ ihn auf ihrem Bett einschlafen. Mutter und Sohn schliefen tief und fest. Das Schicksal wollte es, daß der Seth in derselben Nacht aus der Fremde nach Hause zurückkehrte. Er ließ sich die Außentür vom Wächter öffnen und trat in das Schlafgemach. Dort sah er seine Frau mit einem Mann auf dem Bett liegen. Das versetzte ihn in großen Zorn. Sofort wollte er sein Schwert vom Haken reißen und beiden den Kopf abschlagen. Da fiel sein Blick auf den Zettel, den er auf die eiserne Truhe geklebt hatte, und er las: »Unterdrück die erste Regung! Bleib geduldig!« Da ließ der Seth seine Hand wieder sinken, steckte das Schwert in die Scheide und hängte es an seinen Haken.

Er überlegte: ›Ein gelehrter Brahmane lehrt mich, daß ich es bitter bereuen muß, wenn ich etwas in der ersten Regung ausführe, ohne zu überlegen. Ich muß das beherzigen.‹ Er weckte seine Frau und fragte: »Wer ist das?«

Die Frau antwortete: »Herr! Das ist doch Euer eigener Sohn! Er wurde geboren, als Ihr fern von hier weiltet. Mutter Erde hat seine Last getragen, jetzt ist er erwachsen. Heute klagte er über Kopfweh, deshalb habe ich ihn neben mir schlafen lassen.« Dann weckte sie den Jungen: »Mein Sohn, steh auf! Dein Vater ist aus der Fremde zurückgekommen. Berühre seine Füße!«

Der Junge stieg vom Bett und wollte die Füße seines Vaters berühren, als ihn dieser auffing und an sein Herz drückte. Jetzt kannte seine Freude keine Grenzen.

Bei sich dachte der Seth: ›Der Zettel des Brahmanen hat mich heute vor einer großen Sünde bewahrt. Im Zorn wollte ich meinen eigenen Untergang herbeiführen.‹ Im stillen dankte er Gott und pries den Brahmanen.

Der Brahmanensohn kehrte nach zwölfjähriger Buße nach Hause zurück. In kurzer Zeit verdiente er viel Geld, gab es seiner Frau und sprach: »Geh zu dem Seth, gib ihm das Geld und die Zinsen dazu und verlange den Schein wieder, den du dafür hinterlegt hast!«

Die Brahmanenfrau begab sich mit dem Geld zum Haus des Seths und sprach: »Seth! Rechnet aus, wieviel Geld Euch zusammen mit den Zinsen zusteht! Nehmt es und gebt mir den Schein wieder, den ich dafür hinterlegt habe!«

Der Seth erwiderte: »Liebe Frau! All dein Geld habe ich schon mehrfach wiederbekommen. Ich habe nur eine Bitte: Ich möchte dein Pfand behalten. Nimm dafür, wenn du willst, noch hunderttausend Rupien dazu!«

Die Frau aber ließ das nicht zu. Später ließ der Seth dem Brahmanen das Geld durch seinen Diener bringen. Der Brahmanensohn lebte nun glücklich und zufrieden mit seinen Eltern, denen er nun diente.

Der Seth ließ mit großen goldenen Lettern über seiner Tür anbringen:

Unterdrück die erste Regung! Bleib geduldig!

Eins vollbracht, alles vollbracht

Es war einmal ein Rādshā, der war sehr tugendhaft. Mit seinen Untertanen verfuhr er, als ob sie seine eigenen Kinder wären. Das Volk war glücklich. Diebe und Halunken hielten sich nicht in seinem Reich.

Einmal ließ der Rādshā in seiner Hauptstadt einen großen Teich graben und daneben einen Shiwtempel errichten. Die Einweihung des Tempels wurde groß gefeiert. Der Rādshā, die Minister, alle waren dabei. Einige Leute ergriffen die günstige Gelegenheit und schlugen dem Rādshā vor: »Mahārādsh! Ihr habt eine edle Tat vollbracht, indem Ihr den Teich habt graben und den Tempel habt bauen lassen. Wenn Ihr jetzt hier noch für einen Monat einen Melā veranstaltet, werden die Leute von weither kommen, um sich das anzusehen, und dem Tempel ihre Ehrerbietung bezeigen. So wird sich der Ruf des Tempels ringsum ausbreiten.«

Dem Rādshā gefiel dieser Vorschlag. Er ließ den Melā in allen Dörfern austrommeln. Der Melā wurde gut besucht. Die Leute kamen mit ihren Waren von weither, deshalb ließ der Rādshā noch verkünden, daß jeden Tag alle Waren, die zum Verkauf zum Melā gebracht und bis zum Abend nicht verkauft worden waren, von ihm zum entsprechenden Preis abgenommen würden. Daraufhin kamen die Händler von weither. Auf dem Melā versammelten sich viele Leute. Was bis zum Abend nicht verkauft war, kaufte der Rādshā.

In der gleichen Stadt lebte ein armer Brahmane. Außer ihm und seiner Frau gehörte niemand zur Familie. Mit Mühe nur bekam er bis zum Abend etwas für seinen Unterhalt zusammen. Eines Tages sprach die Brahmanin: »Es wird immer schwerer, nur vom Betteln zu leben. Du bist doch nicht dumm! Streng deinen Verstand mal an, damit wir ordentlich leben können!«

Der Brahmane antwortete: »Wozu sollte ich meinen Verstand anstrengen? Was einem vom Schicksal vorherbestimmt ist, bekommt man auch! Was brauchen wir denn noch mehr. Ein

Brahmane muß zufrieden sein!« Die Brahmanin erwiderte: »Zum Teufel mit deiner Zufriedenheit: Wenn es nur für kurze Zeit wäre, könnte ich damit einverstanden sein. Soll ich denn mein ganzes Leben lang Not leiden? Du mußt irgend etwas tun! Ich werde dir sagen, was! Paß auf! Laß dir vom Töpfer eine Figur des Gottes Saturn formen. Ich werde sie mit Sindūr schmücken. Bring sie zum Verkauf auf den Bāzār und nenne als Preis fünfhundert Rupien. Wer wird denn schon eine Figur des Saturn kaufen? Die nimmt keiner, nicht mal umsonst! Am Abend gehst du dann zum Rādshā und sagst: ›Diese Figur wurde nicht verkauft.‹ Der Rādshā wird sie nehmen, und du bringst fünfhundert Rupien nach Hause. Na, ist das was?«
Der Brahmane meinte: »Auch wenn dein Vorschlag nicht schlecht ist, steht so etwas einem Brahmanen nicht an. Ein Brahmane muß mit dem zufrieden sein, was er auf anständige Weise bekommt.« Doch, was tut man nicht alles aus Hunger?
Am nächsten Tag ließ sich der Brahmane notgedrungen eine Figur des Saturn beim Töpfer formen. Die Brahmanin schmückte sie mit Sindūr. Der Brahmane brachte sie zum Markt. Die Figur war gut gemacht. Ihr schönes Aussehen lockte Kauflustige herbei, doch die verliefen sich sofort wieder, wenn sie den Namen Saturn hörten. Wer nimmt denn schon eine Figur des Saturn für fünfhundert Rupien? Welcher Dummkopf holt sich denn das Unglück selbst ins Haus? Die Figur fand keinen Käufer. Es wurde Abend. Der Brahmane meldete sich bei den Reichsbeauftragten, die die übriggebliebenen Waren aufkauften. Die gerieten in arge Bedrängnis. Um Gottes willen! Eine Figur des Saturn! Wie sollte man die kaufen und ins Schloß bringen? Dann wäre alles Glück des tugendhaften Rādshās dahin.
Sie fragten den Rādshā um Rat. Der Minister, die Ratsmitglieder, alle waren dagegen: »Das Schloß als Wohnsitz von Saturn? Das darf nicht sein! Sobald Saturn eingezogen ist, sind Frieden und Glück des Reiches dahin! Mahārādsh! Ihr dürft sie nicht einmal aus Versehen kaufen!«

Darauf der Rādshā: »Und was soll ich tun! Was sein muß, muß sein! Ich kann nicht gegen die religiösen Pflichten verstoßen. Ich habe austrommeln lassen, daß ich jedes Stück kaufen werde, was nicht verkauft wurde. Um bei meinem Wort zu bleiben, muß ich die Figur kaufen. Welches Unglück sie mir auch bringt, ich bin bereit, es zu ertragen. Was einem das Schicksal vorherbestimmt hat, wird auch geschehen.«
Die Figur wurde gekauft und in einer Nische des Schlosses aufgestellt. Kaum war die Figur da, verfielen alle Leute in Angst, sie befürchteten ein Unglück. Auch den Rādshā beschlich Furcht. Seitdem stellte er an der Tür Wachen auf, ehe er schlafen ging. Er ließ alles durch brennende Kerzen und Öllämpchen erleuchten.
Eines Nachts lag der Rādshā mit offenen Augen auf seinem Bett. Seit er die Figur gekauft hatte, waren einige Tage vergangen. Mitten in der Nacht sah er eine vierhändige Göttin, eine Lotosblume in jeder Hand und von göttlichem Schein umgeben, aus dem Schloß hinausgehen. Als der Rādshā sie erblickte, sprang er sofort vom Bett auf, neigte den Kopf, faltete die Hände und fragte: »Dewī! Wer seid ihr? Und wo geht Ihr mitten in der Nacht hin?«
Die Göttin antwortete: »Ich bin die Lakshmī des Reiches, Rādshā! Dein Haus ist jetzt der Wohnsitz von Saturn. Hier kann ich nun nicht mehr bleiben. Ich verlasse dein Reich.«
Da sagte der Rādshā: »Nun gut, Mutter! Geht! Ich kann Euch nicht halten.« So ging die Lakshmī des Reiches fort.
Eine Weile später sah der Rādshā einen Gott das Schloß verlassen. Als er dabei war, das Haupttor zu durchschreiten, fragte ihn der Rādshā wie bereits vorher die Göttin: »Gott! Wer seid Ihr? Wohin geht Ihr zu dieser ungelegenen Zeit?«
Der Gott erwiderte: »Rādshā! Ich bin Glück und Wohlstand. Ich kann nicht dort bleiben, wo sich Saturn niedergelassen hat. Die Lakshmī des Reiches ist gegangen, so gehe ich auch.«
Daraufhin sagte der Rādshā traurig: »Nun gut, Gott! Geht! Ich kann Euch nicht halten.«

Der Gott ging weg.
Eine Weile später kamen zwei Göttinnen mit goldenen Kronen auf dem Kopf aus dem Schloß. Auch sie fragte der Rādshā: »Göttinnen! Wer seid Ihr, und wohin geht Ihr?«
Die Göttinnen erwiderten: »Wir sind Gesundheit und Wohlergehen. Wie sollten wir hierbleiben? Wir gehen dorthin, wo die Lakshmī des Reiches hingegangen ist.«
Der Rādshā meinte: »Wie Ihr wollt!«
Beide gingen weg.
Auf diese Weise verließen einer nach dem anderen, die Lakshmī des Reiches, Glück und Wohlstand, Gesundheit und Wohlergehen, den Rādshā und gingen fort.
Der Sinn des Rādshās verhärtete sich. Er beschloß, selbst das Größte hinzugeben, auch die härteste Qual auf sich zu nehmen, nur um bei dem einmal gegebenen Wort zu bleiben. Während er in diese Gedanken vertieft war, trat eine beeindruckende Erscheinung aus dem Schloß. Der Rādshā stellte sich an die Tür und faltete die Hände. Als die Gottheit hinausgehen wollte, fragte der Rādshā: »Gott! Wer seid Ihr, und warum verlaßt Ihr mich?«
Der Gott antwortete: »Ich bin die Wahrheit und die Gerechtigkeit, Rādshā! Da sich Saturn in diesem Schloß niedergelassen hat, gehe nun auch ich dorthin, wo sich die Lakshmī des Reiches niedergelassen hat.«
Als der Rādshā das hörte, ergriff er plötzlich die Hand des Gottes der Wahrheit und der Gerechtigkeit und fragte: »Gott! Wohin geht Ihr? Dieser Diener hier hat doch Euretwegen alles aufgegeben! Wenn Ihr trotzdem gehen wollt, dann geht! Die Tür steht offen.« Als der Gott der Wahrheit und der Gerechtigkeit die Worte des Rādshās vernahm, schämte er sich. Im stillen dachte er, daß der Rādshā recht hatte. Alles Unglück war über ihn hereingebrochen, weil er ihm gedient hatte. Alle hatte er fortgelassen, ihn aber festgehalten! Wie hätte er nun seinen treuen Diener verlassen können?
Der Gott sprach: »Rādshā! Es ist wahr, was du sagst. Du hast

alles aufgegeben und an mir festgehalten. Ich kann dich nicht verlassen.«

Mit diesen Worten kehrte der Gott der Wahrheit und der Gerechtigkeit ins Schloß zurück.

Als die anderen Götter, die den Rādshā vorher verlassen hatten, sahen, daß der Gott der Wahrheit und der Gerechtigkeit wieder umkehrte, kamen auch sie einer nach dem anderen zurück. Der Rādshā fragte sie mit gefalteten Händen: »Götter! Warum kommt Ihr ungerufen zurück?«

Die Götter antworteten: »Rādshā! Wir können niemals einen Ort verlassen, wo Wahrheit und Gerechtigkeit sind. Die Lakshmī des Reiches, Glück und Wohlstand sowie Gesundheit und Wohlergehen folgen alle der Wahrheit und der Gerechtigkeit. Der Gott der Wahrheit und der Gerechtigkeit wollte gehen. Er ist nicht weggegangen. Wie können wir da gehen?«

Und so kehrten alle Götter und Göttinnen wieder in das Schloß zurück.

Der Rādshā blieb schweigend stehen, obwohl er sich innerlich freute. Es ist schon wahr:

Eins vollbracht, heißt alles vollbracht!

Was man angefangen hat, muß man auch zu Ende bringen!

Ein Held darf die Wahrheit nicht aufgeben, sonst verliert er auch die Ehre!

Wer den Weg der Wahrheit geht, wird auch vom Glück nicht verlassen werden! Es kehrt zurück!

Dreikopf-Dreibein

In einer Stadt lebte einmal ein Geldverleiher, der sehr klug war. Er behandelte alle Leute gut. Wegen seiner Beziehungen gingen auch seine Geschäfte gut.

Der Geldverleiher war alt geworden, seine Söhne übernahmen nun sein Gewerbe. Plötzlich erkrankte ihr Vater. Die Krankheit schritt von Tag zu Tag weiter voran, so daß der Geldverleiher an seinem Leben verzweifelte. Eines Tages rief er alle seine Söhne zu sich und sprach: »Ihr Söhne! Mein Leben geht zu Ende. Mir bleiben nur noch einige Tage. Ich möchte euch vier Ratschläge mit auf den Weg geben:

Erstens: In jedem Dorf muß man sich sein Haus errichten!

Zweitens: Im Kalten gehen und im Kalten kommen!

Drittens: Rechnet nicht damit, Geld von dem zurückzubekommen, dem ihr welches geliehen habt!

Viertens: Wenn ihr einen Rat braucht, dann holt ihn euch bei einem Dreikopf-Dreibein!«

Die Söhne versprachen: »Lieber Vater! Wir werden stets alle vier Ratschläge genau befolgen, die Ihr uns mitgeteilt habt, und niemals auch nur einen Schritt davon abweichen.«

Der Geldverleiher atmete zufrieden auf und starb.

Nachdem die Brüder alle Totenzeremonien für den Vater vollzogen hatten, setzten sie sich zusammen, um zu beraten. Sie alle beschlossen, dem Rat des Vaters zu folgen, denn in einem Sprichwort heißt es: ›Wer den Rat der Älteren nicht beherzigt, wird mit der Schale in der Hand betteln gehen.‹

Zuerst mußte man den Rat, in jedem Dorf sein Haus zu errichten, in die Tat umsetzen. So begannen sie, in jedem Dorf ein Haus zu bauen. Jedes Jahr bauten sie zehn bis zwanzig Häuser. In einigen Jahren entstanden so Hunderte von Häusern. Fast die Hälfte des Vermögens war für den Häuserbau verbraucht worden. Jedes Jahr mußte auch viel Geld für die Instandhaltung dieser Häuser verwendet werden. Wegen all dieser Ausgaben gerieten sie bald in arge Bedrängnis. Außerdem kamen sie wegen der Beschäftigung mit dem Häuserbau kaum dazu, sich um ihr Gewerbe zu kümmern. Die Einnahmen aus dem Laden gingen von Tag zu Tag mehr zurück. So kamen die Brüder eines Tages wieder zusammen und sagten: »Der erste Rat des Vaters läuft auf unseren Ruin hinaus.« Nach langem Überlegen beschlossen sie, mit dem Häuserbau aufzuhören und den zweiten Rat zu verwirklichen: ›Im Kalten gehen und im Kalten kom-

men!‹ Sie dachten nun darüber nach, wie sie das wohl bewerkstelligen könnten. Sie beschlossen, vom Wohnhaus bis zum Laden ein Dach auf Pfosten zu errichten, damit sie darunter zum Laden hin und zum Haus zurück laufen konnten und dabei nicht der Sonnenglut ausgesetzt waren. So würden sie die Annehmlichkeiten genießen, im Kühlen hin und her zu gehen. Also wurde ein Dach über dem Weg vom Haus zum Laden errichtet und dieser auf diese Weise schattig gehalten. Alle Brüder gingen im Schatten zum Laden hin und wieder zum Haus zurück. So waren sie niemals der Sonnenglut ausgesetzt. Da sie auf diese Weise kaum hinauskamen und es ihnen infolgedessen am Umgang mit anderen mangelte, ging der Handel noch mehr zurück. Die vier Brüder wurden faul.
Aber es war notwendig, auch den dritten Rat zu verwirklichen, den ihnen der sterbende Vater erteilt hatte: ›Rechnet nicht damit, Geld von dem zurückzubekommen, dem ihr welches geliehen habt!‹ Also stellte man bei allen, denen man Geld geliehen hatte oder die im Laden Schulden hatten, die Schuldeintreibung ein. Die Leute erhielten so eine goldene Gelegenheit. Einer nach dem anderen kam, um sich Geld zu leihen. Der Bargeldverkauf kam fast zum Erliegen. Alle holten sich nur auf Borg. So war der Laden in wenigen Tagen zugrunde gerichtet, das Kapital war weg, man mußte den Laden schließen. Nun zog der Hunger ein. Alles, was noch an Wertvollem im Hause war, wurde nach und nach verkauft, um das Nötigste zum Leben besorgen zu können.
So verging noch einige Zeit. Die Schwierigkeiten nahmen von Tag zu Tag zu. Eines Tages trafen wieder alle Brüder zusammen und überlegten. Was war nur los? Wo hatten sie einen Fehler gemacht? Sie hatten doch die Ratschläge des Vaters befolgt! Trotzdem waren sie in Not geraten! Durch die Einhaltung aller seiner Ratschläge war der ganze Handel zunichte geworden. Der Laden war geschlossen, das Geld verloren. Alles Geschirr war verkauft, und selbst zum Essen und Trinken reichte es nicht mehr. Wie konnte das nur geschehen? Der Vater hatte

sich niemals geirrt. Er hatte über Erfahrung verfügt und mit seinem Handel Hunderttausende Rupien verdient. Wie hatten sie nur in so eine Lage kommen können, obwohl sie seinen Anweisungen gefolgt waren? Da mußte irgendwo ein Fehler gewesen sein! Nun war da nur noch der vierte Ratschlag: ›Wenn ihr einen Rat braucht, dann holt ihn euch bei einem Dreikopf-Dreibein!‹

Doch wo sollten sie einen Dreikopf-Dreibein finden? Sie schickten nach allen Richtungen Leute aus, ihn zu suchen. Sie trugen ihnen auf, daß sie, sobald sie im Lande irgendwo einen Dreikopf-Dreibein fänden, ihn sofort herbringen sollten. Die Männer zogen los. Sie suchten alles ab, die Dörfer, die kleinen Flecken und die Städte, die Wälder und die Wäldchen, aber sie fanden nirgends einen Dreikopf-Dreibein. Alle wunderten sich. Was hatte der Vater da bloß gesagt! Wo sollten sie einen Menschen mit drei Beinen und drei Köpfen finden? Einen solchen Menschen hatte man noch nie gesehen, noch nie etwas von ihm gehört. Aber der Vater konnte nicht gelogen haben! Nein, niemals! Sie beschlossen weiterzusuchen. Irgendwann einmal würden sie ihn bestimmt finden!

Im Hause des Geldverleihers gab es einen gezähmten Papageien, der schon dort war, als der Vater noch lebte. Eines Tages rief er die Söhne des Geldverleihers zu sich und sagte: »Hört zu, ihr Söhne! Ihr müßt alle in der Fremde umherziehen und suchen! Dann werdet ihr die Lösung für alles finden, und eure Angelegenheiten werden sich wieder zum Besseren wenden.«

Die vier Brüder gingen auf den Vorschlag des Papageien ein und zogen mit ihren Frauen und Söhnen los, um sich in anderen Ländern umzusehen. Sie wanderten von einem Dorf zum anderen, von einer Stadt zur nächsten, durchquerten große Wälder und stiegen über hohe Berge. Sie suchten alle Gegenden ab, fanden aber nirgends einen Dreikopf-Dreibein. Sie gingen und gingen und kamen schließlich an das Ufer eines Flusses. Einer der Brüder sah am anderen Ufer weit weg unter einem Baum einen Dreikopf sitzen und machte einen Freudensprung.

Er rief die anderen herbei und sagte: »Seht! Am anderen Ufer sitzt ein Dreikopf unter einem Baum.« Die Brüder sahen es und riefen: »Ja! Es stimmt! Die drei Köpfe sind deutlich zu erkennen. Das ist ein Dreikopf!« Schnell setzten sie über den Fluß und gelangten auf die andere Seite. Als sie näher herangingen, sahen sie einen alten Mann dort sitzen. Neben ihm lag ein Krückstock. Er hielt den Kopf zwischen den Knien, deshalb meinte man von weitem, drei Köpfe zu sehen.

Die Brüder wollten wieder umkehren: »Wir haben uns geirrt. Das ist kein Dreikopf, sondern ein alter Mann.«

Der Alte rief ihnen zu: »Was ist, Brüder? Wen sucht ihr?«

Der eine Bruder antwortete: »Wir glaubten, daß Ihr ein Dreikopf-Dreibein seid. Deshalb sind wir zu Euch gekommen. Aber wir haben uns geirrt.«

Der Alte sprach: »Das ist kein Irrtum. Ich bin genau der, den ihr braucht. Ich bin ein Dreikopf, und ich bin ein Dreibein. Sagt mir, um was es geht!«

Alle Brüder setzten sich neben ihn und baten: »Väterchen, erklärt zuerst, weshalb ihr Dreikopf und Dreibein seid! Wir sehen bei Euch nur einen Kopf und zwei Beine.« Und sie erzählten ihm, was ihnen der Vater geraten hatte.

Der Alte sprach: »Seht! Meine Stirn ist vom Alter gebeugt. Wenn ich mich hinsetze, sinkt mein Kopf zwischen meine Knie. Von weitem sieht das aus, als ob ich drei Köpfe hätte. Deshalb bin ich ein Dreikopf. Mein Stock ist mein drittes Bein. Mit seiner Hilfe bewege ich mich fort. Deshalb bin ich ein Dreibein. Ich habe verstanden, was euer Vater gesagt hat. Er hat gesagt: ›Wenn ihr einen Rat braucht, dann holt ihn euch bei einem alten Mann.‹ Ein alter Mann nämlich ist ein Dreikopf-Dreibein.«

Den vier Brüdern gefiel, was der Alte erklärte. Sie fragten: »Väterchen! Wir haben genau befolgt, was unser Vater uns empfohlen hat. Woran liegt es nun, daß wir völlig am Ende sind? Haben wir falsch verstanden, was er uns gesagt hat? Zeigt uns, bitte, den richtigen Weg!«

Der Alte sprach: »Ja, meine Söhne! Ihr habt euren Vater nicht richtig verstanden! Ihr habt genau das Gegenteil von dem getan. Deshalb seid ihr nun zugrunde gerichtet. Hört zu! Ich sage euch, was euer Vater mit seinen Ratschlägen eigentlich gemeint hat. Wenn ihr so verfahrt, wird es euch ganz sicher gut ergehen.

Das erste, was euer Vater sagte, war: ›Errichtet euer Haus in jedem Dorf!‹ Das bedeutet, daß ihr euch mit allen Dorfbewohnern gut stellen sollt. Ihr sollt ihnen in Glück und Leid beistehen, ihnen liebevoll begegnen, damit sie euch für einen der Ihren halten. Wenn ihr so mit allen Leuten verfahrt, wird euer Geschäft gut gehen, und ihr werdet reich werden.

Das zweite war: ›Im Kalten gehen und im Kalten kommen!‹ Das hieß nicht, daß ihr euch der Sonnenglut fernhalten sollt. Sondern es bedeutete, daß ihr am frühen Morgen in den Laden gehen, den ganzen Tag über dortbleiben und erst am Abend nach Hause zurückkehren sollt. Wenn ihr so den ganzen Tag im Laden bleibt, wird er gut beaufsichtigt, und die Geschäfte kommen voran.

Das dritte war: ›Rechnet nicht damit, Geld von dem zurückzubekommen, dem ihr welches geliehen habt!‹ Das bedeutete nicht etwa, daß ihr nichts von den Schuldnern zurückverlangen sollt! Euer Vater wollte damit sagen, daß man denjenigen, dem man etwas leiht, zuvor dazu bringen muß, es auch wieder zurückzugeben. Borgt ihr jemandem hundert Rupien, dann nehmt euch von ihm für einhundertfünfundzwanzig Rupien Sachen als Pfand. So wird er das Geld auch wieder bringen. Wenn ihr es so haltet, werdet ihr niemals Verluste haben.

Das vierte war: ›Holt euch Rat bei einem Dreikopf-Dreibein!‹ Das habt ihr nun schon verstanden. Euer Vater meinte damit, daß ihr Schwierigkeiten nicht nur mit eurem eigenen Verstand oder mit Hilfe von Ratschlägen, die euch Dummköpfe gegeben haben, überwinden könnt, sondern daß ihr euch um Rat an einen erfahrenen alten Menschen wenden sollt.«

Die Söhne des Geldverleihers begriffen nun den wahren Sinn

der Worte ihres Vaters. Sie verabschiedeten sich von dem Alten, kehrten nach Hause zurück und verfuhren nun so, wie er es gesagt hatte. Nach kurzer Zeit waren sie so reich wie zuvor.

Der Prüfstein der Tugend

In einer Stadt lebte einmal ein Seth, der sehr reich war. Mit Hunderttausenden Rupien trieb er Handel. Er war aber auch ein hochherziger Mensch und gab viel Geld für gute Taten aus, ließ viele Pilgerherbergen, Schulen und Armenhospitäler errichten und an mehreren Stellen der Stadt kostenlos Essen austeilen. Deshalb breitete sich sein guter Ruf im Lande aus. Er war so reich, daß er selbst dem Rādshā, wenn es sich erforderlich machte, Hunderttausende Rupien borgen konnte.

Die Frau des Seths hatte einen guten Charakter. Ihr Betragen verlieh dem Wohlstand der beiden einen außerordentlichen Glanz. Sie ließ keinen Bettler mit leeren Händen weggehen. Das Leben des Seths und seiner Frau verlief ruhig und glücklich. Alle Leute jubelten ihnen zu.

Doch auf der Welt ist nicht jeder Tag wie der andere. Tugend erweist sich als Schein, und auch des Hauses Schatten ist nicht beständig, er gleicht den Schwingungen einer Wiege, steht mal höher und mal tiefer. Reichtum ist wie ein Augenblick im Sturm; nutzt du ihn rechtzeitig, ist es gut, wenn nicht, mußt du es anschließend bereuen. Das Schicksal wollte es, daß der Seth in seinem Handel einen schweren Verlust hinnehmen mußte. Ringsum tauchten nun Zeichen des Verfalls auf. Früher verwandelte sich Lehm in Gold, sobald der Seth ihn berührte, jetzt wandelte sich ihm das Gold zu Lehm. Der Geldverleih ging zurück. Brachte ein Schuldner früher nur auf sein Versprechen hin geliehenes Geld ohne Aufforderung wieder, waren nun auf einmal alle Leute zahlungsunfähig. Vier bis fünf Jahre nacheinander fügte sich ein Verlust an den anderen, und so ging der Handel dahin. Die Läden waren hinüber. Ohne Zufluß trocknen die Brunnen aus. Dem Seth blieb nun nichts mehr. ›Wer fragt schon nach einem Armen?‹ sagt ein Sprichwort. Geldeintreiber, Buchhalter, alle liefen weg. Der Seth geriet in große Not. Er dachte: ›Hier habe ich den Glanz der Fackeln erlebt, Hunderttausende Rupien ausgegeben und mir einen Namen gemacht. Nun, nachdem ich die Ehre verloren habe, ziemt es sich nicht, länger hierzubleiben. Wer aus Scham nicht stirbt, stirbt auch nicht durch einen Blitzschlag. Ich muß weggehen! ›Im Lande ein Dieb, in der Fremde ein Bettler.‹ Nachdem ihm dies alles durch den Kopf gegangen war, zog er eines Nachts mit seiner Frau in das nicht weit entfernte Dorf seiner Väter und Vorväter und lebte von nun an dort.

Der Ruhm des Seths war im ganzen Lande verbreitet. Die Leute besangen seine Freigebigkeit und hielten seinen Reichtum für unermeßlich. Als nun dieser bekannte Seth als Bettler in das Dorf seiner Vorfahren kam, erstarrten die Leute vor Erstaunen. Wer eine edle Gesinnung besaß, dachte daß der Seth wohl aus Nächstenliebe alles hingegeben hätte, und erwies ihm auch weiterhin Achtung. Wer aber nichts taugte und anderen ihr Vorankommen neidete, fing nun an, sich über ihn lustig zu machen.

Ein Unglück kommt selten allein. Kaum war der Seth hierhergekommen, wurde er krank. Die Krankheit dauerte Monate. Das wenige, was sie an Schmuck, Geschirr und anderen Gegenständen mitgebracht hatten, ging während der Krankheit für Arzneimittel und Heilbehandlung drauf. So verfolgte ihn das Unglück weiter. Nun zog der Hunger ein. Die bedauernswerte Sethānī verdiente nun den Lebensunterhalt für beide mit Gewürzestampfen in anderen Häusern. Nun seht, wie sich die Zeiten wenden! Die Sethānī, die früher von Dienerinnen umgeben war, auf Samtkissen gelegen hatte und die vom Glück überhäuft worden war, mußte nun für eine Handvoll Almosen im Hause fremder Leute arbeiten. Sie blieb aber ihrem Mann bis zum letzten ergeben. Selbst in diesem großen Unglück erfüllte sie geduldig ihre Pflicht.

Eines Tages kam ein Brahmane aus einem anderen Land in

dieses Dorf. Er war arm. Seine Tochter befand sich im heiratsfähigen Alter, und so war er hierher gekommen, um von den reichen Leuten Unterstützung für die Verheiratung seiner Tochter zu erbitten. In diesem Dorf wohnten auch ein paar üble Leute. Sie liebten es, sich über andere lustig zu machen. Die riefen den Brahmanen zu sich und sagten: »Lieber Brahmane! Es bringt dir nichts ein, wenn du von Haus zu Haus gehst! Wer ist hier schon so reich, daß er dir sein Säckel öffnen kann? Du magst durch siebzehn Häuser gehen und bekommst doch nur ein paar Rupien zusammen. Mach folgendes! Wir werden dir ein Haus nennen. Geh nur dorthin, anstatt zu hundert anderen! In diesen Tagen weilt ein bekannter Seth aus Delhi hier. Der ist sehr freigebig. Er hat schon Tausenden armen Mädchen die Hochzeit ausgerichtet. Geh zu ihm! Dort wirst du Erfolg haben.« Mit diesen Worten schickten sie ihn zum Haus des Seths.

Der arme Brahmane glaubte den verführerischen Reden dieser gemeinen Menschen und ging zum Haus des Seths. Jener lag krank auf dem Bett. Als er den Brahmanen erblickte, forderte er ihn ehrerbietig auf, Platz zu nehmen und fragte ihn nach dem Grund seines Kommens. Der Brahmane erzählte von seiner Bedrängnis. Seine Augen füllten sich mit Tränen. Der Seth begriff, daß sich die Leute über ihn lustig machten und den Brahmanen zu ihm geschickt hatten. Er dachte nach. Einen Brahmanen konnte man nicht unzufrieden weggehen lassen. Irgend etwas mußte man ihm geben. Er bat den Brahmanen: »Mahārādsh! Warte etwas! Meine Frau ist weggegangen. Laß sie erst zurückkommen!«

Als sich der Brahmane im Hause umsah, schämte er sich. Er begriff, daß ihn die Leute irregeführt hatten. Inzwischen kam die Sethānī. Sie trug eine alte, zerrissene, mit Flicken ausgebesserte Dhotī. Als der Brahmane sie so erblickte, tat ihm das leid. Er dachte: ›Es ziemt sich nicht, von solch einem armen Menschen etwas zu nehmen.‹ Er stand auf, segnete den Seth und wollte weggehen.

Der Seth erzählte der Sethānī, warum der Brahmane gekommen war. Als die Sethānī ihn aufbrechen sah, hielt sie ihn zurück und sagte: »Wartet, Mahārādsh! Wollt Ihr gehen, wie Ihr gekommen seid?«
Der Brahmane erwiderte: »Es ist schon gut, Mutter! Die Leute haben mich belogen. Ich gehe jetzt.« Die Sethānī bestand darauf, daß er sich wieder setzte. Ein Sprichwort lautet: ›Auch wenn der Mensch noch so arm ist, seinem Wesen bleibt er treu.‹ Tausende Unglücksfälle hatten die Sethānī heimgesucht, aber seit ihrer Hochzeit hütete sie eine Kette aus Goldperlen wie ihr eigenes Leben und hielt sie verborgen. Sie hatte sie als Zeichen ihres ehelichen Glücks angesehen und sie, tausenderlei Unheil zum Trotz, bis jetzt aufbewahrt. Doch heute, wo religiöse Pflicht es erforderte, trennte sie sich von ihr. Sofort öffnete sie die Truhe, holte die Kette heraus und legte sie dem Brahmanen in die Hand: »Mahārādsh! Nehmt dieses geringe Geschenk von mir!«
Die Kette bestand aus vier bis fünf Tolā Gold. Der Brahmane entgegnete: »Nein, Mutter! Meine Augen sehen doch deine Armut. Ich nehme die Kette nicht von dir. Du wirst sie in der Not selber brauchen. Ich bin ein Brahmane. Ich kann wegen meiner Tochter Angelegenheiten zehn andere Häuser aufsuchen.«
Doch die Sethānī hörte nicht auf ihn. Schließlich gab der Brahmane seinen Segen und ging mit der Kette weg. Seitdem ging es dem Seth besser, und wenige Tage später war er wieder ganz gesund. So vergingen ein paar Jahre.
In der Stadt, in der jener Seth früher gelebt hatte, war der alte Rādshā gestorben und sein Sohn Rādshā geworden. Eines Tages beehrte ein Mahātmā diese Stadt, dem übernatürliche Kräfte gegeben waren. Er ließ sich im Garten neben dem Schloß nieder. Alle Leute suchten ihn dort auf. Die Rānī des alten Rādshās verbrachte, seit sie Witwe geworden war, ihre Zeit mit religiösen Übungen. Auch sie suchte den Mahātmā auf und diente ihm aufs beste. Als der Mahātmā wieder weggehen

wollte, war er sehr zufrieden und gab der Mutter des Reiches zwei Spiegel. In dem einen sah man die guten Taten, die jemand vollbracht zu haben glaubte, und in dem anderen die wahren Wohltaten, an die er sich nicht mehr erinnerte. Auch die eigene Kleinheit und die eigene Größe konnte man in ihm ersehen. Die Mutter des Reiches dachte: ›Ich habe keinen Mangel an Geld. Warum sollte ich nicht mit Hilfe dieser Spiegel gute Taten kaufen?‹ So gedacht, ließ sie austrommeln: »Wer seine guten Taten verkaufen will, soll zu mir kommen. Ich werde sie zum gebührenden Preis erwerben.«
Das wurde in jedem Dorf ausgetrommelt. Auch unser Seth und seine Frau hörten es. Die Sethānī war alt geworden und konnte nicht mehr arbeiten. Sie war darüber sehr besorgt. Als der Seth den Trommelaufruf hörte, dachte er: ›Ich habe in meinem Leben soviel Gutes getan, viele Schulen, Pilgerherbergen und Armenhospitale errichten lassen. Ich sollte einige meiner Wohltaten verkaufen, damit wir beide gut leben können. Meine Frau ist alt geworden und kann nicht mehr arbeiten gehen. Es ist meine Pflicht, mich um ihren Unterhalt zu kümmern.‹ Der Seth teilte seiner Frau seine Überlegungen mit. Die Sethānī meinte: »Nein! Verkaufe deine guten Taten nicht! Was soll dann aus diesem Leib werden? Ich kann arbeiten und verdienen, was zwei Mägen brauchen.« Doch der Seth ging nicht darauf ein. Er traf Vorbereitungen für die Reise. Die Sethānī band ihm ein wenig Mehl, das noch im Hause war, als Wegzehrung in ein Tuch. Der Seth zog zu Fuß los. Jene Stadt lag fünf bis sechs Kos entfernt. Er ging und ging, es wurde Mittag. Müdigkeit und Hunger machten ihm nun das Gehen schwer. Er setzte sich unter einen Mangobaum neben einem Brunnen. Hier wollte er etwas essen und trinken, sich ausruhen und dann weiterziehen.
Er badete in dem Brunnen, suchte Kuhfladen und entfachte ein Feuer. Das Mehl knetete er zu Bātīs. Da es wenig Mehl war, reichte es nur für fünf. Als sie fertig waren, opferte er Gott und wollte sich dann ans Essen machen. Da sah er, wie sich eine

abgezehrte, dürre Hündin mühsam herbeischleppte und sich vor ihn hinsetzte. Die Zunge hing ihr heraus. Sie schien sehr hungrig zu sein. Dicht daneben hatte sie in einer Grube Junge geworfen. Sie war so schwach, daß sie kaum noch laufen konnte. Es sah so aus, als ob sie schon einige Tage nichts gefressen hatte. Der Seth verspürte Mitleid mit ihr. Er legte zwei Bātīs vor sie hin. Im Nu hatte sie die hinuntergeschlungen. Dann sah sie weiterhin unverwandt zu dem Seth hin. Der Seth gab ihr noch zwei Bātīs und wollte dann die eine Bātī selber essen und Wasser dazu trinken. Die Hündin fraß auch die beiden und schien dann allmählich zu sich zu kommen. Sie starrte weiterhin auf den Seth. Dieser gab ihr nun auch die letzte Bātī zu fressen. Neben ihm lag eine Schale. Damit schöpfte er Wasser. Die Hündin hatte die Bātīs gefressen, Wasser aus der Schale getrunken und lief nun fort. Sie war wieder ganz bei Kräften, als ob ihr neues Leben eingeflößt worden wäre.
Der arme Seth blieb hungrig zurück. Er trank einen Becher Wasser, ruhte sich etwas aus und zog dann weiter. Abends gelangte er in die Hauptstadt. Der Rādshā und die alten Diener erkannten ihn wieder. Alle begrüßten ihn herzlich. Der Seth trug sein Anliegen vor.
Am nächsten Morgen wurde er zur Mutter des Reiches geführt. Diese hielt ihm einen der Spiegel hin, die ihr der Sādhu gegeben hatte, und sagte: »Denk an die guten Taten, die du verkaufen willst! Du wirst sie in diesem Spiegel sehen. Sag mir, wenn eine in dem Spiegel zu sehen ist. Ich kaufe sie dann.«
Der Seth blickte in den Spiegel und dachte an die Schulen, die Armenspeisungen und die Pilgerherbergen, die er hatte errichten lassen, doch in dem Spiegel war nichts zu sehen. Dann erinnerte er sich an andere gute Taten. Er riß die Augen auf und starrte in den Spiegel, aber das nützte auch nichts. Nicht eine gute Tat erschien darin. Bestürzt stand der Seth da.
Die Reichsmutter fragte: »Nun, lieber Seth? Gibt es eine gute Tat zu sehen?«
»Nein, Mahārānī!« antwortete der Seth. »Ich habe mich an die

vielen Schulen, Pilgerherbergen und anderes erinnert, aber es zeigte sich nichts in ihm. Vielleicht arbeitet Ihr Spiegel nicht mehr richtig?«

Daraufhin erwiderte die Reichsmutter: »Hör zu, lieber Seth! Über den Spiegel, den ich dir gegeben habe, sagte der Mahātmā, daß die guten Taten, die man zum Schein oder um des guten Rufs willen vollbracht hat, keine beständigen guten Taten sind. Sie zeitigen keinerlei Früchte in der Zukunft, da sie schon mit Ansehen, Ruhm und Eigennutz zu ihrer Zeit belohnt wurden. Davon bleibt nichts übrig. Solche äußerlichen guten Taten zeigen sich in diesem Spiegel nicht. Die wahren guten Taten sind die, die still und heimlich aus Mitleid oder aus einer Regung des Herzens heraus selbstlos getan wurden. Solche guten Taten sind sehr kostbar. Jetzt gebe ich dir den zweiten Spiegel. Wenn du in ihn schaust, wirst du alle deine wahren guten Taten der Reihe nach sehen, ohne daß du dich an sie erinnerst.«

Der Seth blickte in den zweiten Spiegel. Da sah er, wie seine Frau dem Brahmanen die Kette gab. Gleichzeitig sah er daneben einen Haufen von Seidenkleidern der verschiedensten und feinsten Art und eine schwere Schatulle mit Schmuckstücken aus Gold, Perlen und Edelsteinen. Danach sah er im Spiegel jene Hündin, die er mit Bātīs gefüttert hatte. Diese gute Tat zählte sehr viel. Im Spiegel waren Haufen mit Gold und Silber, große Getreidelager, Elefanten und Pferde, ein Königsthron und Wohlstand zu sehen. Auch die Reichsmutter sah das alles in dem Spiegel. Sie sagte: »Lieber Seth! Diese beiden guten Taten von Euch zählen zu den wahren. Wenn Ihr sie mir verkaufen wollt, kann ich Euch für diese beiden guten Taten eine Million Goldmünzen geben. Sprecht! Seid Ihr einverstanden mit diesem Handel?«

Der Seth hatte jetzt den Prüfstein der Tugend gefunden. Er antwortete: »Nein, Mahārānī! Ich werde diese beiden guten Taten nicht verkaufen.«

Die Reichsmutter erhöhte nach und nach den Preis und nannte

schließlich zehn Millionen. Der Seth erwiderte: »Ich kann diese guten Taten weder für eine Million noch für hundert Millionen, noch für Euer ganzes Königreich verkaufen. Diese guten Taten ergaben sich ganz von selbst. Ich hatte gar kein Verlangen danach. Deshalb kann ich sie gegen nichts anderes eintauschen.«

Mit diesen Worten stand der Seth auf und wollte nach Hause gehen. Da kam der Minister und sagte: »Der Rādshā möchte Euch sehen.«

Der Seth ging zum Hof. Der Rādshā ließ ihn ehrerbietig neben sich Platz nehmen und sprach: »Ihr habt meinem Vater fünf Millionen Goldmünzen geliehen, als der Feind in unser Land einfiel. Mit Hilfe Eures Geldes geriet der Feind in arge Bedrängnis, und das Reich konnte verteidigt werden. Das werde ich Euch mein Leben lang nicht vergessen. Euer Geld liegt zusammen mit den Zinsen in der Schatzkammer. Nehmt es und laßt euch wieder in dieser Stadt nieder! Ihr seid mir wie ein Vater. Jetzt werde ich Euch nicht mehr von hier fortlassen.«

Man schickte eine Sänfte zur Sethānī. Nachdem der Seth das Geld aus der Schatzkammer erhalten hatte, liefen seine Geschäfte bald wieder wie früher. Auch die alten Schuldner bezahlten ihre Schulden in voller Höhe. Der Seth tat auch jetzt wieder wie früher viel Gutes, doch hatte sich die Art geändert. Er tat es jetzt in aller Stille. Wer etwas von ihm bekam, erfuhr nicht, wer der Geber war.

Dshāngīng

Es geschah einmal in alter Zeit, als die Menschen noch Umgang mit den Göttern hatten: Die Menschen besuchten die Götter im Himmel, und die Götter gingen bei den Menschen ein und aus. Es gab kein Hindernis auf dem Weg vom Himmel zur Erde und von der Erde zum Himmel.

Zu jener Zeit lebte in einem Dorf eine Frau. Sie hatte nur eine einzige Tochter, die hieß Dshāngīng, Echo. Das Mädchen war so wunderschön anzusehen, als wäre sie ein Stück vom Mond. Ihre alte Mutter erzählte ihr jede Nacht Geschichten. Sie hörte mit großer Hingabe zu und schlief nicht eher ein, bis sie mehrere Geschichten aus dem Mund der Alten vernommen hatte. Als sie etwas größer geworden war, fing sie selber an zu erzählen. Sie kannte so schöne Geschichten, daß die Leute jeden Tag in ihr Haus kamen, um ihr zuzuhören. Ihre Stimme war so lieblich und die Art, wie sie erzählte, so bezaubernd, daß niemand gehen konnte, bevor er den Schluß der Geschichte gehört hatte. Die Kinder mochten noch so sehr streiten und lärmen, sobald Dshāngīng zu erzählen begann, wurden alle still. Sie verließen ihre Spiele und kamen herbeigelaufen, um eine Geschichte zu hören. Nicht nur die Kinder, auch die Erwachsenen und die alten Leute waren begierig auf ihre Geschichten.

Dshāngīngs Ruf breitete sich im ganzen Lande aus. Allmählich hörten auch die Götter von ihrem Ruhm. Jeder Mensch, der zu den Göttern kam, pries sie von ganzem Herzen. Eines Tages wurde an Indras Hof von ihr gesprochen. Als Indra hörte, wie sehr Dshāngīng gelobt wurde, wollte auch er ihre Geschichten hören. Rādshā Indra schickte einen Himmelswagen zu ihr, Dshāngīng setzte sich hinein, gelangte zu Indras Hof und fing an, ihre Geschichten zu erzählen. Alle saßen wie gebannt. Die Götter lauschten mit größter Aufmerksamkeit. Dshāngīng mußte eine Geschichte nach der anderen erzählen und erntete viel Beifall. Gott Indra war zufrieden. Saraswatī lobte sie. Der Guru der Götter, Brihaspati, überreichte ihr einen Lobesbrief. Indra erteilte ihr die schriftliche Erlaubnis, seinen Hof ungehindert besuchen zu dürfen. Nun ging Dshāngīng in der Welt Indras ein und aus. Die Götter verehrten sie immer mehr.

Auf Dshāngīngs Empfehlung hin erschienen nun aber auch viele Sünder an Indras Hof. Bis dahin durften dort nur edle und rechtschaffene Leute verkehren. Nun aber war diese Beschränkung dank Dshāngīngs Bemühungen aufgehoben. Wer Indra treffen wollte, ließ sich von Dshāngīng eine Empfehlung schreiben und erreichte sein Ziel. Dshāngīng fing nun an, dafür reichliche Belohnungen einzunehmen. Sie brachte Tausende, ja Hunderttausende Rupien zusammen. Unter den Göttern entstand eine heftige Empörung, daß so viele Sünder Zutritt zu Indras Hof hatten, ja, es bereitete ihnen große Sorge. Hier und dort wurde darüber gesprochen.

Eines Tages versammelten sich alle Götter und berieten. Dieser Mißstand mußte behoben werden! Schließlich beschlossen sie, Rādshā Indra aufzusuchen und sich bei ihm zu beschweren. Er sollte Dshāngīng verbieten, in den Himmel zu kommen. Gemeinsam begaben sich die Götter zu Rādshā Indra und sprachen: »Mahārādsh! Dshāngīng zerstört das Ansehen des Dharm sowohl im Himmel bei den Göttern als auch auf der Erde bei den Menschen. Die tugendhafte Stätte der Götter füllt sich immer wieder mit Sündern, die von Dshāngīng eine Empfehlung bekommen. Auch auf der Erde schwindet das Pflichtgefühl von Tag zu Tag . Die Sünder freveln auf die unterschiedlichste Weise. Sie quälen die Armen, rauben sie aus und füllen mit dem Erlös ihre Säckel. Sie entehren die Frauen und Töchter anderer bei Tag und bei Nacht. Und dann wagen sie sich mit einer Empfehlung Dshāngīngs bis hierher in den Himmel! Mahārādsh! Unordnung breitet sich aus! Unternehmt rasch etwas, um diesem Übelstand abzuhelfen!«

Nachdem Indra die Forderung der Götter vernommen hatte, rief er Dshāngīng. Die Beratung begann. Die Götter zeigten viele Sünder vor, die sich auf Dshāngīngs Empfehlung im Himmel niedergelassen hatten. Sie riefen Tshitragupt und sahen sich die Liste ihrer Sünden und ihrer guten Taten an. Es kam alles ans Licht. Nichts blieb verborgen. Rādshā Indra wurde sehr böse auf Dshāngīng, als er ihre üblen Taten sah. Er sprach: »Hör zu, Dshāngīng Rānī! Du hast hier viel Unheil verbreitet, deshalb entziehe ich dir ab heute die Erlaubnis, in den Himmel zu kommen. Ab heute dürfen auch alle anderen Menschen nicht mehr in ihrer menschlichen Hülle in den Himmel. Du hast mit falschen Empfehlungen Sünder hierher geschickt, deshalb nehme ich dir ab heute die Fähigkeit zu sprechen. Du selbst kannst von jetzt an nicht mehr sprechen. Ja, was andere sagen, das wirst du wiederholen können. Wenn du sonst zu reden versuchst, wird dir die Sprache nicht gehorchen!« Nach diesen Worten warf Indra sie zur Erde.

So tief fiel Dshāngīng durch ihre Taten. Alle Leute fingen nun an, sie zu schmähen. Ihr Elend erschütterte sie so sehr, daß sie den Verstand verlor, aus dem Haus lief und sich auf öden Plätzen, in alten Festungen, in Ruinen, Tempeln, im Wald, in den Bergen und in Brunnen niederließ. Seitdem zeigte sie sich niemandem mehr. Auch heute noch irrt sie an einsamen Orten umher, aber niemand kann sie sehen. Wenn du an solche Orte gehst und rufst: »Dshāngīng Rānī! Komm her!«, wiederholt sie sogleich deine Worte: »Dshāngīng Rānī! Komm her!« Wenn du rufst: »Geh weg, Verrückte!«, wiederholt sie auch das im Nu: »Geh weg, Verrückte!«

Jemand hat richtig gesagt:

»In der Übertreibung liegt das Unglück!
Rede mit Maßen und schweige maßvoll!«

Hochmut kommt vor dem Fall

In einem Dorf lebte einmal ein Weber, der war sehr arm. Manchmal aß er einmal am Tag, manchmal hatte er noch weniger zu essen, und an anderen Tagen mußte er gänzlich fasten. Er hatte eine Tochter. Wie der zunehmende Mond wuchs sie allmählich heran und wurde sehr schön. Sie glich einer Fee von Indras Hof. Ihr Name war Lūtā Rānī. So schön sie war, so tugendhaft war sie auch. Sie webte herrliche Kleider auf dem Webstuhl: schöne Sārīs, Dhotīs und Tücher. An die Dhotīs und Sārīs webte sie prächtige Kanten und bestickte alles mit bunten Blumen. Die Leute bewunderten ihre Kunst. Nun wich die Armut aus des Webers Haus.

Ein Feuer kann man nicht verheimlichen. Die Leute sprachen von Lūtā Rānīs Kunst, und so breitete sich die Kunde davon im ganzen Lande aus. Die größten Rādshās und alle reichen Leute bestellten jetzt Kleider bei ihr. Sie kauften sie zu jedem von ihr geforderten Preis. In Lūtā Rānīs Haus zog der Wohlstand ein. Die elende Hütte wich einem festen Haus. Dann wurde auf das erste Stockwerk noch ein zweites gesetzt. Nach dem einen wurden noch mehrere andere Häuser gebaut. Lūtā Rānī hielt sich nun Diener, einen Verwalter und einen Rechnungsführer, legte sich Wagen und Pferde zu, lebte also auf großem Fuße.
Doch Lūtā Rānī erging es wie auch anderen, die reich werden. Sie bildete sich nun viel auf ihre Kunst und ihren Reichtum ein. Vor Stolz stand sie mit ihren Beinen nicht mehr auf der Erde. Sie dünkte sich sehr groß und pflegte zu sagen, daß niemand auf der Welt so schöne Kleider weben könne wie sie. So schöne Blumen, wie sie sticke, brächten nicht einmal die Götter zustande. Sie beleidigte die Gurus und die Götter, und die Leute tadelten sie jetzt wegen ihres Stolzes.
Eines Tages saß sie mit Freundinnen zusammen. Sie unterhielten sich über ihre Kunstfertigkeit. Eine Freundin meinte: »Lūtā! Du stickst wunderschöne Blumen. Wenn man sie ansieht, möchte man dir die Hände küssen. Sag! Wer hat dir das eigentlich beigebracht? War das Saraswatī selber?« Lūtā glaubte, daß es an Kunstfertigkeit weder auf der Erde noch im Himmel jemand mit ihr aufnehmen könne. Saraswatī erschien ihr als Lehrerin zu gering. Deshalb erwiderte sie: »Schwester! Man sagt, daß im Himmel Saraswatī die kunstfertigste ist. Aber sie kann keine so schönen Blumen sticken wie ich, noch kann sie Bilder malen. Das kann ich ihr noch beibringen. Was ist schon dabei? Laß sie herkommen, dann werden wir sehen, wer die Wette gewinnt!«
Die Götter kennen die Gedanken der Menschen. Als Saraswatī Lūtās Worte hörte, lachte sie innerlich. Sie dachte: ›Wie eingebildet dieses Mädchen geworden ist! Ich muß einmal hingehen und mit ihr reden und sehen, was daran wahr ist! Gedacht,

getan! Eines Tages verkleidete sich Saraswatī als alte Frau und hinkte, auf einen Stock gestützt, zu Lūtās Haus und rief: »Tochter Lūtā Rānī! Wo bist du?« Lūtā kam herbei. Die Alte hub zu sprechen an: »Tochter! Ziemt es sich etwa für einen Menschen, mit den Göttern zu streiten? Dank ihrer Güte hast du alles bekommen, Reichtum und Wohlstand, Ansehen und Ehren. Warum schmähst du Saraswatī?«

Bei diesen Worten der Alten geriet Lūtā in Zorn: »Werden die Leute alt, verläßt sie der Verstand. Wenn du dich so für Saraswatī einsetzt, kannst du sie auch hierher holen! Dann machen wir eine Prüfung. Wozu braucht ein Armreifen einen Spiegel?«

Saraswatī nahm ihre wahre Gestalt an und sprach: »Ich bin Saraswatī. Besiege mich!« Lūtā legte ihr die verschiedensten Blumen und Bilder vor, die sie in Kleider gewebt hatte, und sagte: »Zeig Blumen- und Rankenmuster wie diese hier, dann wissen wir, wie klug du bist!« Als Saraswatī sah, daß Lūtā es tatsächlich mit ihr aufnehmen wollte, meinte sie ärgerlich: »Tochter! Es ziemt sich nicht für die Menschen, mit den Göttern zu streiten. Wer sich mit einer Gottheit anlegt, wird dafür büßen müssen!«

Saraswatī versuchte es auf die verschiedenste Weise, doch Lūtā ließ nicht ab von ihrem Stolz. Sie bot Saraswatī nicht einmal einen Platz an und stickte weiter ihre Blumen. Da konnte Saraswatī nicht mehr an sich halten. Zornig nahm sie ihr die Sticknadel aus der Hand und warf sie ihr an den Kopf. Lūtā war sehr stolz, Demütigung konnte sie nicht ertragen und wollte sich aufhängen. Saraswatī sagte: »Lūtā! Du wirst nicht sterben. Du wirst ewig an einem Seil hängen bleiben!«

Nach diesen Worten ging Saraswatī fort. Lūtā verwandelte sich in eine Spinne. Seitdem spinnt sie mit dem Faden, den sie aus ihrem Maul herausbringt, ein Netz und bleibt in ihrem eigenen Netz hängen.

Die Waldrānī

Es war einmal ein Rādshā, der hatte vier Söhne, die oft auf die Jagd gingen. Der Rādshā setzte ihnen auseinander: »Meine Söhne! Ihr könnt ohne Furcht im Norden, Westen und Osten jagen, doch nach Süden dürft ihr nicht einmal aus Versehen ziehen!«

Eines Tages gingen alle vier Brüder wieder auf die Jagd. Sie suchten im Norden, im Westen und im Osten alles ab, fanden aber nicht ein einziges Tier. Sie berieten, was nun zu tun sei. Alle Tiere waren wohl nach Süden gelaufen. Dort war auch ein dichter Wald, aber der Vater hatte ihnen ja verboten, in diese Richtung zu gehen. Schließlich entschieden sie alle, daß sie heute gen Süden ziehen wollten. Alle vier Brüder zogen los. Als sie eine Weile geritten waren, sahen sie einen Hirsch. Sie lenkten ihre Pferde auf seine Spur. Aber der Hirsch erwies sich als sehr schlau. Er lief sehr schnell, verschwand irgendwo und zeigte sich dann wieder in einiger Entfernung. Auf diese Weise setzten sie dem Hirsch nach und drangen weit in den Wald ein. Er war sehr dicht. Nirgends konnte man sich zur Rast niederlassen. Schließlich fanden sie gegen vier Uhr eine Lichtung. Darauf stand ein schönes, zweistöckiges Haus. Sie wollten in diesem Haus essen und trinken und die Nacht über ausruhen, denn sie hatten sich so weit von ihrem Zuhause entfernt, daß sie es bis zum Einbruch der Nacht nicht erreichen konnten. Alle vier Brüder kamen zu diesem Haus. Es schien leer zu sein. Draußen war an einem Baum eine Kamelstute angebunden. Als sie in das Haus schauten, sahen sie dort niemanden, nur ein schönes Bett mit weichen Polstern stand da.

Die vier Brüder aßen und tranken und bereiteten sich zum Schlafen vor. Sie waren sehr müde nach diesem Tag, und jeder wollte sich auf das Bett zum Schlafen legen. Schließlich entschieden sie, vier Tage lang hierzubleiben, und der Reihe nach sollte immer einer der Brüder auf dem Bett schlafen. So legte

sich erst der älteste Prinz darauf, und die drei anderen schliefen auf dem Fußboden.
Die vor dem Haus angebundene Kamelstute aber war in Wirklichkeit eine Hexe. Um Mitternacht ging sie in das Haus und holte sich einen der auf dem Boden liegenden Brüder. Sie aß und trank und geriet in Stimmung. Dann band sie sich wieder als Kamelstute an den Baum. Am Morgen, als die Brüder aufwachten, sahen sie, daß einer fehlte. Sie suchten, fanden ihn aber nicht, und meinten dann, daß er wohl nach Hause zurückgekehrt sei. Dann schworen sich die drei Brüder, daß keiner von ihnen, ohne den anderen etwas zu sagen, von hier weggehen werde. In der nächsten Nacht schlief der zweite der Brüder auf dem Bett und die beiden anderen auf dem Fußboden. Um Mitternacht fraß die Kamelstute wieder einen der Brüder auf. Am Morgen waren nur noch zwei Brüder übrig. In der dritten Nacht schlief der jüngste auf dem Bett und der andere auf dem Boden, und in dieser Nacht verschwand auch er. Am Morgen, als der jüngste Bruder aufstand, stellte er fest, daß er allein übriggeblieben war. Er wunderte sich. Wo waren bloß seine drei Brüder einer nach dem anderen hingegangen? Schließlich kam er darauf, daß wohl jene Kamelstute dahinter steckte. Er holte sein Pferd, ging zu der Kamelstute und sprach: »Mir gefällt es hier, und ich werde von nun an hier wohnen. Jetzt will ich das Pferd tränken.« Danach ritt er fort. In einiger Entfernung dann trieb er das Pferd zur Eile an.
Als die Kamelstute sah, daß die Beute sich entfernte, verwandelte sie sich in eine schöne Frau und nahm die Verfolgung auf. Der Prinz ritt vornweg, und die Frau verfolgte ihn. Der Prinz ritt und ritt und kam in eine Stadt. Dort stieg er schnell vom Pferd und schlüpfte in ein Haus. Dem Hausbesitzer sagte er: »Mich verfolgt eine Hexe. Ich stehe jetzt unter deinem Schutz. Rette mich! Sage ihr nicht, wo ich bin!« Inzwischen kam die Hexe heran und fragte den Hausherrn: »Mein Mann hat sich in deinem Haus versteckt. Gib ihn schnell heraus!« Dieser erwiderte: »Hier ist niemand!« und jagte sie fort.

Die Hexe kehrte enttäuscht um, setzte sich in ihrem Wald hin und weinte laut. An diesem Tag jagte ein anderer Rādshā in jenem Wald. Er kam herbei und fragte nach dem Grund ihres Kummers. Sie antwortete: »Ich war mit meinem Mann auf dem Weg von meinem Elternhaus zu dem seinen. Aber ein Löwe kam aus dem Wald und hat meinen Mann gefressen. O weh! Nun bin ich allein! Und ich kenne weder den Weg zu meinem noch zu seinem Elternhaus! Was soll ich nun tun?« Der Rādshā erwiderte: »Willst du mit mir kommen?« Sie willigte ein. Der Rādshā nahm sie mit und gab ihr ein eigenes Schloß. Die Leute nannten sie Waldrānī.

Aber sie war ja eine Hexe! Wie konnte sie leben, ohne Fleisch zu essen? Als sie nichts anderes fand, holte sie sich ein Fohlen aus dem Pferdestall. Sobald eine Stute gefohlt hatte, fraß sie deren Füllen auf. Es erhob sich großes Geschrei. Man suchte, fand aber nichts. Allmählich verschwanden auch die kleinen Kinder in der Stadt. Die Menschen gerieten in Panik. Sie versuchten, ihre Kinder zu bewachen. Ein reicher Seth sollte einen Enkel bekommen. Er stellte Wachen um sein Haus auf. Als der Enkelsohn geboren war, verwandelte sich die Waldrānī in eine Katze, schob im Dach einige Schindeln zur Seite und schlüpfte ins Haus. Die Schwiegertochter des Seths schlief. Die Katze nahm das Kind leise an sich und rannte mit ihm weg. Der Rādshā hatte sieben Rānīs. Die Katze teilte das Kind in sieben Stücke und legte jeder Rānī eins aufs Bett. Ihre Gesichter und Hände beschmierte sie mit Blut. Die armen Rānīs lagen in tiefem Schlaf. Sie wußten nicht, was ihnen da angetan wurde. Am frühen Morgen erhob sich die Waldrānī, weckte den Rādshā und sprach zu ihm: »Geh und sieh dir mit eigenen Augen an, was deine Rānīs angerichtet haben! Wo sind die Fohlen hin? Wo sind die Kinder hin? Man hat bisher vergebens gesucht. Heute kommt alles heraus.« Der Rādshā folgte ihr und sah, daß auf dem Bett einer jeden Rānī ein Teil von einem Kind lag. Die Gesichter und Hände der Frauen waren blutbesudelt. Dem Rādshā tat das sehr weh. Er kehrte sofort um. Die Waldrānī

sagte: »Wenn du diese Hexen weiterhin im Hause behältst, werden sie alle zugrunde richten. Laß ihnen die Augen ausreißen und wirf sie in einen leeren Brunnen!« Der Rādshā tat, wie sie ihn hieß, ließ den sieben Rānīs die Augen ausreißen und sie in einen leeren Brunnen hinter dem Schloß werfen. Die Augen brachte man der Waldrānī. Glücklich schickte sie alle Augen zu ihrer Mutter und ließ ihr ausrichten, daß dies die Augen ihrer Nebenfrauen wären, die sie gut aufheben solle. Auch die Muter war eine Hexe, die weit weg in einem Wald lebte.
Die sieben Rānīs hausten nun in dem leeren Brunnen. Jeden Tag warf man ihnen einige aus Kleie gebackene Brote hin. Die aßen sie. Die jüngste Rānī war schwanger. Nach neun Monaten gebar sie einen Knaben. Begabung zeigt sich schon in der Kindheit. Der Junge war kräftig und gesund und wuchs mit jedem Tag. Als er etwas größer geworden war, spielte er neben dem Brunnen. Eines Tages entdeckte ihn dort die Waldrānī. Sie hatte sofort einen Verdacht. Schnell ging sie zu ihm und fragte: »Wo wohnst du?« Der Junge antwortete: »In diesem Brunnen.« Sie begriff, daß dies der Sohn einer ihrer Nebenfrauen war. Dann fragte sie weiter: »Was ißt du?« – »Brot aus Kleie«, war die Antwort. »Und manchmal töte ich auch Vögel.« – »Wie tötest du sie?« Der Knabe erwiderte: »Mit Steinen.« Die Rānī meinte: »Warum sagst du nicht deiner Mutter, daß sie dir Pfeil und Bogen machen läßt?« Der Junge darauf: »Ich werde sie mir anfertigen lassen.« Darauf lief er zu seiner Mutter und bat: »Mutter! Laß mir Pfeil und Bogen machen!« Die Mutter gab zur Antwort: »Mein Sohn! Ich bin blind und lebe in diesem Brunnen. Wie soll ich dir Pfeil und Bogen anfertigen lassen?« Der Junge aber verlangte störrisch, augenblicklich Pfeil und Bogen vorgelegt zu bekommen. Er begann laut zu schreien. Je mehr ihm seine sieben Mütter zuredeten, um so lauter schrie er. Zu dieser Zeit gingen zufällig Shiw und Pārwatī an dem Brunnen vorbei. Pārwatī hörte das Geschrei und sprach: »Herr! In dem Brunnen weint ein Unglücklicher. Bitte befreit ihn von seinem Kummer!« Shiw antwortete: »Ich gehe doch

nicht deshalb mit dir spazieren! Ständig hast du etwas anderes vorzubringen! So ist die Welt nun einmal! Der eine weint, der andere lacht! Alle bekommen nur den Lohn für ihre Taten! Laß uns weitergehen!« Pārwatī aber bestand auf ihrem Wunsch: »Nein, mein Gebieter! Ich kann dieses Weinen nicht ertragen. Befreit ihn von seinem Kummer!«

Shiw und Pārwatī begaben sich nun zu dem Brunnen. Shiw rief: »Wer weint hier? Komm heraus!« Der Junge kam heraus, und Shiw fragte ihn: »Mein Sohn! Was ist geschehen? Warum weinst du?« Der Junge erwiderte: »Meine Mutter verweigert mir Pfeil und Bogen.« Shiw gab ihm nun seine eigenen Waffen und sprach: »Nimm Pfeil und Bogen von mir! Mein Pfeil ist unfehlbar. Wohin du ihn auch abschießt, er wird treffen.« Der Knabe eilte glücklich zu seiner Mutter und sprach: »Mutter! Ich habe Pfeil und Bogen bekommen.« Auch die Mütter waren glücklich.

Nun zog der Prinz mit Pfeil und Bogen los. Eines Tages saß ein Vogel auf einem Baum im Schloßhof. Der Prinz legte auf ihn an, schoß den Pfeil ab, und der Vogel fiel durchbohrt neben einem Pfeiler in den Hof. Dort saß der Rādshā. Er befahl: »Seht nach, woher der Pfeil kam!« Man suchte ringsum alles ab, fand aber niemanden. Ein Soldat wollte den Pfeil herausziehen, aber es gelang ihm nicht. Andere versuchten es, strengten all ihre Kraft an, aber der Pfeil ließ sich nicht herausziehen. Man rief die stärksten Ringer, aber auch sie vermochten nichts auszurichten. Der Pfeil blieb, wo er war. Man verließ den Hof und ging zum Essen. Als der Hof nun leer war, schlich der Prinz herbei, zog mit einer Hand den Pfeil heraus und lief wieder weg. Als der Rādshā vom Essen zurückkam, war der Pfeil verschwunden. Er ließ nachforschen. Einige Jungen berichteten, daß ein Knabe ihn herausgezogen habe. Der Rādshā staunte. Was mußte das für ein starker Junge sein, der den Pfeil herausgezogen hatte. Aber er konnte nichts über ihn in Erfahrung bringen.

Eines Tages spielte der Junge wieder neben dem Brunnen. Da

kam die Waldrānī hinzu und fragte: »Hast du Pfeil und Bogen bekommen?« Der Junge erwiderte: »Ja, ich habe sie bekommen.« Ihr war der Junge ein Dorn im Auge, und sie wollte ihn irgendwie umbringen lassen. »Mein Sohn!« sprach sie. »Jetzt mußt du noch eine gute Milchkuh holen! Deren Milch mußt du trinken und auch deinen Müttern davon geben!« Der Knabe fragte: »Alte! Verrate mir, wo ich so eine Kuh finde!« Sie beschrieb ihm, wo ein riesiger Dämon wohnte, und dachte, wenn er dorthin ginge, kehrte er nicht lebendig zurück. Kaum hatte sie ihm den Ort genannt, da machte der Prinz sich mit Pfeil und Bogen auf den Weg. Er lief unf lief und kam zu dem Riesen. Der lachte, als er den Prinzen sah. Der Prinz lachte ebenfalls und fragte: »Warum lachst du?« Der Riese antwortete: »Ich lache, weil mir Gott heute nach vielen Jahren Menschenfleisch geschickt hat. Warum aber lachst du?« Der Prinz erwiderte: »Ich lache, weil ich bis jetzt nur auf Vögel geschossen habe und Gott mir heute eine fette Beute geschickt hat.« Darauf der Riese: »Was! Du willst mich töten? So große Worte aus einem so kleinen Mund!« Der Prinz: »Und du willst mich fressen!« Der Riese: »Natürlich!«

Der Prinz spannte seinen Bogen, schoß den Pfeil ab und traf den Riesen in die Brust. Der Riese drehte sich um und fiel zu Boden. Er rief: »Laß ab von mir! Ich werde dir geben, was du willst, und dir mein ganzes Leben lang dienen!« Da zog der Prinz den Pfeil heraus, rief Shiw an und streute etwas heilige Asche auf die Wunde. Der Riese wurde gesund. Auf des Prinzen Geheiß nahm er die Milchkuh und folgte dem Prinzen. Der Riese hütete die Kuh, molk einen Eimer voll Milch und gab ihn dem Prinzen. Von nun an hatten sie alle reichlich Milch zu trinken.

Eines Tages begegnete die Waldrānī erneut dem Prinzen. Sie fragte: »Mein Sohn. Hast du die Milchkuh bekommen?« Der Prinz antwortete: »Ja, ich habe sie geholt.« Die Alte sprach weiter: »Nun beschaffe dir noch den niemals ausgehenden Reis! Dann kannst du Milchreis kochen!« Der Prinz erkundigte sich, wo es den gäbe. Sie nannte ihm einen Ort, wo ein anderer Riese hauste. Der Prinz holte sich von dort den nie ausgehenden Reis genauso, wie er die Milchkuh geholt hatte.

Wieder kam die Waldrānī eines Tages vorbei und fragte, ob er den nie ausgehenden Reis geholt habe. Der Junge bestätigte es. Sie kochte innerlich vor Wut. Das mußte ein besonders starker Junge sein! Wohin sie ihn auch in den Tod geschickt hatte, er kam stets unversehrt zurück! Dieses Mal beschloß sie, ihn zu ihrer Mutter zu schicken. Sie sagte: »Deine sieben Mütter sind blind. Hol ihre Augen!« Als er nach dem Ort fragte, wo sie zu holen seien, erklärte sie: »In dem und dem Wald wohnt eine alte Frau. Sie hat die Augen. Ich schreibe dir einen Brief, den überreich der Alten! Sie wird dir die Augen geben!« Nach diesen Worten schrieb sie ihrer Mutter einen Brief: »Ich schicke dir meinen Feind. Er ist der Sohn einer Nebenfrau. Laß ihn nicht am Leben!« Der Prinz kam mit dem Brief nach Hause und bereitete sich zum Weggehen vor. Da kam der Riese dazu, der die Milchkuh versorgte. Er las den Brief und begriff alles. Er war ja ein Dämon, deshalb kannte er die Sprache der Dämonen. Er zerriß den Brief und schrieb einen anderen: »Ich schicke dir meinen Sohn. Er ist dein Enkel. Behandle ihn liebevoll!« Der Prinz kam in den Wald, wo die alte Hexe hauste. Als diese einen zarten Jungen kommen sah, eilte sie froh herbei, um ihn zu fressen. Der Prinz erzählte ihr schon von weitem von dem Brief. Sie las ihn, drückte den Prinzen ans Herz und sagte: »Mein Sohn! Wie schön, daß du gekommen bist! Laß uns ins Haus gehen!« Beide gingen hinein. Sie erkundigte sich nach seinem Wohlergehen. Als sich der Junge zum Essen hinsetzte, fragte er: »Großmutter! Was hängt dort, das wie ein hölzernes Bett aussieht?« Die Großmutter erwiderte: »Mein Sohn! Das ist ein fliegendes Bett. Wenn man sich draufsetzt, kann man Tausende Kos in kurzer Zeit zurücklegen.« Als er wissen wollte, wie man es in Bewegung setzt, erklärte sie ihm alles, was dazu nötig war. Dann erkundigte sich der Junge: »Und warum hast du dort zwei Kürbisse aufgehängt?« Die Hexe antwortete: »Mein Sohn! In dem einen ist Feuer und in dem anderen Wasser. Lasse ich das Feuer aus dem Feuerkürbis auf einen Feind los, breiten sich schreckliche Feuerzungen aus, in denen der Feind verbrennt. Wirft jemand Feuer auf mich, benutze ich den Wasserkürbis. Ich brauche nur ein paar Tropfen Wasser auf das Feuer zu spritzen, und es wird ein großer Strom daraus, der das Feuer löscht.« Der Prinz: »Na gut, Großmutter! Du hast hier aber viel herumhängen! Und wozu hast du die Früchte dort aufgehängt?« Die Hexe erwiderte: »Oh, mein Sohn! Das sind die Augen der sieben Nebenfrauen deiner Mutter. Ich hebe sie sorgfältig auf.« – »Gut«, sagte der Knabe. Er aß und ruhte sich dann aus.

Am nächsten Tag sagte der Prinz: »Großmutter! Du lebst sehr schmutzig. Sieh nur, wie wirr und unsauber dein Haar ist! Sicher hast du auch Läuse! Ich werde nichts mehr essen, was du zubereitest.« Da gab die Hexe zur Antwort: »Nun, mein Sohn. Ich gehe heute noch zum Fluß baden.« Die Hexe lief daraufhin zum Fluß, um darin zu baden.

Der Fluß war ein Kos entfernt. Der Prinz holte sich unbekümmert das fliegende Bett, den Feuer- und den Wasserkürbis sowie die sieben Augenpaare, ließ sich auf dem Bett nieder, brachte es in Bewegung, und das Bett flog hoch in den Himmel. Der Prinz flog über den Fluß hinweg, in dem die Hexe badete. Als sie ein Knarren hörte, schaute sie nach oben. Beim Anblick des Bettes rief sie: »Seht nur! Er fliegt mit dem Bett!« Sie richtete sich auf und rief: »He, Sohn! Bring das Bett zurück! Du fällst mir sonst noch herunter!« Doch, warum sollte der Prinz auf sie hören? Er ließ das Bett nur noch schneller fliegen. Die Hexe begriff, daß sie betrogen war, und rannte hinterher. Nun ließ der Prinz das Feuer auf sie los, und sie verbrannte zu Asche. Der Prinz kam nach Hause, holte Tigermilch und setzte seinen sieben Müttern die Augen wieder ein. Jetzt konnten sie wieder wie früher sehen.

Als die Waldrānī dem Jungen eines Tages wieder begegnete,

glaubte sie, die Erde rutsche unter ihren Füßen weg. Sie fragte: »He! Hast du die Augen geholt?« Der Junge erwiderte: »Ja, ich habe sie geholt und die Alte zur Hölle geschickt.« Das zu hören, tat der Waldrānī sehr weh. Nur ein Händler weiß, wie sehr ein Verlust schmerzt! Sie dachte nun darüber nach, wie sie sich dieses starken Feindes entledigen könnte, überlegte eine Weile, und dann sagte sie: »Du hast nun schon so viel erreicht! Aber nun solltest du dir auch noch das schwarzohrige Pferd holen!« Als er nach dem Weg fragte, erkläre sie ihm, wo und wie es zu finden war.

Der Prinz lief in den Kadshlī-Wald, um das schwarzohrige Pferd zu holen. Als er dort anlangte, setzte er sich unter einen immergrünen Baum. Gegen Mittag kamen über fünfzig Pferde zur Tränke. Hinter ihnen schleppte sich ein schwächliches Pferd dahin. An dem immergrünen Baum rieb es sich den Körper. Wie ihm geheißen, stand der Prinz sachte auf und schwang sich auf seinen Rücken. Kaum saß er auf dem Pferd, als es seine wahre Gestalt annahm. Um den Reiter abzuwerfen, stieg es hoch in den Himmel, um gleich darauf wieder nach unten zu fallen. Wenn das Pferd emporstieg, rutschte der Prinz herum und klammerte sich am Bauch fest, und wenn es wieder herunterging, kroch er ihm auf den Rücken. So vergingen sieben Tage und Nächte. Das Pferd konnte den Reiter nicht abschütteln. Da sprach das schwarzohrige Pferd zufrieden zu dem Prinzen: »Du hast gewonnen, ich habe verloren. Bis heute habe ich in der Welt noch keinen Reiter wie dich gefunden. Ab heute bin ich dein Diener und du mein Herr. Ich werde für immer in deinen Diensten bleiben. Also gehen wir dahin, wohin es gehen soll!« Als sich das schwarzohrige Pferd anschickte, dem Prinzen zu folgen, begaben sich auch die vier Riesen, die es bewachten, unter seinen Schutz. Sie sagten: »Ab heute werden auch wir dir dienen. Nimm uns mit!« Der Prinz fragte sie: »Was habt ihr für Fähigkeiten?«

Der eine antwortete: »Ich kann Schlösser, Häuser und kleine Kammern bauen.«

Der zweite: »Ich kann bis in die Hölle sehen.«
Der dritte: »Wenn ich zuschlage, zerbirst die Erde.«
Der vierte: »Ich kann zwei Berge bis zu zwölf Kos versetzen.«
Der Prinz kehrte mit ihnen allen nach Hause zurück. Außerhalb der Stadt hieß er den einen Riesen ein schönes Schloß errichten und wohnte mit seinen sieben Müttern darin. Er entfaltete großen Prunk und hielt sich Diener. In der Tat, auch schlechte Zeiten gehen einmal vorbei!
Als die Waldrānī entdeckt hatte, daß der Knabe mit dem schwarzohrigen Pferd zurückgekehrt war, erfaßte sie Bestürzung. Nun hatte sie nur noch eine Waffe, die sie gegen ihn anwenden konnte. Sie heuchelte dem Knaben gegenüber Zuneigung und sagte: »Dank Gottes Güte hast du alles bekommen. Willst du nun unverheiratet bleiben? Der und der Rādshā hat eine wunderschöne Tochter. Sie gleicht einer Fee Indras. Die solltest du heiraten!«
Der Prinz stellte eine Barāt zusammen und nahm auch die vier Riesen mit. Der Rādshā aber verlangte, daß jede Barāt, die kam, außerhalb der Stadt auf einer Ebene zwischen zwei Bergen Halt machte. In der Nacht rückten die beiden Berge dann aufeinander zu und zerquetschten die Barāt zwischen sich. Auch diese Barāt wurde auf jenen Platz verwiesen. In der Nacht, als die beiden Berge anfingen, sich aufeinander zuzubewegen, stieß sie der Riese mit seinen Ellenbogen zwölf Kos weit auseinander. Am Morgen sah der Rādshā, daß die Barāt noch da war, und staunte darüber. Nun mußte er die Hochzeit vorbereiten. Während der Rundgänge um das heilige Feuer benötigte man Blüten der Sisalagave. Der Riese, der ungeheuer weit sehen konnte, stellte fest, daß es sie in der Hölle gab. Der Riese, der die Erde bersten lassen konnte, stampfte mit dem Fuß auf, und die Erde öffnete sich. Der Prinz holte die Sisalblüten, und die Hochzeitszeremonien konnten beginnen. Nach der Hochzeit hieß der Prinz seine Frau Abschied nehmen und begab sich mit ihr nach Hause. Wem gefällt es nicht, wenn eine

Braut ins Haus kommt oder ein Sohn geboren wird? Die sieben Mütter des Prinzen freuten sich sehr über die schöne, dem Mond gleichende Schwiegertochter.

Als die Waldrānī nun merkte, daß auch ihre letzte List nichts genutzt hatte, war sie sehr unglücklich. Bis dahin hatte sie es nicht für nötig gehalten, Gift einzusetzen, wenn die Sache einfacher zu bereinigen war. Doch nun war sie so verzweifelt, daß sie ihren Haß offen zeigen mußte. Sie sagte zu dem Rādshā: »Vor der Stadt hat sich irgendein Prinz ein Schloß gebaut. Laß ihn töten, sonst verweigere ich Essen und Trinken und sterbe lieber!« Der Rādshā erwiderte: »Was ist da schon dabei? Ich schicke das Heer und lasse ihn sogleich umbringen.« Der Rādshā zog zusammen mit dem Heer aus, um den Prinzen zu töten. Die Soldaten umzingelten das Schloß. Auf dem Dach stand das fliegende Bett. Der Prinz setzte sich darauf und eröffnete den Kampf. Auch die vier Riesen sandte er aus. Da sahen die Rānīs, daß der Rādshā selber am Kampf teilnahm, und sprachen zu dem Prinzen: »Lieber Sohn! Erschlag den Rādshā nicht! Er ist dein Vater.« Der Prinz versprach, ihn nicht zu töten, und zog in den Kampf. Er setzte sich auf das fliegende Bett und überflog den Kampfplatz zweimal. Dann warf er das Feuer aus dem Feuerkürbis hinunter. Alle Soldaten des Rādshās verbrannten. Dorthin, wo der Rādshā stand, hatte der Prinz kein Feuer geworfen.

Der Rādshā gab sich geschlagen und begab sich zu dem Prinzen. Der Prinz hieß ihn ehrerbietig willkommen und erzählte ihm alles von Anfang bis Ende. Auch die sieben Rānīs kamen herbei und berichteten die Übeltaten der Waldrānī.

Der Rādshā freute sich sehr, einen Sohn und eine Schwiegertochter zu bekommen. Er nahm alle mit in sein Schloß und lebte mit ihnen nun wie zuvor glücklich und zufrieden. Die Waldrānī aber ließ er lebendig in der Erde begraben.

Im Hause Gottes herrscht kein Unrecht

In einer Stadt lebte einmal ein vornehmer und frommer Seth. Dank der Güte Gottes war er sehr reich. Sein Handel blühte. Nur etwas fehlte ihm: Er hatte keine Kinder. Der Arme betete deswegen Tag und Nacht zu Gott. Eines Tages kam von irgendwoher ein bedeutender Sterndeuter zu ihm. Der Seth zeigte ihm sein Geburtshoroskop. Als der Sterndeuter es sich angesehen hatte, sagte er: »Verehrter Seth! In diesem Leben werden Euch keine Nachkommen geboren werden.« Der Seth bat daraufhin: »Seht es Euch doch noch einmal genau an! Könnte es durch eine große fromme Tat doch möglich werden, so bin ich dazu bereit.« Um diese Zeit saß der Seth im inneren Raum seines Hauses. Außer dem Sterndeuter war niemand bei ihm. Der Pandit besah sich alles noch einmal ganz genau und meinte: »Verehrter Seth! Es gibt kein Mittel. Ja! Eines schon. Badet Eure Frau im Anschluß an ihre Regel im Blut eines Kindes, bekommt ihr ganz bestimmt einen Sohn.« Als der Seth das von dem Sterndeuter vernahm, rief er aus: »Oh, Shiw! Oh, Shiw!« und hielt sich beide Ohren zu. Dann sprach er: »Verehrter Pandit! Sagt nicht so etwas Gotteslästerliches! Mit unfrommen Mitteln möchte ich keinen Sohn haben! Da ist es schon besser, kinderlos zu bleiben!« Der Sterndeuter ging fort.

Der Seth und der Sterndeuter führten dieses Gespräch zwar unter vier Augen, aber die Frau des Seths hatte sich hinter der Tür versteckt und alles mit angehört. Nachkommen wollte sie zu gern haben. Sie dachte über die Worte des Sterndeuters nun Tag und Nacht nach.

Weil sie selbst keine Kinder hatte, war sie den Kindern des gesamten Viertels sehr zugetan, und es bereitete ihr Vergnügen, ihnen Süßigkeiten, Kleidungsstücke und anderes zu geben. Seitdem sie aber des Sterndeuters Worte gehört hatte, füllte sich ihr Sinn mit bösen Gedanken. Einmal, als die Sethānī ihr monatliches Reinigungsbad nehmen wollte, erschien durch einen unglücklichen Zufall ein hübscher, zarter Knabe aus der Nachbarschaft im Haus. Er war schon früher ein paarmal dagewesen, um Süßigkeiten zu essen. Als die Sethānī den Knaben erblickte, regte sich in ihr das Böse. Unter dem Vorwand, ihm Süßigkeiten geben zu wollen, lockte sie ihn ins Haus, brachte ihn um und badete in seinem Blut. Dann rieb sie sich mit einer Paste sorgfältig ab, reinigte sich auf diese Weise und ging hinaus. Die Leiche des Knaben vergrub sie in einer Ecke ihres Hauses. Das Haus war groß, deshalb merkte niemand auch nur das Geringste.

Als der Nachbarsjunge nach einiger Zeit nicht nach Hause kam, forschte man nach ihm. Es wurde alles abgesucht, aber er war nicht zu finden. Die armen Eltern weinten bitterlich. Der Zufall wollte es, daß die Sethānī um diese Zeit schwanger wurde. Im zehnten Monat gebar sie einen Sohn. Das feierte man ausgiebig. Tausende Rupien wurden für gute Taten ausgegeben. Der Seth dachte manchmal bei sich, daß sich selbst ein Sterndeuter sehr irren kann. Jener hatte ja vorhergesagt, daß ihm in diesem Leben kein Sohn geboren würde. Und nun hatte er durch Gottes Güte einen Sohn bekommen.

So verging ein Jahr. Eines Tages ruhte der Seth nach dem Mittagessen auf dem Bett. Da kam die Sethānī und setzte ihm den Sohn auf den Leib. Der Seth fing an, den Kleinen zu füttern. Zufällig kam die Rede auf jenes Geburtshoroskop, nach dem er keinen Sohn haben sollte. Der Seth sagte: »Sieh nur! Wie falsch die Sterndeuter sind! Sie sagen, mir wäre es nicht bestimmt, in diesem Leben das Antlitz eines Sohnes zu sehen. Doch, wer kann schon Gottes Willen erraten? Gott hat mir so bald schon einen Sohn gegeben.« Die Sethānī erwiderte: »Der Sterndeuter hatte sich nicht geirrt. Er sagte, daß ich in Blut baden müsse. Das habe ich getan, und so wurde dieses Kind geboren. Ich hatte heimlich gehört, was der Pandit sprach.«

Als der Seth das aus dem Mund seiner Frau vernahm, fuhr er hoch. Er warf den Jungen zu Boden und rief: »Ich wußte nicht, was du für eine Hexe bist! Oh! Was hast du bloß getan! Lieber wäre ich kinderlos geblieben, als solch einen Sohn zu haben!« Der Kummer des Seths kannte keine Grenzen. Er haßte sein Haus und seine Familie. Wie ein Wahnsinniger rannte er hinaus. Bei jedem Schritt rief er: »In Gottes Haus herrscht großes Unrecht!«

Seit der Seth das Haus verlassen hatte, ließ er sich nicht wieder dort sehen. Er irrte in den Straßen, Gassen und den Niederungen umher. »An Gottes Hof herrscht das Unrecht, das Unrecht!« Nur das wiederholte er immer wieder. Niemand begriff, warum der Seth den Verstand verloren hatte. Nachts legte sich der Seth außerhalb der Stadt unter einem Baum schlafen. Wenn jemand zu ihm kam oder ihn ansprach, wiederholte er stets nur: »Es herrscht das Unrecht! Es herrscht das Unrecht!«

Seitdem waren zehn oder elf Jahre vergangen, und noch immer ließ der Seth nicht ab, diese Worte zu wiederholen. Im Hause des Seths aber war alles weitergegangen wie zuvor. Man hatte einen Verwalter und einen Rechnungsführer eingestellt. Der Sohn des Seths, inzwischen zwölf Jahre alt, war sehr höflich und klug. Eines Nachts brach im Hause Feuer aus. Wie das geschehen konnte, wußte niemand. Aber das Feuer war so mächtig, daß man es trotz größter Anstrengungen nicht löschen konnte. Die Sethānī und ihr Sohn verbrannten in dem Haus. Von dem Geschäft und dem gesamten Besitz blieb nur ein Haufen Asche übrig.

Der Seth saß unter dem Baum vor der Stadt und rief immer noch: »Es herrscht das Unrecht! Es herrscht das Unrecht!« Da trat jemand zu ihm und sprach: »Verehrter Seth! Warum wiederholt Ihr ständig: ›Es herrscht das Unrecht! Es herrscht das Unrecht!‹ Schaut Euer Haus an! Es ist alles verbrannt! Euer Sohn und auch die Sethānī sind ums Leben gekommen!‹ Der Seth fuhr auf: »He! Was redest du da?« Der andere wiederholte, was er gesagt hatte. Da freute sich der Seth, als er das hörte, und rief aus: »Da war ich im Unrecht! Es stimmt! Es stimmt! Ich habe es jetzt begriffen! Im Hause Gottes herrscht kein Unrecht! Es dauert manchmal nur etwas lange, bis es geahndet wird!«

Dhundhpāls Herrschaft

Es war einmal ein Rādshā namens Dhundhpāl, ›Herrscher über den Nebel‹, und seinem Namen gemäß verhielt er sich. Den Angelegenheiten des Reiches schenkte er keinerlei Beachtung. Alles lag in den Händen von Dienern und anderen Angestellten. Deshalb herrschten im Reich große Mißstände. Es kümmerte sich ja niemand darum! Der Rādshā hatte an die sechzig Rānīs und insgesamt hundert Söhne. Die Ausgaben für den Hofstaat waren beträchtlich. Jede Rānī hatte ihre eigenen Diener und jeder Sohn die seinen. Diese saugten das Volk aus, wie sie nur konnten, um die Ausgaben ihrer Herrinnen und Herrn zu bestreiten. Es gab niemanden, der von ihnen Rechenschaft forderte und die Klagen der Betroffenen anhörte. Wo man auch hinsah, überall herrschten Willkür und Unordnung.
In dieser Stadt lebte auch ein Lālā, ein arbeitsloser Tagedieb, der meinte, daß er etwas für seinen Unterhalt tun müsse. Er bemerkte den lockeren Zustand des Reiches und breitete unter einem Feigenbaum vor dem Gerichtsgebäude einen kleinen Baumwollteppich aus. Dort setzte er sich nieder, vor sich eine Kiste, auf der etwas Papier lag, und nannte sich von nun an ›der Munshī unter dem Feigenbaum‹. Mit diesem Titel ließ er sich sogar ein Siegel schneiden. Sobald jemand einen Antrag oder etwas Ähnliches bei Gericht vorbringen wollte, rief er ihn zu sich, drückte sein Siegel auf den Antrag, nahm eine Rupie dafür und sagte: »Ohne das Siegel des Munshīs unter dem Feigenbaum wird hier kein Antrag entgegengenommen. Das Siegel des Munshīs unter dem Feigenbaum darf nicht fehlen!«
So ging das einige Zeit. Alle hielten sein Siegel nun schon für unerläßlich. Wer auf seinem Antrag keinen Vermerk vom Munshī unter dem Feigenbaum hatte, wurde mit der Bemerkung zurückgeschickt, der Antrag sei unvollständig, ihm fehle

das Siegel. Von nun an lebte dieser Lālā wie die Made im Speck. Wessen Antrag er für besonders wichtig hielt, von dem verlangte er ein entsprechend hohes Honorar. So häufte er Hunderte von Rupien an.

Eines Tages nun geschah es, daß ein großer Hākim wegen einer dringenden Angelegenheit einen Tag frei nehmen mußte. Er reichte den Antrag auf einen freien Tag beim Wezīr ein, hatte aber kein Siegel vom Munshī unter dem Feigenbaum darauf. Der Wezīr gab den Antrag zurück mit der Anweisung, ihn erst mit dem Siegel des Munshīs zu versehen. Es wurde schon Abend. Spätestens in der Nacht mußte sich der Hākim in seiner Angelegenheit auf den Weg machen. So war er gezwungen, den Munshī unter dem Feigenbaum in seinem Haus aufzusuchen. Dort bat er: »Verehrter Munshī! Bitte setzt Euer Siegel auf meinen Freistellungsantrag!« Der Munshī erwiderte: »Nachts werden keine Siegel angebracht.« Der Hākim dachte: ›Wenn es die Umstände erfordern, muß man sogar einen Esel mit ‚Onkel' anreden.‹ Er bat flehentlich, gab hundert Rupien Bestechungsgeld und bekam das Siegel, aber ihn ärgerte das sehr.

Nach seiner Rückkehr ging der Hākim der Sache nach. Wer war dieser Munshī? Auf wessen Befehl hin vergab er jenes Siegel? Er meldete alles dem Rādshā und schrieb, dieser Munshī setze ohne Befehl von der Regierung sein Siegel auf alle Papiere. Man solle ihn entlassen und wegen Betrügerei bestrafen.

Der Rādshā entschied: »Das Siegel des Munshīs unter dem Feigenbaum erscheint auf allen Papieren. Das ist schon lange so, deshalb darf er nicht entlassen werden. Neben dem Feigenbaum ist eine Hütte zu errichten, damit man sich setzen kann!« So wurde die Seifenblase des Lālā erst richtig aufgeblasen.

Es gab einen Schäfer, dem gehörten Hunderte Schafe und Ziegen. Jedesmal, wenn er zum Markt kam, um Tiere zu verkaufen, nahmen der Hākim, seine Diener und Beamten sich ein Schaf und eine Ziege für ihre eigenen Zwecke und bezahlten nicht einen Paisā dafür. Der arme Schäfer aber mußte den Obo-

lus für die Regierung aus seinem eigenen Säckel dazulegen. So verzehrten die Beamten nach und nach alle seine Schafe und Ziegen. Der arme Kerl konnte sich nur noch die leeren Hände reiben.
Es gab auch einen Thākur, einen rechten Habenichts. Außer einer verfallenen Hütte besaß er nichts. Er war bettelarm, liebte aber Prunk und Pracht. Mit Hilfe aller möglichen Kniffe schlug er sich durch. Als er wieder einmal in Nöten war, wikkelte er acht Stücke eines Kürbis, der auf seiner Hütte gewachsen war, in ein Tuch und wollte sie auf dem Markt verkaufen. Dort angelangt, löste er den Knoten seines Bündels und holte die Kürbisstücke heraus. Da eilten auch schon acht Beamte auf ihn zu, der Polizeiinspektor, der Katasterbeamte, der Gutsherr, der Beamte für kommunale Angelegenheiten und andere, und nahmen sich jeder ein Kürbisstück. Als der Thākur ihnen Einhalt gebieten wollte, drohten sie ihm: »Was! Du willst auf dem staatlichen Bāzār etwas verkaufen und keine Abgabe leisten! Schließlich ist es unser Recht, Abgaben zu fordern!« Sie nahmen die Kürbisstücke und gingen fort. Der Thākur hatte das Nachsehen. Nicht ein Stück war ihm geblieben! Nur das Tuch lag noch ausgebreitet da. Neben ihm stand ein Spaßmacher. Der hob das Tuch auf, warf es sich über die Schulter und wollte damit weggehen. Der Thākur hielt ihn zurück: »Bruder! Wer bist du? Der Kürbis ist fort, nur das Tuch ist noch übrig. Wo willst du es hinbringen?« Ein Spaßmacher bleibt ein Spaßmacher. Er sagte im Scherz: »Ich bin der Schwiegersohn der Türschwelle.« Mit diesen Worten verschwand auch er. Der arme Thākur stand mit leeren Händen da und sagte: »Acht Kürbisstücke als Abgabe für den Verkauf! Das ist Dhundhpāls Herrschaft!«
Der Thākur kam nach Hause! An diesem Tage hatte er nichts zu essen. Auch die Nacht über mußte er hungrig bleiben, so fand er keinen Schlaf. Er dachte: ›Wieviel Mißstände es in diesem Reich gibt! Niemand achtet darauf! Warum sollte man das nicht ausnutzen?‹ Da fiel ihm etwas ein. Am Morgen stand er

auf, ging zum Tischler und ließ sich eine große Schaufel mit einem langen Stiel anfertigen. Die legte er sich über die Schulter und begab sich zum Bāzār. Dort zog er von Laden zu Laden und sagte: »Das ist die Schaufel des Schwagers. Fragt nicht weiter!« Anschließend fuhr er mit der Schaufel in einen Haufen Weizen, Reis, Zucker oder anderes und füllte damit seine Tasche. Tag für Tag sammelte er sich nun alles Nötige zum Leben zusammen. Wollte ihn der Händler zurückhalten, sagte er: »Das ist die Schaufel des Schwagers. Fragt nicht weiter!« Nun wendeten sich die Tage des Thākurs zum Guten. Er hatte von allen Dingen im Überfluß.

In der Nachbarschaft des Thākurs wohnte eine Wäscherin namens Popābāī. Sie war hübsch anzusehen, gut zurechtgemacht und wohlgeformt, lebte allein in ihrem Hause und hatte auch keine Kinder. Mit dem Thākur verstand sie sich gut, oft kam sie in sein Haus. Eines Tages sprach sie zu ihm: »Thākur Lālā! Die Schaufel hat dir Glück gebracht. Nun denke dir etwas für mich aus! Laß mich auch etwas tun! Ich werde dich mein Leben lang dafür preisen.«

Der Thākur erwiderte: »Schwägerin! Was ist schon Großes dabei? Dhundhpāl herrscht doch! Niemand sieht nach dem Rechten! Wenn du willst, mache ich dich zur Rānī.«

Die Wäscherin entgegnete: »Wozu erst lange fragen, wenn einem Gutes getan wird! Alles, was ich im Hause hatte, mußte ich verkaufen, um etwas zu essen zu bekommen. Wenn man ißt und ißt, leert sich auch das Vorratslager des Reiches einmal. Was kann ich da machen? Jetzt muß uns etwas einfallen! Ich werde alles tun, was ich kann.«

Der Thākur meinte: »Schwägerin! Ich bin gar nichts. Mir hilft zwar meine Schaufel, aber wenn du erst Rānī bist, machst du mich zu deinem Verwalter!«

Die Wäscherin erwiderte darauf: »Lālā! Was redest du da! Du bringst ja alles erst zuwege! Wer bin ich denn im Vergleich zu dir? Wir verfahren so, wie du sagst.« Nach diesen Worten ging sie mit einem Lächeln von dannen.

Der Thākur schulterte seine Schaufel und machte sich auf den Weg zur Wohnstätte der Rānīs. Er wanderte umher und sah sich um. Der Rādshā hatte sechzig Rānīs. Jede wohnte für sich. Einige Rānīs waren verstorben, so daß zwei oder drei Gemächer leer standen. Der Thākur suchte eines aus, das noch gut erhalten war, und ging dann zu den Sänftenträgern. Zu ihnen sprach er: »Wo wollt ihr hin? Ich suche euch schon lange. Wenn ich das dem Rādshā sage, wird es euch schlecht ergehen! Wißt ihr denn nicht, daß ihr Popābāī herbringen sollt? Beeilt euch!«
Die Sänftenträger holten die Sänfte. Dann wandte er sich an die Musikanten: »Bringt schnell eure Instrumente, sonst wird es euch schlecht ergehen! Merkt ihr denn nicht, wie die Zeit verstreicht? Popābāī muß hergebracht werden.«
Auf diese Weise erschien er mit Musik und einer Sänfte vor Popābāīs Haus, setzte sie sofort in die Sänfte und zog mit ihr zur Wohnstätte der Rānīs. Seine Schaufel über der Schulter ging der Thākur vornweg und rief in einem fort: »Geht zur Seite! Macht den Weg frei! Rānī Popābāī kommt!« Als sie das Schloß erreicht hatten, brachte er Popābāī in jenem leeren Gemach unter, stellte für sie Diener ein und ließ sie aus dem Vorratslager des Rādshās versorgen. Nun lebte Popābāī so wie die anderen Rānīs. Niemand fragte auch nur, wer sie sei und woher sie komme. Der Thākur machte sich zu ihrem Verwalter und trieb in einem Ilākā die Steuern für ihre Ausgaben ein.
Auch die Minister und Würdenträger hielten Popābāī für eine Rānī des Rādshās. Alle ihre Forderungen wurden erfüllt, sogar ihre Befehle befolgte man. Keiner wagte es, ihren Anordnungen zu trotzen. Einige Leute machten zwar dem Rādshā gegenüber Bemerkungen über Popābāī, doch achtete er nicht darauf. So führte sie nun ein bequemes Leben, und es vergingen einige Jahre.
Eines Tages erhielt Popābāī die Nachricht, daß einer ihrer Esel, namens Sodhar, gestorben war. Sie hatte ihn sehr gern gehabt, denn er war stark und kräftig gewesen und hatte stets die größte Last getragen. Als Popābāī vom Tode ihres Esels erfuhr, fing sie

laut zu klagen an. Sie schluchzte: »Oh, mein Sodhar! Du bist nun tot!« Allmählich verbreitete sich das unter den Angestellten im Schloß und in der ganzen Stadt. Überall im Schloß trauerte man. Die höchsten Hākims und Würdenträger, alle reichen Leute kamen, um Popābāī ihr Mitgefühl zu bezeugen. Wer Sodhar war, wußte niemand. Die Leute glaubten, es sei irgendein edler Mann oder Verwandter aus dem königlichen Geschlecht. Am zehnten Tag mußte die Zeremonie des Schnurrbartabrasierens vollzogen werden. Herrschte im Königshaus Trauer, konnten sich die Minister nicht davon ausschließen. Als der höchste Minister seinen Schnurrbart abrasieren ließ, mußten das auch alle anderen Beamten tun. Selbst der Rādshā ließ sich den Schnurrbart abnehmen.
Der Rādshā meinte nun, daß er zu Popābāī gehen müsse, wenn sie Trauer hatte. Er suchte sie auf und fragte: »Rānī Popā! Wer war dir Sodhar?« Popā fing heftig zu weinen an. Als der Rādshā sie tröstete, erwiderte sie: »Was soll ich da sagen? Sodhar ist gestorben. Beim Gedanken an ihn zerreißt es mir das Herz. Mein Vater hatte zwanzig bis fünfundzwanzig Esel im Haus. Unter ihnen war Sodhar der beste.«
Der Rādshā begriff nun alles. Still ging er weg. Solange Popābāī lebte, herrschte sie weiter.

Der Kleinkrieg der Gauner

In einem Dorf gab es einmal einen Gauner mit Namen Sengtā. Er lebte davon, daß er die Leute betrog. Eines Tages füllte er ein irdenes Gefäß bis zum Hals mit Mist und bedeckte es mit einem halben Ser Butterschmalz. So konnte man glauben, daß nur Butterschmalz darin war. Sengtā begab sich zum Bāzār, um es zu verkaufen. Dorthin war auch ein Gauner aus einem anderen Dorf gekommen, um jemandem ein hölzernes Schwert anzudrehen. Er hieß Satkorā. Das Schwert steckte in einer schönen Scheide, so daß man es für eine herrliche Waffe halten mußte. Als Sengtā eine Weile auf dem Markt umhergegangen war, fiel sein Blick auf Satkorās Schwert. Sengtā dachte, daß er eine gute Waffe gebrauchen könne, weil er ja wegen seiner Gaunereien nachts immer unterwegs war. Das Schwert schien gut zu sein. Irgendwie mußte er es an sich bringen. Er ging zu Satkorā und fragte: »Bruderherz! Dein Schwert scheint prächtig zu sein. Verkaufst du es? Bloß, ich habe kein Bargeld, nur dieses Gefäß mit Butterschmalz. Wenn du willst, kannst du mir das Schwert dafür geben.«

Satkorā war einverstanden. Er reichte ihm das Schwert und nahm das Gefäß. Beide befürchteten innerlich, daß ihre Gaunerei ans Licht käme, deshalb prüfte keiner von ihnen die Ware. Jeder eilte flugs nach Hause. Als Sengtā ein Stück weg war, zog er das Schwert aus der Scheide und merkte, daß es nur aus Holz war. Satkorā wiederum steckte einen Finger in das Butterschmalz, um zu kosten, und holte Mist heraus. Beide Gauner verfluchten sich selber, kehrten zum Markt zurück und suchten einander. Sie trafen sich auch. Zuerst beschwerte sich einer beim anderen, dann beschlossen sie, da sie ja beide Gauner waren und von Betrügereien lebten, daß es nützlich für sie beide wäre, sich zusammenzutun. Was sie dabei an Geld zusammenbrächten, sollte zu gleichen Teilen gehen.

Dann zogen die beiden Gauner in die Fremde. Sie gingen und gingen, kamen in eine Stadt und ließen sich in einer Herberge nieder. Einige Tage wanderten sie in der Stadt umher und sahen sich um. So erfuhren sie, daß ein gewisser Seth vor ein paar Tagen gestorben war, und brachten alles über ihn in Erfahrung, auch den Ort, wo er verbrannt worden war. Vom Wald nebenan gruben sie einen unterirdischen Gang bis dorthin. Sengtā kroch zur Verbrennungsstätte des Seths. Satkorā verkleidete sich als reicher Kaufmann und begab sich zum Haus des Seths. Der Sohn des Seths hieß ihn willkommen und fragte ihn nach dem Grund seines Besuches. Satkorā erklärte ihm: »Ich bin der Seth Dshagpati aus Bombay. Ich war mit deinem Vater sehr befreundet. Vor drei Jahren, als er nach Bombay kam, hat er sich für hunderttausend Rupien Waren von mir geborgt. Das Geld dafür habe ich bis heute noch nicht erhalten.«

Der Sohn des Seths sagte: »Es stimmt, daß der Vater vor drei Jahren in Bombay war und von dort viele Waren mitgebracht hat. Doch, wo ist der Beweis, daß er sich von Euch Geld geliehen hat?«

Der Gauner erwiderte: »Ein Beweis? Was soll ein Beweis? Dein Vater stand mir so nahe, daß ich ihm, hätte er es gewollt, nicht nur für hunderttausend, sondern sogar für eine Million Rupien Waren gegeben hätte! Einen Beleg ausschreiben lassen? Bei Gott! Mein Sohn! Du brauchst mir das Geld nicht zurückzugeben! Nie hätte ich von ihm einen Beleg verlangt! Seine Zunge war sein Beleg. Er hätte niemals auch nur eine Kaurī zurückgehalten! Sein Leben hätte er hingegeben, um sein Wort zu halten. Ich mache mir wegen meines Geldes nicht die geringsten Sorgen. Was sind schon hunderttausend Rupien für ihn? Aber ich bin überzeugt, es würde ihm niemals gefallen, jemandem etwas schuldig zu sein. Noch im Himmel litte seine Seele darunter!«

Der Sohn bestätigte: »Was Ihr sagt, ist richtig. Es ist auch möglich, daß sich unser Vater Waren im Wert von hunderttausend Rupien bei Euch lieh, aber Ihr müßt das irgendwie beweisen.«

Daraufhin meinte der Gauner: »Gut! Dann unternehmt folgendes! Der Seth war sehr fromm. Ich bin überzeugt, ihm würde es niemals gefallen, jemandes Schuldner zu sein. Geht alle zu seiner Verbrennungsstätte und befragt ihn wegen dieser Schuld! Er wird vom Himmel herab darauf antworten. Bestätigt er die Schuld, gebt Ihr mir das Geld! Wenn nicht, dann gebt ihr es eben nicht zurück.«

Der Sohn des Seths begab sich mit seinem Verwalter und einigen Leuten aus der Stadt zur Verbrennungsstätte seines Vaters. Der Gauner forderte ihn auf: »Ruft den Vater und fragt ihn!«

Der Sohn des Seths fing laut zu rufen an: »Verehrter Vater!

Habt Ihr Schulden bei Seth Dshagpati aus Bombay? Wenn ja, wie groß sind sie?«
Aus dem Aschehaufen heraus drang eine erstickte Stimme: »Ja, mein Sohn! Vor drei Jahren habe ich bei Seth Dshagpati Waren im Wert von hunderttausend Rupien gekauft. Die habe ich noch nicht bezahlt. Gib ihm das Geld bis auf den letzten Paisā mit den Zinsen zurück! Ersetze ihm auch die Unkosten für die Reise von Bombay hierher und zurück! Keinen Paisā darf ich schuldig bleiben! Sonst muß ich zur Hölle fahren!«
Der Sohn des Seths gab Satkorā nun zu Hause hunderttausend Rupien, die Zinsen dafür und erstattete auch die Reiseunkosten. Satkorā eilte flugs in den Wald zu der Gangöffnung. Er holte vier Arbeiter und ließ die Gangöffnung mit einem großen Felsbrocken verschließen. Dann machte er sich mit dem Geld auf den Weg nach Hause und dachte bei sich, der Gang sei für Sengtārām nun zum Grab geworden. Soviel Kraft, diesen schweren Stein wegzuwälzen, konnte der nicht haben! Nun gehörte alles Geld ihm!
Sengtā aber war aus dem Gang geschlüpft, ehe der Stein ihn verschloß, und zu der Herberge zurückgekehrt, um dort auf Satkorā zu warten. Als Satkorā immer noch nicht kam, war er sich fast sicher, daß jener mit dem Geld verschwunden war. Er lief schnell zum Markt, kaufte dort ein Paar kostbare Schuhe und begab sich auf den Weg, der zu Satkorās Dorf führte.
Als er ein Stück gegangen war, ließ er einen Schuh fallen, eine halbe Meile weiter den zweiten Schuh und versteckte sich nun in einem Gebüsch in der Nähe.
Satkorā lief mit dem Geldbündel hurtig seines Wegs. Er wollte nach Hause. Da sah er einen prächtigen Schuh auf der Erde liegen. Das erweckte seine Begierde. Doch was sollte er mit einem Schuh? Er ließ ihn liegen und ging weiter. In einiger Entfernung stieß er auf den zweiten Schuh. Nun konnte er seine Gier nicht mehr zügeln. Warum sollte er ein so schönes neues Paar Schuhe liegen lassen? Er sah sich nach allen Seiten um. Auf dem Weg war niemand zu sehen. Er versteckte das

Bündel mit dem Geld in einem abseits stehenden Gebüsch, hob den Schuh auf und ging los, um sich auch den anderen zu holen.
Kaum war er fort, sprang auch schon Sengtā aus dem Gebüsch, nahm das Bündel mit dem Geld an sich und ging nach Hause. Dort vergrub er das Geld in der Erde, weihte seine Frau ein und versteckte sich in einem Strohhaufen vor seinem Haus.
Als Satkorā mit dem Schuh zurückkam, war das Bündel mit dem Geld verschwunden. Er brauchte nicht lange, um zu begreifen, daß Sengtā am Werk gewesen war! Schnurstracks eilte er zu Sengtās Haus. Es war schon Mitternacht. Er rief nach Sengtās Frau. Sie öffnete die Tür und sprach bei Satkorās Anblick: »Mein lieber Lālā! Du bist also da! Wo hast du ihn zurückgelassen?«
Satkorā durchschaute ihre List und erwiderte: »Er ist einen anderen Weg gegangen. Ich dachte, er sei schon da.«
In der Nacht schlief er auf Sengtās Veranda. Als der Morgen graute, erhob er sich und suchte in der Nachbarschaft herum. Ein Nachbar meinte: »Die Ware ist im Stroh versteckt. Da sollte man keine Feindschaft wagen!«
Nachdem er das erfahren hatte, ging Satkorā wieder zu Sengtās Haus, rief dessen Frau und bat sie: »Schwägerin! Mir ist sehr kalt. Entfache doch ein kleines Feuer!« Sengtās Frau machte ihm einen Korb mit Feuer fertig. Satkorā nahm ihn, ging damit zu dem Strohhaufen und zündete ihn an. Das Stroh fing knisternd an zu brennen.
Als Sengtās Frau das sah, rannte sie aufgeregt zu dem Strohhaufen hin und rief: »He! Komm jetzt raus! Willst du wegen des Geldes dein Leben verlieren?« Sengtā kroch hervor. Als er Satkorā erblickte, sagte er: »Freund! Ich habe mich für sehr schlau gehalten, aber du kannst mich noch vieles lehren. Also gut! Laß uns die Rupien teilen!«
Satkorā nahm die Hälfte des Geldes und ging nach Hause.

Wie aus dem Tischler ein Prinz wurde

In einer Stadt lebte einmal ein sehr geschickter Tischler. Der hatte zwei Söhne. Der ältere betrieb Landwirtschaft und blieb oft draußen auf dem Feld. Der jüngere lernte bei seinem Vater. Jeden Tag ging er aufs Feld, um seinem älteren Bruder das Essen zu bringen. Unterwegs mußte er immer über einen großen Platz, der ihm sehr gefiel. Wenn er ihn überquerte, meinte er jedesmal, daß man hier ein herrliches Schloß bauen könne. Manchmal vermaß er dort den Boden und überlegte, wo das Schloß stehen sollte, wo der Stall für die Elefanten und wo der für die Pferde. Manchmal ritzte er auch die Grundrisse der Häuser in den Boden. Damit war er so beschäftigt, daß er nicht auf die Zeit achtete. Der ältere Bruder mußte dann bis zum Abend hungern. Weil der jüngere ständig zu spät kam, war der ältere Bruder sehr böse auf ihn. Eines Tages war der jüngere so in das Einritzen der Grundrisse auf dem Platz vertieft, daß es Abend wurde. Der große Bruder, hungrig und durstig, war des Wartens müde. Gegen Abend ging er nach Hause. Unterwegs sah er seinen Bruder auf dem großen Platz sitzen und Linien für die Grundrisse von Häusern ziehen. Das Bündel mit dem Essen hing am Ast eines Baumes. Das versetzte den älteren in Wut. Er rief: »He, du Dummkopf! Was machst du hier? Denkst du denn nicht daran, daß ich bis jetzt nichts zu essen bekommen habe? Komm bloß nach Hause! Ich werde es dir schon beibringen, daß du dein Leben lang daran denkst!«

Die beiden Brüder langten zu Hause an. Als der Vater alles erfuhr, war auch er sehr böse auf den jüngsten Sohn. Er sprach: »Du bist ein großer Faulpelz! Ich kann dich nicht für dein Herumsitzen ernähren. Verlasse mein Haus!« Daraufhin steckte der jüngste Sohn etwas Werkzeug in seine Tasche und ging aus dem Haus.

Er wanderte lange und kam schließlich in eine Stadt. Müde setzte er sich im Schatten eines Baumes nieder. Er überlegte: ›Ich bin in der Fremde und muß mir etwas ausdenken, um weiterzukommen.‹ Da entdeckte er neben sich einen Knochen. Er hob ihn auf und schnitzte daraus Körner, die wie Reis aussahen. Mit denen ging er in die Stadt. Nach langem Suchen fand er endlich das Haus eines Tischlers. Zu der Zeit war die Tochter des Tischlers allein, ihre Eltern befanden sich wegen irgendeiner Angelegenheit in der Stadt. Der junge Mann sprach zu dem Mädchen: »Schwester! Ich bin ein Fremder und habe Hunger. Koch mir diesen Reis!«

Das Mädchen hieß ihn ehrerbietig Platz nehmen, nahm den Reis und warf ihn zum Kochen in einen Topf. Es vergingen einige Stunden, aber der Reis wurde nicht gar. Inzwischen kehrten die Eltern zurück. Die Tochter erzählte ihnen alles und sagte: »Mutter! Sieh nur! Was ist das bloß für ein Reis! Es sind schon Stunden vergangen, aber er wird nicht gar.« Die Mutter sah in den Topf und merkte, daß es keine Reiskörner, sondern Knochenstückchen waren. Wie sollten die weich werden? Aber wie staunte sie, als sie genauer hinsah. Die Körner waren so geschickt gemacht, daß sie ganz echt wirkten. Nicht der geringste Unterschied war zu sehen. Der Tischler dachte: ›Das ist ein überaus geschickter junger Mann. Ich werde ihn hierbehalten und mit meiner Tochter verheiraten.‹ Und so geschah es. Der Sohn des Tischlers blieb als Schwiegersohn in seinem Haus.

Ein Jahr verging. Der Tischler hatte geglaubt, der Schwiegersohn würde sein Handwerk ausüben und sie hätten daraus Einnahmen. Aber der dachte gar nicht daran, sondern saß stets untätig, die Hände übereinandergelegt, herum. Das bekümmerte den Tischler. Auch seiner Tochter blieb das nicht verborgen. Eines Tages sprach sie zu ihrem Mann: »Was bist du nur für ein Mensch! Du betreibst kein Handwerk. Kann es denn so weitergehen?«

Er erwiderte: »Gut! Ich werde jetzt etwas beginnen.«

Dann vergingen wieder einige Monate. Die Untätigkeit ihres Mannes war der jungen Frau unangenehm. Eines Tages sagte sie bei passender Gelegenheit wieder zu ihm: »Schämst du dich denn nicht, in einem fremden Haus dein Brot umsonst zu essen? Wenn du nichts zustandebringst, dann laß uns in die Fremde gehen! Wir werden arbeiten und so unser Brot verdienen. Es ziemt sich nicht, anderen zur Last zu fallen.«

Die scharfen Worte seiner Frau trafen den jungen Mann ins Herz. Er versprach: »Gleich morgen fange ich zu arbeiten an.«

Am nächsten Tag gingen einige Tischler in den Wald, um Holz zu holen. Der junge Mann ging mit ihnen. Im Wald angelangt, schnitten die anderen Tischler Holz und luden es auf Wagen. Er aber lief im Wald umher und untersuchte die Bäume. Alle meinten, daß er nicht bei Sinnen sei.

Der Sohn des Tischlers war beim Untersuchen der Bäume weit in den Wald vorgedrungen. Da entdeckte er einen Sandelholzbaum. Er vermaß seinen Umfang und seine Äste und freute sich sehr, denn er glaubte, daß sich aus dem Holz ein herrliches Bett bauen ließe. Am Abend kehrte er nach Hause zurück.

Als der Tischler und seine Tochter sahen, daß alle anderen mit vollen Wagen Holz zurückgekommen waren, der junge Mann aber mit leeren Händen heimkehrte, bekümmerte sie das sehr. Der junge Mann schwieg. Am nächsten Tag nahm er den Wagen, zersägte den Sandelholzbaum und fuhr das Holz nach Hause.

Der junge Mann begann, ein Bett zu bauen. Nach sechs Monaten war es fertig. Nun brauchte er noch breites Band zum Bespannen. Er verlangte vom Schwiegervater hundert Rupien für das Band. Der Tischler dachte, daß es erfreulich sei, den Schwiegersohn mit Arbeit beschäftigt zu sehen, und wollte seinen Eifer nicht dämpfen, also gab er ihm die hundert Rupien. Der Schwiegersohn kaufte Band, bespannte damit das Bett und brachte noch einen Vorhang an.

Am nächsten Tag trug der junge Mann seiner Frau auf: »Laß das Bett zum Bāzār bringen. Zieh aber ja den Vorhang nicht zur Seite! Wenn jemand dahinter sehen will, sagst du ihm, daß er tausend Rupien dafür geben müsse. Dann erst darf er hinter den Vorhang sehen. Fragt jemand nach dem Preis des Bettes, dann teile ihm mit, das Bett werde seinen Preis selbst nennen.«

Die Tochter des Tischlers kam mit dem Bett zum Bāzār. Einige Käufer wollten hineinsehen, machten aber wieder kehrt, sobald sie hörten, daß sie tausend Rupien dafür bezahlen sollten. Von einem Verkauf konnte nicht die Rede sein; es hatte nicht einmal jemand den Mut, hinter den Vorhang zu schauen. Das Bett verkaufte sich nicht, und der Abend brach herein.

Der Rādshā dieser Stadt pflegte am Abend alles aufzukaufen, was auf dem Bāzār übriggeblieben war. So berichteten seine Diener ihm von dem Bett. Der Rādshā befahl: »Bezahlt tausend Rupien für das Hineinsehen und bringt es her.«

Das Bett wurde vor den Rādshā gebracht. Ihm gefielen dessen schönes Aussehen und die Machart. Er fragte die Tochter des Tischlers nach dem Preis. Sie antwortete: »Mahārādsh! Benutzt das Bett! In vier Tagen wird es Euch seinen Preis selbst nennen.«

Am Abend wurde das Bett hergerichtet. Der Rādshā legte sich darauf. Er wollte sehen, was das Bett für Vorzüge hatte und wie es ihm nach vier Tagen seinen Preis nennen würde. Mit diesen Überlegungen verging die halbe Nacht.

Die vier Beine des Bettes hatten die Gestalt von Puppen. Als die halbe Nacht vergangen war, sagte die eine Puppe zu den anderen: »Schwestern! Ich gehe in der Stadt spazieren. Tragt meine Last solange mit!« Danach ging die Puppe weg.

Der Rādshā staunte nicht schlecht über diese Worte. Er konnte nicht schlafen und wartete auf die Rückkehr der Puppe. Drei Stunden vor dem Ende der Nacht kam sie zurück. Kaum war sie da, fragten sie die anderen Puppen: »Nun, Schwester! Was gibt es in der Stadt?«

Die Puppe begann: »Fragt nicht, Schwestern! Seit vielen Tagen gehen in der Stadt vier Diebe aus Bagdad um. Die Soldaten hier taugen nichts, sie konnten sie noch nicht erwischen. Die Menschen in der Stadt sind sehr beunruhigt. Täglich folgt ein Diebstahl auf den anderen. Heute habe ich die vier Diebe im

Haus eines Seths umgebracht, ihnen die Zungen herausgeschnitten und sie in einen Sack gesteckt.« Danach verstummte die Puppe.
Der Rādshā geriet innerlich in große Aufregung. Er dachte: ›Was ist das, etwa eine Sinnestäuschung?‹ Er wollte zu gern wissen, ob stimmte, was die Puppe gesagt hatte, und wartete nun ungeduldig auf den Anbruch des Tages. Als es Morgen geworden war, berichtete man dem Rādshā, daß die Diebe umgebracht worden seien. Der Rādshā hatte zehntausend Rupien Belohnung für ihr Ergreifen oder das Vorlegen ihrer Köpfe ausgesetzt. Als es Abend war, legte der Polizeivorsteher der Stadt die Köpfe der vier Diebe dem Rādshā vor und sagte: »Beschützer der Armen! Mit großer Mühe nur vermochte ich unter Einsatz meines Lebens diese Diebe zu töten. Laßt Eurem Diener die Belohnung geben!«
Der Rādshā, der ja aus dem Mund der Puppe den wahren Hergang gehört hatte, sagte: »Polizeivorsteher! Ich lobe dich sehr für diese Tat. Die Belohnung ist dir sicher! Aber erst schneidest du diesen vier Dieben die Zunge heraus und legst sie mir vor!«
Der Polizeivorsteher öffnete einem der Köpfe den Mund und wollte die Zunge herausholen, aber sie war weg. Da verließ den Polizeivorsteher seine Weisheit. Er sah in jedem Kopf nach, aber bei allen war die Zunge schon herausgeschnitten. Er begriff, daß sein Betrug ans Licht gekommen war. Mit gefalteten Händen bat er um Vergebung. Der Rādshā enthob ihn auf der Stelle seines Amtes.
In der folgenden Nacht sagte die zweite Puppe um Mitternacht: »Schwestern! Heute übernehmt ihr meine Last mit! Ich möchte in der Stadt spazierengehen.« Danach entfernte sie sich. Der Rādshā lag auf dem Bett und wartete, welche Nachricht diese Puppe wohl aus der Stadt mitbringen würde. Als sie zurückgekommen war, fragten die anderen: »Nun, Schwester! Was gibt es heute aus der Stadt zu berichten?«
Die Puppe erzählte: »In dem dichten Wald, der sich südlich der

Stadt ausbreitet, lebt ein Löwe. Jede Nacht kommt er in die Stadt und holt sich jemanden. Diesen menschenfressenden Löwen habe ich getötet.« Am Morgen wurde dem Rādshā berichtet, daß der Löwe tot war. Seine Freude darüber kannte keine Grenzen.

In der dritten Nacht begab sich die dritte Puppe in die Stadt. Als sie zurück war, berichtete sie: »Schwestern! Ich bringe heute eine schlimme Nachricht mit. Ich hatte mich unter dem Feigenbaum ausgeruht, der auf der Straßenkreuzung in der Stadt steht. Über mir auf dem Baum saßen zwei Vögel, ein Papagei und eine Mainā, und unterhielten sich. Der Papagei sagte: ›Mainā! Den Rādshā dieser Stadt wird ein großes Unglück treffen. Er hat für den Prinzen neue Kleider nähen lassen. Der Schneider hat die Kleider in ein Bündel gepackt und es an einem Haken aufgehängt. In einen Ärmel der Jacke ist eine Schlange gekrochen. Am Morgen, wenn der Schneider die Kleider gebracht hat, wird die Schlange den Prinzen beißen, sobald er die Kleider anzieht, und er wird sterben.‹ Die Mainā fragte: ›Kann man denn nichts tun, um den Prinzen zu retten?‹ Der Papagei erwiderte: ›Doch! Jemand, der das hört, muß es dem Rādshā mitteilen. Wenn der Schneider morgen die Kleider bringt, soll der Rādshā zu ihm sagen: ‚Du hast ein Leben lang für mich Kleider genäht. Heute ziehst du die Kleider an!' Der Schneider zieht die Kleider an, die Schlange wird ihn beißen, und so bleibt der Prinz verschont.‹«

Dem Rādshā bebte das Herz, als er das vernahm. Am nächsten Tag geschah, was die Puppe gesagt hatte. Der Schneider erschien mit den Kleidern. Der Rādshā forderte ihn auf: »Zieh sie an!« Der Schneider starb dann an dem Schlangenbiß.

Am vierten Tag besuchte die vierte Puppe die Stadt. Zurückgekehrt, erzählte sie: »Schwestern! Auch ich habe unter dem Feigenbaum auf der Kreuzung gesessen. Da sagte der Papagei zu der Mainā: ›Mainā! Ein Unglück hat man nun von dem Prinzen abgewendet, aber eines ist noch zu erwarten. Morgen hat der Prinz Geburtstag. Wenn er seine Glückwünsche erhalten hat und durch das Portal geht, wird es auf ihn herabstürzen und ihn erschlagen.«

Die Mainā fragte: ›Kann der Prinz gerettet werden?‹ Der Papagei erwiderte: ›Es könnte gelingen! Jemand müßte dem Rādshā sagen, daß er das Portal niederreißen und an seiner Stelle ein Tor aus Blumen errichten lassen soll. So kann der Prinz gerettet werden.‹ «

Am Morgen ließ der Rādshā das alte Portal abreißen und ein neues aus Blumen errichten. Was die Puppe gesagt hatte, traf ein. Kaum hatte der Prinz die Glückwünsche zu seinem Geburtstag entgegengenommen und war durch das Portal geschritten, da stürzte es ein. Die Blumen verstreuten sich ringsum. Der Prinz aber blieb am Leben.

So waren nun vier Tage vergangen. Der Rādshā ließ den Sohn des Tischlers holen und sagte: »Das Bett hat mir seinen Preis genannt. Die Schatzkammer steht dir offen. Du darfst dir heute den ganzen Tag über holen, was du zu tragen vermagst!« Der Sohn des Tischlers, seine Frau und seine Schwiegereltern schleppten den ganzen Tag Geld fort. An einem Tag hatten sie ein Vermögen von mehreren Hunderttausenden erworben.

Einige Tage später ließ der Rādshā den Sohn des Tischlers rufen und sprach: »Ich freue mich, in meinem Reich einen so geschickten Handwerker wie dich zu haben. Zeige jetzt deine Kunst mit etwas anderem. Du bekommst dafür, was du willst.«

Der Sohn des Tischlers entgegnete: »Wie Ihr befehlt!« und kehrte nach Hause zurück. Dieses Mal fertigte er ein hölzernes Pferd an. Er brachte es an den Hof und erklärte dem Rādshā: »Mahārādsh! Hier ist ein hölzernes Pferd. Laßt den besten Reiter aufsitzen, und das Pferd wird seine Zauberkraft beweisen.«

Der Prinz, der daneben stand, meinte: »Ich habe die stärksten Pferde geritten. Was ist dieses hölzerne Pferd hier schon im Vergleich dazu? Ich werde es reiten.« Damit ging der Prinz zu dem Pferd und schwang sich auf seinen Rücken. Kaum war er

aufgesessen, als sich das Pferd in die Luft erhob und allmählich den Blicken der Leute entschwand.
Das Pferd flog und flog, überquerte sieben Meere und gelangte zu einem Garten. Der Prinz ließ es auf einer Dattelpalme niedergehen und stieg in den Garten hinab. Gleich daneben stand das Haus der Gärtnersfrau. Er erbat sich von ihr die Erlaubnis, einen Tag in dem Garten bleiben zu dürfen. Sie antwortete: »Das ist der Garten der Tochter des Rādshās. Männern ist es verboten, sich hier aufzuhalten. Geh schnell weg! Wenn dich jemand gesehen hat, habe ich das auszubaden.« Der Prinz holte ein Goldstück aus der Tasche, gab es der Gärtnersfrau und bat: »Ich bin müde von der Reise. Laß mich wenigstens heute hierbleiben.«
Beim Anblick des Goldstückes färbte Gier der Gärtnersfrau die Wangen. Sie brachte den Prinzen in ihrem Hause unter. Am Abend schenkte er ihr noch ein Goldstück und hieß sie etwas zu essen und zu trinken holen. Die Gärtnersfrau brachte das Gewünschte und wollte ihm das restliche Geld zurückgeben, aber der Prinz sagte: »Behalte es nur! Ich gebe jeden Tag ein Goldstück für meinen Unterhalt aus.« Die Gärtnersfrau dachte, daß dies ein recht guter Fang für sie war. Bliebe er noch zehn bis fünfzehn Tage, hätte sich ihre Hütte in Gold verwandelt. Nun behandelte sie den Prinzen mit großer Achtung und Zuneigung. So verging nach und nach ein Monat.
Die Gärtnersfrau band Tag für Tag Blumenketten für die Prinzessin und brachte sie ihr. Einmal sagte der Prinz: »Gärtnerin! Nimm dieses Goldstück und geh auf den Bāzār einkaufen! Ich binde die Blumenketten.«
Die Gärtnersfrau ging zum Bāzār, um einzukaufen. Der Prinz fing an, Ketten anzufertigen. Als die Frau zurückkam, sah sie, daß der Prinz wunderschöne Ketten zustandegebracht hatte. Solche waren ihr noch nie unter die Augen gekommen. Zufrieden brachte sie die Ketten der Prinzessin. Als die Prinzessin die Blumengebinde sah, zog deren Schönheit sie in ihren Bann. Sie fragte: »Wer hat diese Ketten gemacht?« Die Gärtnerin über-

legte etwas, dann antwortete sie: »Herrin! Meine Nichte ist gekommen. Sie hat heute die Ketten angefertigt.« Daraufhin meinte die Prinzessin: »Gut! Bring das Mädchen morgen mit! Ich will es sehen.«

Die Gärtnersfrau kam nach Hause zurück. Sie überlegte, was sie nun tun sollte. Da war sie ja in eine schöne Geschichte verwickelt worden! Ihr fiel nichts ein, wie sie sich aus der unangenehmen Lage befreien sollte. Als der Prinz ihr niedergeschlagenes Gesicht sah, fragte er: »Gärtnerin! Was ist los! Warum siehst du heute so traurig aus?« Die Gärtnersfrau erzählte ihm alles. Da sagte der Prinz: »Mach dir keine Sorgen! Nimm diese fünf Goldstücke und hole vom Bāzār schöne Frauenkleider! Die werde ich morgen anziehen und mit dir gehen.« Die Gärtnersfrau kaufte die Kleider.

Am nächsten Morgen wählte die Gärtnersfrau die schönsten Blumen aus. Der Prinz wand daraus noch schönere Ketten als am Tag zuvor. Er legte sie in einen Korb, zog die Frauenkleider an und begleitete die Gärtnersfrau zur Tochter des Rādshās. Die Prinzessin freute sich sehr, die wunderschönen Ketten und ihre Schöpferin zu sehen. Sie nahm die Nichte der Gärtnersfrau bei der Hand, setzte sie neben sich und sagte: »Freundin! Am liebsten möchte ich deine geschickten Hände küssen.« Dann unterhielten sich die beiden eine lange Zeit. Als die Gärtnersfrau nach Hause gehen wollte, rief sie ihre Nichte: »Töchterchen! Wir wollen gehen. Es ist schon spät.«

Daraufhin meinte die Prinzessin: »Gärtnerin! Geh du nur! Deine Nichte wird heute als mein Gast bei mir bleiben. Man kann sich mit ihr so schön unterhalten, deshalb möchte ich sie noch nicht fortlassen.«

Die Gärtnersfrau ging, ohne etwas zu sagen, still nach Hause. In der Nacht gab sich der Prinz zu erkennen. Der Prinzessin gefiel er. Sie freute sich, ihn kennenzulernen. Beide spielten die ganze Nacht über ein Würfelspiel. Da überbrachten Aufpasser dem Rādshā die Nachricht, daß im Schloß der Prinzessin ein Dieb sei. Der Rādshā schickte Soldaten, die den Prinzen festnahmen. Die Prinzessin, die ihr Herz an ihn verloren hatte, erfaßte tiefer Kummer.

Die Soldaten legten dem Prinzen Fußketten und Handschellen an und brachten ihn vor den Rādshā. Zornig fuhr dieser ihn an: »He, Reisender! Du bist mit dem Fuß in ein Kobranest getreten! Wie ein Dieb bist du in das Schloß meiner Tochter eingedrungen und hast ihre Ehre verletzt. Du weißt, daß darauf die Todesstrafe steht!« Dann rief er die Henkersknechte und befahl: »Hängt ihn sofort am Galgen auf!« Die Henker führten den Prinzen weg. Als sie am Galgen anlangten, sagten sie: »Das sind deine letzten Minuten. Sag, ehe du stirbst, was du gern noch essen und trinken möchtest, oder ob du noch jemanden sehen willst! Es wird dir gewährt.« Der Prinz erwiderte: »Was soll ich noch wollen, ehe ich sterbe? Wenn ihr es erlaubt, möchte ich im Garten auf die Dattelpalme klettern.«

Die Soldaten lachten, als sie das hörten, und sagten: »Was bist du nur für ein Mensch? Wünsche dir etwas Ordentliches! Was hast du davon, wenn du auf die Dattelpalme kletterst? Du schürfst dir nur die Haut vom Leibe!« Der Prinz entgegnete: »Ich habe aber keinen anderen Wunsch. Ich bin noch nie auf eine Dattelpalme geklettert. Deshalb möchte ich es jetzt tun.«

Die Soldaten waren einverstanden: »Wie du willst! Geh und klettere auf die Palme!« Danach umstellten sie den Baum und hielten aufmerksam Wache. Der Prinz fing an, die Palme emporzuklettern. Dabei schabte er sich den Körper blutig. Die Soldaten lachten über seine Dummheit. Mit großer Mühe nur erreichte der Prinz den Wipfel des Baumes. Dort befand sich das hölzerne Pferd. Er schwang sich flugs darauf und flog mit ihm hoch in die Luft.

Die Soldaten blieben bestürzt zurück. Verwirrt schauten sie nach oben. Der Prinz flog auf seinem Pferd zu den Gemächern der Prinzessin. Er rief: »Beeil dich! Komm schnell ans Fenster!« Die Prinzessin eilte sofort mit ihrem zahmen Papageien, der in einem goldenen Käfig saß, ans Fenster. Der Prinz ergriff

ihre Hand und zog sie aufs Pferd. Allmählich entschwand das hölzerne Pferd den Blicken der Leute.
Sie flogen den ganzen Tag über und sahen am Abend eine Insel. Ringsum schlugen die Wellen des Meeres an ihre Ufer. Die Prinzessin sprach: »Prinz! Ich habe den ganzen Tag über gesessen und bin nun müde. Laß uns auf dieser Insel ausruhen!« Der Prinz hörte auf sie und landete auf der Insel. Sie schlugen ihr Lager unter einem Baum auf. Der Papagei übernahm es, auf das Pferd zu achten. Die Tochter des Rādshās und der Prinz schliefen die ganze Nacht über sorglos. In der nächsten Nacht sagte der Papagei: »Heute werde ich schlafen, und du wirst das Pferd bewachen!« Damit schlief der Papagei ein. Der Prinz wachte die halbe Nacht, dann übermannte ihn der Schlaf. Auf dieser Insel aber lebten Diebe. Sie hatten das Pferd in der Luft fliegen sehen und dachten seitdem nur daran, wie sie es stehlen könnten. Weil der Papagei die erste Nacht über wach geblieben war, hatten sie noch keine Gelegenheit gehabt. Als sie nun in dieser Nacht alle schlafend fanden, holten sie sich heimlich das Pferd.
Der Prinz erwachte am Morgen und merkte, das Pferd war fort. Darüber war er sehr betrübt. Ein Kaufmann weiß, wie weh ein Verlust tut! Nun schien es schwer zu sein, von der Insel wieder wegzukommen. Der Papagei sah, wie niedergeschlagen der Prinz und die Prinzessin waren, und sprach: »Prinz! Was geschehen ist, ist geschehen! Wir müssen jetzt überlegen, wie es weitergehen soll! Öffnet die Tür meines Käfigs! Ich werde draußen schon etwas finden!« Der Prinz tat das.
Der Papagei kam aus dem Käfig und flog in alle Richtungen, um sich umzusehen. An einer Stelle fiel ihm auf, daß dort sehr dickes Gras wuchs. Er fing an, Halme dieses Grases zusammenzutragen. In einigen Tagen hatte er zwei Bündel gesammelt. Die Prinzessin zerriß den Saum ihrer Sārī und band die Bündel fest zusammen. Der Prinz, die Prinzessin und der Papagei setzten sich auf diese Bündel und wollten damit das Meer überqueren. Sie waren noch weit vom Ufer entfernt, als eine

Maus an ihnen vorbeischwamm. Der Prinz spürte Mitleid mit der verängstigten Maus. Er fing sie und setzte sie neben sich auf das Bündel. Eine Weile später, als sich die Maus beruhigt und sich ihr Körper in der Sonne erwärmt hatte, wurde sie übermütig. Ihrer Natur gemäß fing sie an, die Verschnürung durchzunagen, die beide Bündel miteinander verband. So wurden sie getrennt. Der Prinz und die Prinzessin trieben im Meer, der Papagei flog fort.

Die Prinzessin trieb es an das Ufer einer Stadt. Der Prinz jener Stadt saß in einem Boot und fing Fische. Als er die Schöne entdeckte, eilte er mit seinem Boot zu ihr und nahm sie mit in sein Schloß. Es vergingen viele Tage. Der Prinz verliebte sich in das Mädchen. Eines Tages schlug er ihr die Heirat vor. Die Prinzessin erwiderte: »Ich habe gelobt, zwölf Jahre lang Vögel zu füttern. Elf Jahre sind vergangen, eins ist noch übrig. Sobald mein Gelübde erfüllt ist, werde ich dich heiraten.« Der Prinz war es zufrieden.

Die Prinzessin hatte inzwischen angefangen, Vögel zu füttern. Auf dem Dach des Schlosses streute sie Körner aus. Tausende Vögel kamen herbei, um sie aufzupicken. Mit jedem Tag wurden es mehr. Sie hoffte, daß eines Tages auch ihr Papagei dabei sein würde. Es kam auch so, wie sie gedacht hatte. Eines Tages war der Papagei auf einmal da. Als die Prinzessin auf das Dach kam, um Körner auszustreuen, erkannte der Papagei sie. Er flog herbei und setzte sich auf ihre Hand. Die Prinzessin freute sich sehr, ihn zu sehen. Eine Weile später, als alle Vögel ihre Körner aufgepickt hatten und wieder weggeflogen waren, erzählte die Prinzessin dem Papageien ihre Leidensgeschichte. Mit Tränen in den Augen sagte sie: »Gangārām! Es ist gut, daß ich dich wiedergefunden habe! Du wirst mir eine große Stütze sein. Du mußt jetzt den Prinzen ausfindig machen! Sicher hält er sich irgendwo in der Nähe dieser Stadt auf!«

Der Papagei flog davon, um seinen Herrn zu suchen. Er schaute in jedem Dorf und in jedem Haus nach ihm aus. Viele Tage vergingen, doch er konnte den Prinzen nicht ausfindig

machen. Eines Tages ließ er sich in einer Stadt bei einem Kornröster nieder, um dort Körner aufzupicken. Hier entdeckte er den Prinzen, wie er das Feuer anblies. Die Freude des Papageien war grenzenlos. Er flog zu ihm hin und erzählte ihm alles. Der Prinz folgte dem Papageien in jene Stadt, wo die Prinzessin gefangen war. Nun mußte man nur noch das Pferd wiederfinden.
Der Papagei teilte der Prinzessin mit, daß der Prinz gekommen sei. Er sagte: »Wir beide versuchen jetzt, das Pferd aufzuspüren. Mach dir keine Sorgen!«
Auf der Suche nach dem Pferd irrten der Prinz und der Papagei lange umher. Eines Tages entdeckte der Papagei das Pferd auf einem Haufen Holz im Hause eines Webers in der gleichen Stadt. Er berichtete das dem Prinzen. Der verkleidete sich als Handwerker, legte sich einiges Werkzeug über die Schulter und fing an, in jeder Gasse auszurufen: »Ich bin ein Handwerker aus Delhī und bessere alles aus, was entzweigegangen ist. Wer etwas auszubessern hat, kann das bei mir machen lassen.« So kam er allmählich an die Stelle, die ihm der Papagei beschrieben hatte. Die Diebe hatten das Pferd zwar gestohlen, wußten aber nicht, wie es in Bewegung gesetzt wurde. Deshalb hatten sie es für einen geringen Preis an den Weber verkauft. Wegen seines schönen Aussehens hatte es der Weber für seinen Sohn erworben. Als der Junge die Stimme des Handwerkers vernahm, kam er zu seinem Vater gelaufen und bat: »Verehrter Vater! Aus Delhi ist ein Handwerker gekommen. Laß ihn mein Pferd ganz machen!« Der Weber rief den Handwerker herbei, zeigte ihm das Pferd und hieß ihn, es wiederherzustellen. Eine Zeitlang war der Prinz damit beschäftigt, die Teile richtig anzubringen. Dann sagte er: »Hier! Dein Pferd ist wieder ganz. Es kann durch die Luft fliegen.« Der Weber erwiderte: »Der Mann, der mir das Pferd verkauft hat, sagte auch, daß es durch die Luft fliegen könne. Wenn es nun wieder ganz ist, dann setze du dich erst einmal darauf und zeige, daß es fliegen kann!«
Das aber hatte der Prinz ja gewollt! Kaum saß er auf dem Pferd,

als es sich auch schon in die Lüfte erhob. Der Prinz drehte einige Runden, dann verschwand er. Der Weber blieb rufend zurück. Der Prinz flog zur Prinzessin auf das Dach. Der Papagei war schon dort. Der Prinz hob beide auf das Pferd und flog mit ihnen in sein Land. Nach einigen Tagen erreichten sie die Hauptstadt. Der Rādshā freute sich sehr, seinen Sohn wiederzusehen. Einige Tage später verheiratete er den Prinzen mit der Prinzessin.

Der Rādshā war mit dem zauberkräftigen Pferd sehr zufrieden. Er ließ den Sohn des Tischlers holen und sagte: »Ich bin mit deiner Kunst sehr zufrieden. Sag, was du als Belohnung möchtest!« Der Sohn des Tischlers antwortete: »Was soll ich da sagen? Gebt, was Ihr für richtig haltet!«

Der Rādshā verheiratete seine Tochter mit ihm und gab viel Geld, Elefanten und Pferde, Diener und Dienerinnen als Mitgift dazu. Einige Tage später kehrte der Sohn des Tischlers in sein Dorf zurück. Unterwegs kam er zu dem Platz, wo er geträumt hatte, ein Schloß zu bauen. Hier schlug er sein Lager auf.

Von weither holte man Handwerker, die den Schloßbau mit aller Kraft betrieben. Der Stall für die Elefanten, der Stall für die Pferde wurden errichtet, Garten und Park angelegt, der Brunnen und der Teich, an alles wurde gedacht. Nachdem das Schloß fertiggestellt war, ließ der jüngste Sohn in Sänften seine Eltern und seinen Bruder und dessen Frau holen. Als sie die fürstliche Pracht des Jüngsten sahen, freuten sie sich über die Maßen. Nun lebten alle glücklich und zufrieden miteinander.

Biranbaī

In einem Dorf lebten einmal sieben Geschwister, sechs Brüder und eine Schwester, die hieß Biranbaī.

Als sich die Eltern eines Tages auf eine Pilgerreise begeben wollten, sprach die Mutter zu ihren Schwiegertöchtern: »Laßt

meine geliebte Biranbaī in Glück leben und verlangt keinerlei Arbeit von ihr!«
Die Schwiegertöchter erwiderten: »Verehrte Schwiegermutter! Wir sagen Euch alles, was zu sagen ist, und reden nichts heimlich hinter Eurem Rücken. Geld ist Zeit, Geld ist Schicksal! Schließlich haben wir nur eine Schwägerin und nicht fünf oder gar zehn! Und dann wird sie ja auch von ihren Brüdern sehr verwöhnt.«
Die Eltern begaben sich auf ihre Wallfahrt. Jeder der Brüder ging seiner Arbeit nach. Eines Tages waren wieder alle Brüder aus dem Haus. Ihre Frauen meinten: »Laßt uns gelben Lehm ausgraben!« Biranbaī war begeistert: »Ja! Schwägerinnen! Beeilen wir uns!«
Also machten sie sich gemeinsam auf den Weg. Die Frauen der Brüder fanden nur gelben Lehm, die Schwester aber grub Perlen aus. Die Schwägerinnen füllten ihre Körbe mit gelbem Lehm, Biranbaī den ihren mit Perlen. Das erregte den Neid der Schwägerinnen. Sie dachten bei sich: »Diese Hexe! Wer weiß, was für einen Zauber sie kennt! Womöglich wendet sie ihn auch zu Hause an!« Zu ihr aber sagten sie: »Schwester! Bleib hier stehen! Du kannst diesen Korb nicht heben. Wir leeren unsere Körbe und holen dann deinen.« Sie gingen davon.
Biran rief: »Nein, Schwägerinnen! Ich komme mit, den Korb bringe ich schon fort!«
»Nein, Schwester! Du hast noch nie so eine Last getragen! Wenn dir etwas zustößt, töten uns deine Brüder! Warte nur eine kleine Weile hier! Wir sind gleich wieder da.«
Das arme Mädchen stand da und wartete auf die Schwägerinnen, aber sie kamen und kamen nicht. Woher sollte es denn auch wissen, was die Schwägerinnen Falsches mit ihm vorhatten? Der Tag verging, aber die Schwägerinnen ließen sich nicht blicken. Es wurde Abend, und eine Gruppe Sādhus kam vorbei. Biranbaī bat einen von ihnen: »Mahārādsh! Hilf mir, meinen Korb anzuheben!«

Der Sādhu sah, daß das Mädchen allein war, und fragte: »Kind! Warum bist du allein hier?«
Biranbaī erzählte alles. Der Sādhu nutzte die Gelegenheit und nahm sie mit. Biranbaī fing an zu weinen. Doch wer konnte sie schon hören?
Es verging einige Zeit. Der Sādhu behielt Biranbaī bei sich. Nach und nach brachte er ihr bei, in den Dörfern um Almosen zu betteln. Und Biranbaī vergaß ihre Familie und ihr Zuhause. Ihr Heimatdorf aufzusuchen, verbot der Sādhu. Er sagte, daß man dort kein Almosen geben und sie einsperren würde. Aus Angst ging die Arme nicht dorthin.
Eines Tages erkrankte der Sādhu. Biranbaī dachte an nichts und lief aus Versehen in das Dorf, aus dem sie stammte. Eine ihrer Schwägerinnen stand an der Tür. Biranbaī begann zu singen: »Unter sieben Geschwistern war Biranbaī. Ein Yogī nahm sie mit, als sie beim Perlensuchen war. He, Mütterchen! Gib ein Almosen!«
Als die Schwägerin sie erkannte, jagte sie Biranbaī mit lautem Geschrei fort. So erging es ihr in den Häusern aller Brüder, die sie eins nach dem anderen aufsuchte. Schließlich kam sie zu ihrem jüngsten Bruder. Auch bei ihm sang sie ihr Lied. Da trat ihre Mutter hinzu und bat: »Schwester! Was hast du da gesungen? Wiederhole es doch noch einmal!«
Sie sang ihr Lied noch einmal. Aus den Augen der Mutter flossen Tränen. Auch Biranbaīs Augen wurden feucht. Die Mutter dachte: ›So sah auch meine Biranbaī aus, die beim Lehmgraben verschüttet wurde.‹ So hatten es die Schwägerinnen allen erzählt, als sie damals nach Hause gekommen waren. Sie sagte: »Schwester! Komm jeden Tag her! Ich werde dich als meine Tochter ansehen und dir viele Dinge schenken.«
Da erinnerte sich Biranbaī wieder an alles. Sie erzählte es der Mutter, und beide weinten sich aus, Biranbaī war wieder nach Hause gekommen.
Die Eltern gedachten nun, sie zu verheiraten. Inzwischen war der Sādhu wieder gesund geworden und hatte erfahren, daß

Biranbaī wieder zu Hause lebte. Als er dort ankam, fand gerade die Verlobung statt. Der Sādhu sprach: »Verlobe dich nur! Aber du bist meine Schülerin!«
Zur Hochzeit erschien der Sādhu wieder und sagte: »Heirate nur! Aber du bist meine Schülerin!«
Nach der Hochzeit zog Biranbaī in das Haus ihrer Schwiegereltern. Wieder tauchte der Sādhu auf und sagte: »Nehmt nur die Braut! Aber die Schülerin gehört mir!« So verfolgte er Biranbaī. Auch als die Barāt das Haus erreichte, kam er und sagte: »Die Barāt ist da. Aber die Schülerin gehört mir!«
Biranbaī, beunruhigt von dieser ständigen Verfolgung durch den Sādhu, bat: »Ihr Lieben! Oh, mein Schwiegervater! Verschließt mich in der Nacht mit sieben Schlössern, sonst holt mich dieser Sādhu!«
Die Schwiegereltern verschlossen Biranbaīs Tür in der Nacht mit sieben Schlössern. Es war dunkle Nacht, als es klopfte und Biranbaī erwachte. Sie rief:

»Das erste Schloß ist geöffnet. Mein Schwiegervater, wache auf!
Das zweite Schloß ist geöffnet. Meine Schwiegermutter, wache auf!
Das dritte Schloß ist geöffnet. Mein älterer Schwager, wache auf!
Das vierte Schloß ist geöffnet. Meine ältere Schwägerin, wache auf!
Das fünfte Schloß ist geöffnet. Mein jüngerer Schwager, wache auf!
Das sechste Schloß ist geöffnet. Meine jüngere Schwägerin, wache auf!
Das siebente Schloß ist geöffnet. Mein Liebster, wache auf!«

So weckte Biranbaī alle Leute im Hause. Nachdem der Sādhu das siebente Schloß aufgebrochen hatte, drang er in Biranbaīs Zimmer ein. Alle taten sich zusammen, packten und verprügelten ihn derart, daß er sich seitdem nicht wieder dorthin wagte.

Biranbaī lebte nun glücklich und zufrieden in ihrem Haus und diente ihren Schwiegereltern.
Die Geschichte, die zu erzählen war, ist nun zu Ende, und die Zuhörer sind dabei alt geworden.

Zwei Brüder

In einem Dorf lebten einmal zwei Brüder. Der ältere war reich, der jüngere arm. Eines Tages ging bei dem armen Bruder das Brennmaterial aus. Die Frau des Armen überlegte sich, wie sie dem abhelfen könne. In ihrem Stall stand seit alter Zeit eine hölzerne Figur des Gottes Ganpati. Vom Hunger getrieben, reichte die Frau ihrem Mann eine Axt und sagte: »Geh! Hack die Figur des Ganpati in Stücke! Für heute wird das reichen. Ich kann es vor Hunger nicht mehr aushalten.«
Der arme Mann zauderte. Er sprach auf seine Frau ein: »He! Das ist die Figur einer Gottheit! Außerdem ist sie uns von unseren Vorfahren überliefert.«
Die Frau aber war blind vor Hunger. Sie wollte nicht auf ihren Mann hören. So mußte er nachgeben. Er trat vor die Figur hin, legte die Axt beiseite, faltete die Hände und sprach: »Mahārādsh! Ich bin nicht freiwillig gekommen. Meine Frau hat mich dazu gezwungen. Der Hunger treibt sie. Verzeih uns!«
Danach holte er mit der Axt aus, um die Figur in Stücke zu hauen, als plötzlich aus der Figur eine Stimme ertönte: »Halte ein! Halte ein! Du brauchst nur jeden Tag deine Hand in meinen Bauch zu stecken, und alles wird gut.«
Der arme Bruder fiel Ganpati zu Füßen und bat ihn um Vergebung. Ehe er wegging, griff er mit der Hand in dessen Bauch. Zehn Laddūs und zehn Bātīs wurden ihm zuteil. Seine Freude darüber kannte keine Grenzen. Seit jenem Tag lebte er herrlich und in Freuden.
Dem reichen Bruder mißfiel dieses Glück seines armen Bruders. Er dachte: ›Wie dem auch sei, der muß einen verborgenen

Schatz gehoben haben. Früher hat er doch gehungert, sich gestritten, und nun geht bei ihm alles ruhig zu. Sicher ist an der Sache etwas faul!‹

So erschien eines Tages die Frau des Reichen unter dem Vorwand, sich Feuer holen zu müssen, damit sie ihren Herd anzünden könne. Die Frau des armen Bruders war einfach und schlicht. Sie sagte: »Schwester! Bei uns wird der Ofen nicht mehr angezündet.«

Die Frau des Reichen staunte. Sie fragte: »Was eßt ihr denn da?«

Die Frau des armen Bruders erzählte ihr alles. Die Frau des reichen Bruders rannte zu ihrem Mann, berichtete ihm alles und sagte: »Wir haben auch ein Recht auf den Ganpati. Du solltest hingehen und ihm ebenfalls mit der Axt drohen! Warum sollte er uns nicht auch etwas geben, wenn er deinem Bruder etwas gegeben hat?«

Der reiche Bruder meinte daraufhin: »Gott hat uns doch schon alles gegeben.«

Die Frau aber wollte nicht hören. Sie blieb hartnäckig bei ihrer Meinung. Schließlich nahm der reiche Bruder eine Axt und ging zu Ganpati. Er holte mit der Axt aus und sprach: »Mahārādsh! Ich bin nicht freiwillig gekommen. Meine Frau besteht darauf.«

Da kam eine Stimme aus der Figur des Ganpati: »Halte ein! Halte ein! Stecke auch du deine Hand in meinen Bauch! Auch du wirst bekommen, was dir zusteht.«

Der reiche Bruder warf die Axt weg und steckte die Hand in den Bauch des Ganpati. Er erhielt aber weder Laddūs noch Bātīs, im Gegenteil, seine Hand blieb kleben.

Als der reiche Bruder nach geraumer Zeit immer noch nicht zurückgekehrt war, ging seine Frau, um nach ihm zu sehen. Als sie merkte, daß er festklebte, versuchte sie, ihn zu befreien, blieb aber ebenfalls kleben, als sie ihn mit der Hand berührte, und das widerfuhr auch ihren Kindern und ihren Dienern, als sie versuchten, die beiden loszubekommen.

Nun flehten sie alle zu Ganpati, baten ihn immer wieder um Verzeihung. Als einige Zeit verstrichen war, sprach Ganpati: »Wenn ihr einverstanden seid, eurem armen Bruder die Hälfte von eurem Boden, eurem Besitz, eurem Vermögen und von allem anderen zu geben, könnt ihr wieder loskommen.«
Was macht ein Sterbender nicht alles! Der reiche Bruder ging auf diese Bedingung Ganpatis ein, und Ganpati gab alle frei. Der reiche Bruder schenkte seinem armen Bruder schnell die Hälfte von seinem Boden, seinem Besitz, seinem Vermögen und von dem, was er sonst noch hatte. Nachdem er alles geteilt hatte, trat er vor Ganpati und fragte: »Mahārādsh! Seid Ihr nun zufrieden?«
Ganpati erwiderte: »Nein! Die Nähnadeln hast du vergessen. Teile auch sie auf!«
Der reiche Bruder tat auch das. Nun lebten sie alle herrlich und in Freuden.

Die Niederlage Gottes

In einem Dorf lebten einmal ein Brahmane und seine Frau. Sie hatten keine Kinder, dienten aber Gott mit großer Hingabe. Gott, der darüber sehr erfreut war, schenkte ihnen gleich drei Nachkommen auf einmal: eine Krähe, eine Katze und einen Löwen. Damit waren die beiden zufrieden.
Als die Krähe groß geworden war, flog sie jeden Tag auf das Dach von Gottes Schloß und ließ sich dort nieder. Eines Tages kam am Hofe Gottes das Gespräch auf jenes Dorf. Gott hatte beschlossen, in jenem Jahr eine Hungersnot dorthin zu schikken. Die Weizenernte auf den Feldern sollte von Mäusen vernichtet werden.
Die Krähe auf dem Dach hatte alles mit angehört. Schnell flog sie in ihr Dorf zurück und überbrachte diese Nachricht. Die Dorfbewohner erschraken sehr. Als die Katze sah, wie bestürzt die Leute waren, sprach sie beruhigend: »Ihr braucht euch doch nicht zu fürchten, solange es mich gibt!«

Die Dorfbewohner faßten wieder Mut.
An dem Tag, den Gott dazu ausersehen hatte, machten sich die Mäuse in großen Scharen auf den Weg in die Felder jenes Dorfes. Die Katze erwartete sie schon. Sie fiel über sie her, tötete einige und verwundete andere. Was unversehrt geblieben war, rannte um sein Leben. So blieben die Dorfbewohner von dem Unheil verschont.
Eines Tages brachte die Krähe wieder eine Nachricht. Gott wollte Antilopen in großen Scharen schicken, die sollten die Ernte vernichten. Die Dorfbewohner gerieten wieder in große Aufregung. Dieses Mal beruhigte sie der Löwe: »Wie können die Antilopen die Ernte dieses Dorfes vernichten, solange es mich gibt?«
Da ließ die Angst der Dorfbewohner nach.
Zum festgelegten Tag zogen die Antilopen in großen Scharen auf das Dorf zu. Der Löwe erwartete sie schon auf dem Damm des Teiches. Als die Antilopen sein Brüllen vernahmen, sank ihnen jeglicher Mut. Einige fielen in Ohnmacht. Einige rannten davon. Über die anderen fiel der Löwe her.
Als Gott von alldem hörte, wurde er sehr zornig. Reichtum und Erfolg saßen neben ihm. Sie falteten die Hände und sprachen: »Mahārādsh! Was ist schon geschehen, wenn die Dorfbewohner bis jetzt verschont geblieben sind? Wie sollten sie sich denn vor uns retten? Durch Eure Güte haben wir große Macht. Wir werden es nicht zulassen, daß von einer Tenne mehr als ein Man Getreide kommt.«
Als Gott die Worte von Reichtum und Erfolg vernommen hatte, legte sich sein Zorn. Er sprach: »So soll es sein!«
Die Krähe, die wie jeden Tag auf dem Dach saß, hatte wieder alles gehört und berichtete es den Dorfleuten.
Dieses Mal fanden die Dorfbewohner selbst einen Weg. Als sie das Getreide geerntet hatten, legte jeder nicht eine, sondern mehrere Tennen für sich an. Und jede Tenne brachte, wie Gott es gewollt hatte, nur ein Man Getreide. Die Dorfbewohner wurden reich. In jedem Haus bereitete man Laddūs und Bātīs

zu. Die Leute wußten nun nicht mehr, was Hungersnot war, und vergaßen sogar das Wort dafür.
Der umherwandernde Yogī Nārad erzählte das Gott. Gott gab sich nun geschlagen. Seitdem lebten in jenem Dorf alle herrlich und in Freuden.

Die Tochter des Brahmanen

Es war einmal ein reicher Kaufmann, der hatte einen Sohn, und den verheiratete er. Als die junge Frau ins Haus kam, fragte er sie: »Schwiegertochter! Welche Jahreszeit ist die beste?«
Die junge Frau dachte eine Weile nach und erwiderte dann: »Verehrter Schwiegervater! Mir scheint der Winter am besten zu sein. Man ißt heiße Speisen, zieht sich warme Kleider an und hat süße Träume.«
Dem Kaufmann gefiel die Schwiegertochter nicht. Er verheiratete seinen Sohn ein zweites Mal mit der Tochter eines Rādshās. Als die junge Frau ins Haus kam, stellte der Kaufmann auch ihr die Frage: »Schwiegertochter! Welche Jahreszeit ist die beste?«
Die Schwiegertochter erwiderte: »Verehrter Schwiegervater! Mir erscheint der Sommer am schönsten. Man ißt leichte Speisen, trägt leichte Kleidung und badet viel. Da entfällt all der Aufwand, der im Winter oder während der Regenzeit nötig ist. Was braucht man noch mehr?«
Dem Kaufmann gefiel auch diese Schwiegertochter nicht. Er verheiratete seinen Sohn ein drittes Mal, nun mit der Tochter eines Ministers. Als die dritte Schwiegertochter ihren Fuß ins Haus setzte, fragte der Kaufmann auch sie: »Schwiegertochter! Welche Jahreszeit gefällt dir am besten?«
Die Tochter des Ministers überlegte ein wenig und sagte dann: »Verehrter Schwiegervater! Mir gefällt die Regenzeit. Der Regen rieselt herab. Ringsum breitet sich Grün aus. In den Gärten werden Schaukeln angebracht. Das gefällt mir wahrhaftig sehr gut.«

Dem Kaufmann gefiel auch diese Schwiegertochter nicht. Er verheiratete seinen Sohn zum vierten Mal, und zwar mit der Tochter eines armen Brahmanen. Gleich, als die vierte Schwiegertochter ins Haus gekommen war, stellte er auch ihr die Frage: »Schwiegertochter! Welche Jahreszeit gefällt dir am besten?«

Die Brahmanentochter dachte etwas nach und erwiderte: »Ehrlich gesagt, mir gefallen alle Jahreszeiten. Ob Winter, ob Sommer, ob Regenzeit, alle haben ihre besonderen Reize.«

Diese Schwiegertochter gefiel dem Kaufmann. Er sagte zu seinem Sohn: »Jetzt ist eine Schwiegertochter ins Haus gekommen, die so recht nach meinem Herzen ist.«

Einmal, als die Schwiegertöchter des Kaufmanns ihre Arbeiten erledigt hatten, spielten sie mit Steinen und Kieseln. Der Kaufmann ging vorbei. Ihm gefiel nicht, daß sich seine Schwiegertöchter nur mit Steinen und Kieseln vergnügten. Deshalb gab er ihnen fünf Rubine für das Spiel. Als die Schwiegertöchter ihr Spiel beendet hatten, ließen sie die Rubine einfach liegen und gingen weg. Die Brahmanentochter aber hob die Rubine auf, steckte sie in ihren Beutel und befestigte ihn am Gürtel.

Eines Tages sagte der Kaufmann zu seinen Schwiegertöchtern: »Bringt eure Schmuckstücke! Ich will sie beim Juwelier putzen lassen.«

Alle Schwiegertöchter gaben ihm ihren Schmuck, nur die Tochter des Brahmanen nicht. Sie fragte: »Kupfer und Messing läßt man putzen. Wozu aber Silber und Gold?«

Der Kaufmann band den Schmuck der drei jungen Frauen in ein Bündel und brachte ihn zum Juwelier. Das Schicksal wollte es, daß in jener Nacht Räuber das Haus des Kaufmanns überfielen. Alle liefen um ihr Leben.

Tief im Wald sammelte sich die Familie wieder. Der Kaufmann fragte: »Hat jemand etwas bei sich? Dann gebt es mir! Ich will etwas zu essen besorgen.«

Niemand hatte etwas. Alle waren so davongerannt, wie sie aus dem Schlaf gerissen worden waren. Niemand war gekleidet,

wie es sich gehörte. Als die Brahmanentochter das sah, holte sie einen Rubin aus dem Beutel an ihrem Gürtel und legte ihn ihrem Schwiegervater auf die Hand. Der Kaufmann war darüber sehr froh.
Er begab sich mit dem Rubin in die nächste Stadt. Wegen seiner alten und zerrissenen Kleider wagte er es nicht, einen Juwelierladen aufzusuchen. Er stellte sich an eine Weggabelung und rief: »Nehmt den Rubin! Möchte jemand einen Rubin kaufen?«
Die Leuten hielten den Kaufmann für närrisch und lachten. Wer bietet denn schon einen Rubin an einer Weggabelung zum Verkauf an? Plötzlich fiel der Blick eines gerissenen Juweliers auf den Kaufmann. Er rief ihn in seinen Laden, nahm den Rubin und stieß den Kaufmann wieder hinaus. Als der seinen Rubin zurückverlangte, drohte er ihm: »Scher dich weg, sonst übergebe ich dich der Polizei! Wer weiß, wo du den Rubin gestohlen hast!«
So kehrte der Kaufmann mit traurigem Gesicht ohne den Stein zu seiner Familie zurück. Nun machte sich der Sohn des Kaufmanns mit einem Rubin von der Brahmanentochter auf den Weg in die Stadt. Auch er rief an jeder Weggabelung wie sein Vater: »Nehmt den Rubin! Möchte jemand einen Rubin kaufen?«
Der Juwelier entdeckte auch ihn und verfuhr mit ihm wie zuvor mit dem Vater des jungen Mannes. So mußte auch er ohne Erfolg in den Wald zurückkehren.
Danach ging die Tochter des Brahmanen in die Stadt. Sie begab sich zunächst zu einem Dhobī. Von ihm lieh sie sich prächtige Männerkleider, verkleidete sich als Mann und ging zu einem Pferdehalter.
Von dem Pferdehalter mietete sie ein prächtiges Pferd und ritt einige Male durch das Viertel der Gold- und Silberschmiede. Unter den Juwelieren erhob sich Unruhe. Schließlich trat jener Juwelier mit gefalteten Händen vor sie hin und fragte: »Was sucht Ihr?«

Die Brahmanentochter warf sich wie ein Mann in die Brust und sprach: »Ich möchte Rubine kaufen. Hat einer der Juweliere gute und wertvolle Rubine?«
Jener Juwelier erwiderte mit gefalteten Händen: »Kommt in meinen Laden! Vielleicht kann ich Euch helfen.«
Die Tochter des Brahmanen folgte ihm. Der Juwelier legte ihr die beiden Rubine vor, die er Vater und Sohn weggenommen hatte. Sie erkannte die Steine wieder und fragte nach dem Preis. Der Juwelier nannte eine unvorstellbar hohe Summe. Die Brahmanentochter holte die anderen drei Rubine aus ihrer Tasche und fragte: »Ich habe drei Rubine, die ganz genau so gut sind. Wenn ich sie Euch verkaufe, zahlt Ihr dann den gleichen Preis?«
Das brachte den Juwelier in arge Verlegenheit. Er versuchte es mit einer List und sagte: »Eure Rubine sind längst nicht so gut wie die meinen.«
Die Brahmanentochter erwiderte: »Laß sie von anderen Juwelieren prüfen! Erweisen sich meine Rubine als schlechter, erhältst du sie als Belohnung. Rufe andere Juweliere!« Dem Mann blieb nichts weiter übrig, als andere Juweliere zu rufen. Alle waren sie einhellig der Meinung, daß die fünf Rubine völlig gleich waren. Da drohte nun die Brahmanentochter dem Juwelier: »Gib die beiden Steine sogleich zurück! Du hast sie meinen Leuten weggenommen. Gibst du sie, oder soll ich die Polizei rufen?«
Der Juwelier gab sein betrügerisches Spiel auf. Er fiel der Brahmanentochter zu Füßen und flehte sie an: »Vergebt mir! Ich wußte nicht, daß das Eure Leute waren.«
Die Brahmanentochter behielt vier Rubine. Einen verkaufte sie an den Juwelier zu dem von ihm genannten Preis. Mit knirschenden Zähnen zahlte dieser die hohe Summe und rettete so sein Leben.
Die Brahmanentochter gab dem Pferdehalter sein Pferd und dem Dhobī die Kleider wieder. Dann kaufte sie Lebensmittel ein und kehrte in den Wald zurück. Das Geld, die vier Rubine und die Lebensmittel legte sie vor ihrem Schwiegervater nieder.

Der Schwiegervater freute sich und sagte zu allen: »Seht! Ich hatte ja gleich gesagt, daß das eine Schwiegertochter so recht nach meinem Herzen ist!«
Nachdem sie gegessen und getrunken hatten, kehrten alle nach Hause zurück. Die Räuber hatten nichts in dem Haus übriggelassen. Weil die Brahmanentochter aber an jenem Abend ihren Schmuck nicht zum Putzen gegeben, sondern bei sich behalten hatte, waren sie nun gerettet.
Der Kaufmann verkaufte den Schmuck und fing mit dem Erlös wieder seinen Handel an. Nach kurzer Zeit lief dieser so gut wie zuvor.

Die Linsenhülsen

In einem Dorf lebte einmal eine sehr geizige Frau. Von Religion und damit verbundenen Pflichten hielt sie nichts. Schon, wenn sie davon hörte, erregte das ihren Abscheu. Sie hatte noch nie irgend jemandem auch nur ein Körnchen geschenkt.
Gott bereitete ihr Betragen große Sorge, doch wollte er ihr noch eine Gelegenheit zur Umkehr geben.
Er schickte einen Fakīr zu jener Alten. Der Fakīr rief an ihrer Tür: »Mütterchen! In Gottes Namen gib mir etwas!«
Die Alte aber jagte ihn fort: »Scher dich weg von hier, du großer Gottesverehrer!«
Der Fakīr versuchte mehrmals, die Alte zu überreden: »Mütterchen! So gib doch etwas! Wenigstens ein Körnchen!« Die Alte lehnte es rundweg ab, auch nur irgend etwas zu geben. Im Hof der Alten lagen Linsenhülsen zum Trocknen. Dem Fakīr blieb nichts weiter übrig, als in den Haufen zu langen und sich mit einer Handvoll Linsenhülsen aus dem Staub zu machen. Die Alte schimpfte ihm noch hinterher: »Du gemeiner Dieb! Was du mir wegnimmst, bringt mich in die Hölle.«
Der Fakīr aber hörte nicht auf die Alte. Er rannte mit den Linsenhülsen davon.
Als die Alte gestorben war und vor Gott trat, erhielt sie jene

Linsenhülsen. Sobald die Alte die Hülsen auseinandergebrochen hatte, kam aus ihnen die Hölle zum Vorschein. Als sie nach dem Grund fragte, erinnerte man sie daran, was sich an jenem Tag zugetragen hatte.
Die Alte schlug sich an den Kopf. Doch was nützte ihr nun schon alles Weinen und Klagen? Ihr Schicksal hatten nun mal jene Hülsen bestimmt. Was man sät, das wird man ernten.

Die Botschaft aus dem Grab

In einer Stadt lebte einmal eine geizige Frau. Von religiöser Wohltätigkeit hielt sie nichts. Sie konnte nicht einmal davon reden hören. Niemals gab sie auch nur aus Versehen jemandem eine Handvoll Mehl.
Eines Tages erinnerte sich Gott an sie. Er sprach: »Was werden wir dieser Frau zu essen geben, wenn sie hierherkommt? Sie erweist niemandem auch nur die geringste Wohltat!«
Um die Frau auf den rechten Weg zu bringen, schickte Gott einen Fakīr zu ihr. Dieser rief an ihrer Tür: »Mütterchen! Im Namen Gottes, gib etwas!«
Die geizige Frau schalt den Fakīr: »Geh weg von hier! Wer bist du denn schon, daß du im Namen Gottes etwas verlangst! Scher dich weg! Hier wirst du nichts bekommen!« Der Fakīr flehte sie an: »Mütterchen! Etwas mußt du geben!«
Doch wann ließ sich diese Frau schon einmal erweichen? Sie lehnte es rundweg ab: »Solche wie dich habe ich schon viele gesehen! Verschwinde von hier!«
Als der Fakīr sie auf keine Weise überzeugen konnte, bat er um ein paar Mandelschalen, die dort herumlagen. Aber die geizige Frau wollte selbst die nicht hergeben.
Der Fakīr suchte nun nach einem anderen Weg. Er lockte sie, indem er sagte: »Mütterchen! Gib mir diese Schalen! Ich bringe dir eine Botschaft aus einem Grab. Von Gott erhalte ich dafür fünfhundert Guineen. Die werde ich dir dann geben.«

Als die Frau von den Guineen hörte, ließ sie sich erweichen. Sie reichte dem Fakīr die Mandelschalen und teilte ihm mit, daß er die Nachricht aus dem Grab nicht zu holen brauche, sie wolle selber gehen. Sie befürchtete nämlich, der Fakīr könnte die Guineen unterschlagen.

Der Fakīr war einverstanden und ging mit den Mandelschalen davon.

Und was machte nun die geizige Frau? Sie ließ schnell ein Grab ausheben und legte sich hinein. Ihren Angehörigen trug sie auf, daß man sie am Morgen dort herausholen solle.

In der Nacht wartete die Frau vergeblich auf die fünfhundert Guineen. Dafür wollten Schlangen und Skorpione über sie herfallen. Doch jene Mandelschalen schützten sie. Die Tiere konnten ihr nicht ein Härchen krümmen.

Die ganze Nacht über sah die Frau diesem Spiel zu. Vor Angst wäre sie bald gestorben. Sie rief ein ums andere Mal Gott an, und so verging endlich die Nacht.

Als am Morgen ihre Angehörigen kamen, um sie herauszuholen, sahen sie, daß die Frau ganz gelb geworden war. Kaum aus dem Grab heraus, änderte sie ihr Leben vollkommen. Freigebig teilte sie von jenem Tag an Wohltaten aus und erzählte ihr Leben lang allen die Geschichte von der Botschaft aus dem Grab.

Acht Ratschläge

Es war einmal ein Prinz, der lernte von seinem Guru alles, was er wissen mußte. Als er sich nun von ihm verabschieden wollte, sagte der Guru zu ihm: »Mein Sohn! Merke dir acht Dinge gut!«

Der Prinz fragte: »Welche acht Dinge, verehrter Guru?«

Der Guru erwiderte: »Geld gehört in den Beutel, die Frau an deine Seite. Die Schwester bleibe im Hause, der Bruder nicht. Eine festliche Stadt birgt ein giftiges Mädchen. Wachen bringt Lohn, Schlafen Verlust.«

Der Prinz prägte sich diese acht Dinge gut ein, nahm Abschied von seinem Guru und zog davon.
Er lief und lief und gelangte schließlich in sein Land. Dort erfuhr er, daß der benachbarte Rādshā seinen Vater und seine Brüder besiegt und in den Kerker geworfen hatte. Der Prinz meinte nun, daß auch sein Leben bedroht sei, und kehrte sogleich um.
Er überlegte, wohin er sich wenden sollte. Er erinnerte sich an seine Frau und an seine Schwiegereltern und machte sich dorthin auf den Weg. Nachdem er lange gegangen war, kam er zur Stadt seines Schwiegervaters. An der Wasserstelle holten die Wasserträgerinnen gerade Wasser. Durch sie ließ er die Nachricht ins Schloß bringen, daß er angekommen sei.
Der Schwiegervater des Prinzen fragte die Wasserträgerinnen: »Wie ist er gekommen?«
Die Wasserträgerinnen beschrieben, was sie gesehen hatten. Nachdem der Schwiegervater sie angehört hatte, schickte er seine Diener zu dem Prinzen und ließ ihm ausrichten: »Weshalb willst du uns mit Schande bedecken? Wenn du gekommen bist, um meine Tochter zu holen, dann tu das, wie es sich gehört! So aber werden sich die Leute nur über mich lustig machen.«
Nachdem der Prinz das vernommen hatte, kehrte er wieder um. Ihm fielen die Ratschläge seines Gurus ein. Der hatte sehr richtig gesagt: »Geld gehört in den Beutel, die Frau an deine Seite.« Das Geld, das man im Beutel hatte, besaß man wirklich. Und so war es auch mit der Frau. Sie gehörte einem nur, wenn man sie an seiner Seite hatte. Wenn nicht, war sie eine Fremde.
In solch traurige Gedanken vertieft, zog er weiter. Unterwegs kam er zum Dorf seiner Schwester. Der Prinz dachte: ›Mal sehen, was meine Schwester macht!‹ An der Wasserstelle traf er die Wasserträgerinnen und ließ durch sie seiner Schwester mitteilen, daß er gekommen sei. Die Schwester fragte die Wasserträgerinnen, wie ihr Bruder gekommen sei.

Die Wasserträgerinnen erzählten: »Er sieht schlecht aus. Seine Kleidung ist schmutzig, und Diener hat er auch keine bei sich.«
Sofort ließ die Schwester von ihren Dienerinnen ausrichten: »Bist du etwa gekommen, um meine Schwiegereltern mit Schande zu bedecken? Wenn du schon kommst, dann komm mit Roß und Heer, mit Prunk und Pracht!«
So verließ der arme Prinz auch diesen Ort, als er die Nachricht seiner Schwester erhalten hatte. Er wanderte und wanderte und kam in das Land seines Bruders. Dieser Bruder hatte schon als Kind das elterliche Haus verlassen. Über ihn gingen dem Prinzen die verschiedensten Gedanken durch den Kopf. Er zweifelte sogar, ob jener ihn überhaupt wiedererkennen würde. Dennoch schritt der Prinz auf das Schloß seines Bruders zu. Der Bruder saß am Fenster. Er musterte den Prinzen aufmerksam und kam zu der Überzeugung, daß dies sein Bruder war. Schnell lief er aus dem Schloß und fiel ihm um den Hals.
Er führte den Bruder mit großer Ehrerbietung in sein Schloß, gab ihm prächtige Kleider zum Anziehen und ließ ihm herrliche Speisen zubereiten. Nun lebte der Prinz glücklich im Schlosse seines Bruders. Er dachte wieder an die Worte seines Gurus: ›Die Schwester bleibe im Hause, der Bruder nicht.‹ Beides hatte sich als richtig erwiesen.
Nach einigen Tagen bat der Prinz seinen Bruder, ihn ziehen zu lassen. Der Bruder wollte ihn zurückhalten, aber der Prinz ließ das nicht zu.
Er ging und ging und kam in eine Stadt. Als es Nacht wurde, blieb er bei einer alten Töpfersfrau. In jener Nacht kamen die Diener des Rādshās und wollten den einzigen Sohn der Töpfersfrau mitnehmen. Die Alte weinte bitterlich. Der Prinz fragte sie: »Warum holen sie deinen Sohn?«
Weinend berichtete die Alte: »Mein Junge! So ist es Brauch in diesem Land. Jeden Tag holen die Diener des Rādshās einen jungen Mann. Er wird mit der Prinzessin verheiratet. Aber jedesmal ist dieser junge Mann am nächsten Morgen tot. Bis

jetzt ist noch keiner verschont geblieben. Heute ist nun mein Sohn an der Reihe.«
Der Prinz sprach der Alten Mut zu: »Mütterchen! Mach dir keine Sorgen! Ich werde an Stelle deines Sohnes hingehen.«
Die Alte widersprach: »Nein, mein Sohn! Ich will mein Mutterglück nicht mit dem Unglück deiner Mutter erkaufen.«
Aber der Prinz hörte nicht darauf. Schließlich war die Alte einverstanden. Die Diener des Rādshās brachten den Prinzen ins Schloß, und der Prinz wurde mit der Prinzessin verheiratet.
Bis Mitternacht spielten der Prinz und die Prinzessin Tshausar. Dann wurde die Prinzessin müde und legte sich schlafen. Der Prinz aber blieb wach. Er dachte an die Worte seines Gurus: ›Eine festliche Stadt birgt ein giftiges Mädchen. Wachen bringt Lohn, Schlafen Verlust.‹ So blieb er wach, während die Prinzessin schlief.
Kurze Zeit später kroch eine schwarze Schlange aus der Nase der Prinzessin und zog um das Bett herum ihre Kreise. Mit einem Satz tötete der Prinz sie. Nun wußte er, warum alle anderen gestorben waren, als sie hierherkamen.
Am Morgen erschienen die Henker wie jeden Tag, um die Leiche wegzuräumen, fanden aber den Prinzen am Leben und liefen schnell zum Rādshā. Die Freude des Rādshās über diese Nachricht kannte keine Grenzen. Er übergab dem Prinzen das Königreich und zog sich selbst in den Wald zurück, um Buße zu tun.
Der Prinz fing nun mit großem Prunk zu herrschen an. Einige Zeit später zog er mit einem Heer in sein Land, besiegte den Rādshā und befreite seine Eltern, seine Brüder und seine Schwägerinnen aus dem Kerker.
Die acht Ratschläge, die ihm sein Guru erteilt hatte, vergaß der Prinz niemals.

Bawāriyās Schwiegertochter

Es lebte einmal ein Mann namens Bawāriyā, der hatte sieben Söhne. Jeden Tag gingen Bawāriyā und seine Söhne zum Rādshā und schichteten dort Sandelholz auf. Dafür erhielten sie ein Ser ungereinigten Reis. Den tauschten sie jeden Tag gegen Kichererbsen ein. Zu Hause hatte jeder seinen steinernen Herd. Auf ihm röstete sich jeder in den Scherben eines Tonkruges seine Erbsen. Sie aßen und tranken und legten sich dann schlafen. So vergingen ihre Tage.

Eines Tages fragte die Nachbarin: »Verehrtester! Warum hast du noch nicht einen deiner Söhne verheiratet?«

Bawāriyā erwiderte: »Der älteste ist schon verheiratet.«

»Warum holst du denn da die junge Frau nicht ins Haus?« fragte die Nachbarin verwundert.

Bawāriyā erwiderte etwas verlegen: »Es gibt da eine Schwierigkeit. Der Junge hat nichts zum Anziehen. Ich kann ihn doch nicht in Fetzen zum ersten Mal ins Haus der Schwiegereltern schicken.«

Die Nachbarin lächelte: »Ach du lieber Himmel! Was ist denn das schon für ein Grund! Für ein paar Tage gebe ich ihm die Kleider meines Sohnes. Er soll sie anziehen und ins Haus seiner Schwiegereltern gehen.«

Bawāriyā war einverstanden. Er gab die Kleider des Nachbarssohnes seinem Ältesten und sprach: »Mein Sohn! Zieh diese Kleider an, geh ins Haus deiner Schwiegereltern und hole deine Frau! Ohne sie haben wir es hier recht schwer.«

Der Sohn badete und reinigte sich sorgfältig, zog die Kleider an und begab sich zum Haus seiner Schwiegereltern. Kaum war er dort, als sich schon wegen seines Kommens großer Trubel erhob.

Er blieb einige Tage, hieß dann seine Frau Abschied nehmen und kehrte nach Hause zurück. Er schämte sich, seine Frau gleich ins Haus zu bringen, deshalb ließ er sie bei der Nachbarin und ging selber in den Wald, um Sandelholz zu holen.

Die Nachbarin fragte die junge Frau, wie es ihr ginge, gab ihr zu essen und zu trinken und sagte dann: »Komm! Ich werde dir dein Haus zeigen.«
Die junge Frau fuhr zusammen: »Mein Haus! Welches ist denn mein Haus?« Die Nachbarin faßte sie an der Hand und führte sie hin. Dort erblickte die junge Frau acht Öfen, einen Haufen Asche und die Scherben eines Tonkruges. Sie fragte die Nachbarin: »Ist das etwa mein Haus?«
Die Nachbarin antwortete: »Ja.«
Die Nachbarin ging wieder, und die junge Frau dachte eine Weile nach. Dann schien es, als hätte sie einen Entschluß gefaßt. Sie stand auf und bat die Nachbarin, ihr einen Besen zu geben. Von den acht Herdstellen ließ sie nur noch eine übrig. Die anderen sieben entfernte sie. Auch den Aschehaufen, die Tonscherben und den anderen Unrat räumte sie weg, fegte das Haus und machte gründlich sauber.
Am Abend kamen Bawāriyā und seine Söhne zurück. Die Veränderung im Hause gefiel ihnen sehr. Als sie aber ihre Herde nicht mehr vorfanden, wurden sie ärgerlich und fielen über die junge Frau her: »Was sollen wir denn jetzt essen?«
Die junge Frau fragte ängstlich: »Habt ihr etwas mitgebracht?«
Alle legten ihr Bündel mit den Erbsen vor sie hin und sagten: »Es dauert ewig, bis so viele Erbsen auf einem Herd geröstet sind! Du wirst uns Hungers sterben lassen!«
Die junge Frau gab darauf keine Antwort. Sie ging mit den Erbsen zur Nachbarin und mahlte sie mit deren Mühle zu Mehl, aus dem sie Brot bereitete, das sie allen zu essen gab. Jetzt lobten alle die junge Frau. Die Schwäger sprachen: »Schwägerin! Du gefällst uns gut. Heute haben wir zum ersten Mal ein prächtiges Mahl bekommen.«
Die junge Frau machte nun jeden Tag alle mit der Hälfte der Erbsenmenge satt. Die andere Hälfte blieb übrig. Eines Tages fragte sie ihren Schwiegervater: »Verehrter Vater! Warum erhal-

tet Ihr jeden Tag vom Rādshā nur Erbsen? Könnt Ihr auch etwas anderes bekommen?«

Bawāriyā gab zur Antwort: »Ja, meine Tochter! Der Rādshā hat gesagt, daß wir nehmen sollen, was wir wollen. Erbsen waren für uns am einfachsten zu bereiten, deshalb haben wir sie genommen. Wenn du anderes Getreide möchtest, können wir das auch bringen.«

Die junge Frau meinte daraufhin: »Von morgen an bringt von jeder Getreidesorte etwas mit!«

Bawāriyā fing jetzt am nächsten Tag an, von jeder Getreidesorte etwas mitzubringen. Die junge Frau bereitete nun jeden Tag andere Speisen zu. Aber jeden Tag blieb, nachdem sie allen satt zu essen gegeben hatte, immer noch die Hälfte des Getreides übrig. Die hob sie nun auf. Als sich genügend Getreide angesammelt hatte, sagte die junge Frau eines Tages zu Bawāriyā: »Lieber Vater! Ihr braucht nicht länger Holz zu holen. Ihr sollt jetzt nicht mehr so viel arbeiten!«

Über diese Worte seiner Schwiegertochter freute sich Bawāriyā sehr. Es tat ihm wohl, daß sie so besorgt um ihn war. Er aber sagte zu ihr: »Du hast zwar recht, meine Tochter! Doch wovon sollen wir leben, wenn ich nicht mehr arbeite?«

Die Schwiegertochter erwiderte: »Ich habe so viel Korn gespart, daß Ihr einen Kornhandel beginnen könnt.«

Bawāriyā dankte Gott immer wieder dafür, daß er ihm so eine Lakshmī als Schwiegertochter geschenkt hatte. Er hörte auf sie und eröffnete noch am gleichen Tag einen Laden.

Eines Tages sagte die Schwiegertochter zu ihrem Schwiegervater: »Lieber Vater! Ihr kommt immer mit leeren Händen. Wenn Ihr unterwegs etwas herumliegen seht, solltet Ihr es aufheben und mitbringen. Selbst Kiesel und Steine können von Nutzen sein.«

Bawāriyā gefiel, was die Schwiegertochter ihm riet, und meinte: »Tochter! Du hast recht! Man sollte zwei Fliegen mit einer Klappe schlagen!«

Von nun an brachte er regelmäßig irgend etwas von unterwegs

mit. Einmal war es ein Stein, einmal nur ein Kiesel, einmal etwas Kuhdung, ein andermal etwas anderes.
Eines Tages konnte er nichts finden. Nur eine tote Schlange lag herum. Die hob er mit dem Stock auf und warf sie in seinen Hof.
Zufällig flog in dem Augenblick ein Geier vorbei, der eine Kette der Rānī im Wert von neunhunderttausend Rupien im Schnabel trug. Als er über Bawāriyās Haus flog, entdeckte er in dessen Hof die Schlange. Der Geier ließ die Kette fallen und flog mit der Schlange weg.
Plötzlich fiel der Blick von Bawāriyās Schwiegertochter auf die Perlen. Sie las sie auf und trug sie ins Haus. Einige Zeit später wurde in der Stadt ausgetrommelt: »Ein Geier hat eine Kette der Rānī im Wert von neunhunderttausend Rupien fortgeschleppt. Wer diese Kette findet, soll sie dem Rādshā bringen. Der Rādshā wird ihn reich belohnen.«
Bawāriyā erzählte am Abend zu Hause von dieser Sache. Die Schwiegertochter stellte sich unwissend und hörte sich alles an.
Am nächsten Tag wurde wieder ausgetrommelt: »Die Kette der Rānī hat sich bis heute noch nicht gefunden. Wer irgend etwas über die Kette weiß, soll bei Hofe vorsprechen.«
Am Abend stellte sich die junge Frau wieder so, als wisse sie nichts, und fragte ihren Schwiegervater: »Wurde heute wieder etwas ausgetrommelt?«
Bawāriyā erwiderte: »Meine Tochter! Die Kette der Rānī bleibt verschwunden. Große Gelehrte und Astrologen zerbrechen sich schon den Kopf darüber.«
Die junge Frau sprach daraufhin zu ihm: »Lieber Vater! Warum geht Ihr denn nicht zum Hof?«
Bawāriyā versetzten diese Worte seiner Schwiegertochter in größtes Erstaunen. Er hätte nie gedacht, daß sich eine so kluge Frau derart über ihn lustig machen würde! Voller Verwunderung sah er seine Schwiegertochter an und sagte: »Wie sollte ich an den Hof gehen? Was weiß ich denn schon?«
Die junge Frau erwiderte ganz ernsthaft: »Ich sage es Euch. Ich

bitte Euch hinzugehen. Klemmt Euch ein Bündel Papiere unter den Arm! Bei Hof haltet ihr sie mal nach oben, mal nach unten und tut so, als ob Ihr darin lest. Dann zählt Ihr es an den Fingern ab und verkündet: ›Die Kette wird sich an einem feuchten Ort finden.‹«

Diese Worte seiner Schwiegertochter ließen Bawāriyā noch mehr staunen. Was war denn heute bloß mit der jungen Frau los? Bis jetzt hatte er noch nie etwas abgelehnt, was ihm seine Schwiegertochter vorgeschlagen hatte. Doch nun zauderte er: »Meine Tochter! Wenn man die Kette nicht findet, wird mir der Rādshā den Kopf abschlagen lassen.«

Die junge Frau beruhigte ihren Schwiegervater: »Geht nur! Euch wird nicht ein einziges Härchen gekrümmt werden.«

Zögernden Schrittes begab sich der arme Bawāriyā, wie ihm die Schwiegertochter gesagt hatte, mit einem Bündel alter Papiere unter dem Arm an den Hof des Rādshās. Lächelnd begrüßte ihn der Rādshā: »Bawāriyā! Ich bin bis jetzt enttäuscht worden. Wenn du etwas weißt, dann sag es!«

Bawāriyā besah die Papiere, stellte mit Hilfe seiner Finger Berechnungen an und sagte dann: »An einem feuchten Ort hier in der Nähe werdet Ihr die Kette finden.«

Der Rādshā und seine Hofleute wunderten sich. Was keiner der ganz Großen herausgefunden hatte, wollte nun dieser Wicht wissen? Alle dachten, daß Bawāriyā den Verstand verloren hätte. Der Rādshā geriet in Wut: »Bawāriyā! Überleg dir das gut! Wenn die Kette nicht gefunden wird, dann ...!«

Bawāriyā erwiderte demütig: »Mahārādsh! Meine Berechnungen sagen ganz klar, daß die Kette gefunden wird. Laßt sie nur suchen!«

Danach kehrte Bawāriyā nach Hause zurück. Seiner Schwiegertochter berichtete er mit zitternder Stimme: »Tochter! Mein Leben liegt nun in deiner Hand. Wenn der Rādshā die Kette nicht findet, läßt er mich bestimmt nicht am Leben.«

Die junge Frau sprach ihrem Schwiegervater Mut zu.

Auf des Rādshās Befehl hin begannen alle Diener, an feuchten

Stellen nach der Kette zu suchen. Obwohl man den ganzen Tag über suchte, fand man die Kette nirgends. Der Rādshā schickte am frühen Morgen zwei berittene Boten, um Bawāriyā zu holen. Bawāriyā fragte seine Schwiegertochter mit zitternder Stimme: »Was soll ich denn jetzt tun?«

Die junge Frau erwiderte: »Sagt, sie sollen im Misthaufen suchen!«

Bawāriyā teilte das den berittenen Boten mit. Die junge Frau hatte die Kette in der Nacht in dem Misthaufen hinter dem Schloß versteckt. Als man dort suchte, fand man sie. Nun mußten der Rādshā und seine Hofleute Bawāriyās Überlegenheit anerkennen. Der Rādshā schickte Elefanten, Pferde, Sänften und anderes, um Bawāriyā an den Hof zu holen. Er kam, und der Rādshā erwies ihm große Ehren. Dann sagte er: »Bruder! Du hast mich gerettet. Verlange, was du willst!«

Bawāriyā erwiderte: »Mahārādsh! Dank Eurer Güte habe ich alles.«

Der Rādshā aber bestand darauf: »Nein, Bawāriyā! Etwas mußt du schon fordern!«

Daraufhin meinte Bawāriyā: »Nun gut, Mahārādsh! Ich werde es sagen, sobald ich mich mit meiner Schwiegertochter beraten habe.« Der Rādshā war damit einverstanden. Bawāriyā ging zu seiner Schwiegertochter, um sich mit ihr zu beraten. Die junge Frau sprach: »Lieber Vater! Du mußt zuallererst dem Rādshā das Versprechen abnehmen, daß zum Diwālī-Fest von Dhanteras an bis Amāwas in der ganzen Stadt keine Lichter angezündet werden dürfen, auch im Schloß nicht!«

Bawāriyā begriff überhaupt nichts. Der Arme ging wieder an den Hof. Der Rādshā fragte: »Hast du dich beraten?«

»Ja, Mahārādsh!« gab Bawāriyā zur Antwort.

»Dann verlange jetzt etwas!« meinte der Rādshā.

»Nein, erst müßt Ihr mir versprechen, daß Ihr zustimmt!« forderte Bawāriyā.

Der Rādshā lachte: »Bawāriyā! Du bist recht schlau geworden! Also gut! Ich verspreche es.«

Bawāriyā sagte nun: »Mahārādsh! Zum Diwālī-Fest dürfen von Dhanteras an bis Amāwas in der ganzen Stadt, auch im Schloß, keine Lichter angezündet werden. Nur in meiner Hütte sollen Lichter brennen. Ich verlange nur das.«

Der Rādshā lachte über diese Dummheit von Bawāriyā: »Verlange Geld und Gut, Land und Besitz! Verlange, was du willst, Bawāriyā! Was hast du davon, wenn du die Leute zum Fest im Dunkeln sitzen läßt?«

Bawāriyā gab zur Antwort: »Mahārādsh! Ihr habt es versprochen. Ich will nichts anderes!«

Der Mahārādsh mußte nun seine Zustimmung geben. Er ließ in der ganzen Stadt austrommeln, daß am dreizehnten, vierzehnten und letzten Tag der dunklen Hälfte im Monat Kātik keine Lichter angezündet werden dürften. Wer das nicht befolge, werde bestraft.

Alle Leute in der Stadt schimpften nun auf Bawāriyā.

Die Nacht von Dhanteras kam heran. Überall in der Stadt war es undurchdringlich finster. Nur in der Hütte von Bawāriyā brannte Licht. Die Göttin des Wohlstandes und die Göttin des Elends gingen in der Finsternis spazieren. Die Göttin des Wohlstandes stolperte in der Dunkelheit bei jedem Schritt. Die Göttin des Elends war die Dunkelheit gewohnt, lachend sprang sie von Haus zu Haus. Stolpernd irrte die Göttin des Wohlstandes in der Stadt umher, konnte aber nirgends ein Licht entdecken. Deshalb kehrte sie der Stadt verzweifelt den Rücken.

Als sie ganz am Rande, in der Hütte von Bawāriyā, Licht brennen sah, freute sie sich und sprach: »Vorwärts! Heute werde ich diese Hütte aufsuchen.« Sie klopfte an die Tür. Bawāriyās Schwiegertochter fragte: »Wer ist dort?«

Die Göttin antwortete: »Ich bin es, die Göttin des Wohlstandes.«

Bawāriyās Schwiegertochter fragte weiter: »Bist du als Tochter oder als Schwiegertochter gekommen?«

Die Göttin des Wohlstandes erwiderte: »Als Tochter.«

Da sprach die Schwiegertochter Bawāriyās: »Dann öffnen wir dir die Tür nicht. Was ist denn schon eine Tochter? Sie ist fremdes Gut. Komm als Schwiegertochter! Dann lassen wir dich eintreten!«

Die Göttin des Wohlstandes kehrte wieder um.

In der vierzehnten Nacht zogen die beiden Göttinnen wieder aus. Auch heute war es stockdunkel in der Stadt. Die Göttin des Elends schlüpfte in jedes Haus. Die Göttin des Wohlstandes aber gelangte stolpernd und sich stoßend wieder an Bawāriyās Tür. Sie klopfte an. Bawāriyās Schwiegertochter fragte: »Sprich! Bist du als Tochter oder als Schwiegertochter gekommen?«

Die Göttin des Wohlstandes erwiderte: »Als Tochter.«

Bawāriyās Schwiegertochter öffnete daraufhin die Tür wieder nicht. Die Göttin des Wohlstandes kehrte auch diesmal enttäuscht wieder um.

In der letzten Nacht des Diwālī-Festes begaben sich die Göttin des Wohlstandes und die Göttin des Elends noch einmal auf den Weg. Die Göttin des Wohlstandes glaubte, daß man sie wohl heute in jedem Haus begrüßen werde. Aber auch in dieser letzten Nacht war die ganze Stadt in Dunkelheit getaucht. Die Göttin des Elends freute sich sehr. Die Göttin des Wohlstandes erreichte wieder stolpernd und strauchelnd Bawāriyās Hütte. Dort brannte Licht. Bawāriyās Schwiegertochter fragte: »Sprich! Bist du heute als Schwiegertochter oder als Tochter gekommen?«

Die Göttin des Wohlstandes gab sich geschlagen: »Heute bin ich als Schwiegertochter gekommen.«

Bawāriyās Schwiegertochter öffnete die Tür der Hütte. Kaum hatte die Göttin des Wohlstandes ihren Fuß hineingesetzt, da verwandelte sich die Hütte in einen prächtigen Palast. Und von nun an wendete sich auch das Geschick aller zum Guten.

Die böse Schwiegermutter

In einem Dorf lebte einmal ein Brahmane mit seiner Brahmanin. Sie hatten keine Kinder und waren darüber sehr unglücklich. Eines Tages sagte die Brahmanin zu ihrem Mann: »Von dem einen Ser Mehl, das du jeden Tag bringst, können wir nicht leben. Wenn du in diesem Dorf nicht mehr bekommen kannst, mußt du in andere Dörfer gehen. Hat uns das Schicksal schon keine Kinder bestimmt, steht uns doch wenigstens etwas mehr als ein Ser Mehl zu.«
Der Brahmane hörte auf seine Frau, verließ sein Dorf und ging in ein anderes. Aber ausgerechnet an diesem Tag wurde in seinem Dorf ausgetrommelt, der Rādshā wolle heute milde Gaben austeilen lassen. Alle Leute eilten herbei. Jetzt ärgerte sich die Brahmanin: »Nun seht nur, wie das Schicksal sein Spiel mit uns treibt! Noch niemals hat er seinen Fuß aus dem Dorf gesetzt. Nur weil ich ihm zugesetzt hatte, ist er heute weggegangen. Und nun das!«
Am Abend kehrte der Brahmane wieder nur mit einem Ser Mehl nach Hause zurück. Die Brahmanin erzählte ihm, was sich heute im Dorf ereignet hatte. Darauf meinte der Brahmane: »So will es nun einmal das Schicksal!«
Die Brahmanin widersprach: »Warum, mein Lieber? Geh und sieh, ob es vielleicht jetzt noch etwas gibt!«
Der Brahmane machte sich auf. Man hatte aber schon alle Gaben verteilt. Als der Rādshā den Brahmanen kommen sah, sprach er zu seinem Lagerverwalter: »Sieh doch mal nach, ob wir noch etwas da haben!« Der Lagerverwalter suchte alles ab und erwiderte: »Mahārādsh! Wir haben alles ausgeteilt. Nur ein Zicklein ist noch übrig.«
Der Rādshā fragte den Brahmanen: »Göttlicher Brahmane! Wenn du es haben willst, dann nimm es mit!«
Der Brahmane war nun in arger Verlegenheit. Was sollte er mit einem Zicklein anfangen? Deshalb sagte er zu dem Rādshā: »Mahārādsh! Ich werde meine Frau fragen.«

Der Brahmane eilte zu seiner Frau und erzählte ihr das. Die Brahmanin meinte: »Bring das Zicklein nur her! Wir haben keine Kinder. Da wird uns dieses Ziegenkind erfreuen.«

Der Brahmane holte das Zicklein. Die Brahmanin band ihm Bänder mit Glöckchen an die Füße, und das Zicklein sprang nun klirrend und klingelnd im ganzen Haus umher. Das gefiel den beiden sehr, und sie fingen an, dieses Ziegenjunge wie ein eigenes Kind zu lieben und zu kosen.

Der Brahmane ging jeden Tag zum Fluß, um zu baden. Er nahm auch das Zicklein mit und ließ es am Ufer grünes Gras fressen. Sobald die Abendandacht vorüber war, brachte er es zurück. Eines Tages weidete das Zicklein wieder am Fluß. Der Brahmane saß mit geschlossenen Augen, ins Gebet versunken. Da rutschte das Zicklein auf einem Stein aus und fiel in den Fluß. Das Wasser dort war tief, und so ertrank es.

Als der Brahmane seine Andacht beendet hatte, begann er, das Zicklein überall zu suchen. Er sah aber nur die Leiche im Fluß schwimmen. Darüber war der Brahmane sehr traurig. Er sprach: »Seht nur, wie das Schicksal mit mir spielt! Weil wir selber keine Kinder haben, hatten wir große Freude an diesem Zicklein. Aber das Schicksal gönnte uns selbst das nicht!«

Der Schmerz brachte den Brahmanen zu dem Schluß, daß der Tod besser sei als das Leben. Er hielt es für richtiger, seinem Leben ein Ende zu setzen. Fest entschlossen schritt er auf das tiefe Wasser zu. Der Sonnengott konnte dem nicht zusehen. Es war Sonntag. So dachte er: ›Heute ist mein Tag, und da will dieser Brahmane seinem Leben ein Ende setzen!‹

Der Brahmane stand schon bis zum Hals im Wasser. Da verkleidete sich der Sonnengott als Brahmane, ging zu dem anderen Brahmanen hin, ergriff dessen Hand und sprach: »Warum willst du das an diesem schönen Tag tun?«

Der Brahmane erzählte ihm seine leidvolle Geschichte. Der Sonnengott sprach ihm Mut zu: »Geh nur! In neun Monaten wird dir eine Tochter geboren werden.«

Der Brahmane wollte das nicht glauben. Dennoch ließ er von seinem Vorhaben ab und kehrte nach Hause zurück.
Genau nach neun Monaten brachte die Brahmanin ein Mädchen zur Welt. Jeden Morgen lag auf den Lippen des Kindes ein Rubin. Erst, wenn dieser Rubin weggenommen wurde, öffnete das Mädchen die Augen. Die Amme verriet der Mutter des Mädchens nichts von diesem Geheimnis. Aus Gier nach dem Rubin brachte sie der Brahmanin bei, daß sie sich das Gesicht ihrer Tochter nicht gleich nach dem Aufstehen ansehen dürfe. Sie habe die Tochter in fortgeschrittenem Alter empfangen, man müsse befürchten, sie könne Schaden nehmen, wenn sie das Kind betrachte.
Die Brahmanin ließ sich von der Amme übertölpeln.
So konnte die Amme nun jeden Morgen den Rubin in aller Ruhe an sich nehmen. Als zehn Tage vergangen waren, teilte die Amme der Barbiersfrau das Geheimnis mit. Nun kam die Barbiersfrau anstelle der Amme jeden Morgen in aller Frühe, weckte das Mädchen und nahm sich den Rubin. So vergingen einige Monate. Auch die Barbiersfrau schreckte die Brahmanin mit dem Märchen eines möglichen Schadens und eignete sich den Rubin an.
Eines Tages wärmte sich die Brahmanin während der kalten Wintertage am frühen Morgen in der Sonne. Ihre Nachbarin setzte sich mit ihrer Tochter neben sie. Die Nachbarin fragte die Brahmanin: »Wo ist deine Tochter!«
Die Brahmanin erwiderte: »Sie schläft noch.«
Die Nachbarin meinte daraufhin: »Hol sie und bring sie in die Sonne!«
Die Brahmanin hielt dem entgegen: »Die Barbiersfrau war noch nicht da. Sie weckt das Kind. Ich darf sein Gesicht am frühen Morgen nicht sehen. Die Barbiersfrau hat es verboten.«
Die Nachbarin wunderte sich: »Wie bist du bloß auf die Worte der Barbiersfrau hereingefallen? Wenn du dir das Gesicht deines Kindes nicht ansiehst, wen sonst solltest du dir dann ansehen? Erst habt ihr euch bald umgebracht, um ein Kind zu

bekommen, und jetzt seht ihr euch nicht einmal das Gesicht eurer Tochter an!«

Der Brahmanin gefiel, was die Nachbarin sagte. Sie zog den Schleier vom Gesicht ihrer Tochter und sah auf deren Mund einen Rubin liegen. Da begriff die Brahmanin die List der Amme und der Barbiersfrau. Sie nahm den Rubin weg, und das Mädchen erwachte.

Einige Zeit später erschien die Barbiersfrau. Die Brahmanin teilte ihr mit, daß sie das Mädchen selbst geweckt hatte. So mußte die Barbiersfrau unverrichteter Dinge abziehen. Seitdem nahm die Brahmanin nun jeden Tag den Rubin an sich. Die Tage vergingen. Das Mädchen wuchs heran.

Der Brahmane und die Brahmanin machten sich Gedanken wegen der Hochzeit. Die Brahmanin sagte zu ihrem Mann: »Suche ihr einen Mann, der keine Angehörigen hat! Den wollen wir als Schwiegersohn ins Haus nehmen.«

Der Brahmane machte sich auf die Suche nach einem Bräutigam. Er wanderte lange und kam nach Kāshī. Dort badete ein Jüngling am Ufer der heiligen Gangā. Der Brahmane fragte ihn: »Bruder! Hast du jemanden auf dieser Welt?«

Der Jüngling erwiderte: »Über mir den Himmel und unter mir die Erde. Ich habe nur die beiden.«

Da freute sich der Brahmane. Er hatte den gewünschten Bräutigam gefunden. Er nahm den Jüngling mit in sein Haus. Zu einem günstigen Zeitpunkt wurden der junge Mann und das Mädchen miteinander verheiratet. Als nun das Brautpaar während der Hochzeitszeremonie seine Runden um das heilige Feuer machte, sagte die Brahmanin während der zweiten Runde zu dem Bräutigam: »Schwiegersohn! Versprich mir etwas!« Der Schwiegersohn erwiderte: »Gut! Versprochen!«

Die Brahmanin fuhr fort: »Außer mir darf niemand meine Tochter am Morgen wecken.«

Der Schwiegersohn lachte: »Mußte deswegen die Hochzeitszeremonie unterbrochen und ein Versprechen gegeben werden? Weck sie nur jeden Tag!«

Die Runden um das heilige Feuer waren vollzogen worden. Der Schwiegersohn wohnte nun bei ihnen.
Einige Tage ging alles gut mit der Brahmanin und dem Schwiegersohn. Dann aber begann der Schwiegersohn, das Mißfallen der Brahmanin zu erregen. Sie sagte zu ihrem Mann: »Dieser Schwiegersohn liegt hier müßig herum, ohne auch nur eine Hand zu rühren, und schlägt sich den Bauch voll. Du aber mußt dich in deinem Alter noch abrackern. Du mußt die beiden für sich allein unterbringen. Dann werden sie wissen, was Mehl und Erbsen kosten.«
Der Brahmane brachte die Tochter und den Schwiegersohn in einem eigenen Haus unter. Trotzdem kam die Brahmanin weiter jeden Morgen, um ihre Tochter zu wecken.
Eines Tages ging der Schwiegersohn mit seinen engsten Freunden in aller Frühe zum Fluß baden. Unterwegs stieß er sich an einem Stein. Da entfuhr es seinem Mund: »Welch unseliges Gesicht habe ich heute bloß gesehen, daß ich mich stoßen mußte!«
Die Freunde neckten ihn: »In deinem Haus wohnen doch bloß du und deine Frau! Also kannst du nur das Gesicht deiner Frau gesehen haben!«
Der Schwiegersohn erwiderte: »Das Gesicht meiner Frau sehe ich morgens nicht. Das mußte ich meiner Schwiegermutter versprechen.«
Das kam den Freunden äußerst seltsam vor. Der Schwiegersohn erzählte ihnen die ganze Geschichte. Die Leute machten sich nun lustig über ihn.
Den jungen Brahmanen kränkten die Scherze sehr. Am nächsten Morgen achtete er nicht mehr auf sein Versprechen und enthüllte das Gesicht seiner Frau, um sie zu wecken. Da erblickte er den Rubin auf ihren Lippen. Nun begriff er, wie schlau seine Schwiegermutter war. Er nahm den Rubin und legte ihn in eine Nische.
Ein wenig später kam die Brahmanin. Als sie sah, daß ihre Tochter schon wach war, staunte sie und schalt ihren Schwie-

gersohn, weil er sein Versprechen gebrochen hatte. Der Schwiegersohn zeigte auf den Rubin in der Nische und sagte sanft: »Dort liegt der Rubin. Nehmt ihn nur! Den Rubin könnt Ihr auch weiterhin jeden Tag bekommen.«

Darüber erzürnte sich die Brahmanin noch mehr. Zu Hause ließ sie die Henker kommen und sagte zu ihnen: »Hört zu! Mein Schwiegersohn wird morgen zum Fluß baden gehen. Wenn ihr ihn tötet und mir seine Augen bringt, werde ich jedem von euch einen Rubin geben.«

Die Henker waren einverstanden. Am nächsten Tag war Sonntag. Sie begaben sich zum Fluß. Der Schwiegersohn der Brahmanin hatte gebadet und saß nun, ins Gebet versunken, auf einem Stein. Die Henker nutzten die Gelegenheit, töteten ihn und brachten seine Augen der Brahmanin. Sie gab jedem von ihnen einen Rubin, verabschiedete sie und zertrat dann die Augen mit den Füßen, ehe sie sie in die Gosse warf.

Um diese Zeit kam der Wagen von Shiw und Pārwatī dort vorbei, wo die Leiche des jungen Brahmanen lag. Pārwatī ließ den Wagen anhalten und sprach zu Shiw: »Ich kann es nicht mit ansehen, wie das Eheglück der vom Sonnengott gegebenen Tochter zerstört wird. Ihr müßt den jungen Mann wieder lebendig machen.«

Shiw beugte sich Pārwatīs Hartnäckigkeit. Er nahm die Augen einer Antilope, blies etwas Mehl hinein und gab einen Spritzer Amrit dazu. Der Jüngling setzte sich, die Augen reibend, auf und sprach: »Heute hatte ich einen wunderschönen Traum.«

Pārwatī erwiderte: »Einen solchen Traum wünscht man nicht einmal seinen Feinden! Geh! Lauf nach Hause! Deine Frau wird schon nach dir Ausschau halten.«

Der Jüngling ging nach Hause. Seine Frau wartete schon auf ihn und sagte: »Du kommst aber heute spät. Du weißt doch, daß ich das Sonntagsgelübde einhalte und ...«

Der junge Mann überredete seine Frau: »Laß uns Milchreis essen!«

Beide ließen das Gelübde Gelübde sein, aßen Milchreis und

setzten sich dann hin, um Tshaupar zu spielen. Da kam eine Dienerin der Mutter, die geschickt worden war, um sich nach dem Befinden der Tochter zu erkundigen. Die Tochter wunderte sich. Bisher hatte die Mutter sich noch nie nach ihrem Befinden erkundigt. Weshalb schickte sie dann heute eine Dienerin? Sie verstand das nicht und trug der Dienerin auf: »Sag, daß es uns gut geht!«

Die Dienerin kehrte zurück und überbrachte die Nachricht! Die Brahmanin meinte verwundert: »Na gut! Aber wie lange kann er sich schon noch vor mir retten?« Der nächste Sonntag kam heran. Sie rief wieder die Henker und sagte zu ihnen: »Wenn ihr mir heute den Kopf meines Schwiegersohnes bringt, gebe ich jedem von euch zwei Rubine.«

Die Henker gingen wieder zum Fluß. Der junge Brahmane war auch heute wieder in sein Gebet vertieft. Sie schlichen sich an ihn heran, holten mit dem Schwert aus, und sein Kopf fiel herunter. Den brachten sie der Brahmanin. Sie atmete erleichtert auf, gab jedem von ihnen zwei Rubine und verabschiedete sie.

Da kam wieder der Wagen von Shiw und Pārwatī vorbei.

Pārwatī ließ auch diesmal anhalten und bestand darauf, dem jungen Mann das Leben wiederzugeben. Shiw aber meinte: »Wie soll ich ihn denn ohne Kopf lebendig machen?«

Pārwatī sprach: »Kommt mit mir!«

Pārwatī verwandelte sich in eine Katze und hieß Shiw, sich als Sādhu zu verkleiden. Sie erklärte ihm ihren Plan, dann zogen sie los. Shankar, als Sādhu verkleidet, erreichte, gefolgt von der Katze, die Tür der Brahmanin und sprach: »Im Namen Gottes!« Die Brahmanin saß im Hof und verlas Weizen. Sie wollte ihnen eine Handvoll Weizen geben. Shiw aber meinte: »Mütterchen! Was sollen wir denn mit dem Weizen machen? Gib uns Mehl!«

Die Brahmanin ging ins Haus, um Mehl zu holen. Da holte die als Katze verwandelte Pārwatī den Kopf des Jünglings unter einem Korb hervor, nahm ihn ins Maul und rannte davon. Als der Blick der Brahmanin auf die Katze fiel, lief sie ihr schreiend hinterher. Die Katze aber war schon weit weg. Aus Angst um ihren guten Ruf bei den Leuten konnte die Brahmanin sie nicht länger verfolgen.

Als Shiw nun den Kopf des Jünglings hatte, blies er etwas Mehl darauf und gab einen Spritzer Amrit dazu. Der Jüngling setzte sich, die Augen reibend, auf und sagte: »Heute habe ich aber gut geschlafen.«

Pārwatī widersprach: »Einen solchen Schlaf wünscht man nicht einmal seinen ärgsten Feinden! Geh! Lauf nach Hause!«

Der junge Brahmane kam nach Hause. Seine Frau wartete schon auf ihn und sagte ärgerlich: »Jeden Sonntag kommst du so spät!«

Beide aßen und tranken und spielten dann Tshaupar. Wieder kam die Dienerin und berichtete dann bei ihrer Rückkehr der Brahmanin, was sie gesehen hatte.

Das brachte die Brahmanin in große Verwirrung. Sie dachte: ›Wie dem auch sei! Meine Tochter muß eine große Zauberin sein!‹

Am dritten Sonntag ließ sie wieder die Henker rufen und sagte: »Heute müßt ihr meinen Schwiegersohn in lauter kleine Stücke zerhacken und sie in alle Winde streuen. Ich gebe jedem von euch drei Rubine.« Die Henker erfüllten den Auftrag. Sie zerhackten den Körper des Jünglings in lauter kleine Stücke, warfen sie weg und erhielten jeder drei Rubine dafür.

Zufällig kamen auch heute Shiw und Pārwatī in ihrem Wagen dort vorbei. Pārwatī ließ ihn wieder anhalten. Shiw sagte: »Heute hat man ihn in Stücke gehackt. Wie soll ich ihn da wieder lebendig machen?«

Pārwatī erwiderte: »Tut irgend etwas! Er muß wieder lebendig werden!«

Da hieß Shiw sie die Fleisch- und Knochenstücke des Jünglings zusammensuchen.

Pārwatī verwandelte sich in einen Geier, sammelte die Fleisch-

und Knochenstücke des Jünglings und häufte sie vor Shiw auf. Dieser fügte sie zusammen, blies etwas Mehl hinein, gab einen Spritzer Amrit dazu, und der Jüngling erhob sich wieder.
Pārwatī sprach: »Wir haben dich dreimal gerettet. Am vierten Sonntag wird dir deine Schwiegermutter Gift geben. Nimm daher vorher dieses Pulver ein!«
Danach verschwanden Shiw und Pārwatī. Der junge Mann kehrte nach Hause zurück. Nachdem er mit seiner Frau gegessen hatte, setzten sie sich wieder hin, um Tshaupar zu spielen. Die Dienerin kam auch diesmal und berichtete dann der Brahmanin, wie es den beiden ging. Die Brahmanin verging fast vor Wut. Sie dachte: ›Bringen ihn die Henker nun wirklich um, oder täuschen sie mich nur um der Rubine willen? Jetzt werde ich selber etwas unternehmen. Mal sehen, wie er sich da retten will!‹
Der vierte Sonntag kam heran. Bereits am frühen Morgen begab sich die Brahmanin in das Haus ihrer Tochter und lud die beiden zu sich zum Essen ein.
Die Tochter sagte daraufhin zu ihrer Mutter: »Er kommt jeden Sonntag erst spät vom Baden zurück.«
Der junge Brahmane hörte das und erklärte: »Ich werde heute nicht im Fluß baden.«
Die Brahmanin kehrte zufrieden in ihr Haus zurück.
Gegen Mittag erschien der Schwiegersohn zum Essen. Die Brahmanin richtete die Teller für den Schwiegersohn und ihren Mann selber an. Auf den Reis ihres Schwiegersohnes streute sie etwas Pulver und auf den Reis ihres Mannes etwas Zucker. Auf den Teller des Schwiegersohnes fiel die Sonne. Dem Brahmanen schien der Reis auf dem Teller seines Schwiegersohnes etwas grün zu sein, deshalb tauschte er die Teller aus.
Die Brahmanin sah das, eilte herbei und untersagte es ihrem Mann. Der Brahmane fragte: »Warum? Was ist denn los?«
Darauf konnte die Brahmanin nichts erwidern. Der Schwiegersohn zog lächelnd seinen Teller wieder zu sich heran und sprach: »Laßt es gut sein! Auf dem ist mehr Butterschmalz.

Meine Schwiegermutter möchte Euch diesen Teller wohl deshalb nicht geben.«
Der Brahmane war es zufrieden. Der Schwiegersohn nahm das Pulver, das er von Pārwatī bekommen hatte, ein und aß seinen Teller leer. Nach dem Essen ging er wieder nach Hause. Die Brahmanin aber gab nun schnell ihrer Tochter zu essen und wollte sie dann nach Hause schicken. Die Tochter aber wandte ein: »Mutter! Ich bin doch erst gekommen. Ich möchte mich noch etwas mit dir unterhalten und später nach Hause gehen.«
Die Mutter aber wollte nichts hören. Ihr Gemüt befand sich in heller Aufregung. So schickte sie die Tochter unter irgendeinem Vorwand nach Hause.
Dem jungen Brahmanen geschah gar nichts. Als die Brahmanin das erfuhr, gab sie sich geschlagen. Sie war überzeugt, daß ihre Tochter ganz bestimmt irgendeinen Zauber kannte. Nun fing sie an zu bereuen, was sie getan hatte.
Eines Tages las der Brahmane in den Shāstras. Darin waren die verschiedensten Sünden und die Bußen für sie beschrieben. Die Brahmanin saß daneben und hörte zu. Plötzlich fragte sie ihren Mann: »Sagt mir bitte, welche Buße jemand tun muß, der versucht hat, seinen Schwiegersohn umzubringen!«
Der Brahmane fuhr hoch und fragte seine Frau: »Warum fragst du das? Was willst du damit?«
Die Brahmanin erwiderte: »Ich frage bloß so.«
Damit gab sich der Brahmane nicht zufrieden, er ließ nicht nach und fragte seine Frau immer wieder, was das zu bedeuten habe.
Die Brahmanin umfaßte die Füße ihres Mannes und erzählte ihm alles. Der Brahmane machte ihr große Vorwürfe und bat seinen Schwiegersohn immer wieder um Vergebung. Der Schwiegersohn aber war sehr gutmütig und sagte: »Was geschehen ist, ist geschehen! Von heute an darf sich das aber nicht wiederholen!«

Dshambū hat das so gemacht

In einem Dorf lebte einmal ein Brahmane, der hatte einen Sohn, dessen Frau die Sprache der Tiere verstand.

Einmal wachte sie um Mitternacht auf, als das Heulen der Schakale zu ihr drang. Eine Weile blieb sie liegen und hörte zu. Aber auf einmal erhob sie sich, öffnete die Tür und trat aus dem Haus.

Auch ihr Mann war munter geworden. Als er seine Frau um Mitternacht heimlich aus dem Haus gehen sah, wunderte er sich sehr. Er stand ebenfalls auf und schlich ihr nach.

Die Frau lief, bis sie an das Ufer eines Flusses kam. Die Strömung trieb eine Leiche heran. Die packte sie und schlug ihr die Zähne in die Hüfte. Als ihr Mann das sah, war er fest davon überzeugt, daß sie eine Hexe war, und kehrte auf der Stelle nach Hause zurück. Dort angekommen, erzählte er alles seinem Vater. Beide beschlossen, die Frau am Morgen in ihr Elternhaus zurückzubringen.

Am frühen Morgen stand der Schwiegervater auf und machte sich mit der jungen Frau auf den Weg. Als sie vom vielen Laufen müde wurden, rasteten sie unterwegs für ein Weilchen unter einem Baum. Auf diesem Baum saß eine Krähe und krächzte: »Kānw-kānw.« Die junge Frau seufzte, sah zu ihr hin und sprach:

»Einiges ist zu tun, einiges ist getan, einiges sind vergangene Sünden. So machte es Dshambū. Und was wirst du nun tun, Krähe?«

Der Schwiegervater verstand nicht, was die junge Frau sagte, und fragte: »Tochter! Was redest du da?«

Die Schwiegertochter erwiderte: »Lieber Vater! Ich verstehe die Sprache der Tiere. Diese Krähe sagt, daß sich unter dem Baum ein Schatz im Wert von Hunderttausenden Rupien befindet. Wenn jemand zwischen seine Wurzeln heißes Öl gießt, stirbt die Schlange, die dort haust, und er bekommt den ganzen Reichtum.«

Der Schwiegervater fragte: »Tochter! Wie soll ich glauben, daß stimmt, was du da sagst?«
Die junge Frau antwortete: »Wozu braucht man einen Spiegel, um zu sehen, daß man den Armreifen am Arm hat? Holt Öl, macht es heiß und versucht es!«
Der Schwiegervater meinte: »Na gut!« Sie holten aus der nächsten Stadt Öl, machten es heiß und gossen es zwischen die Wurzeln des Baumes. Die Schlange, die dort hauste, starb. Als der Schwiegervater nun die Wurzeln ausgrub, kam dort Gold im Wert von mehreren hunderttausend Rupien zum Vorschein.
Da sprach der Schwiegervater zu seiner Schwiegertochter: »Tochter! Dieses Mal hat sich als richtig erwiesen, was du gesagt hast. Nun erkläre mir noch, warum du in der Nacht an den Fluß gegangen bist und dort die Leiche mit dem Mund zerrissen hast!«
Die junge Frau erzählte: »Lieber Vater! Ich hatte in der Nacht den Schakalen zugehört. Sie hatten erzählt, daß da eine Leiche schwimmt, bei der an der Hüfte fünf Rubine versteckt sind. Als ich das hörte, bin ich hingerannt und habe in der Eile vergessen, ein Messer mitzunehmen. Deshalb mußte ich die Leiche mit den Zähnen bearbeiten. Seht, das sind die fünf Rubine, die ich dort gefunden habe!«
Danach holte die junge Frau fünf Rubine aus ihrem Sārīzipfel. Nun zweifelte der Schwiegervater nicht mehr an ihr. Er kehrte mit der Schwiegertochter nach Hause zurück und pries sein Schicksal, das ihm eine solch kluge Schwiegertochter beschert hatte.

Der Sonnengott ließ die Trommel schlagen

Der Sonnengott lebte in der Welt der Götter, seine Mutter und seine Frau aber lebten in dieser Welt. Der Sonnengott schickte ihnen zwar Geld für ihren Unterhalt, aber davon vermochten sie sich nur recht und schlecht zu ernähren.

Um für sich dem Mangel abzuhelfen, dachte sich die Mutter des Sonnengottes etwas aus. Sie ließ beim Töpfer einen zweigeteilten Topf anfertigen und konnte so zur gleichen Zeit zwei verschiedene Gerichte kochen.
Auf der einen Seite des Topfes bereitete die Mutter des Sonnengottes Milchreis zu und auf der anderen gezuckerte dicke Milch. Den Milchreis aß sie selber, die dicke Milch aber gab sie ihrer Schwiegertochter zu essen. Auf diese Weise blieb sie selber rund und gesund, während die Schwiegertochter von Tag zu Tag dünner wurde.
Eines Tages erinnerte sich der Sonnengott an seine Familie und kam nach Hause. Seine Mutter hatte auch an diesem Tag in dem Topf Milchreis auf der einen und dicke Milch auf der anderen Seite zubereitet. Den Milchreis stellte sie sich und ihrem Sohn zum Essen hin, die dicke Milch, wie an den anderen Tagen auch, ihrer Schwiegertochter. Der Sonnengott lobte den Milchreis sehr. Als seine Frau ihn von Milchreis reden hörte, wunderte sie sich und verstand ihren Mann nicht. Als die beiden allein waren, fragte sie ihn: »Heute gab es doch gar keinen Milchreis. Heute gab es doch dicke Milch!«
Der Sonnengott, erstaunt über die Worte seiner Frau, dachte sich, daß da irgend etwas nicht stimmte!
Am nächsten Tag setzte sich die Familie wieder zum Essen hin. Die Mutter teilte allen das Essen aus ein und demselben Topf zu. Als der Sonnengott seinen Teller und den seiner Frau aufmerksam betrachtete, bemerkte er den Unterschied. Er hob den Topf hoch, und das Geheimnis war offenbar. Die Mutter geriet in arge Verlegenheit. Der Sohn fragte sie nach dem Grund. Die Mutter schob die Schuld auf den Töpfer.
Der Sonnengott spürte große Reue und fragte: »Mutter! Geht es den Schwiegertöchtern überall so?«
Die Mutter senkte den Kopf. Der Sonnengott aber ließ in seinem Reich austrommeln, daß jeder schwer bestraft werde, der solch einen zweigeteilten Topf anfertige.

Die Wurzel der Tugend befindet sich in der Unterwelt

Es war einmal ein Rādshā, der war sehr freigebig. Niemand ging von seiner Tür mit leeren Händen weg.
Eines Tages kam ein Sādhu und rief: »Herr! Gebt ein Almosen!«
Der Rādshā befahl, den Sādhu aus seiner Schatzkammer nehmen zu lassen, was er wolle. Der Sādhu aber schüttelte den Kopf und sprach: »Herr! Aus deiner Schatzkammer werde ich nichts nehmen. Das ist mir verwehrt. Gib mir, was du durch eigene Arbeit verdient hast!«
Der Rādshā verkleidete sich und zog los, um zu arbeiten. Bei einem Schmied schwang er den ganzen Tag den Schmiedehammer. Am Abend legte ihm der Schmied vier Paisās auf die Hand. Zufrieden kehrte der Rādshā mit den vier Paisās zum Sādhu zurück. Der Mahātmā nahm diese Paisās an.
Der Mahātmā hatte sich von allem Irdischen losgesagt, was sollte er also mit den Paisās tun? Er warf sie weg.
Einige Tage später wuchs an der Stelle ein Baum, der mit Rupien und Paisās beladen war. Alle Untertanen kamen herbei, um sich Geld zu holen, aber der Baum blieb immer voll davon.
Auch der Rādshā hörte von diesem Baum. Er hätte ihn gern in seinem Garten gehabt. Deshalb ging er mit den Dienern dorthin und befahl, den unschuldigen Baum herauszureißen. Die Diener strengten sich sehr an, aber der Baum geriet nicht einmal ins Wanken. Der Rādshā legte selbst mit Hand an.
Unterdessen kam auch der Sādhu dorthin. Er sprach zu dem Rādshā: »Rādshā! Dieser Baum läßt sich nicht herausreißen. Seine Wurzeln reichen bis in die Unterwelt. Das kommt vom Schweiß, der für seinen Samen vergossen wurde.«

Die Zauberkraft des Sirups

Es lebte einmal ein sehr schüchterner Mann. Eines Tages ging er in das Haus seiner Schwiegereltern. Dort wurde er bei dem geringsten Anlaß rot und verlegen. Das gehörte zwar zu seiner Natur, aber im Haus der Schwiegereltern verstärkte sich diese Eigenschaft noch.

Setzte man sich zum Essen hin, lehnte er jede Speise ab, obwohl er sie gern gegessen hätte. Als seine Schwägerin ihm ein Gericht aus eingedicktem Zuckerrohrsaft anbot, lehnte er auch das aus Gewohnheit ab. Zufällig fiel ein Tropfen davon auf seinen Teller. Er kostete, und es schmeckte ihm sehr gut. Am liebsten hätte er nun etwas von dem Gericht verlangt, doch wie sollte er das bei seiner Schüchternheit bloß bewerkstelligen? So ließ er sein Verlangen nicht laut werden.

Der eine Tropfen Zuckerrohrsirup aber ließ ihm keine Ruhe, der Geschmack wollte nicht von seiner Zunge weichen. So überlegte er sich, wie er an den Zuckerrohrsirup gelangen könne. In der Nacht, als alle schlafen gegangen waren, fragte er seine Frau, wo der Topf mit dem Zuckerrohrsirup stand. Seine Frau zeigte auf das Nebenzimmer, wo der Topf in einem Netz von der Decke herabhing. Da freute sich der junge Mann und schlich auf leisen Sohlen zu dem Netz hin.

Weil er aber von Wuchs recht klein war, reichte seine Hand nicht bis an das Netz heran. Da fiel sein Blick auf einen Stock, der in der Ecke des Zimmers stand. Mit diesem Stock bohrte er ein Loch in den Boden des Topfes, aus dem nun der Sirup herauszutropfen begann. Er öffnete den Mund und schlug sich den Bauch mit Sirup voll. Der Sirup aber tropfte nun weiter aus dem Topf heraus. Das bereitete dem Mann große Sorge. Aus Gier nach dem Sirup hatte er ein Loch in den Topf gebohrt. Doch was sollte er jetzt tun?

Ihm fiel nichts ein, womit er das Loch zustopfen könnte. Wenn er aber den Sirup auf den Fußboden tropfen ließ, würde sich am nächsten Morgen im Hause ein großes Geschrei erheben.

So blieb er gezwungenermaßen unter dem Topf stehen und ließ sich den Sirup auf den Leib tropfen. Erst als der Topf leer geworden war, ging er weg.
Nun fragte sich der junge Mann, wie er seinen Körper und seine Sachen wieder sauber bekäme. Nähme er mitten in der Nacht ein Bad, käme vielleicht alles heraus. Aus Angst davor rieb er sich den Körper mit Baumwolle ein, die in einem Raum gleich daneben lag. Weil der Sirup aber klebrig war, blieb die Baumwolle an seinem Körper haften. Je mehr er sich bemühte, den Sirup von seinem Körper zu reiben, umso mehr klebte die Baumwolle an ihm fest. Allmählich war sein Körper über und über mit Baumwolle bedeckt, und er sah recht merkwürdig aus. Sicher hätte ihn so niemand erkannt! Aber nun geriet er in noch größere Aufregung. Was sollte er bloß tun? Der Sirup hatte ihn in eine rechte Klemme gebracht. Nun quälte ihn die Angst, die Leute im Hause könnten alle munter werden. Was würden sie sagen, wenn sie ihn wie ein Gespenst aussehend erblickten?
Als dem Armen nichts Rechtes einfiel, kroch er aus dem Baumwollhaufen heraus und schlich zum Stall hin. Er wollte auf diesem Wege ins Freie gelangen, weil es durch das Haupttor nicht gut möglich war. Aber das Mißgeschick verfolgte ihn auch hier. Kaum hatte er den Fuß in den Stall gesetzt, als er dort jemanden reden hörte. Er verging fast vor Angst und befürchtete, die Leute im Haus wären doch wach geworden. Er hielt den Atem an und rief innerlich zu Gott. Aber auch der liebe Gott schien heute böse mit ihm zu sein. Das Flüstern und die Schritte kamen immer näher. Da blieb ihm nichts anderes übrig, als sich in der Herde der Ziegen und Schafe zu verstecken. Weil er von der Baumwolle am ganzen Körper weiß war, fiel er unter ihnen nicht auf.
Die Stimmen und die Schritte, die er im Stall gehört hatte, stammten aber von Dieben. Sie hatten der Göttin Durgā gelobt, ihr ein Lamm zu opfern, wenn ihnen heute ein großer Fischzug gelänge. Die Göttin hatte ihnen ihren Wunsch erfüllt,

sie hatten bei ihrem Einbruch eine reiche Beute gemacht, und nun suchten sie ein Schaf. Sie kamen in den Stall und wollten unter den Schafen ein schönes aussuchen. Zufällig fiel ihr Blick auf den baumwollbedeckten jungen Mann, der sich zwischen den Schafen verborgen hatte. Dieses ›Schaf‹ gefiel ihnen besonders gut. Von all den Schafen im Stall sollte es ausgerechnet das sein! Schnell steckten sie das wohlgenährte, dicke Schaf in einen Sack und luden ihn sich auf die Schultern. Dem jungen Mann vergingen vor Angst die Sinne. Er bangte um sein Leben und wagte nicht, einen Ton von sich zu geben. Dem Armen erging es nun wie dem Strohhalm, der im Wasser treibt. Innerlich verfluchte er den Sirup: ›Dieses unglückselige Zeug hat mich in solche Bedrängnis gebracht!‹

Die Diebe gingen und gingen und kamen in den Tempel der Göttin Durgā. Als sie den Sack dort von ihren Schultern nahmen, hielt es der junge Mann nicht länger aus. Er rief: »Brüder! Seid mit dem Sack vorsichtig!«

Als die Diebe eine Stimme aus dem Sack kommen hörten, gerieten sie in große Verwirrung. Sie dachten nicht anders, als daß da irgendein Unglück über sie hereinbrach. Ohne zu überlegen, rannten sie in ihrer Verwirrung Hals über Kopf davon. Dabei vergaßen sie auch, ihr Diebesgut mitzunehmen.

Der junge Mann dankte Durgā und kroch aus dem Sack. Die Göttin hatte ihm das Leben gerettet, deshalb glaubte er, ihr Dank zu schulden. Dann badete er im nahegelegenen Fluß. Nachdem er sich von dem Sirup und der Baumwolle befreit hatte, kehrte er am frühen Morgen mit dem gesamten Diebesgut nach Hause zurück und legte die Beute seiner Frau in die Hände. Die Frau staunte nicht schlecht über den großen Reichtum. Ihr Mann aber sprach lachend: »Das kommt alles von der Zauberkraft deines Sirups!«

Das Tropfen

Vor einem Dorf lebte einmal in einer elenden Hütte ein Töpfer mit seiner Familie und ernährte sich recht und schlecht.
Eines Tages regnete es heftig. In der verfallenen Hütte des Töpfers tropfte der Regen an vielen Stellen durch das Dach. Man konnte sich nirgends mehr hinsetzen. Von dem Lärm wachte der kleine Sohn des Töpfers auf. So plötzlich aus dem Schlaf gerissen, begann er zu weinen. Der Töpfer versuchte das Kind abzulenken, indem er ihm dieses und jenes erzählte. Aber der Junge hörte nicht auf zu weinen. Da es Nacht war und regnete, konnte man ihn auch nicht ins Freie tragen. Als dem Töpfer nichts weiter einfiel, fragte er das Kind: »Willst du ein Rätsel lösen?«
Als das Kind von einem Rätsel hörte, gab es sein Weinen auf. Der Vater fragte seinen Sohn: »Soll ich fragen?«
Das Kind nickte zustimmend mit dem Kopf. Der Vater fing an: »Ich fürchte nichts außer einer einzigen Sache. Sag! Was ist das?«
Das Kind richtete sich auf und zählte alles auf, was es selber fürchtete: »Hast du vor einem Skorpion Angst? Oder vor einer Schlange?«
Der Vater schüttelte den Kopf und sagte: »Nein.« Das Kind zählte nun andere schreckliche Dinge auf: »Na gut! Dann fürchtest du vielleicht den Löwen?... Oder den Leoparden?... Oder das Nashorn?... Vielleicht den Elefanten?«
Der Vater aber schüttelte jedesmal den Kopf und antwortete: »Nein, nein.«
Das Kind dachte etwas nach und fuhr dann fort: »Dann fürchtest du ein Gespenst?... Eine Hexe?... Eine Zauberin?... Einen Geist?... Oder einen Dämon?... Du fürchtest überhaupt niemanden? Dann fürchtest du vielleicht Räuber und Banditen?«
Das Kind meinte, daß es damit seinen Vater in Erstaunen versetzt hatte, und klatschte vor Vergnügen in die Hände. Doch

der Vater enttäuschte es auch dieses Mal. Er schüttelte seinen Kopf wie zuvor und sagte: »Von all denen fürchte ich keinen.«

Das Kind staunte. Es konnte nicht begreifen, was der Vater letzten Endes nun wirklich fürchtete.

Als der Vater sah, wie sein Sohn den Kopf hängen ließ, sprach er, um ihn aufzumuntern: »He! Das, was ich fürchte, ist hier. Denk mal nach!«

Aber auch dieser Hinweis half dem Jungen nicht, das Rätsel zu lösen. Da fragte der Vater lächelnd: »Soll ich es sagen? Gibst du dich geschlagen?«

Das Kind war nicht bereit, schon aufzugeben. Doch fiel ihm nichts weiter ein. So blieb es still sitzen. Der Vater wollte es nicht noch mehr reizen und sagte deshalb: »Na gut! Du brauchst dich nicht geschlagen zu geben. Ich verrate es dir.«

Neugierig blickte das Kind zu seinem Vater hin, der geheimnisvoll fortfuhr: »Ich fürchte das Tropfen.«

Der Sohn begriff nicht, was der Vater meinte. Der aber wiederholte lächelnd: »Ja, das Tropfen.« Danach zeigte er auf das von der Decke herabtropfende Wasser, und nun verstand ihn das Kind. Es klatschte in die Hände und rief: »Ja, ja! Ich fürchte das Tropfen auch.«

Das Kind wiederholte das immer wieder und legte sich hin. Allmählich ließ der Regen nach. Der Vater tätschelte den Sohn und wiegte ihn so in den Schlaf.

Dann fielen dem Töpfer seine Esel ein, und er ging, um sie zu suchen, aus der Hütte.

Draußen aber stand ein Löwe, der neben der Hütte Schutz vor dem Regen gesucht und das Gespräch zwischen Vater und Sohn mit angehört hatte. Er staunte nun immer noch, was denn dieses ›Tropfen‹ für eine Kraft war! »Ich bin der Rādshā des Waldes, aber dieser Töpfer fürchtet nicht mich, sondern dieses Tropfen! Also muß dieses Tropfen noch mächtiger sein als ich!«

Der Töpfer war sehr froh, ein Tier an die Hütte gedrückt stehen zu sehen. In der Dunkelheit hielt er den Löwen für einen seiner Esel. Mit größter Ruhe stieg er auf und zog ihn an den Ohren, um ihn anzutreiben. Der Löwe grübelte immer noch über das Tropfen nach. Als sich nun der Töpfer auf einmal auf ihn setzte, war er überzeugt, daß dies das Tropfen sein mußte. Da rannte der Löwe los, so schnell er nur konnte.

Als der Töpfer seinen Esel so rennen sah, staunte er nicht schlecht. Er wollte ihn zum Stehen bringen, aber das gelang ihm nicht. Der Esel sprang heute über alle Flüsse und Kanäle, kletterte über alle Berge und ließ im schnellen Lauf alles hinter sich. Er rannte und rannte, und schließlich kamen die beiden an den Rand einer Stadt. Der Morgen brach an. Und im Dämmerschein erkannte der Töpfer sein Reittier. Ihm vergingen fast die Sinne, als er merkte, daß er nicht auf einem Esel, sondern auf einem Löwen saß. Um einem Unglück zu entgehen, packte er den Ast eines Baumes, an dem sie vorbeikamen, und blieb daran hängen. Der Löwe, der nun ›das Tropfen‹ los war, rannte in den Wald.

Während der Töpfer mit geschlossenen Augen an dem Ast hing, kamen die Diener des Rādshās und umringten ihn. Sie trugen ihn mit größter Ehrerbietung ins Schloß. Der Töpfer hatte nach der Erlösung von dem ersten Unglück noch nicht erleichtert aufatmen können, als ihn schon das nächste traf. Voller Angst fiel er dem Rādshā zu Füßen. Dieser aber hob ihn höchst ehrerbietig auf und setzte ihn neben sich. Der oberste Priester trat an ihn heran und malte ihm den königlichen Tilak auf die Stirn. Alle Hofleute ließen den neuen Rādshā hochleben.

Der Töpfer konnte gar nicht begreifen, was das alles bedeuten sollte. Vielleicht war das alles nur ein Traum? Dann aber kam er zu dem Schluß, daß dies kein Traum, sondern die Wirklichkeit war. Die Sache verhielt sich aber so, daß der Rādshā dieser Stadt beschlossen hatte, an jenem Tag demjenigen das Reich zu übergeben, der in aller Frühe als erster an seinem Schloß vorbeikam. Er selbst wollte dann dem weltlichen Leben entsagen

und Buße tun. Als erster war nun der Töpfer auf dem Löwen vorbeigekommen, deshalb wurde er mit dem königlichen Tilak beschenkt.
Die Freude der Leute darüber, daß sie einen Rādshā bekamen, der auf einem lebendigen Löwen geritten war, kannte keine Grenzen. Der Töpfer aber pries innerlich das Tropfen.

Die Teilung der Kuh

Es waren einmal drei Brüder. Als ihr Vater starb, erhob sich vor diesen drei Brüdern die Frage, wie sie sein Vermögen teilen sollten. Der Vater hatte einen Büffel und eine Büffelkuh hinterlassen. Es waren also zwei Dinge, der Anwärter darauf aber waren drei.
Der älteste Bruder nahm sich, weil er ja der älteste war, den Büffel. So blieb den beiden jüngeren die Kuh. Der mittlere war von schlichter Natur, der jüngste aber recht durchtrieben. Der jüngste sagte zu dem mittleren Bruder: »Bruder! Wir müssen die Kuh in zwei Teile teilen. Wir sollten es so machen, daß du, als der ältere, das vordere Teil bekommst und ich das hintere.«
Der mittlere Bruder ging ihm auf den Leim. Er war mit dieser Teilung einverstanden. Als Besitzer des vorderen Teils der Kuh kümmerte er sich von nun an um das Wasser, die Spreu, das Futter und alles andere. Der jüngere Bruder aber hatte all diese Sorgen nicht, sondern war nun Herr der Milch und des Mistes.
So vergingen einige Tage. Der mittlere Bruder mühte sich ab, erhielt aber nichts dafür. Er bekam keinen Tropfen Milch und auch keinen Fladen Mist. Der jüngste Bruder hatte den Gewinn von der Arbeit des anderen.
Innerlich ärgerte sich der mittlere Bruder, konnte aber nichts sagen, weil die Teilung so beschlossen worden war.
Eines Tages trug er seinen Fall einem geachteten alten Mann

seines Dorfes vor. Angesichts der Betrübnis des mittleren und der Durchtriebenheit des jüngsten Bruders riet ihm der Alte, die Kuh irgendwie zu erschrecken, wenn sich der jüngste Bruder hinsetzte, um sie zu melken. Er sollte so verhindern, daß die Kuh Milch gab, dann würde sich alles von allein lösen.
Der mittlere Bruder verfuhr gleich am selben Tag so, wie es ihm der alte Mann geraten hatte. Sobald sich der jüngste Bruder zum Melken hingesetzt hatte, kam er mit einem Stock hinzu, hieb der Kuh damit ein paarmal aufs Maul und schrie: »Du sollst richtig fressen! Warum verdirbst du das Futter?«
Die Schläge erschreckten die Kuh, so daß sie keine Milch gab. Sobald der Jüngste versuchte, die Kuh zu melken, war der mittlere Bruder zur Stelle und versetzte ihr einen Hieb. Die Kuh sprang dann in die Höhe.
Der jüngste Bruder war zwar klug und verstand die List des anderen durchaus, doch, was konnte er schon dagegen tun? Schließlich mußte er klein beigeben. Nun teilten sie das Futter und das Wasser, die Milch und den Mist und alles andere redlich untereinander.

Shakkar, die Schwester

Es waren einmal zwei Brüder, der eine hieß Andshī und der andere Pandshī. Sie hatten eine Schwester namens Shakkar. Die beiden Brüder liebten ihre Schwester sehr. Ihren Frauen war das ein Dorn im Auge, aber sie konnten nichts gegen ihre Männer sagen. So lebte die Schwester recht angenehm.
Eines Tages wollten Andshī und Pandshī außer Landes gehen, um Geld zu verdienen. Beide schärften ihren Frauen ein: »Seht! Wir gehen in die Fremde. Achtet darauf, daß unserer geliebten Schwester kein Leid geschieht, während wir nicht da sind!«
Die Frauen versprachen, daß die Schwester Shakkar keinerlei Unbill zu ertragen haben werde und daß sie weiterhin mit soviel Liebe und Sorge umhegt werden würde wie bisher.

Nachdem sie diese Zusicherung erhalten hatten, zogen Andshī und Pandshī außer Landes. Als sie einige Zeit fort waren, änderten Shakkars Schwägerinnen ihr Verhalten. Sie befahlen Shakkar, ohne Besen das Haus zu fegen. Sie habe sich nun lange genug vergnügt und solle sich nicht zieren.

Die arme Shakkar geriet in arge Bedrängnis. Bis dahin hatte sie keinerlei Arbeit zu verrichten brauchen. Nun gab man ihr Arbeit. Aber was für eine! Wie sollte man denn ohne Besen das Haus fegen? Weil ihr das natürlich nicht gelang, setzte sie sich hin und begann zu klagen:

»Die Brüder Andshī und Pandshī hatten eine Schwester.
Ins Unglück geriet Shakkar, ihre Schwester.«

Shakkars Weinen konnte der Wind nicht ertragen. Er fragte: »He, warum weinst du? Bist du in ein Unglück geraten?«

Shakkar erzählte dem Wind ihr Unglück. Der Wind sprach ihr Mut zu: »Weine nicht! Diese Arbeit werde ich tun.«

Danach blies der Wind mit solcher Kraft, daß aller Staub und Schmutz aus dem Hause flog. Glücklich und froh ging Shakkar zu ihren Schwägerinnen und sagte: »Seht! Diese Arbeit ist verrichtet. Was soll ich nun tun?«

Ihre Schwägerinnen waren aber darauf aus, sie zu peinigen. Sie gaben Shakkar einen zerlöcherten Krug und trugen ihr auf: »Geh und fülle alle Gefäße im Haus mit Brunnenwasser!«

Die arme Shakkar nahm den zerlöcherten Krug und ging damit zum Brunnen. Sie dachte: ›Du lieber Gott! Wie soll ich diese Arbeit bloß zu Ende bringen?‹ Am Brunnen füllte sie den Krug und kehrte um. Doch nach zehn Schritten schon war der Krug leer. Sie kehrte zum Brunnen zurück, füllte den Krug erneut und rannte los. Doch im Nu war er wieder leer. So schnell sie auch hin und her rannte, sie konnte nicht einen einzigen Tropfen Wasser nach Hause tragen. Schließlich gab sie es auf, setzte sich an den Brunnenrand und weinte:

»Die Brüder Andshī und Pandshī hatten eine Schwester.
Ins Unglück geriet Shakkar, ihre Schwester.«

Shakkars Weinen rührte die Frösche, die am Brunnenrand saßen. Sie fragten: »Was ist los? Warum weinst du?«
Shakkar erzählte ihnen alles. Die Frösche trösteten sie: »Mach dir keine Sorgen! Wir werden dir helfen.«
Danach hüpften die Frösche einer nach dem anderen in den Krug und deckten sämtliche Löcher zu. Nun füllte Shakkar in kurzer Zeit behende alle Gefäße.
Dann trat sie wieder vor ihre Schwägerinnen: »Sagt! Was soll ich jetzt tun? Was ihr mir auftrugt, habe ich erledigt.«
Die Schwägerinnen staunten sehr, daß Shakkar alle diese unmöglichen Arbeiten verrichtet hatte. Ärgerlich verlangten sie: »Hole ein Bündel Holz aus dem Wald, aber ohne es mit einer Schnur zusammenzubinden!«
Die arme Shakkar ging in den Wald. Mühselig sammelte sie Holz zusammen. Doch wie sollte sie es nach Hause tragen? Wie sehr sie auch überlegte, es fiel ihr nichts ein. Niedergeschlagen dachte sie an ihre Brüder und weinte:

»Die Brüder Andshī und Pandshī hatten eine Schwester.
Ins Unglück geriet Shakkar, ihre Schwester.«

Da kam der Schlangengott vorbei. Shakkars Weinen rührte ihn. Er fragte sie: »Was ist geschehen? Warum weinst du?«
Shakkar erzählte es ihm. Der Gott der Schlangen sprach: »Wegen solch einer Kleinigkeit weinst du? Ich werde mich gleich um das Holz winden, und du kannst das Bündel nach Hause tragen. Fürchte dich nicht!«
Shakkar war einverstanden. Der Schlangengott wand sich um das Holz. Shakkar kam mit ihrem Bündel nach Hause und legte es im Hof nieder. Der Schlangengott ging seiner Wege. Shakkars Schwägerinnen kamen aus dem Staunen nicht heraus. Wieder sagte Shakkar zu ihnen: »Sagt! Was soll ich jetzt tun?«
Dieses Mal wollten die Schwägerinnen sie endlich loswerden und befahlen ärgerlich: »Geh in den Wald und hüte das Vieh!«
Shakkar trieb das Vieh in den Wald und ließ es auf einer Lichtung weiden. Sie kletterte auf einen Banyānbaum. Von dort aus

konnte sie weit in die Ferne Ausschau halten, aber ihre Brüder waren nirgends zu sehen.
So verging die Zeit. Shakkar hielt unermüdlich nach ihren Brüdern Ausschau. Eines Tages kehrten sie aus der Fremde zurück. Shakkar saß, wie sonst auch, auf dem Baum. Nun, da sie nach so langer Zeit endlich ihre Brüder erblickte, ging ihr das Herz auf. Aus ihren Augen flossen Tränen. Als Tränen die Brüder netzten, erschraken sie und kletterten auf den Baum, um nachzusehen. Daß sie ihre Schwester Shakkar dort fanden, wunderte sie sehr. Nachdem Shakkar ihnen alles erzählt hatte, gerieten sie in großen Zorn. Sie verwandelten Shakkar in eine Honigbiene, versteckten sie in ihrer Tasche und gingen nach Hause. Ihre Frauen erschraken, und ihnen schwanden die Sinne. Kaum angekommen, fragten Andshī und Pandshī auch schon: »Wo ist Shakkar?«
Andshīs und Pandshīs Frauen fingen an, sich herauszureden: »Sie wird irgendwohin gegangen sein und gleich wiederkommen. Seit ihr weggegangen seid, hat sie sich so verändert, daß sie gar nicht mehr auf uns hören will.«
Andshī und Pandshī fragten zornig: »Und ihr habt sie nicht weggeschickt?« Die Frauen blickten zur Seite. Andshī und Pandshī donnerten wieder los: »Sprecht!«
Die beiden logen: »Wir haben sie nirgendwohin geschickt.«
Andshī und Pandshī konnten die Lüge nicht hören. Rot vor Zorn schrien sie: »So! Dann ist Shakkar wohl von allein losgezogen, um das Vieh zu hüten?«
Hätte man die beiden jetzt ins Fleisch geschnitten, es wäre kein Blut herausgekommen, so erstarrt waren sie. Andshī und Pandshī mauerten sie in eine Wand ein. Danach lebten die beiden Brüder und ihre Schwester glücklich und zufrieden zusammen.

Ein Lügenmärchen

Es lebte einmal ein Pādishāh, dessen Wezīr ein großer Schelm war. Eines Tages sprach der Pādishāh zu seinem Wezīr: »Erzähle mir eine Lügengeschichte, die noch niemand gehört und auch noch niemand erzählt hat!«

Der Wezīr erwiderte: »Also gut! Dann hört zu!«

Der Pādishāh hörte mit gespannter Aufmerksamkeit zu. Der Wezīr begann: »Eine Ameise brachte einmal ein Kamel zur Welt.«

Der Pādishāh unterbrach ihn: »He, Wezīr! Wie kann denn eine Ameise ein Kamel zur Welt bringen?«

Der Wezīr erwiderte: »Herr! Unterbrecht mich nicht! Das Lügenmärchen fängt doch gerade erst an.«

Der Pādishāh lachte: »Gut! Gut!«

Der Wezīr fuhr fort: »Der Hals dieses Kamels war eintausendfünfhundert Meilen lang, und jeden Tag streckte es diesen Hals aus und fraß die Blumen und Blätter im ebenso weit entfernten Garten eines Rādshās, eintausendfünfhundert Meilen weit weg.

Jenem Rādshā tat es sehr weh, zusehen zu müssen, wie sein Garten verwüstet wurde. Er herrschte die Wächter an und bestrafte sie auch. Von nun an achteten sie noch sorgsamer auf den Garten. Der Wächter, der in der Nacht Wache hatte, schnitt sich in den Finger, streute Salz und Pfeffer darauf und hielt sich so in voller Bereitschaft. Das Kamel aber machte wie jeden Tag genau um Mitternacht seinen Hals lang und streckte sein Maul in den Garten, um dort zu fressen. Heute war der Wächter aber auf der Hut. Er packte den Hals des Kamels. Das Kamel aber zog seinen Hals schnell zurück und warf den Wächter in der Stadt ab.

Der arme Wächter war nun ganz verwirrt. Da er nicht wußte, wie er in dieser fremden Umgebung seinen Lebensunterhalt bestreiten sollte, baute er große Kürbisse an. Dank Gottes Gnade hatte er eine gute Ernte und konnte alle Kürbisse ver-

kaufen. Nur ein riesiger Kürbis blieb übrig. Den schenkte er dem Rādshā.
Als der Rādshā sah, wie lang und breit der Kürbis war, ließ er in ihm ein Schloß bauen.
Eines Tages fiel in dieser Stadt ein heftiger Regen vom Himmel, der zu einer Überschwemmung führte. Alle Untertanen begaben sich beunruhigt in den Schutz des Rādshās. Dieser brachte alle Untertanen in seinem prächtigen Kürbisschloß unter, das auf dem Wasser schwamm.
Ein Stückchen weiter verschlang ein Reiher dieses Kürbisschloß. Hinter diesem Reiher war aber schon lange Zeit ein Jäger her. Aus Angst vor dem Jäger flog der Reiher sehr schnell dahin.
Wie er so flog, erblickte er einen Bauern, der sein Feld pflügte. Um sein Leben zu retten, versteckte er sich in einem Riß auf der Fußsohle des Bauern. Der Jäger, der dem Vogel gefolgt war, verlangte von dem Bauern seine Beute. Der Bauer fragte: ›Kamerad! Wo ist denn hier eine Beute?‹ Der Jäger zeigte auf den Reiher, der in einem Riß zwischen den Zehen des Bauern versteckt saß. Der Bauer zog den Reiher heraus und gab ihn dem Jäger.
Jener Bauer aber bildete sich viel auf seine Kraft ein. Er ließ seinen Pflug im Stich und zog los, um mit jemandem seine Kräfte zu messen. Er fand aber niemanden, der es ihm an Kraft gleichtun konnte. Er lief und lief und kam zu einem Feigenbaum. Den riß er heraus und lud ihn sich auf die Schultern.
Als er nun weiterzog, erfuhr er, daß hier ganz in der Nähe ein Ringkämpfer wohnte, der jeden Tag siebenhundertfünfzig Wagen voller Holz aus dem Wald zog.
Der Bauer ging zu ihm. Der Ringer war in den Wald gegangen, um dort seine Arbeit zu tun. Nur seine Tochter und seine Frau waren zu Hause. Als der Bauer dort anlangte, brachte ein Bote des Rādshās die Nachricht, daß ein Elefant gestorben sei. Die Frau des Ringkämpfers hieß ihre Tochter dort hingehen, um jene ›Maus‹ des Rādshās wegzuräumen.

Das Mädchen machte sich auf den Weg. Der Bauer folgte ihr. Beim Rādshā räumte das Mädchen den toten Elefanten mit einem Stock beiseite. Der Bauer war von der Kraft des Mädchens so sehr beeindruckt, daß er ihren Vater nun für unvergleichlich stark hielt und es vorzog, sich schnell in den Wald zu begeben.

Dort traf er auf den Ringkämpfer, der seine siebenhundertfünfzig mit Holz beladenen Wagen zog. Der Bauer setzte einen Fuß in den letzten Wagen, und alle Wagen hielten an. Der Ringkämpfer kam nach hinten, um nachzusehen, was los sei. Als er sah, daß dort der Bauer seinen Fuß in einen Wagen hielt, fragte er: ›Kamerad! Was soll das?‹

Der Bauer sprach: ›Ich will mit dir kämpfen.‹

Beide machten sich zum Kampf bereit. Nun erhob sich die Frage, wer denn über Sieg und Niederlage entscheiden sollte. Sie machten sich auf die Suche nach einem Schiedsrichter. Unterwegs trafen sie eine Frau. Der sagten sie: ›Schwester! Du sollst über uns richten!‹

Die Frau gab zur Antwort: ›Ich bringe meinem Mann das Essen. Er weidet siebenhundertfünfzig Kamele. Wenn ich zu spät komme, schlägt er mich. Er schilt schon mit mir, wenn ich jeden Tag zur Zeit hinkomme. Ja, eins könntet ihr machen. Wenn ihr wollt, dann legt mir diese Steinplatte auf den Kopf! Auf der könnt ihr kämpfen. Wer herunterfällt, hat verloren.‹

Dem Bauern und dem Ringkämpfer gefiel der Vorschlag der Frau. Sie legten die fünfzehn Man schwere Steinplatte der Frau auf den Kopf, stellten sich darauf und fingen an, miteinander zu ringen. Als der Mann die Frau von weitem kommen und die zwei vor Kraft strotzenden Ringkämpfer auf ihrem Kopf kämpfen sah, fielen ihm die Worte ein, die sie ihm am Tag zuvor sagte, als er sie wegen ihres späten Kommens ausgescholten hatte. Sie hatte ihm geschworen, am nächsten Tag zwei Kräftige mitzubringen. Nun meinte er, daß sie sich zwei kräftige Ringkämpfer mitbrachte, die ihr helfen sollten. Jetzt würde es ihm schlecht ergehen!

Aus Angst verschnürte der Kamelbesitzer seine siebenhundertfünfzig Kamele zu einem Bündel, legte es sich auf den Kopf und lief davon.
In Wirklichkeit aber befand sich der Kamelbesitzer in einem Irrtum. Seine Frau hatte nämlich mit den zwei Kräftigen dicke Brote gemeint. Er aber hatte geglaubt, sie spreche von Ringkämpfern.
Ja, mein Herr! Als der arme Kamelbesitzer nun so mit dem Bündel Kamele auf dem Kopf dahineilte, stürzte sich ein Geier auf ihn und flog mit dem Bündel weg. Er flog und flog, auch über das Schloß des Rādshās. Die Rānī badete um diese Zeit. Plötzlich löste sich das Bündel aus dem Schnabel des Geiers und fiel ihr ins Auge. Die Rānī befahl ihrer Barbiersfrau, es sofort herauszuholen. Diese machte das im Nu und steckte sich das Bündel in ihre Tasche.
Als die Barbiersfrau nach Hause kam, öffnete sie das Bündel, und alle siebenhundertfünfzig Kamele kamen heraus. So wurde sie reich, und mein Märchen ist nun zu Ende.«
Dem Pādishāh gefiel dieses Lügenmärchen so gut, daß er auch seinen Wezīr reich belohnte.

Der Regen und der Regenbogen

Es war an den ersten Tagen im Frühling. In den Wäldern prangten die Bäume in vollem Grün. Überall wanden sich Ranken, blühten Blumen. Zwischen den Mangobäumen sangen die Koyals ihr süßes Lied.
Das grüne, blumengeschmückte Tal von Mandākinī war für das Frühlingsfest ausgewählt worden. Seitdem fand dieses Fest jedes Jahr hier statt. Mädchen und Jungen aus der Umgebung kamen dorthin. Die Jünglinge putzten sich herrlich heraus. Und die Mädchen glichen in ihren bunten Kleidern farbenprächtigen Schmetterlingen. In Wirklichkeit war es das Fest der jungen Leute. Sie trafen sich, unterhielten sich und fanden Ge-

fallen aneinander. Manchmal hoben sich ihre Füße im Takt eines Tanzes oder jauchzten ihre zarten Stimmen im Gesang. In den Liedern stellten sie Fragen, in Liedern kamen die Antworten. Einige ergaben sich den festen Banden der Liebe und heirateten später.

Einmal erschien ein Mädchen auf diesem Frühlingsfest, das war schöner als alle anderen. Sie war so schön wie der funkelnde Stern über dem Gipfel des Berges, so schön wie der erste Sonnenstrahl, der auf den Himalaya fällt. Auf ihre weißen Wangen fiel lockiges Haar. Ihren Zopf schmückten Blumen des Waldes. Sie war etwas Besonderes, und ihre Schönheit stand in voller Blüte, so daß man fürchtete, sie könne vergehen, wenn man sie nur berührte.

Wohin sie auch ging, überall folgten ihr Augen voller Verlangen. Wer sie auch ansah, konnte den Blick nicht von ihr wenden, als stünde man vor einer Tempelstatue und flehte: »Oh, lieber Gott! Gib, daß diese Schöne mir ihre Liebe schenkt! Sie soll nur noch an mich denken!« Aber sie war eine Schönheit, die in der großen Menge allein blieb. Obwohl sie alle ansah, schien sie niemanden wahrzunehmen. Ihre Gazellenaugen schienen einen anderen zu suchen.

Ein Weilchen später kam ein Prinz in einem wunderbar geschmückten Wagen dorthin. Die Kleider lagen ihm locker über der Schulter, in der Hand hielt er einen Bogen. Seine Lippen umspielte ein Lächeln, und auf seinem Gesicht lag der Glanz der Sonne. Als das Mädchen ihn erblickte, strahlten ihre Augen vor Freude. Mit gesenktem Blick begrüßte sie den Jüngling. Beide gingen ein wenig beiseite und ließen sich im Schatten der Bäume nieder.

Der Prinz sprach: »Der heutige Tag ist gesegnet. Unsere Begegnung möge unsterblich sein!«

Das schöne Mädchen war glücklich. Sie sagte: »Lieber! Wir wollen eins sein wie Himmel und Erde. Deine Liebe soll mich schützen wie die Bäume, die ihren Schatten spenden ...« Das Mädchen fiel dem Prinzen zu Füßen. Er pflückte eine der Blumen, die gleich neben ihm an einer Ranke hin und her schwankte, und steckte sie dem Mädchen ins Haar. Das Mädchen rieb sich mit dem Blütenstaub den Scheitel ein.

Das Fest war noch nicht zu Ende. Der Prinz setzte das Mädchen in seinen Wagen und gab dem Wagenlenker das Zeichen zum Abfahren. Der Wagen hatte sich noch nicht von der Stelle gerührt, als mit großem Getöse ein schrecklicher Riese vor ihm auftauchte. Er hielt den Wagen zurück. Das Mädchen erzitterte. Der Prinz wechselte vor Zorn die Farbe. Tadelnd blickte er auf den Riesen und gab dann wieder das Zeichen zur Abfahrt. Der Riese aber brüllte los: »Wo willst du hin? Ich lasse dich nicht weg! Das Mädchen gehört mir.«

Der Prinz erwiderte: »Nein, sie ist mein. Sie hat mich erwählt.« Der Riese raste vor Wut. Aus seinen Augen sprühten Funken. Er hatte nicht das geringste Erbarmen mit dem Prinzen und dem Mädchen, nahm Pfeil und Bogen und schoß einen Pfeil auf den Prinzen ab. Der Pfeil sollte den Prinzen treffen, aber das Mädchen stellte sich schützend vor ihn. So traf der Pfeil das Mädchen. Plötzlich wand sie sich vor Schmerz. Ihrem Mund entfuhr ein Schrei – und sie fiel vom Wagen. Der Prinz schaute sie an und weinte bitterlich. Die Erde hüllte sich in Trauer. Der Himmel geriet ins Wanken. Welches Unrecht im Reich der Götter! Bis jetzt hatte noch niemals jemand einen anderen so getötet! Wer davon hörte, erschrak. Doch wer hatte schon soviel Mut, dem Riesen entgegenzutreten? Schließlich erfuhr Indra von diesem Verbrechen auf der Erde. Er eilte selbst herbei. Indra spannte seinen Bogen und tötete den mörderischen Riesen mit einem einzigen Pfeil. Da verringerte sich die Furcht in den Herzen der Menschen. Vom Himmel regnete es Blumen. Auf der Erde ertönten Rufe zum Heile Indras.

Indra tröstete den Prinzen: »Mein Sohn! Fasse wieder Mut! Deine Liebe wird unter den Sterblichen unsterblich sein!« Der Prinz weinte wieder bitterlich. Dann trat er zu der Schönen hin. Ihr goldglänzender Leib lag nun tot da. Indra hielt seine schützende Hand über sie und sprach: »Du Schöne! Auch du

wirst unsterblich sein. Sieh! Auf dich fällt der Glanz meines Bogens. So wie heute wirst du über Jahrhunderte glänzen, und bei deinem Anblick werden die Menschen auch an meinen Bogen denken.«
Man sagt, das Mädchen habe sich nach seinem Tode in einen Pfau mit bunten Federn verwandelt und der Prinz in eine Wolke. Die Großmutter meint: »Seitdem zeigt sich der Regenbogen am Himmel. Wenn das Mädchen ihn sieht, denkt es an den Prinzen und fängt an zu weinen. Ihre Tränen fallen als Tropfen auf die Erde, und die Menschen nennen das Regen.«

Der Himmel gebe Wasser

In einem Dorf lebte einmal eine kleine Familie. Zu ihr gehörten drei Menschen, eine alte Frau, deren Tochter und deren Schwiegertochter. Sie verrichteten die Arbeiten gemeinsam und ernährten sich vom Ackerbau. Die Alte war schwach und gebrechlich geworden, deshalb besorgten ihre Tochter und die Schwiegertochter alle Feldarbeiten allein. Beide waren noch jung und ungefähr im gleichen Alter. Die Schwiegertochter war bescheiden und arbeitsam, aber sie fürchtete ihre Schwiegermutter, obwohl jene gutmütig war. Die Tochter war bis jetzt noch nicht verheiratet. Unter der liebevollen Fürsorge ihrer Mutter aufgewachsen, war sie etwas sorglos, etwas verspielt und auch ein wenig nachlässig. Aber faul war sie nicht. Bei der Arbeit wetteiferten Tochter und Schwiegertochter miteinander.
Eines Tages sollten sie Korn dreschen. Zuerst streuten sie die Weizenähren auf den Dreschplatz, dann holten sie zwei Büffelpaare, spannten sie ins Joch und führten sie im Kreise herum. Es war viel Korn zu dreschen, und es dauerte nicht lange, da stand die Sonne hoch über ihnen. Die Büffel fingen in der Sonnenglut des Monats Dsheth zu keuchen an, und den beiden Mädchen lief der Schweiß in Strömen herab. Da kam die Alte

und hieß sie die Büffel ausspannen. Beide spannten die Büffel aus. Die Büffel keuchten mit heraushängender Zunge. Die Alte sagte: »Sie haben Durst. Gebt ihnen Wasser!« Die Wasserstelle befand sich in einiger Entfernung. Die Tochter und die Schwiegertochter schwatzten miteinander. Deshalb dachte sich die Alte, daß sie die beiden mit etwas locken müsse, damit sie sich nicht verspäteten: »Ich habe heute etwas sehr Gutes zubereitet. Wer mit seinem Büffelpaar zuerst von der Tränke zurück ist, bekommt Milchreis.«

»Den werde ich essen«, freute sich die Tochter. Das ärgerte die Schwiegertochter. Sie sah wütend zu ihr hin und trieb ihre Büffel an. Das reizte die Tochter,und auch sie trieb ihre Büffel zur Eile an. Aber obwohl sie tüchtig mit dem Stock auf die Tiere einhieb, waren die Büffel der Frau ihres Bruders schneller und schon weit weg. Die konnte sie nicht mehr einholen. Der Wassertümpel befand sich auf der anderen Seite des Dorfes. Das Mädchen geriet in Wut, ein wenig auf sich, ein wenig auf die Büffel, am meisten aber auf ihre Schwägerin. Nun würde die den Milchreis bekommen! Plötzlich wendete sie auf halbem Wege um und band die durstigen Büffel an den Pfahl.

Die Mutter lobte die Tochter. Später kehrte auch die Schwiegertochter mit ihren Büffeln zurück. Die Mutter stellte vor die Tochter einen Napf mit Milchreis, der Schwiegertochter aber gab sie nur Sauerrahm zu essen. Die Schwiegertochter schluckte etwas davon hinunter, aber es wollte ihr nicht schmecken. Sie dachte an den Napf mit Milchreis und an die nicht getränkten Büffel, aber sie beschwerte sich nicht über ihre Schwägerin.

Die beiden Büffel quälte der Durst. Nach dem Essen sagte die Schwiegertochter: »Hör mal! Den Milchreis hast du nun allein gegessen. Jetzt geh aber und gib den Büffeln Wasser!« Die beiden Mädchen gingen zum Kuhstall. Dort war einer der Büffel schon am Verdursten. Er wälzte sich hin und her. Seine Augen standen voller Tränen. Kurze Zeit später fiel sein Kopf leblos

zur Seite. Noch im Sterben verfluchte er die Tochter der Alten: »Geh! Du sollst ein Vogel werden und dich dein ganzes Leben lang so quälen müssen wie ich!«
Das Mädchen verwandelte sich in einen Vogel. Seitdem blieb sie durstig wie der Büffel. In der Mittagshitze des Monats Dsheth rief sie immer wieder: »Sarag dādū pānī de!« und verlangte so vom Himmel Wasser. Das Wasser auf der Erde trank sie nicht. Sie sah das Blut des Büffels darin.

Die Lehre

In einem Dorf lebte einmal ein armer Mann mit seiner Frau. Faul und träge lümmelte sich der Mann den lieben langen Tag auf seinem Lager herum. Die Frau war oft krank und konnte nicht aufstehen. Von Natur aus schwatzhaft, verbrachte sie ihre Tage mit Schwatzen, wenn sie einmal gesund war. Wer sollte da arbeiten? Auf den Feldern der anderen wogte das Korn in dichten Halmen, auf den Feldern der beiden aber wuchs nichts. So gab es in diesem Dorf, in dem alle genug zu essen und zu trinken hatten, dennoch ein Haus, wo auch nicht ein einziges Getreidekorn zu finden war.
Eines Tages suchte ein Dieb das Dorf heim. Der Zufall wollte es, daß er ausgerechnet in das Haus des Armen eindrang. Bis dahin hatte der Dieb schon einige größere und kleinere Raubzüge begangen, mal mehr mitgenommen, mal weniger. Kein Haus war völlig leer gewesen, und so hatte sich der Dieb auch diesmal Hoffnungen gemacht. Seine Tochter war krank, deshalb brauchte er Geld. Der Dieb dachte, daß er schon irgend etwas ergattern würde. Doch, so sehr er sich auch in dem dunklen Raum umsah, er konnte nichts Brauchbares entdekken. Im schwachen Mondlicht, das durch ein kleines Fensterchen fiel, sah er in der Ecke einen leeren Getreidekorb liegen. Der Hausherr und die Hausherrin schliefen in alten Lumpen neben dem Ofen.

Als dem Dieb aber auch gar nichts in die Hände fiel, war er zuerst enttäuscht, dann aber lachte er innerlich darüber und sagte laut: »Was ist das bloß für ein nacktes Haus! Sonst hamstert ein Hausherr zusammen, soviel er kann, ist fleißig wie eine Honigbiene. Was ist das aber für ein Haushalt, wo gar nichts zusammenkommt?« Dabei hatte er ganz vergessen, daß er eigentlich zum Stehlen hergekommen war. Seinem Mund war nur entfahren, was er dachte. Der Herr des Hauses wachte auf und rief: »Ein Dieb! Ein Dieb!« Der Dieb fuhr ärgerlich hoch: »Warum hältst du nicht den Mund? Jeder Dieb ist besser als du! Er arbeitet wenigstens! Na gut! Ich werde in einem anderen Haus etwas stehlen. Aber, was soll bloß aus diesem Haus hier werden?«

Der Dieb ging fort. Die Frau schlief. Der Mann aber konnte nun nicht mehr schlafen. Die ganze Nacht dachte er über die Worte des Diebes nach und verfluchte sich wegen seiner Faulheit.

Es wurde Morgen. Er weckte seine Frau und hieß sie aufs Feld gehen. Seit jenem Tag arbeiteten sie fleißig, und mit jedem Jahr wurde ihre Ernte besser. In ihr Haus zog das Glück ein. Die Scheunen füllten sich mit Korn und die Schatulle mit Geld. Ihre Armut hatte nun für immer ein Ende, sie lebten glücklich und zufrieden. Gott sollte alle Faulpelze so zur Vernunft bringen wie diesen hier!

Dshasī

Rādshā Haritshand war der Freigebigste unter den Freigebigen. Und so wie der Rādshā war auch seine Rānī. Niemanden konnte sie hungern sehen, niemanden frieren. Im Hause des Rādshās fehlte es an nichts. Es gab Geld, Speisen, große Räume. Achtung und Ehren waren ihm in Hülle und Fülle zuteil geworden. Nur Kinder hatte er keine. Der Rādshā versuchte es mit Wohltätigkeit, die Rānī legte Gelübde ab und begab sich auf eine Wallfahrt nach Kedarnāth. Gott freute sich darüber und schenkte ihnen ein Mädchen. Blumengirlanden wurden aufgehängt und Trommeln geschlagen. So hatte ihnen die Ehrung der Götter zu einem Mädchen verholfen. Die Brahmanen gaben ihm den Namen Dshasī, die Ruhmreiche.

Dshasī wuchs mit jedem Tag. Wozu andere Kinder Jahre brauchten, das erreichte sie innerhalb von Tagen. Allmählich wurde sie eine Jungfrau. Ihre Glieder rundeten sich, sie wurde schön und erblühte wie eine Phyūnglī-Blume. Der Glanz ihrer Schönheit breitete sich wie das Mondlicht aus. Weit und breit sprach man nur von ihr. Von vielen Orten kamen junge Männer, die sich um sie bewarben.

Auch Wīrū Bhandārī hatte von Dshasī gehört. Er war ein berühmter Bhar, ein Held, wie sein Name sagt, und er stammte aus einem guten Hause. Seine Arme waren kräftig, die Brust breit. Er war ein verwegener Jüngling. Nach außen gab er sich barsch, doch sein Herz dürstete nach Liebe. Sein Vater verheiratete ihn mit Dshasī. Wishnu bekam Lakshmī, Mahādew Pārwatī. Es war, als sei der Himmel mit dem Mond oder die Blume mit der Honigbiene vermählt worden. Nach der Hochzeit kam Dshasī nach Kotlīgarh. Wie der Fisch und das Wasser wurden die beiden eins. Dshasī ging völlig in Wīrū auf, und Wīrū fand alles in seiner Liebe zu Dshasī. Sie waren zwei Körper, aber ihre Seelen waren eins. Wie die Fliege am Honig haftet, so umschloß die Liebe ihre Herzen. Sie vergaßen alles um sich herum, die häuslichen Angelegenheiten und auch die Welt. Wīrūs Mutter sah das alles. Welcher Mutter, die ihren Sohn großgezogen hat, gefällt es schon, ihn in die Macht der Schwiegertochter zu geben? Das fröhliche Treiben der Schwiegertochter fing an, ihr zu mißfallen, und sie ärgerte sich über sie. Sie meinte, die Schwiegertochter habe ihren Sohn verzaubert. Doch, was konnte sie ihrem Sohn sagen? Sie mußte schon die Zähne zusammenbeißen und schweigen.

Eines Tages hatte Wīrū einen Traum. Im Traum sah er seinen Vater, dem er Reiskügelchen als Ahnenopfer darzubringen hatte. Nun erinnerte er sich an seine Pflichten und begann sich zu verachten. Über der Liebe zu einer Frau hatte er sogar seinen Vater vergessen! Er gedachte wegzugehen, da kam Dshasī und brachte Wasser. Als sie das bedrückte Gesicht ihres Mannes sah, hatte sie nicht den Mut, ihn nach dem Grund zu fragen. Wīrū teilte ihr von sich aus mit: »Ich gehe nach Gayā, Dshasī. Ich muß meinem verehrten Vater das Ahnenopfer darbringen.«

Dshasī fing an zu weinen: »Wie soll ich allein leben?«

Wīrū tröstete sie: »In ein paar Monaten bin ich wieder hier und bringe dir ein Samtmieder und einen prächtigen Schleier mit.«

Dshasī umklammerte Wīrūs Beine: »Herr! Du bist der Schirm über meinem Kopf. Du bist die Kette an meinem Hals. Du bist Wahrzeichen meines Eheglücks. Wenn das Wasser im Fluß versiegt und der Sāwan vergeht, dann verliert die Erde ihren Glanz!«

Wīrū trocknete ihre Tränen, redete ihr gut zu und ging fort. Dshasī weinte Tag und Nacht. Sie aß und trank nichts mehr. Ihre Schönheit verblaßte. Wie eine Blume welkte sie dahin.

Die Schwiegermutter setzte ihr nun nur noch mehr zu. Zwischen beiden gab es täglich Streit. Immer wieder suchte die Schwiegermutter einen neuen Anlaß und schalt sie wegen der geringsten Kleinigkeit. So siechte Dshasī dahin.

Eines Tages trug ihr die Schwiegermutter auf, Wasser zu holen. Es dauerte lange, bis Dshasī erwachte. Dann zog sie einen langen Rock an, legte sich einen goldenen Schleier um und rief ihre Freundinnen. Einige von ihnen gingen vor ihr und einige hinter ihr, als sie auszog, um Wasser zu schöpfen. Die anderen Mädchen schritten rasch aus, Dshasīs Füße hoben sich nur langsam.

Die Wasserträgerinnen, die mitgekommen waren, füllten ihre Krüge und kehrten nach Hause zurück. Dshasī aber blieb auf einem Stein neben der Wasserstelle sitzen und wusch sich Hände und Füße. Als sie fertig war und gehen wollte, erblickte sie im Wasser ihr Spiegelbild und mußte über ihren Anblick lachen. Da entdeckte sie plötzlich ein zweites Spiegelbild. Dshasī war erstaunt: »Das schöne Bild dort bin ich, aber wer ist das andere?« Als sie sich umwandte, stand ihr Schwager Padmū Rāwat vor ihr. Dshasī begrüßte ihn.

Padmū nahm ihren Gruß lächelnd entgegen. Dshasī wandte das Gesicht ab. Auf ihren weißen Wangen strahlte die Blüte der Jugend. Padmū konnte sich nicht sattsehen an ihr. Als er sie lange Zeit so unverwandt musterte, sagte Dshasī: »He Schwager! Was tust du . . .!«

Padmū kam wieder zu sich. Er ergriff Dshasī bei der Hand und ließ sie sich setzen, schmückte ihren Zopf mit Blumen und plauderte mit ihr. Dshasī achtete nicht auf die Zeit. So viele Jahre hatten sie einander nicht gesehen! Sie erzählten und erzählten, bis der Tag sich neigte. Da erinnerte sich Dshasī an ihr Zuhause. Hastig stand sie auf, grüßte ihren Schwager und kehrte um. Als sie nach Hause kam, barst ihre Schwiegermutter fast vor Wut. Sie wußte längst, daß Dshasī sich mit Padmū getroffen hatte. Als Dshasī in den Hof trat, fiel der Blick der Schwiegermutter sofort auf den mit Blumen geschmückten Zopf. Es durchzuckte sie wie Feuer. Sie schrie: »Was treibst du seit dem Morgen an der Wasserstelle? Ist etwa dein Vater dorthin gekommen?«

Dshasī erwiderte: »Sagt nicht so etwas, verehrte Schwiegermutter! Macht den Tag nicht zur Nacht! Padmū ist doch mein Schwager. Er war auf dem Weg irgendwohin, da traf er mich an der Wasserstelle. Ich habe ihn nach meiner älteren Schwester gefragt. Verdächtigt mich nicht! Sonst vergifte ich mich oder ertränke mich im Ganges.«

Aber die Schwiegermutter wollte nichts hören! Was warf sie der Schwiegertochter nicht alles an den Kopf! Sogar, daß Dshasī ihrem Sohn mit allem möglichen Zauber den Kopf verdrehe! Der Tiger solle sie fressen! Sie habe ihre Tugend verloren!

Dshasī beschwor sie: »Ich habe mich nicht versündigt!« Die Schwiegermutter glaubte ihr nicht. So gab Dshasī es schließlich auf. Gleich nebenan befand sich ihr Garten. Gesenkten Hauptes ging die junge Frau dorthin und erhängte sich an einem Zitronenbaum.

Als die Schwiegermutter Dshasī nicht mehr im Hause sah, geriet sie in Aufregung und fing an, nach ihr zu suchen. Aber Dshasī war nirgends zu finden. Wīrū hatte in der Ferne einen bösen Traum und eilte nach Hause zurück. Kaum angekommen, erschrak er. Das Haus kam ihm so leer vor. Er saß in seinem Zimmer, aber niemand kam ihm lachend entgegen. Wīrū rief nach Dshasī: »Dshasī! Komm zu mir! Ich bin müde von der Reise und ermattet von der Hitze. Bring mir Wasser zu trinken!«

Wīrū wartete, aber Dshasī kam nicht. Einige Zeit später brachte seine Mutter Padmāwatī ihm Wasser. Aus ihrem Gesicht war jegliche Farbe gewichen. Wīrū trank das Wasser nicht. Er fragte: »Wo ist Dshasī?« Vor den Augen der Mutter wurde es Nacht. Wīrū fragte wieder: »Mutter! Wo ist Dshasī?« Die Mutter erwiderte: »Mein Sohn! Nenne ihren Namen nicht! Ihr Schwager war hier. Mit ihm hat sie an der Wasserstelle lange Zeit gesprochen.«

Wīrū fuhr zusammen. Was hatte Gott ihm da angetan? Wer hatte sie voneinander getrennt? O Gott! Woher sollte er noch einmal solch eine Frau wie Dshasī bekommen! Er begab sich auf die Suche und geriet dabei auch in den Garten. Dort sah er Dshasī an einem Baum hängen. Ihr Gesicht war fahl geworden, ihre Schönheit verloren, aber ihr Mund schien zu lächeln. Wīrū drückte sie an sein Herz: »Dshasī! Warum hast du mich verlassen? Wo bist du hingegangen? Welche Gottheit hat dir deine sorglose Jugend genommen? Sag! Hast du tatsächlich eine Sünde begangen?« Wīrū schluchzte laut und wurde ohnmächtig.

Da erschienen ihm Mahādew und Pārwatī. Er fuhr zusammen und erwachte, ließ zwei Tropfen Wasser auf Dshasīs Gesicht fallen und sprach: »Wenn du ohne Fehl bist, wenn du keine Sünde begangen hast, dann erwache! Wenn du wirklich die

Tochter zweier Menschen und die Frau eines Mannes bist, dann rufe ich dich. Steh auf, als hättest du nur geschlafen!«
Wer weiß, was sich der Schöpfer in diesem Augenblick dachte. Aber Dshasī wurde sogleich wieder lebendig. Alle, die dieser Erzählung lauschten, sollen leben, so wie Dshasī nun weiterlebte.

Wer ist wessen Mann?

Es waren einmal ein Rādshā und sein Minister. Der Rādshā hatte einen Sohn und der Minister ebenfalls. Der Prinz und der Sohn des Ministers waren eng miteinander befreundet, ein unzertrennliches Paar. Sie spielten zusammen und wuchsen zusammen auf. Beiden fehlte es an nichts. Sie blühten wie Blumen. Der Prinz war von weißer Hautfarbe, der Sohn des Ministers etwas dunkel. Der Rādshā sagte, sie wären so unzertrennlich wie Rām und Lakshman.
Als der Prinz alt genug war, sprach der Rādshā zu ihm: »Ich möchte dich verheiraten.« Der Prinz wollte das hinausschieben, sagte aber, nachdem der Rādshā lange auf ihn eingeredet hatte: »Wenn Ihr auch meinen Freund verheiratet, bin ich bereit.« Der Rādshā war einverstanden und teilte am nächsten Tag seinem Minister diesen Beschluß mit. Es dauerte nicht lange, und die Hochzeit des Prinzen und die des Sohnes vom Minister fanden statt. Beide heirateten wunderschöne Frauen, die ihre Männer sehr liebten, und die Männer liebten ihre Frauen ebenfalls.
Der Prinz ging gern auf die Jagd. Auch der Sohn des Ministers frönte dieser Leidenschaft. Unglücklicherweise hatten sie bis jetzt noch nie etwas erbeutet. Der Prinz war darüber sehr traurig. Eines Tages zogen die beiden wieder gemeinsam aus. Dieses Mal wollte der Prinz unbedingt ein Wild erlegen. Er war auch guten Mutes. In einiger Entfernung befand sich ein Wald. Dorthin ritten sie. Als sie ein Stück eingedrungen waren, stießen sie auf einen Tempel. Der Prinz stieg vom Pferd, senkte das

Haupt vor dem Tempel und bat: »Oh, Shiw! Verhilf mir zu einer Jagdbeute! Laß meine Waffen nicht rosten! Wenn ich bis zum Abend nichts erbeutet habe, werde ich mir vor dir den Kopf abschlagen.«

Der Sohn des Ministers lächelte über die Worte des Prinzen. Dann sagte er ärgerlich: »Weshalb redest du so kindisch daher, Prinz!«

Der Prinz erwiderte: »Das ist nicht kindisch, es ist mir ernst damit. Wenn ich nichts erbeute, schlage ich mir den Kopf ab. Nun gut! Wir werden heute in verschiedene Richtungen gehen und uns am Abend beim Tempel treffen.«

Danach wandte sich der Prinz in die eine Richtung und der Sohn des Ministers in eine andere. Beide wollten unbedingt ein Tier erlegen. Der Prinz hatte ja an den Erfolg sogar sein Leben geknüpft.

Der Abend kam immer näher, aber der Prinz stieß nicht auf Wild. Er verzagte immer mehr. Schließlich lenkte er niedergeschlagen sein Pferd zum Tempel zurück. Als er dort ankam, war sein Freund noch nicht da. In höchster Erregung stieg der Prinz vom Pferd, zog sein Schwer und schlug sich den Kopf ab. Sein Körper fiel zu Boden, aber der Kopf rollte Shiw zu Füßen.

Kurze Zeit später erschien auch der Sohn des Ministers. Über der Schulter trug er eine Antilope. Er wollte dem Prinzen sagen, daß er sie nur mit großer Mühe erlegt hatte, aber als er die Tür des Tempels erreichte, fuhr er zusammen. Er sah den Kopf des Prinzen daliegen. Der Sohn des Ministers konnte weder weinen noch einen Ton sagen. Sie waren ein Herz und eine Seele gewesen, miteinander verbunden wie Fisch und Wasser. Ihm schwanden die Sinne. Nach einiger Zeit kam er wieder zu sich. Er dachte, daß es ohne jegliche Vernunft gewesen war, so zu sterben, und daß des Prinzen Versprechen einen hohen Preis gefordert hatte. Er sah, daß um den Mund des Prinzen ein Lächeln spielte. Der Sohn des Ministers klagte: »Du hast dein Wort gehalten! Konnte dich Shiw nicht davon abhalten?«

Danach trat er zur Statue Shiws, weinte und flehte: »Oh, Gott! Wenn du meinen Freund nicht wieder lebendig machst, werde ich mir wie er den Kopf abschlagen.«
Shiw ließ sich nicht erweichen. Da zog auch der Sohn des Ministers sein Schwert und hieb sich den Kopf ab.
Es wurde Nacht. Als der Prinz und der Sohn des Ministers nicht nach Hause kamen, geriet das ganze Reich in Aufregung. Der Rādshā schickte Soldaten aus, um sie zu suchen. Am nächsten Tag fand man die toten Körper auf der Schwelle des Shiw-Tempels. Als man ihren Frauen die Nachricht überbracht hatte, kamen sie wehklagend herbei. Ihr Eheglück war dahin. Der Wald hallte von ihrem Weinen wider. Überall herrschte großer Aufruhr.
Mahādew schlief. Pārwatī massierte seine Beine. Plötzlich drang Weinen an ihr Ohr. »In unserem Wald weint jemand«, sagte Pārwatī und sah sich um. Dann weckte sie Shiw-dshī. Shiw stand auf und fragte: »Was ist geschehen, Pārwatī?«
Pārwatī erzählte ihm vom Tode des Prinzen und seines Freundes. Shiw-dshī nahm das nicht schwer: »Und, was ist schon dabei? Auf der Welt sterben nun mal die Menschen.«
Pārwatī wandte ein: »Aber der Prinz gehörte zu Euren Anbetern, mein Gott! Ihr begeht ein großes Unrecht! Wenn Ihr nichts unternehmt, werden die Menschen ihren Glauben von Euch abwenden.«
Shiw-dshī lächelte: »Du bist recht einfältig, Pārwatī! Er war töricht, und törichte Leute spielen nun mal mit ihrem Leben.«
Pārwatī begriff Shiws Worte nicht. Mit funkelnden Augen sah sie zu ihm hin und drehte ihm dann den Rücken zu. Shiw verstand, daß sie böse war: »Pārwatī! Woran soll ich denn hier schuld sein? Er wollte ein Wild erlegen. Wie könnte ich, um sein Leben zu retten, ein anderes opfern? Für mich sind alle Lebewesen gleich!« Pārwatī ging nicht darauf ein: »Ich habe Mitleid mit den beiden Frauen. Seht nur, wie sie schluchzen! Für eine Frau ist ihr Mann alles. Wenn eine Frau weint, zittert das Meer, beben die Berge.«

Shiw-dshī sagte nichts, aber schließlich mußte er nachgeben. Zu der Zeit waren die Körper der beiden Toten bereits auf dem Weg zum Verbrennungsplatz. Pārwatī drängte: »Herr! Beeilt Euch!« Shiw grollte innerlich: ›Jeden Tag setzt sie einem wegen etwas anderem zu!‹ In seinem Ärger und in seiner Hast setzte er den Kopf des Ministersohnes auf den Körper des Prinzen und den Kopf des Prinzen auf den Körper seines Freundes. Um diese Zeit beteten die beiden Frauen mit geschlossenen Augen zu Shiw. Als sie ihre Augen öffneten, gerieten sie in große Verwirrung. Was war da geschehen? Doch wem sollten sie etwas sagen? Shiw-dshī war wieder verschwunden. So standen sie mit offenem Mund da. All ihre Freude war dahin. Wer war denn nun wessen Mann? Der Körper gehörte dem einen und der Kopf dem anderen. Die Frauen kamen zu keinem Entschluß.

Kann jemand sagen, wie die beiden Frauen sich am Ende entscheiden?

Die List der Kupplerin

Es war einmal ein Rādshā. In seiner Stadt lebte ein Tischler. Die Söhne der beiden waren eng miteinander befreundet. Einer konnte nicht ohne den anderen leben. Der Sohn des Rādshās dachte nicht daran, daß er ja der Sohn des Rādshās war und sein Freund nur der Sohn eines Tischlers. Ihre Kinderjahre verbrachten sie wie Brüder. Auch als sie älter geworden waren, änderte sich daran nichts. Jede Stunde waren sie zusammen. So tief war ihre Freundschaft, daß keinem von beiden etwas verborgen blieb, was den anderen betraf.

Eines Tages kam dem Rādshā zu Ohren, daß sein Sohn eng mit dem Sohn eines Tischlers befreundet war. Das mißfiel dem Rādshā. Wer war er, und was war schon dieser Tischler! Der Rādshā ließ sogleich seinen Sohn rufen und sagte: »Mein Sohn! Ich habe gehört, daß du mit dem Sohn eines Tischlers befreundet bist.« Der Prinz erwiderte: »Ja, mein verehrter Vater! Er ist

mein bester Freund. Ich kann nicht ohne ihn und er nicht ohne mich leben. Er erzählt mir alles. Und auch ich verberge nichts vor ihm.«
Der Rādshā wurde ärgerlich: »Mein Sohn! Du bist der Sohn eines Rādshās, und er ist der Sohn eines Tischlers! Man ist nur mit gleichgestellten Leuten befreundet. Von heute an hörst du auf, mit ihm befreundet zu sein!«
Seit diesem Tag untersagte der Rādshā, daß sich die beiden trafen. Doch sie hörten nicht. Sie trafen sich heimlich, und man beschwerte sich beim Rādshā darüber. Das beunruhigte den Rādshā sehr. Er dachte darüber nach, wie er diese Freundschaft auseinanderbringen könne. In jener Stadt lebte eine Kupplerin. Sie war noch jung und schön anzusehen. Sie hörte von den Sorgen des Rādshās, eilte schnell zu ihm und sprach: »Mahārādsh! Das kann ich alles in einer Stunde regeln.«
Der Rādshā antwortete: »Gut! Wenn das gelingt, werde ich dich reichlich belohnen.«
Der Sohn des Rādshās und der Sohn des Tischlers waren an jenem Tag auf die Jagd gegangen. Die Kupplerin schmückte sich auf sechzehnerlei Art und Weise und gab sich das Aussehen einer Apsarā, setzte sich in eine Sänfte und ließ sich in den Wald tragen. Als sie bei den beiden Freunden angelangt war, ließ sie die Sänfte absetzen und gab den beiden mit der Hand Zeichen. Sie blickten auf die Schöne und wunderten sich, wo diese Waldgöttin wohl hergekommen war. Ihre Schönheit nahm sie ganz gefangen. Jeder wäre am liebsten zu ihr hingelaufen. Und sie lockte aus der Ferne. Schließlich gab sie dem Sohn des Tischlers ein Zeichen. Er ging zu ihr hin. Sie sprach zu ihm: »Ich will dir etwas sagen.«
Der Sohn des Tischlers erwiderte: »Sprich!«
Darauf die Kupplerin: »Nein! Dein Freund kann es hören.«
Der Sohn des Tischlers meinte: »Was ist schon dabei, wenn er es hört? Wir sind Freunde.«
Die Kupplerin entgegnete daraufhin: »Also gut! Ich werde es dir ins Ohr sagen.« Der Sohn des Tischlers wandte ihr ein Ohr

zu. Leise flüsterte sie ihm ins Ohr: »Sag zu niemandem etwas!« Dann befahl sie: »Nun geh!« Der Sohn des Tischlers ging. Der Sohn des Rādshās fragte: »Nun? Was hat sie gesagt?« Der Sohn des Tischlers antwortete: »Sie hat gesagt, daß ich zu niemandem etwas sagen soll.«

Der Sohn des Rādshās glaubte, sie hätte ihm doch sicherlich etwas verraten, was kein anderer erfahren solle. Und der Sohn des Tischlers wolle das nun nicht sagen. Der Sohn des Rādshās geriet in Zorn: »Wir sind Freunde. Wir haben niemals etwas voreinander verborgen. Du willst es mir also nicht sagen?«

Der Sohn des Tischlers wiederholte: »Was soll ich dir sagen! Bei meinem Kopf! Sie hat doch gesagt, ich solle zu niemandem etwas sagen!«

Der Sohn des Rādshās wollte ihm nicht glauben. Er meinte, der Sohn des Tischlers verberge etwas vor ihm. So begannen sie zu streiten. Die Kupplerin beobachtete das von weitem. Als der Streit heftiger wurde, setzte sie sich in ihre Sänfte und ließ sich forttragen. Beim Weggehen rief sie dem Sohn des Tischlers noch einmal zu: »Achte darauf! Du bist verantwortlich! Sag niemandem etwas!«

Das Blut des jungen Mannes geriet noch mehr in Wallung. Zwischen den beiden Freunden kam es zu einer so großen Fremdheit, daß sie nicht mehr miteinander redeten und sich auch nicht mehr trafen.

Der Rādshā lobte die Kupplerin über alle Maßen und belohnte sie reichlich.

Der Weg des Lernens

In einem Dorf lebte einmal ein Tölpel. Er war ohne eigenen Verstand und machte alles so, wie man es ihm sagte. Nirgends zeigte er eigene Vorstellungen. In der Kindheit hatten ihn die Leute deswegen sogar gelobt. Als er größer wurde, trieben die anderen Jungen ihren Schabernack mit ihm. Man hatte ihn auch noch nicht verheiratet. Wer hätte ihm schließlich seine Tochter geben wollen? Der Mutter mißfiel das. Eine Mutter liebt ihren Sohn, ganz gleich, wie er ist. Ein Geizkragen kann ja auch eine falsche Münze nicht schlecht finden. Schließlich dachte sich die Mutter, daß sie ihren Sohn verheiraten müsse, auch wenn er ein Dummkopf war. So fand dann eines Tages seine Hochzeit statt. Unglücklicherweise verstanden sich die beiden Brautleute nicht. Der Tölpel verhielt sich seiner jungen Frau gegenüber seltsam. Wohin sie auch ging, der Tölpel folgte ihr. Sie verging fast vor Scham. Die Jungen im Dorf hänselten sie derart, daß sie eines Tages davonlief und in ihr Elternhaus zurückkehrte.

Nun war der Tölpel sehr unglücklich. Seine Mutter aber bekümmerte das noch mehr. Sie schickte der Schwiegertochter Botschaften, aber sie kam nicht wieder. Schließlich sagte die Mutter eines Tages zu ihrem Sohn: »Mein Sohn! Warum gehst du nicht einmal in das Haus deiner Schwiegereltern?« Der Sohn war einverstanden. Die Mutter schärfte ihm noch vieles ein und schickte ihn dann auf den Weg. Der erste Mensch, der ihm unterwegs begegnete, pfiff vor sich hin. Da dachte sich der Tölpel, daß dies wohl die beste Art sei, seines Weges zu gehen. Und so zog nun auch er pfeifend den Weg entlang. Ein Stück weiter saß ein Jäger in einem Busch, der sein Netz ausgelegt hatte, um Vögel zu fangen. In dem Augenblick, als ein Vogel in das Netz gehen wollte, kam der Tölpel pfeifend daher. Das Pfeifen erschreckte den Vogel, und er flog davon. Der Jäger hatte das Nachsehen. Mit rot unterlaufenen Augen sah er zu dem Tölpel hin und versetzte ihm vor Wut eine solche Ohrfeige, daß jenem der Mund schief herunterhing. Der Tölpel brachte nichts heraus, er begriff überhaupt nichts. Zuerst schwieg er aus Angst vor einer zweiten Ohrfeige, doch als ihm der Jäger befahl, sich wegzuscheren, geriet er in Zorn und sagte: »Ich gehe hier meines Weges. Was habe ich dir denn getan?« Der Jäger belehrte ihn: »Geht man denn pfeifend seines Weges? Da kriechen doch die Schlangen hervor.« Der Tölpel fragte: »Was soll ich denn da tun?« Der Jäger erwiderte: »Du mußt den Vögeln sagen: Kommt her und sterbt!« Nun kam es dem Tölpel auch so vor, als ob er etwas falsch gemacht hätte. Er sagte zu dem Jäger: »Vergib mir, Bruder! Jetzt werde ich das sagen.«

Er verabschiedete sich von dem Jäger und zog weiter. Wenig später begegneten ihm Leute, die einen Toten trugen. Der Tölpel ging seines Weges und wiederholte immerzu, was ihm der Jäger beigebracht hatte: »Kommt herbei und sterbt!« Als die Leute die Worte des Tölpels hörten, mißfiel ihnen das sehr. Sie verprügelten ihn ordentlich. Das empörte den Tölpel. Er fragte: »Brüder! Was habe ich denn falsch gemacht? Gut! Ich werde von nun an sagen, was ihr wollt.« Die Leute erklärten darauf: »Siehst du denn nicht, daß wir einen Toten tragen. Du solltest lieber Gott anrufen, daß so etwas niemandem widerfahre.« Der Tölpel zog ein weinerliches Gesicht und versprach: »Vergebt mir, Brüder! Von nun an werde ich das sagen.«

Jetzt hatte der Tölpel etwas Neues aufgeschnappt und zog weiter. Bald wollte es das Schicksal, daß er auf eine Hochzeitsgesellschaft traf. Die Trommeln wurden laut geschlagen. Alle hatten ein glückliches Gesicht. Als der Tölpel an ihnen vorbeiging, hörten sie ihn sagen: »Das sollte niemandem widerfahren!« Die Leute in der Hochzeitsgesellschaft gerieten darüber in Wut. Sie packten ihn und gaben ihm eine ordentliche Tracht Prügel.

Am Abend langte er hinkend beim Haus seiner Schwiegereltern an. Sein Körper hatte etliche blaue Flecke, und alle Gelenke schmerzten. Die Schwiegermutter fragte ihn: »Schwiegersohn! Geht es dir gut?« Der Tölpel überlegte, was er der Schwiegermutter sagen sollte. Zwar hatte ihm die Mutter das beigebracht, ehe sie ihn losschickte, doch fürchtete er nun, daß man ihn vielleicht genau so wie unterwegs verprügeln würde. Deshalb schwieg er lieber. Die Schwiegermutter fragte wieder: »Warum sagst du nichts, Schwiegersohn?« Der Tölpel erwi-

derte: »Wirst du mich auch nicht schlagen?« Die Schwiegermutter fragte erstaunt: »Weshalb fragst du so etwas?« Daraufhin zeigte er seine Wunden und erzählte alles, was ihm unterwegs widerfahren war. Seine kleine Schwägerin lachte sehr und sagte: »Das soll vorkommen, Schwagerherz! Man soll nicht wortwörtlich nehmen, was einem gesagt wird.«
Das ist auch richtig. Wie weit kann man es schon mit einem Beutel voller Wegzehrung und einem abgerichteten Verstand bringen?

Die Verheiratung des Mäusesohnes

Es war einmal ein Mäuserich, der hatte einen Sohn. Schon als der Junge klein war, machte sich der Vater Gedanken wegen seiner Heirat. In der Verwandtschaft gab es viele Mäuseriche, die bereit waren, ihm ihre Tochter zu geben. Doch er wollte keine gewöhnliche Verwandtschaft. Er wollte höher hinaus. Er hielt sich für besser als die anderen und wollte sich über sie erheben. Deshalb suchte er eine gute Verbindung.
Täglich beschäftigte er sich in Gedanken damit, wo er für seinen Sohn eine gute Braut herbekäme. Die Mäusemutter forderte von ihm: »Du mußt für meinen Sohn eine Frau bringen, die dem Mond gleicht.« Da kam ihm eines Tages, als sie das wieder sagte, der Gedanke, daß er sich deshalb doch eigentlich zur Mondrānī begeben könne. Er suchte sie auf. Die Mondrānī hieß ihn willkommen, bewirtete ihn und fragte ihn dann nach dem Grund seines Kommens. Der Mäuserich sprach: »Mondrānī! Es gibt keine auf der Welt, die schöner wäre als du. Ich möchte meinen Sohn mit dir verheiraten.« Die Mondrānī lächelte. Von Natur aus war sie sanft und wollte auch den Gast nicht kränken. Also mußte sie so sprechen, daß alles gesagt wurde, aber auch ihre Ehre erhalten blieb. Deshalb sprach sie: »Ich verstehe dich gut, Mäusefürst. Aber du weißt doch, daß ich manchmal sterbe und manchmal lebe. Jeden Monat bin ich fünfzehn Tage krank und magere ab, werde fahl. Tag und

Nacht bin ich in Bewegung und ziehe am Himmel entlang. Aber, um auf der Erde umherzugehen, fehlen mir die Beine. Zum Beißen und Löchermachen habe ich keine scharfen Zähne.«

Der Mäuserich erwiderte: »Das macht nichts. Bleib du nur sitzen. Ich will dich doch nur als Schwiegertochter. Du stammst aus einer vornehmen Familie. Du genießt großes Ansehen unter den Leuten.«

Die Mondrānī sagte daraufhin: »Ich bin doch gar nichts. Bedeutender ist meine große Schwester, die Wolkenrānī. Sie ist nicht so weiß wie ich, aber sie herrscht über Himmel und Erde. Sieh nur, manchmal verdeckt sie sogar mich. Warum gehst du nicht zu ihr?«

Der Mäuserich erhob sich enttäuscht und suchte die Wolkenrānī auf. Dort sagte er: »Mich schickt deine Schwester, die Mondrānī. Ich möchte dich zu meiner Schwiegertochter machen.« Die Wolkenrānī brannte vor Wut. Es blitzte. Doch dann überlegte sie sich, daß sich die Mondrānī vielleicht einen Scherz mit ihr machen wollte. Ihr Zorn legte sich etwas. Sie sprach: »Die Verwandtschaft wäre nicht schlecht. Doch, wie sollte ich die Frau deines Sohnes werden?« Der Mäuserich strahlte vor Freude: »Was sagst du da, Wolkenrānī? Wer ist denn größer als du?« Die Wolkenrānī erwiderte: »Ich bin doch gar nichts. Mehr noch als ich ist der Fluß. Er nimmt all mein Wasser auf. Geh zu ihm!«

Der Mäuserich begab sich zur Flußrānī und trug ihr sein Anliegen vor. Die Flußrānī zeigte Bedauern: »Ich bin seit meiner Geburt mit dem Meer verheiratet. Und wer sollte schon etwas mit mir anfangen, wenn er mich heiratet? Ich bestehe doch nur aus Wasser. Wohin ich auch komme, reiße ich die Erde mit. Die Menschen beschmutzen mich. Da kann ich nichts machen. Warum gehst du nicht zum Rādshā? Er wird seine Tochter mit deinem Sohn verheiraten.«

Der Mäuserich nickte mit dem Kopf. Er dachte sich, daß es gut wäre, den Sohn mit der Tochter des Rādshās zu verheiraten.

Dann würden ihn alle fürchten. Er würde alle Katzen aufhängen lassen. Dann aber dachte er: »Der Rādshā hat zwar einen großen Namen, aber Herrscher ist der Minister. Es wäre nützlicher, die Tochter des Ministers zu nehmen. Dann hätte er bei allen Reichsangelegenheiten die Hand im Spiel und wäre auch mit dem Rādshā bekannt. Stirbt der Minister, tritt mein Sohn an dessen Stelle.« Nun hielt er es für richtig, zum Minister zu gehen. Den ganzen Weg über dachte er sich Verschiedenes aus. Als er an dessen Tür anlangte und zum Minister geführt wurde, legte er auch gleich los: »Verehrter Herr Minister! Ich bin gekommen, um meinen Sohn mit deiner Tochter zu verheiraten. Nach der Hochzeit machst du meinen Sohn zum Minister.«

»Was soll denn das?« brüllte der Minister los. Vor Wut wurde er rot und blaß und knurrte: »Was ist das für ein großer Herr, der daherkommt, meine Tochter verheiraten und Minister machen will! Soweit kommt es wohl noch, daß ein Mäusesohn Minister wird?«

Er hob den Stock, um den Mäuserich zu verprügeln. Der erschrak und rannte weg. Er rannte und rannte, bis er nach Hause kam. Die Mäusemutter wartete auf ihn. Als sie den Mäuserich so keuchen sah, fragte sie: »Was ist geschehen?« Der Mäuserich brachte kein Wort heraus.

Seit diesen Tagen suchte der Mäuserich nirgends mehr nach einer Braut und verheiratete seinen Sohn mit der Tochter eines anderen Mäuserichs.

Das Geschenk des Raidās

Zuerst war Nirākār. Durch Nirākār entstand das Zischen, durch das Zischen das Wasser, durch das Wasser der Lotos und durch den Lotos Brahmā. Gott gab Brahmā die vier Weden, die achtzehn Purānas und die zweiundzwanzig Gāyatrīs. Brahmā las sie am Morgen und vergaß sie am Abend. Er machte sich große Sorgen, wie er all das Wissen jemals auswendig lernen sollte. Jemand sagte ihm, daß er auf den Berg Garur gehen müsse. Brahmā klemmte sich die Weden, die Purānas und die Shāstras unter den Arm und zog los.

Zu dieser Zeit fand auf dem Berg Garur eine Versammlung der Götter statt. Wishnu, Mahādew, Nārad und all die anderen saßen dort. Nirākār, Kabīr, Kamāl und Raidās hatte niemand eingeladen. Alle waren sich einig: »Wir werden sie nicht einladen. Sie sind unrein. Sie gehen zu jedem Gesindel, essen dort und freunden sich mit ihm an.« Brahmā sagte nichts. Die Götter fragten ihn nach dem Grund seines Kommens. Brahmā erzählte ihnen von seinen Sorgen. Da verfielen alle Götter in Nachdenken. Nārad meinte dann: »Diene der Gangā! Ich habe das zwölf Jahre so gemacht und daraufhin einiges Wissen erlangt. Warum begibst du dich nicht in den Schutz der Gangā?«

Brahmā nahm sich Nārads Worte zu Herzen und begab sich sogleich zur Gangā. Unterwegs traf er den Tshamār Raidās. Dieser saß da und nähte Leder. Er grüßte Brahmā schon von weitem. Brahmā nickte ihm daraufhin zu und ging weiter. Raidās hielt ihn zurück: »Hast du heute deinen Weg vergessen, Schöpfer?« Brahmā fuhr hoch: »Ich gehe zur Gangā.« Raidās sagte: »Ich wollte auch zur Mutter Gangā gehen. Doch jetzt bin ich beschäftigt.« Brahmā wurde ärgerlich: »Du bist ein Tshamār! Denkst du denn, daß Mutter Gangā dich empfängt?« Raidās lächelte leicht: »Na gut! Wirst du mein Geschenk mitnehmen? Du sollst es Mutter Gangā geben.« Brahmā wurde noch ärgerlicher: »Was ist das für eine Frechheit? Seit wann nimmt Mutter Gangā Geschenke von einem Tshamār an!« Raidās schnitt einen Paisā aus dem Leder und gab ihn Brahmā. Brahmā schämte sich. Diesen Paisā sollte er mitnehmen? Es widerstrebte ihm zutiefst, den Paisā eines Tshamārs zu berühren. Um die Sache abzubiegen, sagte er schließlich: »Mutter Gangā wird böse werden.« Raidās erwiderte: »Nein! Mutter Gangā wird die Hand ausstrecken, um mein Geschenk entgegenzunehmen. Sie wird sprechen.«

Was sollte Brahmā nun tun? Er steckte den Paisā in die Tasche und zog, auf Raidās schimpfend, weiter.
Ein Stückchen weiter wusch Brahmā den Paisā, badete selbst und murmelte lange den Reinigungsmantra. Dann rief er nach Muter Gangā, es kam aber keine Antwort. Brahmā dachte, daß er vielleicht wegen des Geschenks von Raidās unrein geworden sei und Mutter Gangā sich deshalb verberge. Das enttäuschte ihn. Schließlich wollte er wieder umkehren. Da verlor er plötzlich das Augenlicht. Wenn er auf Mutter Gangā blickte, konnte er sehen, wenn er zurückgehen wollte, wurde es dunkel vor seinen Augen. Brahmā setzte sich. Da vernahm er die Stimme der Gangā: »Wo ist das Geschenk von Raidās?« Brahmā kehrte zur Gangā zurück und nannte den Namen von Raidās. Gangā antwortete sofort. Brahmā holte den Paisā hervor. Sie streckte die Hand danach aus. Dann streifte sie einen ihrer Armreifen ab und sagte: »Gib Raidās das als Geschenk von mir!«
Brahmā ergriff den Armreifen und nahm ihn an sich. Er konnte sein eigenes Anliegen nicht vorbringen. Mutter Gangā verschwand wieder. Brahmā rief nach ihr, aber sie antwortete nicht. Brahmā kehrte um. Unterwegs dachte er über das Geschenk von Raidās nach: »Nach dem Geschenk dieses Tshamārs hat sie die Hand ausgestreckt und mich nicht einmal angehört! Für ihn hat sie sogar einen ihrer goldenen Armreifen gegeben!«
Der Armreifen war sehr schön. Sein Anblick erregte Brahmās Begierde, er sann auf eine List. Bei sich sagte er: »Dieser Armreifen ist meiner Tochter würdig. Was soll die Frau von Raidās damit?« Brahmā entschloß sich, Raidās den Armreifen nicht zu geben. Das Haus von Raidās lag an seinem Weg. Brahmā kehrte nicht auf diesem Weg zurück. Es geschah aber, daß Raidās auch auf dem Weg auftauchte, den Brahmā nun ging, und ihn fragte: »Brahmā! Mutter Gangā hat dir ein Geschenk für mich gegeben. Wo ist es?«
Da warf ihm Brahmā den Reifen hin und entfernte sich, ohne

etwas zu sagen. Raidās rief: »So hör doch, Brahmā! Hat Mutter Gangā nicht etwas gesagt?« Brahmā wurde ärgerlich.
Solch große Worte aus einem kleinen Mund! Der erwartete wohl, daß Mutter Gangā in sein Haus kam! Im Scherz sagte nun Brahmā zu Raidās: »Mutter Gangā hat gesagt, daß sie dich besuchen wird.« – »Sie will mich besuchen!« freute sich Raidās. Brahmā lachte. Wie leicht doch die Leute aus niederer Kaste zu täuschen waren! Der wollte wohl, daß sich Mutter Gangā bei ihm befleckte?
Brahmā ging nach Hause. Raidās sagte zu seiner Frau: »Mutter Gangā kommt in mein Haus.« Die Frau tünchte die Hütte mit Kuhmist, versprühte Kuhurin und zündete ein Licht an.
Es wurde Abend. Niemand wußte etwas. Mutter Gaṇgā kam tatsächlich in das Haus von Raidās. Er hieß sie willkommen. Brahmā staunte. Die Götter hatten das Nachsehen.

Meine Gangā wird zu mir kommen

Der Erhabene ist gestorben, aber er spricht noch immer zu uns.
Es war einmal vor langer, langer Zeit. Man feierte ein Fest, welches, weiß man nicht mehr so genau. Vielleicht war es zum Makar- oder zum Wishuwat-Sankrānti oder auch zum Wasant Pantshamī. Viele Menschen waren zum rituellen Bad an das Tshāndī-Ghāt gekommen. Wer zählte schon alle, die da gekommen waren? Schon einige Tage zuvor waren Rādshās aus den verschiedensten Ländern dorthin gereist. Man lief, um sich einen guten Platz zu sichern. Einige Rādshās hatten das Ufer an der Gangā schon mit ihren Zelten belegt. Der fromme Rādshā von Garhwāl kam zu spät. Er konnte am Ufer der Gangā keinen freien Platz mehr für sich entdecken. Schließlich war er gezwungen, sein Lager weit weg in einem Wald aufzuschlagen.
Die Sache war nicht außergewöhnlich, aber die anderen Rādshās machten sich über ihn lustig: »Seht euch bloß diesen

Waldrādshā an!« Das machte die Runde und kam auch dem Rādshā zu Ohren. Er hörte sich das an, sagte aber nichts, denn er war von ruhigem Wesen. Seinem Minister dagegen kochte das Blut in den Adern. Der Rādshā redete ihm gut zu: »Laß sie doch reden! Für einen frommen Menschen besteht kein Unterschied zwischen dem Ufer der Gangā und einem öden Wald. Ohne Vorstellungskraft gibt es keinen Gläubigen. Laß sie doch Nutzen für ihre Tugend daraus ziehen, daß sie sich am Ufer der Gangā befinden! Wenn die Gangā auch die meine ist, wird sie zu mir kommen.«

Der Minister sagte nun nichts mehr. Auf dem Gesicht des Rādshās glänzte ein Schein wie von einem Öllämpchen.

Plötzlich donnerte es, Blitze zuckten, und die Dunkelheit wurde durch finstere Wolken noch undurchdringlicher. Die ganze Nacht hindurch regnete es in Strömen. Die Gangā schwoll an. Einige Rādshās mußten ihre Zelte am Ufer der Gangā entfernen. Das Erstaunlichste aber entdeckten die Leute am nächsten Morgen. Ein Wasserstrom der Gangā floß nun bis zum Lager des Waldrādshās.

Alle Leute wunderten sich und redeten nur noch davon.

Der Rādshā aber sprach: »Seht nur! Ich hatte doch gesagt, daß die Gangā zu mir kommen wird, wenn sie auch mir gehört! Und so ist es geschehen! Was Glaube und Vertrauen nicht alles zuwege bringen!«

Eine Frau kann nichts für sich behalten

In einem Dorf lebten einmal ein Mann und eine Frau. Der Mann war sehr schlau und die Frau sehr geschwätzig. Schwatzen ging ihr über alles. Wen sie auch traf, den zog sie in ein Gespräch und vergaß darüber alles, sogar sich selbst. Worte und Molke kann man schließlich so lange schlagen, wie man will. Ihrem Mann aber gefiel diese Schwatzhaftigkeit gar nicht. Wenn er abends müde von der Arbeit nach Hause kam, ließ ihn die Frau nicht zur Ruhe kommen. Mal fragte sie das eine, mal das andere, und sie wollte alles wissen, was er tagsüber getan hatte. Einiges mochte er ihr nicht erzählen, aber sie holte erst wieder Luft, wenn sie ihm alles aus der Nase gezogen hatte. Sobald dann der Morgen kam, ging sie zur Wasserstelle und erzählte allen Frauen des Dorfes: »Mein Mann hat das und das getan und dies und jenes mitgebracht.« Die Leute im Dorf redeten dann darüber. Der Mann erfuhr eines Tages davon und befahl seiner Frau, daß sie anderen nichts von ihren häuslichen Angelegenheiten erzählen solle. Die Frau erwiderte: »Ich habe niemandem etwas erzählt. Sie werden sich das von alleine zusammengereimt haben! Ja, der einen habe ich etwas gesagt, habe sie aber auch gebeten, mit niemandem darüber zu sprechen.« An jenem Tag ließ der Mann seine Frau schwören, daß sie niemandem mehr etwas erzähle, was nur sie allein etwas anging.

Einige Tage lang schwieg die Frau. Sie lief zur Wasserstelle, füllte ihren Krug und kam gleich wieder zurück. Wenn sie jemanden traf, lächelte sie nur und ging weiter. Aber das dauerte nicht lange. So schnell ändert sich ein Mensch nicht. Sie hielt es nicht mehr aus und schwatzte wieder wie früher. Ihr Mann gab es auf, sie zurechtzuweisen. Er sagte sich, daß nun nichts mehr helfe. Wie sollte sie etwas beherzigen, was sie von jeher nicht vermochte? Er beschloß, sie gründlich zu heilen, und wollte ihr nun nichts mehr so sagen, wie es wirklich war.

Eines Tages beschloß der Mann, die Klugheit der Frau auf die Probe zu stellen. Mal sehen, was sie machte! Er dachte sich einen Spaß aus. Sobald es Abend wurde, kam er mit einer Truhe nach Hause. Die Frau fragte: »Was hast du da mitgebracht?« Der Mann schwieg. Die Frau fragte wieder: »Was ist darin?« Der Mann erwiderte: »Wozu fragst du? Es lohnt sich nicht, darüber zu reden.« Er befestigte ein Schloß an der Truhe. Das erregte die Neugier der Frau nur noch mehr. Sie ließ nicht locker. Schließlich sprach der Mann: »Komm her! Ich werde es dir leise ins Ohr sagen. Aber sprich zu niemandem davon! Ich habe den Schulzen des Nachbardorfes umgebracht, und nun ist er hier in der Truhe.« Da fragte die Frau nicht weiter. Der Mann hatte ihr noch berichtet, daß der Tote sehr viel Geld hatte.

Es wurde Morgen, und die Frau ging zur Wasserstelle. Dort traf sie sich mit ihren Freundinnen und erzählte einer von ihnen: »Mein Mann hat gestern den Schulzen des Nachbardorfes umgebracht. Aber verrate es ja niemandem! Schwöre es bei deinem Bruder!« Die Freundin ging nach Hause. Jeder erzählt gern als erster etwas Neues. Kaum zu Hause angekommen, berichtete sie die Tat ihrem Mann, der erzählte davon einem anderen, und so breitete sich die Neuigkeit allmählich im ganzen Dorf aus. Der Mann der Schwatzhaften hatte in dem Dorf Freunde, aber auch einige Feinde. Die letzteren hatten nichts Eiligeres zu tun, als zum Rādshā zu laufen und ihm alles zu hinterbringen. Der Rādshā schickte seine Soldaten aus, und die nahmen den Mann fest. Die Frau fing an zu weinen. Der Mann lächelte und sagte: »Warum weinst du? Ich hatte dich doch gebeten, niemandem etwas zu erzählen! Nun erntest du den Lohn für deine Geschwätzigkeit!« An dem Tag bereute die Frau, was sie getan hatte. Hätte sie zu niemandem gesprochen, hätten die Soldaten ihren Mann jetzt nicht geholt. Sie schwor bei Gott, wenn man ihren Mann freiließe, niemandem mehr etwas zu erzählen.

Die Soldaten brachten den Mann zum Rādshā. Der blickte ihn zornig an und fragte: »Hast du den Schulzen umgebracht?« – »Nein, Mahārādsh! Wer sagt denn so etwas?« erwiderte er. Der Rādshā brauste auf: »Alle sagen das!« und zeigte auf die Feinde des Mannes, die da standen. Sie nickten: »Ja, Mahārādsh! Fragt nur seine Frau! Sie hat es gesagt. Er hat die Leiche in einer Truhe versteckt.«

Der Mann erwiderte: »Sie wird sich einen Scherz erlaubt haben, Mahārādsh!«

Die Feinde daraufhin: »Er hat es ihr doch gesagt, Mahārādsh!«

Der Mann erklärte: »Meine Frau ist sehr schwatzhaft. Nichts kann sie für sich behalten. Wie oft habe ich sie schon gewarnt, aber sie kann diese Gewohnheit nicht ablegen. Deshalb ist alles erlogen, was ich ihr erzähle. Sie aber berichtet es anderen. Die alten Leute haben recht, wenn sie sagen, daß man einer Frau nie die Wahrheit sagen darf und dem Rādshā nie eine Lüge. Deshalb habe ich ihr eine Lüge aufgetischt und sage Euch jetzt die Wahrheit.«

Der Rādshā ließ die Truhe untersuchen. Sie war leer.

Der Mann kehrte wieder nach Hause zurück. Seine Frau saß da und weinte. Als sie ihn kommen sah, fiel sie ihm zu Füßen. Der Mann tröstete sie und sagte: »Sieh nur! Heute bin ich der Gefahr entronnen. Für alles aber, was nun noch kommt, bist du verantwortlich.«

Der Kuhbauer

In einem Dorf lebte einmal ein Bauer, ackerte den Boden und hütete seine Kühe. Den ganzen Tag über arbeitete er. Er dachte wenig über andere Dinge nach, ging nirgendwohin und hielt sich auch bei niemandem auf. Er war immer nur mit seinen Kühen zusammen. Deshalb hielten ihn die Leute für dumm und nannten ihn den »Kuhbauern«.

Eines Tages wurde in einem Nachbardorf die Legende von Wishnu erzählt. Die Frau des Kuhbauern sagte: »Alle Frauen im Dorf gehen, um sich die Geschichte anzuhören. Ich will auch hingehen.« Der Kuhbauer verbot es ihr: »Was willst du denn dort? Was ist schon daran? Wenn du Geschichten hören willst, kannst du sie dir abends von mir anhören. Ich kenne sehr viele. In der gleichen Zeit kann man zwei Bündel Gras für die Kühe mähen.« Die Frau ließ den Kopf hängen. In ihren Augen glänzten Tränen. Sie sagte: »Du siehst auch im Traum nur noch Kühe!« Der Bauer wurde ärgerlich: »Weshalb heulst du noch herum? Geh doch los! Von mir aus kannst du dir dort den Zopf abschneiden lassen und Yogī werden!« Die Frau nahm sich das zu Herzen: »Mit den Kühen hast du gänzlich den Verstand verloren! So alt bist du schon geworden, hast aber noch nie an die nächste Geburt gedacht! Bis jetzt ist in diesem Haus noch nicht mal eine Maus geboren worden!«

Der Kuhbauer hatte keine Kinder. Darüber war er sehr traurig. Er hielt seine Frau nun nicht mehr vom Gehen ab. Die Frau ging fort, und er zog mit den Kühen auf die Weide. An anderen Tagen hatte er die Kühe im Wald weiden lassen, sich selbst, an einen Stein gelehnt, hingesetzt und ein Lied gesungen. Heute aber, wer weiß warum, gingen ihm die Worte seiner Frau immer wieder im Kopf herum. Er blickte auf sein bisheriges Leben zurück und dachte daran, daß er keinen Sohn hatte. Dann machte er sich Gedanken über seine nächste Geburt. Schließlich beschloß er, auch hinzugehen und sich die Geschichte über Wishnu anzuhören. Sogleich trieb er seine Kühe nach Hause. Dort band er sie an ihren Pflöcken fest und ging selbst ins Nachbardorf.

Dort saßen bereits viele Leute. Der Tempelpriester erzählte die Geschichte. Der Bauer grüßte ihn und setzte sich still zu seinen Leuten. Alle, die ihn kannten, waren erstaunt: War denn die Sonne heute etwa im Westen aufgegangen? Der Bauer sah weder nach links noch nach rechts. Mit gesenktem Kopf hörte er der Geschichte zu. Der Priester erzählte nicht nur die Geschichte, sondern suchte auch gute Lehren dabei anzubringen. Die gefielen dem Bauern sehr. Einmal sagte der Priester: »Wer Gott geschaut hat, ist von dieser Welt erlöst. Leid und Sünde dieser Welt gibt es nicht mehr für ihn. Wem sein gütiger Blick zuteil wird, für den gibt es keinerlei Mangel mehr.«

Diese Worte des Priesters setzten sich im Herzen des Bauern fest. Als die Geschichte zu Ende war, wollte er zu ihm hingehen. Er tat es und sagte: »Ihr seid mein Guru. Ihr habt mich aufgeklärt. Sagt, bitte, wie kann man Gott begegnen?« Der Priester hatte schon viele Menschen gesehen, aber so einen noch nicht. Seine Worte fuhren ihm in die Nase. Wo war dieser Kauz bloß her? Er selbst hatte Gott schon so viele Jahre gedient, aber der hatte sich ihm noch niemals gezeigt. Wie sollte er sich nun diesem Dummkopf zeigen? Der Priester warf ihm nur einen Blick zu und sagte: »Du Tölpel!« Der Bauer aber fiel dem Priester zu Füßen, so daß ihn dieser nun nicht mehr so leicht los wurde. Er gab ihm einen Stein und sagte: »Das ist dein Gott! Wenn du morgens aufstehst, bade dich selbst und dann ihn! Dann mußt du ihm zu essen geben! Wenn Gott nicht ißt, darfst du auch nichts essen!«

Der Bauer freute sich sehr. Er nahm den Stein in seine Hand und kehrte nach Hause zurück. Seiner Frau sagte er: »Ich bin ein Anbeter Gottes geworden.« Die Frau hielt ihm vor: »Und wer wird sich um die Kühe kümmern? Und was wird aus mir?« Der Bauer wurde böse, sagte aber nichts. Er stellte den Stein in einer Ecke auf und hieß seine Frau Milchreis zubereiten. Er wußte nicht, wie man Gottesdienst verrichtet, deshalb hielt er sich an die Worte des Priesters. Er hielt dem Stein den Napf mit dem Milchreis hin und sprach: »Komm, lieber Gott! Das Essen steht bereit!« Das wiederholte der Bauer immer wieder. Jedesmal dachte er, daß Gott jetzt kommen müsse, aber der Tag verging, und Gott kam nicht. Da sagte der Bauer: »Lieber Gott! Warum bist du so ungerecht zu mir!« Die Frau hatte den ganzen Tag neben ihm gesessen und ihm in einem fort zugesetzt: »Nun iß endlich! Gott kommt doch niemals so! Weshalb willst du unbedingt sterben?« Darauf sagte der Bauer: »Ich schwöre bei Gott, daß ich nicht eher essen werde, bis Gott etwas von den Speisen genommen hat!«

Der Bauer blieb vor dem ›Götterbild‹ sitzen. Der Priester hatte ihm das so beigebracht, und nun wiederholte er seine Worte immerzu. So verging der Tag, es verging die Nacht, und der nächste Tag brach an. Es vergingen einige Tage. Weder ließ sich Gott sehen, noch aß der Bauer etwas. Die Frau suchte ihn zu überreden, aber der Bauer hörte nicht auf sie. Am fünften Tag kam Gott die Sache zu Ohren. Er fuhr zusammen: »Welches Unrecht geschieht da?« Er setzte sich sofort auf seinen Vogel Garud und flog zu dem Bauern. Der Bauer wiederholte in einem fort: »Komm, lieber Gott! Iß Milchreis!« Gott nahm den Napf und aß den Milchreis. Da fiel ein Glanz in die Augen des Bauern. Als er sie öffnete, sah er, daß Gott mit Essen fertig war. Da freute sich der Bauer und fing selbst an zu essen.

Nun geschah jeden Tag das gleiche. Der Bauer stellte das Essen hin, und Gott aß es. Den Bauern verwunderte das nicht im geringsten. Er dachte, daß sich Gott wohl allen Leuten so zeige, die sich auf diese Weise an ihn wandten.

Es vergingen Monate, es vergingen Jahre. Der Bauer war nun nicht mehr wie früher. Er achtete nun täglich auf Sauberkeit. In sein Haus kehrte der Wohlstand ein, und eines Tages wurde ihm sogar ein Sohn geboren. Nun fehlte es ihm an nichts mehr. Auch die anderen Leute hatten ihn nun gern. Wer kann schon jemandem zürnen, den die Götter lieben? Der Bauer selbst beugte tagaus, tagein seinen Kopf vor Gott.

Eines Tages fiel ihm der Priester ein. Er sagte zu seiner Frau: »Bereite gutes Essen! Ich will den Priester einladen.« Die Frau fragte: »Welchen Priester?« Der Bauer erklärte: »He, du kennst den Priester nicht? Hast du denn damals die Geschichte nicht gehört? Er hat mir doch den Weg zu Gott gezeigt! Ich werde ihn zu mir einladen. Er wird sich sehr freuen.«

Die Frau machte sich daran, Essen zuzubereiten. Der Bauer ging, den Priester zu holen. Jener war gerade in seinen Gottesdienst vertieft. Kaum war der Bauer bei ihm angekommen, als er ihm sogleich zu Füßen fiel und rief: »Guru-dshī! Gott ist mir erschienen. Kommt heute in mein Haus!« Der Priester glaubte ihm nicht: »Was für ein großer Verehrer Gottes! Bei ihm reicht der Verstand nicht zum Gesichtwaschen! Wo kommst du so früh am Morgen schon her?« Er wollte die Sache abbiegen, aber der Bauer gab nicht nach. So mußte er schließlich mitgehen.

Der Weg hatte einige Windungen. Unterwegs war auch ein Fluß, über den es keine Brücke gab. Deshalb mußte man einen Umweg machen. Als sie an den Fluß kamen, faßte der Bauer den Priester an der Hand. Der Priester wich zurück: »Nein,

Bruder! Willst du mich umbringen? Dir geschieht nichts, Bauer! Ich aber werde sicherlich zugrunde gehen.« Der Bauer wunderte sich: Was war denn schon dabei? Er nahm einen Tropfen Wasser auf die Hand und dachte dabei an Gott. Plötzlich hielt das Wasser weiter oben im Fluß an, und alles andere floß nach unten ab. Der Priester blieb verwirrt stehen: ›Was ging denn da vor sich?‹

So erreichten sie nach einigen Aufenthalten das Haus. Die Frau hatte zweiundfünfzig Gerichte zubereitet. Der Bauer ließ den Priester Platz nehmen und sagte: »Guru-dshī! Ich will erst Gott noch zu essen geben.« Der Bauer stellte Gott Essen hin. Er machte das wie auch sonst immer, stellte Gott einen Napf mit Milchreis hin und rief: »Komm, lieber Gott! Das Essen steht bereit!« Gott kam, aß Milchreis und ging wieder. Als der Bauer zurückkam, fragte der Priester: »Hat Gott sein Essen verzehrt?« Der Bauer erwiderte: »Er ißt jeden Tag alles auf.« Der Priester lachte: »Ich diene Gott nun schon viele Jahre, aber er hat sich mir noch nicht einmal gezeigt. Wie sollte er dann zu dir kommen, der du ja nicht einmal richtig weißt, wie Gottesdienst gehalten wird?« Der Bauer sagte daraufhin: »Ich spreche die Wahrheit. Bleibt heute hier! Geht erst morgen früh, wenn Ihr Gott gesehen habt!«

Der Priester blieb da. Irgendwie verbrachte er die Nacht, den Namen Rāms auf den Lippen. Es wurde Morgen. Der Bauer badete. Dann rief er den Priester, um Gott das Essen hinzustellen. Dieser setzte sich neben den Bauern, der weder ein Gebet sprach noch ein Öllämpchen um die Statue herumtrug. Er stellte den Napf mit Milchreis hin und wiederholte wie jeden Tag: »Komm, lieber Gott! Das Essen steht bereit!« Da leuchtete ein Licht auf. Gott kam, aß und verschwand wieder.

Der Priester staunte nur so. Er fiel dem Bauern um den Hals und sagte: »Du bist begnadet, Bauer! Andere erreichen mit Bußübungen von einer Geburt zur anderen nicht, was du mit der Einfachheit deines Herzens und deinem unwandelbaren Glauben zuwege gebracht hast.«

Die Angst vor dem Schatten

Es war einmal ein Dummkopf, der befand sich eines Tages auf dem Wege irgendwohin. Er war sehr ängstlich und argwöhnisch, und so fürchtete er sich, allein zu gehen. Es hätte ihn ja jemand heimlich umbringen können. Ständig sah er sich um, aber es war niemand da, nur sein Schatten. Er fuhr zusammen: »Wer geht da hinter mir her?« Mutig drehte er sich um und fragte seinen Schatten: »Wer bist du?« Der Schatten antwortete nicht. Der Dummkopf glaubte, daß der Schatten ihn fürchte, und ging weiter, aber er sorgte sich, der andere könnte ihm auch weiterhin folgen. Er wandte sich noch einmal um. Der Schatten war immer noch da. Der Dummkopf wurde unruhig. Dieses Mal hob er die Hand, um dem Schatten zu zeigen, daß er stehenbleiben solle. Da hob sich auch die Hand des Schattens an die Mütze. Der Dummkopf glaubte, der Schatten wolle seine Mütze haben, warf ihm die Mütze hin und ging weiter.
Nach einer Weile kam ihm wieder der Gedanke, der andere könne noch da sein. Er drehte sich wieder um. Der Schatten folgte ihm auch jetzt noch. Der Dummkopf schrie erbost: »Was willst du?« und hob die Hand zum Schlag. Der Schatten tat es ihm gleich. Es sah aus, als ob er auf das Hemd zeige. Der Dummkopf zog sein Hemd aus, warf es dem Schatten hin und rief: »Nun sei aber zufrieden!«
Der Dummkopf ging weiter, zufrieden, das Unglück abgewendet zu haben. Doch an der nächsten Biegung entdeckte er den Schatten wieder. Dieses Mal packte ihn großer Zorn. Er hatte außer seiner Dhotī nichts mehr auf dem Leib. Was sollte der Arme tun? Die Dhotī konnte er nicht geben, aber weitergehen konnte er auch nicht. Schließlich stützte er seinen Kopf in die Hand, setzte sich auf der Stelle hin und fing laut zu weinen und zu klagen an.
Da kam ein kluger Mann vorbei. Als er ihn weinen hörte, blieb er stehen und fragte nach dem Grund des Kummers. Der Dummkopf zeigte auf den Schatten und sagte: »Der verfolgt

mich. Ich habe ihm die Mütze und dann das Hemd gegeben. Aber das reicht ihm nicht. Jetzt will er auch noch meine Dhotī.«
Der kluge Mann lächelte: »Mach dir keine Sorgen! Bleib bis zum Abend hier sitzen! Dann geht er von alleine weg!«
Der Dummkopf beherzigte diese Worte. Er blieb den lieben langen Tag über dort sitzen. Der Abend kam, der Tag neigte sich, die Sonne ging unter. Da stand der Dummkopf auf. Jetzt war kein Schatten mehr hinter ihm her. Er atmete erleichtert auf. Er war am Leben geblieben, und er pries jenen klugen Mann!

Tshandrāwatī

Im hoch gelegenen Laganpur herrschte einmal der Rādshā Haritshand. Er hatte keine Kinder. Schließlich tat er Buße, und im Alter von sechzig Jahren wurde ihm ein Sohn geboren. Darüber freute sich der Rādshā sehr. Er ließ aus Kāshī Pandits rufen und sprach zu ihnen: »Befragt die Gestirne und stellt diesem Jungen das Horoskop!« Die Pandits holten ihre Bücher und Almanache und sagten: »Rādshā! Alles ist in Ordnung. Er wird nicht sterben durch einen Biß. Er wird nicht sterben durch einen Totschlag. Aber es steht geschrieben, daß er bald sterben muß. Wird er aber binnen fünf Tagen verheiratet, bleibt er Jahrhunderte am Leben.« Den Rādshā befiel große Sorge: »Wer wird schon seine Tochter mit einem fünf Tage alten Kind verheiraten wollen?« Die Pandits redeten ihm zu: »Möglich ist alles.« Der Minister nahm diese Sorge auf sich und schickte überallhin Brahmanen aus, ein solches Mädchen zu suchen. Sie suchten in allen vier Himmelsrichtungen, in allen vierundachtzig Wallfahrtsorten, aber keiner war damit einverstanden, seine Tochter einem fünf Tage alten Kind zu verbinden.
Daß alle mit leeren Händen zurückkamen, bekümmerte den Rādshā sehr. An Kindern, die man im Alter bekommt, und an einer Ernte, die einem unerwartet zufällt, hängt man beson-

ders. Tag und Nacht dachte er darüber nach, was zu tun sei. Doch ihm fiel nichts ein. Schließlich hatte der Minister einen Einfall. Das Nachbarreich gehörte dem Rādshā Shishupāl, und der hatte eine sechzehnjährige Tochter, Tshandrāwatī. Der Minister ging zum Rādshā und erzählte ihm das. Der Rādshā sagte: »Warum sollte er meinem fünf Tage alten Sohn seine sechzehnjährige Tochter geben?« Der Minister erwiderte: »Ich habe einen Sohn von zwanzig Jahren, ihn werden wir in die Sänfte setzen und vorzeigen.«

Und so geschah es schließlich. In die Sänfte wurde der Sohn des Ministers gesetzt, und das fünf Tage alte Kind legte man neben ihn. Die Barāt wurde zusammengestellt und machte sich auf den Weg in das Reich Shishupāls. Im Reiche Shishupāls freute man sich sehr und hieß die Barāt herzlich willkommen. Die Hochzeit sollte mitten in der Nacht stattfinden, deshalb legten sich alle nach dem Hochzeitsmahl schlafen. Auch die Angehörigen des Mädchens waren schlafen gegangen. Nur Tshandrāwatī schlief noch nicht. Sie flocht einen Kranz für ihren Mann.

Als der Minister sah, daß alle schliefen, schrieb er etwas auf ein Blatt Papier und band es dem fünf Tage alten Kind an das Hemdchen. Dann legte er das Kind heimlich auf Tshandrāwatīs Türschwelle. Das Kind fing an zu weinen. Tshandrāwatī fuhr auf. Was war das für ein böses Omen! Sie ging hinaus. Dort sah sie ein weinendes Kind, hob es hoch und nahm es auf ihren Schoß. Da entdeckte sie das Papier an seinem Hemdchen. Sie las. O weh! Was stand da geschrieben? War das etwa ihr Mann? Wie konnte dieses Kind ihr Mann sein? Tshandrāwatī fing laut zu schluchzen an.

Lange Zeit weinte sie vor sich hin. Dann ging sie hinaus und stellte erstaunt fest, daß alle Hochzeitsgäste weggelaufen waren. Ihre Angehörigen hatten nichts gemerkt, sie schliefen fest. Tshandrāwatī weckte niemanden. Sie wollte die Würde des Geschlechts ihres Vaters und ihres Schwiegervaters wahren. Deshalb holte sie heimlich einen Brahmanen und ließ ihn die

Heirat durch die Runden um das heilige Feuer vollziehen. Sie ließ die Sache niemandem mitteilen und machte sich, noch ehe die Nacht um war, ohne jemandem etwas zu sagen, auf den Weg nach Laganpur.
Sie war allein. Noch nie zuvor hatte sie ihr Zuhause verlassen und kannte so den Weg nicht. Zufällig geriet sie in den Wald. Der Weg war lang, der Tag verging, und es wurde Nacht. In der Nähe gab es keine Ansiedlung. Am Wege stand ein Pīpalbaum. Unter ihm wollte sie sich niederlegen. Zufällig pflegten sich auf diesem Baum Shiw und Pārwatī aufzuhalten. Um diese Zeit schlief Shiw. Pārwatī saß ihm zu Füßen. Als das Kind vor Hunger zu weinen anfing, fuhr Pārwatī zusammen. Sie weckte Shiw: »Herr! Es ist besser, wenn Ihr aufsteht. Wer lagert unter unserem Baum?« Shiw erwiderte: »Laß sie doch! Was geht dich das an?« Das Weinen des Kindes wurde immer lauter. Pārwatī konnte das nicht ertragen. Sie weckte Shiw wieder. Zuerst ärgerlich, daß man seinen Schlaf störte, sagte er dann: »Du bist von Sinnen. Das ist Shishupāls Tochter, und das Kind ist ihr Mann.« Pārwatī staunte darüber sehr. Wie war das möglich? Shiw erklärte ihr alles. Pārwatī hörte sich das an und atmete auf: »Lieber Gott! Habt Mitleid mit ihnen!« Shiw sprach: »Also gut! Wer hören will, der höre! Wer verstehen will, der verstehe! Wenn sie sich einen Finger abschneidet, wird aus ihm Milch fließen.« Tshandrāwatī hörte das und erinnerte sich daran, daß sie heilig war: »Wenn ich wirklich die Frau dieses fünf Tage alten Kindes sein soll, möge aus meinem Finger Milch fließen!« Sie schnitt sich einen Finger ab, und tatsächlich floß aus ihm Milch. Da gab sie dem Kind die Milch zu trinken, und beide schliefen ein.
Der Morgen brach an. Über den Baumwipfeln ging die Sonne auf. Die Himmelsrichtungen erwachten. Tshandrāwatī stand auf. Vor Hunger wurde ihr ganz schwach, und ihre Füße versagten ihr den Dienst. Tshandrāwatī blickte den Baum an und schwor sich: ›Ich werde nicht eher von hier aufstehen, bis mein Mann zum Jüngling geworden ist.‹ So blieb sie den ganzen Tag unter dem Baum sitzen. Weder aß sie etwas, noch trank sie

Wasser. Pārwatī verspürte großes Mitleid bei ihrem Anblick. Sie sprach zu Shiw: »Dieses Mädchen wird Hungers sterben, und wir werden schuld sein. Der Armen hat man großes Unrecht angetan. Habt doch Mitleid mit ihr!« Shiw erwiderte: »Was soll ich denn tun? Alle ernten nur die Früchte ihrer Taten!« Doch wann hörte Pārwatī schon? Sie gab nicht nach und brachte ihn schließlich doch dazu, ihren Wunsch zu erfüllen. Was war nun zu tun? Unter dem Baum wohnten die acht Siddhis und die neun Nidhis. Sie hatten alles, und so begann Tshandrāwatīs Mann in Tagen zu wachsen, wie sonst andere Kinder nur in Jahren zu wachsen pflegen. Nach wenigen Tagen schon war er zum Jüngling herangereift.

Um diese Zeit kam ein Rādshā auf die Jagd in diesen Wald. Er ritt umher und gelangte unter den Pīpalbaum, erblickte Tshandrāwatī und verliebte sich in sie. Nun kam er täglich dort vorbei und starrte Tshandrāwatī an. Er freundete sich auch mit ihrem Mann an, doch wollte er ihn töten. Tshandrāwatī schöpfte Verdacht. Sie verbot ihrem Mann, mit dem Rādshā zu gehen: »Ich habe Angst. Wir sollten nicht länger hierbleiben. Laß uns nach Hause gehen!« Ihr Mann aber wußte von nichts. Tshandrāwatī mußte ihm erst sagen, daß er der Prinz von Laganpur war.

Der Prinz hörte auf Tshandrāwatī, und sie machten sich auf den Weg nach Laganpur. Bis dahin war es noch weit. In der Nacht kamen sie in ein Dorf. Dort lebten sieben Brüder, die Diebe waren. Die Schwester der sieben Diebe war ihr Zuträger. Die Diebe waren stehlen gegangen, die Schwester wartete zu Hause. Schon von weitem sah sie die beiden kommen und dachte bei sich: ›Was für ein schönes Paar! Das Mädchen wäre etwas für meine Brüder!‹ Da kam ihr ein Gedanke. Sie ging hinaus und fragte den Prinzen: »Wie geht es dir, mein Neffe?« Das machte den Prinzen verlegen. Sie fuhr fort: »Erkennst du mich nicht? Als du noch klein warst, war meine Hochzeit. Na gut! Das macht nichts! Setzt euch! Es ist Nacht geworden. Wo wollt ihr da jetzt noch hin?«

Tshandrāwatī gab dem Prinzen ein Zeichen, daß sie weitergehen sollten. Der Prinz in seiner Arglosigkeit dachte nicht einmal im Traum daran, daß ein Unglück geschehen könne. »Setz dich doch, Tshandrāwatī«! bat er. »Wird man zum Sitzen aufgefordert, muß man dem Folge leisten.« Was sollte da Tshandrāwatī sagen? Sie setzte sich ebenfalls.
Die Schwester der Diebe breitete eine Decke zum Sitzen aus, gab ihnen zu essen und bettete sie zum Schlafen. Sie aber tat die ganze Nacht kein Auge zu, sondern wartete auf ihre sieben Brüder. Die Diebe aber kamen in dieser Nacht nicht zurück. Als der Morgen anbrach, weckte Tshandrāwatī den Prinzen, und sie zogen weiter.
Gegen Mittag erst kamen die Diebe nach Hause. Ihre Schwester zankte sehr mit ihnen: »He, ihr Unglücklichen! Jetzt kommt ihr erst! Bis vor kurzem habe ich für euch ein schönes Mädchen zurückgehalten. Ihr seid sieben! Sie war nur eine! Hättet ihr da ihren Mann nicht töten und sie euch nehmen können?« Was brauchten die Diebe mehr? Sie nahmen die Verfolgung des Prinzen auf. Sechs Brüder kamen schnell voran, der siebente aber war einäugig und folgte langsam nach. Die sechs Brüder hatten den Prinzen und Tshandrāwatī bald eingeholt. Sie warfen ihnen vor, was ihnen gerade einfiel: »Wo geht ihr Diebe hin? Wohin lauft ihr, nachdem ihr unser Haus ausgeplündert habt?« Tshandrāwatī begriff alles: »Ich hatte ja gleich gesagt, daß wir dort nicht bleiben sollen! Aber du wolltest ja nicht hören! Nun paß auf!« Der Prinz sprach ihr Mut zu. Die Diebe griffen an. Der Prinz zog sein Schwert und hieb einen nach dem anderen nieder. Sie setzten sich wieder auf ihre Stute und ritten weiter.
Als der einäugige Dieb später seine sechs toten Brüder erblickte, begriff er, was geschehen war. Wie ein Löwe, der getroffen nur noch blutrünstiger wird, zog er wutentbrannt hinter dem Prinzen her. Er brauchte nicht weit zu gehen, um die Stute des Prinzen zu entdecken, und folgte ihr. Ein wenig weiter stiegen der Prinz und Tshandrāwatī vom Pferd und setz-

ten sich, um zu ruhen. Da kam der einäugige Dieb. Er trat nahe vor den Prinzen hin, grüßte und sprach: »Mahārādsh! Ich habe niemanden auf dieser Welt. Nehmt mich als Euren Diener!« Der Prinz hatte Mitleid mit ihm. Er blickte zu Tshandrāwatī, um ihren Rat einzuholen, und sagte: »Rānī! Nimm ihn! Der Arme ist eine Waise.« Tshandrāwatī schwieg. Der Prinz wußte, was sie dachte, aber er war ein mitleidiger Mensch und sagte: »Das macht nichts! Der Arme ist hilfsbedürftig. Was könnte er uns schon antun?« Was sollte Tshandrāwatī dazu sagen? Sie stellte den einäugigen Dieb ein.

In der Nähe war ein Fluß. Der Prinz wollte darin baden. Tshandrāwatī machte sich daran, das Essen zuzubereiten. Die Stute weidete. Das Schwert lag zu Häupten des Prinzen. Der einäugige Dieb hielt die Gelegenheit für günstig, nahm heimlich das Schwert an sich und erschlug den badenden Prinzen. Als er mit dem blutbesudelten Schwert zurückkam, erschrak Tshandrāwatī. Der einäugige Dieb fing laut zu lachen an. Mit Gewalt ergriff er sie, schleifte sie zu der Stute, setzte sie darauf und ritt mit ihr fort: »Gleich wirst du sehen, was aus dir wird. Du hast meine sechs Brüder töten lassen.« Zuerst hatte Tshandrāwatī geweint, dann aber faßte sie Mut. Sie faltete die Hände vor dem Dieb: »Verzeih mir! Sei mein Rādshā! Ich bin dein. Das hast du gut gemacht! Du hast mich gerettet! Ich wollte ihn selber loswerden.« Der Dieb freute sich über die Maßen. Tshandrāwatī sah ihn einmal mit liebevollen Augen an, da war er ganz betört. Ein wenig weiter befand sich ein Brunnen. Tshandrāwatī bat: »Gib mir Wasser zu trinken! Ich habe Durst.« Der Dieb achtete nicht darauf. Tshandrāwatī sagte daraufhin: »Wie gut wärest du, wenn du mir hier Wasser zu trinken gäbest.« Der einäugige Dieb stieg vom Pferd und schaute in den Brunnen. Da versetzte ihm Tshandrāwatī voller Wut einen Fußtritt, und er fiel hinein. Sie aber ritt wie der Blitz auf der Stute davon und gelangte bald wieder zu der Stelle, wo die Leiche ihres Mannes lag. Sie verband den Kopf mit dem Rumpf, dachte an ihre Heiligkeit und sprach: »Oh, Mahādew!

War mir tatsächlich bestimmt, ein fünf Tage altes Kind zum Gatten zu nehmen, dann mach ihn mir wieder lebendig!«
Mahādew saß im Gebet versunken. Pārwatī weckte ihn: »Gott! Es geschieht ein Unrecht. Tshandrāwatī ist in Not geraten.« Mahādew erwiderte: »Du stürzt mich ins Unglück! Ich kann da gar nichts machen.« Pārwatī wurde ärgerlich. So verging der Tag. Weder sprach Mahādew mit Pārwatī noch Pārwatī mit Mahādew. Schließlich verspritzte Mahādew zwei Wassertropfen, und der Prinz erwachte zum Leben. Er rieb sich die Augen und sprach: »Heute habe ich aber lange geschlafen!« Tshandrāwatī spottete: »Du nicht, dein Verstand hat geschlafen!« Der Prinz begriff nichts. Tshandrāwatī forderte ihn zum Weiterreiten auf. Sie zäumten die Stute und ritten davon. Nun erreichten sie die Grenze ihres Reiches. Auf der Grenze war eine Trommel angebracht. Der Prinz schlug sie, und es erhob sich ein großer Lärm in ganz Laganpur. Die Leute sagten: »Entweder ist ein Rādshā gekommen, oder ein Feind überfällt uns.« Rādshā Haritshand rief den Minister und fragte: »Wer ist gekommen?« Der Minister sagte, was auch die anderen Leute sagten. Der Rādshā aber fragte: »Wie soll man erkennen, ob es Freund oder Feind ist?« Der Minister erwiderte: »Mahārādsh! Laßt unterwegs Kleider auslegen. Ein Feind wird über die Kleider hinweggehen, ein Freund wird sie beiseite legen.«
Was geschah nun? Man breitete Kleider aus. Der Prinz sah sie und fragte erstaunt: »Was ist das?« Tshandrāwatī antwortete: »Das ist unsere Begrüßung, Herr!« Der Prinz und Tshandrāwatī legten die Kleider zur Seite und ritten weiter. Die Leute sahen ihnen nach. Die beiden betraten das Schloß. Der Sohn fiel dem Vater um den Hals, die junge Frau fiel ihrer Schwiegermutter zu Füßen.
Im Reich sang man nun Lieder zu ihrem Ruhm, schlug die Trommeln und feierte.

Was soll ich denn bloß tun?

In der Nähe der Häuser fliegt in den Bäumen ein ganz kleiner Vogel umher, der mit kummervoller Stimme singt. Die Leute meinen, daß er singt: »Ja, was soll ich denn bloß tun?«
Man erzählt sich, daß in einem Dorf einmal eine Familie lebte, die recht groß war. Sieben Brüder gehörten zu ihr. Alle hatten eine Frau. Die Frau des jüngsten Bruders war sehr schön, sittsam und herzensgut. Sie hieß Rūpā. So gutartig Rūpā war, so grausam war ihre Schwiegermutter. Bei dem geringsten Anlaß wurde sie böse und schimpfte jeden Tag mit der jungen Frau. Rūpā fürchtete sie sehr. Ihren Schwägern gegenüber mußte sie sich demütig zeigen, und die Schwägerinnen verlangten ihr, der Jüngsten, alle Arbeit ab. In diesem Haus gab es für Rūpā nur Furcht.
Es war im Monat Āshārh. Vor der Regenzeit zogen Wolken auf, und die Felder bedeckten sich innerhalb von zwei Tagen mit frischem Grün. Man bereitete sich auf das Verziehen der Reispflanzen vor. Der Tabak war gepflückt, der Weizen gemahlen, und nun kam das Reisverziehen an die Reihe. Alle in der Familie gingen aufs Feld. Rūpā hatte einen Säugling. Deshalb sagte die Schwiegermutter: »Bleib du zu Hause! Bereite das Essen zu und bring es zu Mittag aufs Feld! Verspäte dich aber nicht!«
Rūpā war zufrieden. Letzte Nacht hatte sie sich erst spät schlafen legen können, weil sie sehr viel Hausarbeit hatte verrichten müssen. Vor Müdigkeit ging sie wie trunken umher. Deshalb war es ihr ganz lieb, nicht mit aufs Feld zu müssen. Aber man hatte ihr nicht wenig Arbeit aufgetragen. Schnell fachte sie Feuer an, stellte Gemüse im Tiegel auf den Herd und machte sich ans Teigkneten. Indessen fing ihr Kind an zu weinen. Nun wußte sie nicht, was sie zuerst tun sollte. Erst das Kind versorgen oder erst das Brot backen? Aber das Kind weinte immer heftiger. Und so wollte sie zuerst das Kind versorgen und reichte ihm die Brust. Sie war sehr müde. Während das Kind trank, schlief sie ein.

Niemand war da, der sie hätte wecken können. Als sie wieder munter wurde, war der Herd kalt geworden, die Sonne im Westen untergegangen und die Hitze über die Wipfel der Bäume hinweg abgezogen. Sie blickte hierhin und dorthin, lief hin und her, aber das Feuer war aus. Was sollte sie bloß tun! Die Essenszeit war längst vorbei. Wer weiß, was sie ihr alles sagen würden! Die Schwiegermutter, die Schwäger, ihr Mann, die Schwägerinnen, alle tauchten einer nach dem anderen mit zornigen Gesichtern vor ihren Augen auf. Sie fuhr hoch: »Ja, was soll ich denn bloß tun?« Sie fürchtete sich so sehr, daß ihre Hände und Füße anschwollen. Sie schien zu ersticken und hauchte schließlich ihr Leben aus.

Man sagt, daß ihre Lebensgeister in einen Vogel gefahren waren und daß Rūpā nun als Vogel ihr Weinen mit dem kummervollen Gesang fortsetzte: »Ja, was soll ich denn bloß tun?«

Wer Beine hat, soll arbeiten

Es waren einmal ein Mäuserich und eine Maus. Der Mäuserich arbeitete den lieben langen Tag. Die Maus aber war faul. Es gefiel ihr, mit ausgestreckten Beinen dazusitzen, und alles, was sie tat, war schwatzen. Darin war sie sehr geschickt. Wollte der Mäuserich sie zum Arbeiten anstellen, redete und redete sie, um sich davor zu drücken und erfand stets irgendeinen Vorwand: »Mir tun die Beine weh. Du mußt das schon allein machen.« Manchmal hatte sie Fieber, ein andermal schmerzte ihr der Kopf. Der arme Mäuserich war sehr geplagt.

Er ging allein aufs Feld. Was er fand, hob er für die Maus auf. Sie aß es und fing dann wieder an, dem Mäuserich dieses und jenes zu erzählen. Eines Tages war gar nichts mehr zu essen im Hause. Auf dem Feld nebenan reifte der Reis, und sein Duft drang herüber. Die Maus sagte: »Oh! Wie der Reis reift! In ein paar Tagen wird man ihn ernten. Wie schön wäre es, wenn wir all den Reis in unserem Haus hätten!« Der Mäuserich lächelte:

»Du sagst immer nur das gleiche! Du möchtest, daß alles von allein zu dir kommt. Sieh dir den Reis von hier aus an! Davon wirst du satt werden.«

Das weckte den Unmut der Maus. Der Mäuserich suchte sie zu beruhigen. Die Maus weinte: »Was habe ich schon in diesem Haus bekommen?« Der Mäuserich erwiderte: »Nun gut! Laß uns zu jenem Feld gehen! Gemeinsam können wir ganz schön viel Reis sammeln und herbringen.« Und was geschah? Die Maus fing an zu stöhnen: »Wie soll ich bloß laufen? Meine Beine tun weh. Du mußt allein gehen! Mach schnell! Ich habe Hunger.«

Der Mäuserich wurde zornig: »Du hast Hunger! Dann geh doch! Das Feld ist nicht weit.« Aber die Maus wollte davon nichts hören. Sie fing laut zu stöhnen an: »Da bin ich ja an einen Grausamen geraten! Sieh nur, wie meine Beine schmerzen!«

Den Mäuserich packte die Wut: »Jeden Tag jammerst du wegen deiner Beine! Was ist denn bloß damit los?« Dann packte er ihre Beine und brach sie.

Die Maus schrie und jammerte. Der Mäuserich sagte: »So! Nun ist der tägliche Stein des Anstoßes beseitigt. Wenn man herumsitzt und gesunde Hände und Beine hat, dann sieht man nicht gut aus. Jetzt bist du lahm. Da kann ich keine Arbeit von dir verlangen. Bleib du nur sitzen, ich werde dich ernähren!«

Die Maus hörte auf zu weinen. Die Mäuseriche und Mäusefrauen der Nachbarschaft kamen alle herbeigelaufen und fragten: »Was ist denn geschehen?« Die Maus erzählte die Geschichte, und die Leute lachten alle tüchtig, als sie das vernahmen.

Nun gingen die Mäuse und Mäuseriche auf die Suche nach einem Stückchen Brot. Die lahme Maus aber blieb liegen. Kamen die anderen bei ihr vorbei, lachten sie, sahen zu ihr hin und riefen manchmal, um sie zu ärgern:

»Meine Beine tun weh, alle beide.
Geh nur, Mäuserich! Geh du!«

Die Maus ärgerte sich sehr darüber und dachte: ›Wenn ich noch Beine hätte, wer weiß, was ich da nicht alles vollbrächte!‹

Die sieben Brüder und ihre Schwester

In einem Wald lebten einmal sieben Brüder zusammen mit ihrer Mutter, sieben Katzen und sieben Hunden. Die Mutter pflegte zu Hause zu bleiben. Die sieben Brüder aber, die sieben Hunde und die sieben Katzen gingen auf die Jagd. Auf der Suche nach etwas Jagdbarem blieben sie oft mehrere Tage weg, manchmal kamen sie monatelang nicht zurück. Um die Mutter machten sie sich keine Sorgen. Vom Gipfel eines Berges hielten sie Ausschau, ob aus ihrer Hütte Rauch stieg. Dann wußten sie, daß die Mutter lebte. Die Mutter erwartete ein Kind. Eines Tages rüsteten sich die sieben Brüder wieder für die Jagd und sprachen: »Mutter! Wir wissen nicht, wann wir zurückkommen. Wir werden vom Gipfel eines Berges Ausschau nach der Hütte halten. Wenn es eine Schwester wird, stell einen Stock aufs Dach, und bei einem Bruder einen Korb!« Die Mutter erwiderte: »Ja.« Und die sieben Brüder, die sieben Hunde und die sieben Katzen gingen auf die Jagd.

Einige Tage später wurde ein Mädchen geboren. Die Mutter dachte nicht mehr daran, was sie ihren sieben Söhnen versprochen hatte. Sie stellte weder einen Stock noch einen Korb auf das Dach. Die sieben Brüder schauten aus der Ferne zu der Hütte hin. Zwar stieg aus ihr Rauch, aber auf dem Dach war nichts zu sehen. Sie begriffen, daß die Mutter das wohl vergessen hatte, und gingen weit weg. Sie machten Jagdbeute, setzten sich, aßen und zogen wieder weiter. So vergingen einige Monate und dann sogar Jahre.

Die Mutter zog das Mädchen auf. Die Jahre vergingen, und das Mädchen wuchs heran. Auch sie war furchtlos wie ihre Brüder. Deshalb hatte ihr die Mutter den Namen Wīrā, Heldin, gegeben. Mit ihr war die Mutter nun nicht mehr einsam. Als Wīrā noch klein war, erzählte sie ihr von den sieben Brüdern, den sieben Hunden und den sieben Katzen. Wīrā fragte die Mutter jeden Tag: »Mutter! Wann kommen die Brüder?« Die Mutter antwortete: »Sie werden bald kommen.«

Am anderen Ende des Waldes lebte ein Rākshas. Eines Tages ging er spazieren und entdeckte die Hütte. Die Mutter hatte ihn kommen sehen. Sie versteckte Wīrā. Der Rākshas sah Wīrā also nicht, fraß aber die Mutter. Wīrá weinte sehr um die Mutter. Doch, was konnte sie tun? Irgendwie lebte sie weiter. Sie dachte: »Irgendwann werden meine Brüder kommen. Mit ihnen werde ich zusammenbleiben.«

Eines Tages kehrten die sieben Brüder zurück. Vom Gipfel eines Berges aus schauten sie zu ihrem Haus. Es war kein Rauch zu sehen. Der jüngste Bruder meinte: »Heute sieht unsere Hütte leer aus.« Der zweite sagte: »Wer weiß, ob die Mutter noch lebt.« Allerlei Gutes und Schlechtes erwägend, kehrten sie nach Hause zurück. An der Tür stand wie immer eine Pflanze. Die Brüder öffneten die Tür. Auf dem Herd brannte Feuer. In den Töpfen stand das Essen bereit. Sie dachten: ›Die Mutter wird hier irgendwo sein.‹ Wīrā sahen sie nicht. Sie pflegte sich nach dem Essen aus Furcht vor dem Rākshas in einem Käfig unterm Dach zu verstecken. Die sieben Brüder aßen und legten sich schlafen. Als der Morgen anbrach, gingen sie wieder auf die Jagd. Wīrā bereitete für die sieben Brüder, die sieben Hunde und die sieben Katzen das Essen zu. Dann aß sie selbst und kroch in den Käfig. Am Abend fanden die sieben Brüder das fertige Mahl vor. Alle verfielen in Nachdenken, wer wohl das Essen zubereitet haben könnte. Am dritten Tag schlug der älteste Bruder vor: »Geht ihr auf die Jagd! Ich will heute hierbleiben und herausfinden, wer das Essen zubereitet.« Auf einmal aber überfiel ihn der Schlaf. Wīrā kletterte wie jeden Tag aus ihrem Käfig, bereitete das Essen und kroch wieder in den Käfig. Die Brüder kehrten von der Jagd heim. Sie fragten den ältesten: »Wer hat das Essen zubereitet?« Was sollte er da sagen? Er erwiderte: »Ich habe geschlafen.«

Da sprach der jüngste Bruder: »Heute werde ich dableiben.« Er schnitt sich einen Finger ab, streute Pfeffer darauf und legte sich hin. Doch schlafen konnte er so natürlich nicht! Ein Weilchen später sah er ein Mädchen aus einem Käfig hervorkommen, das sich daran machte, Essen zuzubereiten. Der jüngste Bruder erhob sich und fragte das Mädchen: »Wer bist du?« Sie erwiderte: »Ich bin Wīrā, die Schwester der sieben Brüder.« Darauf der Bruder: »Dann bist du unsere Schwester. Wo ist die Mutter?« Wīrā erzählte, wie die Mutter starb. Bruder und Schwester fingen an zu weinen.
Es wurde Abend. Die sechs Brüder kehrten zurück. Nun war alles geklart. Wīrā gab den Brüdern zu essen, und von nun an lebten sie sehr glücklich zusammen. Die Brüder gingen täglich auf die Jagd, und Wīrā bereitete für sie das Essen zu. Eines Tages, als sich die sieben Brüder wieder auf die Jagd begeben wollten, sprachen sie zu Wīrā: »Unterhalte das Feuer auf dem Herd! Hier gibt es keine Ansiedlung. Leg aber kein Fleisch in den Ofen!« Wīrā nickte mit dem Kopf und antwortete: »Ja.« Dann aber dachte sie darüber nach, warum die Brüder das wohl gesagt hatten. Sie wußte nicht, daß Feuer erlischt, wenn man rohes Fleisch auf die Glut legt. Aber genau das tat sie und gab nicht einmal Holz dazu. So geschah es, daß die wenige Glut erlosch. Aber sie mußte ja für die sieben Brüder Essen bereiten. Sie überlegte, was sie tun könnte. ›Wenn die Brüder hungrig zurückkommen, werden sie sehr enttäuscht sein.‹ Woher sollte sie Feuer nehmen? In der Nähe gab es keine Siedlung. Dann dachte sie, daß vielleicht doch jemand in der Umgebung wohne. Sie nahm ein Sieb in die Hand und lief los, um Feuer zu suchen. Sie ging und ging und entdeckte auch in einiger Entfernung eine Hütte. An der Tür angelangt, rief sie: »Ist drinnen jemand?« Da kam ein Mädchen heraus. Als sie Wīrā erblickte, staunte sie sehr, denn sie hatte schon viele Jahre lang keinen Menschen mehr gesehen. Sie sagte: »Warum bist du hierhergekommen? Weshalb forderst du den Tod heraus? Mein Vater, der Rākshas, wird dich gleich auffressen.«

Wīrā dachte: ›Soll geschehen, was will! Ich brauche Feuer. Meine Brüder werden kommen, und ich muß das Essen fertig haben.‹ Dann nahm ihr die Tochter des Rākshas das Sieb aus der Hand und füllte Glut hinein, aber nur wenig, es war mehr Asche, und die Tochter des Rākshas meinte: »Verstreu die Asche auf dem Weg!« Wīrā machte das auch so. Sie verstreute die Asche auf dem Weg, und am Ende blieb ihr die Glut. Sie entfachte ein Feuer damit, bereitete das Essen zu und setzte sich wie jeden Tag in ihren Käfig.

Inzwischen war der Rākshas nach Hause gekommen. An der Tür sog er die Luft aus seiner Hütte mit einem Atemzug ein und schrie: »Ich rieche Menschenfleisch!« Mit rot unterlaufenen Augen sprach er weiter: »Sprich! Wen hältst du hier versteckt?« Das Mädchen erwiderte: »Wer kommt schon hierher! Du hast doch schon alle aufgefressen!« Doch der Rākshas wollte nichts hören. Er sagte: »Meine Nase kann mich nicht belügen. Sprich! Sonst muß ich dich auffressen!« Seine Tochter berichtete: »Ein Mädchen war wegen Feuer gekommen. Geh der Asche, die auf dem Weg liegt, nach!«

Der Rākshas hielt sich nicht einmal zum Luftholen auf. Er rannte und kam zu Wīrās Haus. Alle Türen der Hütte waren geschlossen. Der Rākshas verlangte: »Mach die Tür auf! Mach die Tür auf!« Da sprach die Pflanze vor dem Haus: »Wīrā! Öffne nicht! Öffne nicht!« Der Rākshas verlangte wieder: »Wīrā! Mach die Tür auf!« Die Pflanze verbot es wieder. Der Rākshas riß sie aus und fraß sie auf. Dann sprach er: »Wīrā! Mach die Tür auf! Deine sieben Brüder, die sieben Hunde und die sieben Katzen sind gekommen.« Wīrā öffnete nicht, aber der Rākshas schlug die Tür ein und drang in das Haus. Wīrā hatte für die sieben Brüder, sieben Hunde und sieben Katzen Essen vorbereitet. Der Rākshas fraß alles auf. Wīrā entdeckte er nicht. Als er sich den Bauch vollgeschlagen hatte, legte er sich auf den Fußboden. Wīrā betrachtete ihn aus ihrem Käfig heraus. Vor Angst zitterte sie am ganzen Körper. Der Schweiß brach ihr aus. Da fiel ein Schweißtropfen dem Rākshas ins

Gesicht. Er fuhr hoch, entdeckte den Käfig über sich und verschlang ihn und Wīrā. Nun war sein Bauch noch voller, und er konnte sich nicht mehr bewegen.
Es wurde Abend. Die sieben Brüder, sieben Hunde und sieben Katzen langten auf dem Gipfel des Berges an. Der jüngste Bruder sagte: »Heute sieht unsere Hütte leer aus.« Die anderen achteten nicht auf seine Worte. Zu Hause sahen sie, daß die Pflanze an der Tür herausgerissen war, und fanden den Rākshas auf dem Fußboden. Sie zogen ihre Waffen und töteten den Rākshas, schnitten ihm den Bauch auf und holten Wīrā heraus. Sie kam lebendig zum Vorschein. Die Brüder warfen den Rākshas nach Osten und sagten zu ihrer Schwester: »Von heute an darfst du dir an dem nach Osten gehenden Fenster nicht mehr die Haare kämmen!« Wīrā hatte zwar zugestimmt, fragte sich aber, als die Brüder zur Jagd gegangen waren, warum sie das gesagt hatten. Sie stellte sich an jenes Fenster und fing an, sich die Haare zu kämmen. Plötzlich fiel ihr der Kamm aus der Hand, als sie die Haare daraus entfernen wollte, und fiel auf den Körper des toten Rākshas. Als Wīrā den Kamm holen wollte, trat sie auf etwas Spitzes. Stöhnend kehrte sie zurück. Ein wenig später schwoll der Fuß an. Vor Schmerz fing Wīrā an zu weinen.
Es wurde Abend. Die sieben Brüder, die sieben Hunde und die sieben Katzen kamen. Als sie den Gipfel des Berges erreichten, sprach der jüngste Bruder: »Heute sieht unsere Hütte leer aus.« Die anderen sechs Brüder vernahmen das und sagten nichts dazu. Zu Hause hörten sie Wīrā stöhnen. Die sieben Brüder sahen sich den geschwollenen Fuß an und sagten: »Wir hatten dich gewarnt, daß du dir an dem nach Osten gehenden Fenster nicht die Haare kämmen sollst. Du hast dir einen Knochensplitter des Rākshas in den Fuß eingezogen.«
Dann riefen die sieben Brüder ihre sieben Hunde und ihre sieben Katzen. Die leckten das ganze Gift aus dem Fuß. Der knöcherne Dorn kam heraus, und der Fuß hörte auf zu schmerzen.

Die sieben Brüder hatten nur diese eine Schwester, und sie ließen nicht zu, daß ihr ein Leid geschah. Sie lebten von nun an glücklich zusammen.

Tugend und Sünde

Auf dem Gipfel eines Berges befand sich einmal ein Dorf, und in dem Dorf lebten zwei Frauen. Frauen gibt es sicher auch anderswo, aber diese Erzählung handelt von jenen zwei Frauen. Frauen gibt es in jedem Zeitalter, doch diese Erzählung spielt im Satyayug, dem ›goldenen Zeitalter‹. Man sagt, damals wären die Frauen treu und fromm gewesen. Auf ihrer Frömmigkeit ruhte die Erde, es regnete zur rechten Zeit, es gab weder Krankheiten noch Seuchen, und die Sünde verirrte sich nicht ein einziges Mal zu den Menschen. Trotzdem werden auch im Satyayug die Menschen nicht in völligem Einvernehmen zusammen gelebt haben! Auch die fünf Finger pflegen ja nicht völlig gleich zu sein! Nicht alle Blumen verbreiten den gleichen Wohlgeruch, nicht jeder Schakal trägt Hörner, und nicht auf allen Fröschen wächst Sandelholz! So waren auch diese beiden Frauen sehr verschieden. Die eine war der Osten und die andere der Westen.

Die eine hielt man wegen ihrer Frömmigkeit und strikten Einhaltung aller religiösen Vorschriften für eine treue Ehefrau. Für sie war es Sünde, sich das Antlitz eines anderen Mannes als ihres eigenen auch nur anzusehen, derlei kam ihr nicht einmal in den Sinn! Im Dorf sah man sie für heiliger als alle Heiligen an.

Die andere kümmerte sich nicht um religiöse Vorschriften. Sie liebte ihren Mann, hielt es aber auch nicht für eine Sünde, wenn sie sich andere Männer ansah. Sie traf sich mit allen und sprach mit allen. Ihr Herz war eine Schatzkammer der Liebe. Sie war sehr empfindsam und hatte eine lebhafte Natur. Wenn sie ein Kind sah, küßte sie es liebevoll auf den Mund, den Alten verrichtete sie die Arbeit. Sie weinte mit den Weinenden Krüge voll Tränen und lachte herzlich mit den Lachenden. Sie zögerte nie, sich mit jemandem zu treffen und zu schwatzen. Alle priesen sie. Doch zweifelten die Leute natürlich wegen ihres offenen Wesens auch an ihrer Ehrbarkeit.

Die erste nannten alle fromm. An ihr zweifelte niemals jemand.

Zufällig waren beide Frauen eng miteinander befreundet. Manchmal saßen sie zusammen, und wenn es sich ergab, gingen sie zusammen zum Arbeiten auf die Felder.

Es waren die ersten Tage im Monat Āshārh. Eines Tages gingen die beiden zur Arbeit auf die Felder am anderen Ufer des Flusses. Als sie am Abend zurückkehren wollten, zogen plötzlich Wolken auf. Es regnete, und der Fluß schwoll an. Beide dachten darüber nach, was nun werden sollte. Es gab keine Brücke, und den Fluß einfach so zu überqueren, hieße mit dem Leben spielen. Beiden fiel nichts ein.

Die Dunkelheit des Abends wurde immer tiefer. Als die Fromme an Gott erinnerte, lachte die andere und sprach: »Nun, Schwester! Zeig doch mal dein Wissen! Welchen Nutzen haben jetzt all deine frommen Gebete?«

Das gefiel der Frommen gar nicht. Es ärgerte sie, daß sie wegen ihrer Frömmigkeit und ihrer Gebete, die sie nun schon viele Jahre einhielt, so verspottet wurde. Sie fuhr hoch: »Weshalb lachst du? Gleich werde ich es dir zeigen und den Fluß überqueren! Du aber wirst allein zurückbleiben!«

Nachdem sie das gesagt hatte, nahm sie eine Handvoll Wasser aus dem Fluß, blickte eine geraume Weile mit bittenden Augen zum Himmel, dann schloß sie die Augen und sprach: »O Gott meiner Sippe! Wenn ich nie einen anderen als meinen Gatten gewollt habe, dann soll das Wasser in diesem Fluß fallen, und ich möge ihn überqueren!«

Kaum hatte sie das gesagt, als der Fluß wie überkochende Milch zurückging. Die Frau sprang ins Wasser. Das Wasser fiel bis auf den Grund zurück. So kam sie ans andere Ufer. Als sie dort angelangt war, sah sie, daß ihre Freundin noch auf der anderen Seite stand und die Strömung im Fluß wieder so hoch wie vorher war. Sie lächelte stolz und rief der anderen zu: »He! Warum kommst du nicht?« Die hörte das, blieb aber verlegen stehen. Was sollte sie tun? Sollte sie auch in den Fluß springen? Es ging nicht nur darum, ob man unterging oder ans andere Ufer gelangte. Es ging vor allem um Tugend oder Sünde! Sie verfiel ins Nachdenken. Die Fromme war dank ihrer Frömmigkeit ans andere Ufer gelangt! Aber welche Tugend hatte sie denn vorzuweisen? Sie dachte: ›Ich habe nur Liebe gegeben. Jeden Menschen habe ich mit liebevollen Augen angesehen. Man sagt, die Liebe sei das Wesen Gottes! Und gesündigt habe ich ja schließlich auch nicht!‹

Schließlich faßte auch sie Mut. Sie nahm etwas Wasser in die Hand, dachte an ihren Lieblingsgott und sprach: »Wenn ich die Menschen wahrhaft geliebt habe, dann laß auch mich ans andere Ufer, lieber Gott!«

Auch sie sprang in den Fluß. Das Wasser sank, und allmählich gelangte auch sie ans andere Ufer. Sie dankte Gott innerlich dafür und stellte sich neben ihre fromme Freundin. Beide gingen froh und glücklich nach Hause.

Die Stimme der Flöte

In einem Dorf lebte einmal ein junger Mann. Schon als Kind war er zur Waise geworden. Onkel und Tante hatten ihn aufgezogen. Sobald der Morgen anbrach, schickten sie ihn mit den Schafen und Ziegen in den Wald. Am Abend sahen sie dann nach, ob er zurückgekommen war oder nicht. Niemand liebte ihn. Ihm kam es so vor, als ob er ganz allein auf der Welt wäre. Er sah, wie die Blumen lachten, hörte, wie die Vögel zwitscherten, doch niemand unterhielt sich fröhlich mit ihm. Deshalb schmerzte ihn schon von Kindheit an das Herz. Im öden Wald sang er manchmal ein Lied, manchmal spielte er Flöte. Wenn er sang, erwachten Himmel und Erde. Die Rehe hörten auf zu äsen, und die Vögel vergaßen das Zwitschern. Wanderer blieben für einen Augenblick stehen. Wer ihn nicht kannte, wollte ihn sehen. Wer ihn erblickte, hielt ihn für nicht ganz richtig im Kopf. Nur wenige Leute wußten, daß er Baidshū hieß.

Auf der einen Seite des Berges war Baidshūs Dorf, auf der anderen befand sich ein anderes. In jenem Dorf lebte ein Mädchen. Ihr Vater ackerte den Boden und hielt sich einige Büffelkühe. Der Vater hütete die Kühe, und das Mädchen bestellte das Haus. Das Mädchen wurde erwachsen. Wie eine heranwachsende Reispflanze blühte sie auf. Sie war ihres Vaters einzige Tochter. Die Mutter war schon früh gestorben, deshalb liebte sie der Vater sehr. Er rief sie Tshenī.

Tshenī hörte Baidshūs Lied jeden Tag. Der Klang seiner Flöte ging ihr nicht aus dem Ohr. Manchmal kam sie an das Ufer des Flusses, um Wasser zu schöpfen, und setzte sich dort unter dem Vorwand, ihre Füße waschen zu müssen, auf einen Stein, um dem Flötenspiel lauschen zu können. Dann kam es ihr vor, als ob es sie an etwas längst Vergessenes erinnere. Der Flötenklang versetzte sie in große Erregung, und sie fing an, sich über den Flötenspieler Gedanken zu machen: ›Wie wird der wohl aussehen, der die Flöte spielt?‹ Manchmal seufzte sie: »Lieber Gott! Werde ich ihn auch einmal zu sehen bekommen?« Die Tage vergingen. Täglich spielte die Flöte, täglich erklang ein Lied. Tshenī hörte zu, machte sich darüber Gedanken und gab sich den verschiedensten Träumen hin. Je mehr Tage vergingen, desto stärker hatte sie das Gefühl, als riefe das Lied nach ihr, locke die Flöte sie zu sich. Sie wurde traurig. Der Vater sah, wie die Tochter immer mehr verfiel. Eines Tages rief er sie zu sich und fragte: »Warum bist du jetzt immer so traurig, meine Tochter?« Was sollte sie da antworten? Sie wußte ja selber nicht, was mit ihr vorging! Sie redete sich irgendwie heraus. Der Vater meinte: »Du hast bis jetzt noch nie etwas vor mir verschwiegen, meine Tochter!« Dennoch sagte die Tochter nichts.

Ein Herz, das einem anderen gehört, weilt in der Fremde. Der Vater erfuhr nichts von der Herzensangelegenheit seiner Tochter. Und die Tochter suchte ihr Geheimnis zu verbergen. Eines Tages spielte wie immer die Flöte. Tshenī aber brachte das fast um den Verstand. Sie hielt es nicht länger aus. Sie nahm die Sichel, sagte dem Vater, daß sie Gras holen gehe, und rannte keuchend auf den Berg, wo Baidshū Flöte spielte. Baidshū sah sie kommen. Sie glich der Göttin Nandā. Sie war weiß wie Butter, süß wie eine Banane und zart wie ein Spinatblatt. Ihre Augen blitzten, und auf ihren Wangen blühten rote Blumen. Baidshū war von ihrer Schönheit ganz gefangengenommen.

Tshenī trat zu ihm und blieb neben ihm stehen. Beider Blicke trafen sich. Tshenī stellte sich unter einen Baum. Baidshū fragte: »Wer bist du?« Tshenī antwortete: »Ich wohne im Dorf dort unten. Jeden Tag höre ich deinem Flötenspiel zu.«

Seit diesem Tag mischte sich in den Klang von Baidshūs Flöte auch die Freude seines Herzens. Er spielte die Flöte und war glücklich. Tshenī aber fand nur selten Gelegenheit, ihn zu sehen. Das bekümmerte sie sehr. Der Vater beobachtete, wie sie von Tag zu Tag dahinschwand, und fragte sie wieder: »Was ist mit dir, meine Tochter?« Zuerst wich sie einer Antwort aus, als der Vater aber nicht nachgab, sagte sie: »Auf dem Gipfel des Berges spielt jemand Flöte, und das nimmt meine Seele ganz gefangen.«

Der Vater sah weder vorwärts noch zurück, er stieg auf den Gipfel des Berges, wo Baidshū selbstvergessen seine Flöte spielte, und nahm ihm, kaum dort angelangt, die Flöte weg. Baidshū wunderte sich. Tshenīs Vater fragte: »Warum spielst du Flöte?« Baidshū erwiderte: »Ich spiele sie eben. Warum gefällt dir das nicht? Wer herrscht denn im Wald, der mir das verbieten könnte?«

Da beruhigte sich Tshenīs Vater etwas. Er erzählte alles und sagte zum Schluß: »Hör auf, Flöte zu spielen! Verlange von mir, was du willst! Ich habe so viele Felder, so viele Kühe!...«

Baidshū lächelte. Das mißfiel Tshenīs Vater: »Verlange nur! Ich lüge nicht.« Baidshū aber meinte: »Du wirst mir nicht geben können, was ich verlangen werde.« Tshenīs Vater schwor es. Was aber wollte Baidshū haben? Er sagte: »Dann will ich Tshenī, das Glück.«
Der Vater erstarrte: »Was verlangst du da? Überleg doch! Da ist ein Unterschied wie zwischen dem Festessen eines Rādshās und dem kärglichen Mahl eines Affen!«
Baidshū meinte daraufhin: »Laß es gut sein! Es macht nichts! Wer nimmt schon noch ein Almosen von dem, der einem einen Schlag versetzt hat?«
In dieser Nacht fand Tshenīs Vater keinen Schlaf. Seinen Sinn bewegten die widersprüchlichsten Dinge. Als er am Morgen aufgestanden war, rief er seine Tochter und fragte sie: »Meine blumengleiche Tochter! Soll ich dich mit dem Flötenspieler verheiraten?« Die Tochter erwiderte nichts. Der Vater ließ Baidshū holen. Baidshū kam. Tshenī stand hinter dem Fenster und ließ keinen Blick von ihm. Der Vater sprach: »Nun gut, Baidshū! Ich werde dir meine Tochter geben. Aber ich brauche einen Beweis, daß du ihrer würdig bist.«
Baidshū erwiderte: »Für Tshenī bin ich bereit, alles zu tun.« Der Vater fuhr fort: »Dann bringe mir binnen einem Jahr einhundert Kühe, jede mit einem weißen Stirnfleck. Wenn du dich auch nur um einen Tag verspätest, wird Tshenī dich niemals wiedersehen.« Baidshū war einverstanden.
Baidshū hatte diese Bedingung zwar angenommen, aber es war keine leichte Sache, einhundert Kühe mit weißen Stirnflecken herbeizuschaffen. Solche Kühe, die auf der Stirn einen weißen Fleck hatten, gab es nicht überall. Doch Baidshū hatte »ja« gesagt. Nun konnte er nicht mehr zurück. Er zog das Gewand eines Yogī an, nahm die Flöte in die Hand und zog auf der Suche nach den Kühen von Dorf zu Dorf. In jedem Dorf, in das er kam, spielte er zuerst Flöte, damit sich die Dorfbewohner versammelten. Die Leute gaben ihm Geschenke, luden ihn zu sich nach Hause ein, aber Baidshū verlangte stets nur das Eine:

»Kühe mit einem weißen Stirnfleck.« Nachdem er in einigen Dörfern gewesen war, hatte er mit Mühe und Not gerade mal eine solche Kuh bekommen. Baidshū zog mit ihr weiter.
So vergingen die Tage, es vergingen die Monate, und allmählich ging auch das Jahr zur Neige, aber die hundert Kühe hatte er noch nicht zusammen. Je mehr Tage vergingen, umso unruhiger wurde Baidshū. Schließlich kam der letzte Tag heran. Tshenī ließ kein Auge von dem Weg, der zum Dorf führte. Sie hielt Ausschau, ob nicht irgendwo Staub aufgewirbelt wurde, sie spitzte die Ohren, ob nicht irgendwo eine Flöte erklang. Aber Baidshū kehrte nicht zurück. Tshenī war wie erstarrt. Aus ihren Augen flossen Tränen. Der Vater redete ihr zu: »Meine Tochter! Warum weinst du? Ich werde morgen einen guten Bräutigam für dich suchen.« Doch vor Tshenīs Augen stand Baidshūs Gestalt, in ihrem Herzen spielte seine Flöte.
Noch ehe der Morgen anbrach, sagte Tshenī zu ihrem Vater: »Vater! Ich will Yogī werden.«
Der Vater erwiderte: »Bist du von Sinnen?«
Tshenī fuhr fort: »Ich will ihn nur noch einmal sehen. Wenn du mich nicht gehen läßt, werde ich sterben.«
Der Vater redete ihr gut zu, die Dorfbewohner redeten ihr gut zu, aber Tshenī wollte nicht hören. Sie begab sich in die schneebedeckten Berge des Himalaya.
Tshenī hatte den Verstand Baidshūs wegen verloren. Sie achtete nicht mehr darauf, was gut für ihren Körper und ihre Seele war, sie ging und ging und rief und rief. Auf ihrem Weg gelangte sie zu Gipfeln, die den Himmel berührten, und in Täler, die bis in die Hölle reichten. Manchmal überquerte sie schneebedeckte Ebenen, manchmal durchquerte sie dichte Kiefern- und Zedernwälder. Tshenī ließ alles hinter sich. Ihre Füße waren zerschunden, Arme und Beine waren erfroren. Dennoch wanderte sie weiter. Sie sah zwar zart und zerbrechlich aus, doch über welche Kraft ihre Seele verfügte!
Sie war schon weit vorangekommen. Ringsum gab es nur noch Schnee. Schließlich dachte sie: ›Ich werde hier vergehen.‹ Sie

stellte sich auf einen Berg und hoffte, daß Baidshū noch einmal kam. Ringsum herrschte Einsamkeit. Es fing zu schneien an, und allmählich war sie ganz von Schnee eingehüllt. Er bedeckte sie, doch es war immer noch Leben in ihr. Sie dachte: ›Ich muß Baidshū noch einmal sehen! Seine Liebe ist doch mit mir. Ich werde mit seinem Ebenbild Hochzeit halten!‹ Aus Schnee formte sie eine Statue, stellte sie neben sich und feierte mit ihr Hochzeit. Aus ihren Augen flossen Tränen. Im Innern sprach sie: »Sieh nur, Baidshū! Ich habe dich nicht betrogen!«

Der Schnee reichte ihr schon bis zum Hals, nur die Augen waren noch frei. Ihr Körper zitterte vor Kälte. Da hörte sie in dem Schneesturm plötzlich jemanden rufen: »Tshenī! He, Tshenī!« Tshenī hörte das: »Trügen mich etwa meine Ohren? Wer sollte mich hier rufen?« Doch dann hörte sie wieder die Stimme: »Vielleicht ist es Baidshu?« Da fing sie laut zu rufen an: »Komm hierher! Komm hierher! Ich bin hier.« Die Stimme rief wieder: »Wo bist du, Tshenī? Wo bist du?« Ein wenig später langte Baidshū schwer keuchend bei ihr an. Tshenī sagte: »Du kommst sehr spät!« Baidshū erwiderte: »Es waren doch nur zwei Tage. Ich hätte nicht einmal im Traum gedacht, daß du so schnell von zu Hause weggehen würdest. Laß uns jetzt zurückkehren! Ich habe deinem Vater die gewünschten Kühe gebracht.«

Tshenī sah Baidshū an und sagte. »Mein Körper ist vergangen. Ich sterbe jetzt. Ich habe mit einer Statue von dir Hochzeit gehalten. Nun habe ich alles bekommen. Ich möchte nur noch einmal deine Flöte hören.«

Baidshū weinte wie ein kleines Kind. Tshenī sprach zu ihm: »Ich gehöre dir. Was weinst du da?« Baidshū wurde still. Er holte seine Flöte heraus, hielt sie an seinen Mund, aber nur klagende Töne vermochte er ihr zu entlocken. Baidshū kam es vor, als ob das Leben auch aus ihm schwände. Vor seinen Augen wurde es dunkel. Tshenī rief ihn noch einmal, und dann sah Baidshū, daß sich vor ihm nicht mehr Tshenī, sondern nur ein Haufen Schnee befand.

Tshenīs Seele war in Indras Reich entschwunden, sie wurde zum Berg Nandādewī. Steigen die Menschen heute auf den Berg, wo Tshenī gestorben ist, legen sie dort Blumen nieder. Und es scheint, als spiele hier eine Flöte.

Wie du mir, so ich dir

Auf einem Berg in einer Höhle lebte einmal ein Yogī. Er war oft in die Anbetung Gottes vertieft, kam aber auch manchmal ins Dorf, um Almosen zu erbetteln. Der Yogī war eine friedfertige Natur und redete offen mit den Leuten. Im Glück freute er sich mit ihnen, im Unglück sprach er ihnen Trost zu. Alle hatten ihn gern, und die kleinen Kinder mochten ihn sehr. Kam der Yogī ins Dorf, ging er von Haus zu Haus und fragte jeden nach seinem Wohlergehen. Die Leute legten ihm dann entsprechend ihrem Glauben und ihrem Besitz etwas in den Beutel. Der eine gab eine Gurke, der andere einen Maiskolben. Der eine holte Gemüse, der andere Obst. Der Yogī verlangte nie etwas von jemandem, jeder gab ihm nach eigenem Gutdünken. Er sagte nur soviel: »Dem einen bedeutet Geben Glück, dem anderen Nichtgeben. Gutes geht mit Gutem einher, Böses mit Bösem. Wenn es nicht so ist, dann mach es anders!« Wohin er auch ging, pflegte er das zu sagen.

In jenem Dorf lebte eine alte Frau. Die war von Natur aus geizig. Yogīs, Gäste und Bettler fürchtete sie sehr. Sobald sie jemanden kommen sah, verschloß sie gleich ihre Tür. Merkte einer, daß sie da war, ließ sie durch ihren Sohn ausrichten, daß sie krank sei. Dem Yogī hatte sie noch niemals ein Almosen gegeben. Trotzdem suchte er auch ihr Haus auf, wenn er ins Dorf kam. Er unterhielt sich mit dem Sohn und ging weiter. Beim Weggehen pflegte er auch dort seinen Spruch zu sagen. Der Alten erschien das wie ein Vorwurf ihr gegenüber. Allmählich wuchs ihr Zorn auf ihn.

Eines Tages wollte die Alte diesen Scheinheiligen zurechtweisen. Sie überlegte, wie das zu tun wäre. Eines Tages endlich sah sie den Yogī ins Dorf kommen. Sie hatte für ihn vergiftetes Brot vorbereitet. Der Yogī kam wie immer auch zu ihr. An dem Tag war der Sohn der Alten nicht zu Hause. Er war zur Mühle gegangen, um Korn zu mahlen. Die Alte gab dem Yogī die Brote. Der Yogī sagte: »Steck sie in den Beutel, Mütterchen! Ich werde sie essen, wenn ich Hunger habe.« Dann ging er mit den Broten fort.

Er kam zu seiner Höhle und legte sich hin. An der Höhle des Yogīs führte der Weg zur Mühle vorbei. Als sich die Schatten über den Fluß senkten, kehrten der Sohn der Alten und dessen Frau mit der Last des Mehls von der Mühle zurück. Der Weg führte bergan. Beide schwitzten und hatten großen Durst. Sie betraten die Höhle des Yogīs, um Wasser zu trinken, und baten ihn darum. Der Yogī gab ihnen Wasser und sagte: »Es ist schon sehr spät. Habt ihr denn etwas gegessen? Man sollte kein Wasser trinken, ohne etwas gegessen zu haben.« Da fielen ihm die Brote der Alten ein. Er holte sie heraus und reichte sie ihnen: »Hier, nehmt die Brote! Die habe ich bei euch zu Hause bekommen. Ich werde etwas anderes zu mir nehmen.«

Der Sohn der Alten und seine Frau fingen an, von den Broten zu essen. Als sie einige Bissen verschluckt hatten, verdrehten sich plötzlich ihre Augen. Aus dem Mund trat Speichel, und ihr Körper lief blau an. Sie fielen auf der Stelle tot um. Der Yogī schrie, als er das sah: »Was ist geschehen?« Die Leute eilten herbei. Alle sagten: »In den Broten scheint Gift gewesen zu sein.« Sie wollten den Yogī umbringen. Aber er sagte: »Die Brote hat mir die Alte gegeben.« Die Leute fragten die alte Frau, und sie gab zur Antwort: »Ich habe Gift in die Brote gemischt, um den Yogī zu töten.« Die Leute setzten ihr daraufhin arg zu. Die Alte weinte bitterlich. Die Leute sagten: »Wer anderen Böses wünscht, dem tut Gott Böses an.«

Seitdem meinten alle, daß der Yogī recht hatte, wenn er sagte: »Gutes geht mit Gutem einher, Böses mit Bösem. Wenn es nicht so ist, dann mach es anders!«

Phyūnglī

Auf Berggipfeln und an Feldrainen wächst eine gelbe Blume. Die Leute nennen sie Phyūnglī.

Irgendwo gab es einen dichten Wald. Darin befand sich ein Teich, und neben diesem Teich lebte ein feengleiches Waldmädchen. Sie hieß Phyūnglī.

Weit und breit gab es keinen Menschen. Sie war allein. Nur Tiere und Vögel des Waldes lebten bei ihr. Sie waren ihre Brüder und Schwestern, alle liebevoll miteinander aufgewachsen. Das war Phyūnglīs Familie, zu der sie gehörte. Die Antilope vergaß alles, wenn Phyūnglī ihre Lieder sang. Die Blumen umringten sie und lachten, das grüne Bermudagras breitete sich unter ihren Füßen aus, und die Morgenvögel zwitscherten, um sie zu wecken. Alle hatten sie lieb.

Sie war sehr glücklich. Und sie war auch schön. Ihr Gesicht glich dem Mond, auf ihren Wangen blühten Rosen, in ihrem Haar hatten sich die Wolken niedergelassen. Wie das Wasser im Teich erneuerte sich ihre Jugend stets aufs neue. Noch nie hatten jemandes Augen diese Schönheit gesehen, noch nie jemandes Hände sie berührt.

Und noch nie war der schwarze Schatten eines Mannes auf diese Erde gefallen, hatten sündige Hände die Reinheit der Blumen befleckt. Deshalb gab es in diesem Leben keine Begierden und keine Leidenschaften. Ringsum herrschten Reinheit und Frieden. Phyūnglī streifte furchtlos im Wald umher, legte sich auf die in den Hainen verstreuten jungen Blätter, sang mit den Vögeln ihr Lied, wand sich einen Kranz aus Blumen und tanzte zum Murmeln der Bächlein. Zwar allein, war ihr Leben doch nicht einsam.

Eines Tages saß Phyūnglī einfach so da. In der Nähe floß leise murmelnd ein Gebirgsbächlein dahin. An einen großen Stein gelehnt, hielt sie die Füße ins Wasser und streichelte ein Rehkitz. Die Augen auf die aufspritzenden Wellen gerichtet, lächelte ihr Sinn einem silbernen Traumbild zu.

Da ertönten Schritte. Das Rehkitz schreckte auf. Als sich Phyūnglī umwandte, sah sie einen Prinzen vor sich stehen, zart wie eine Lotosblume und weiß wie der Schnee im Himalaya. Phyūnglī hatte bis dahin noch nie einen Mann gesehen. Sein Anblick ließ sie verlegen werden wie der Mond und verschlossen wie eine Blume. Der Prinz hatte Durst. Im Geiste war er bereits am Wasser, doch kaum hatte er Phyūnglī gesehen, hielt er inne. Phyūnglī rückte zur Seite. Der Prinz schöpfte mit den Händen Wasser, und nachdem er getrunken hatte, fragte sie ihn: »Seid Ihr auf der Jagd?«

Der Prinz erwiderte: »Ja.«

Phyūnglī fuhrt fort: »Dann geht schnell weg! Das hier ist mein Āshram. Hier sind alle Tiere meine Geschwister. Hier tötet keiner einen anderen. Alle liegen sich voller Liebe in den Armen.«

Der Prinz lachte: »Ich werde auch nicht töten. Im Spiel bin ich hierhergeraten. Ich habe auch kein Wild gefunden. Und jetzt habe ich keine Lust mehr zur Jagd. So weit habe ich mich verirrt, daß ...«

Der Prinz verstummte. Dann sprach eine Weile keiner etwas. Phyūnglī betrachtete ihn noch einmal aus den Augenwinkeln heraus. Ihr fiel nichts ein, was sie noch zu ihm sagen könnte. Sie wußte nicht, warum er ihr so gut gefiel. Plötzlich entfuhr es ihr: »Ihr seid müde. Ruht Euch aus!«

Der Prinz setzte sich auf einen Stein. Es wurde Abend. Der Himmel färbte sich rot. Der Wald hallte vom Lärm der heimkehrenden Tiere und Vögel wider. Im Nu häuften sich vor Phyūnglī Wurzeln, Knollen und Früchte des Waldes. So geschah das täglich. Jeden Tag brachten die Tiere und Vögel des Waldes, ihre Brüder und Schwestern, Früchte und Blumen. Sie behandelten Phyūnglī wie ihre Rānī.

Als der Prinz das sah, rief er aus »Waldgöttin! Du bist glücklich! Wieviel Glück hier ist! Wieviel Herzlichkeit! Ich möchte hier leben.«

Phyūnglī unterbrach ihn: »Es schickt sich nicht für große

Leute, kleine Dinge auszusprechen. Was willst du denn hier beginnen, wenn du hier lebst? Was hat ein Prinz mit Wäldern zu schaffen? Er braucht doch sein Schloß, seine großen Städte, wo er herrschen muß.«

Der Prinz erwiderte: »Im Wald ist das Glück. Du herrschst doch auch hier!«

Phyūnglī lächelte: »Nein.«

Es war dunkel geworden. Phyūnglī grüßte den Prinzen mit Blumen und ging dann in ihre Höhle. Der Prinz legte sich unter einen Baum.

Als die Nacht zu Ende ging, lugte am Morgen die Sonne wieder hinter dem Gipfel des Berges hervor. Beim Erwachen fiel dem Prinzen sein Zuhause ein. Er wurde traurig. Da erinnerte er sich an Phyūnglī, und ihm verging die Lust zum Weggehen. Als Phyūnglī ihm am Morgen ein Frühstück brachte, konnte der Prinz nicht an sich halten: »Ich möchte dir etwas sagen. Wirst zu zuhören?«

Phyūnglī fragte: »Was möchtest du sagen?«

Der Prinz zögerte erst, dann faßte er Mut: »Willst du mit mir kommen? Ich mache dich zu meiner Rānī und werde dich immer ehren.«

Phyūnglī erwiderte: »Nein. Was soll ich denn als Rānī?«

Darauf der Prinz: »Ich werde dich lieben. Ohne dich kann ich nicht mehr leben.«

Phyūnglī widersprach: »Aber wo du lebst, gibt es diesen Wald, diese Bäume, diese Blumen, diese Flüsse und diese Vögel nicht.«

Der Prinz gab nicht auf: »Dort gibt es noch schönere Dinge als hier. Du wirst in meinem Schloß alles Glück genießen. Was hast du denn schon hier im Wald?«

Phyūnglī aber meinte: »Der Mensch hat sich ein künstliches Leben geschaffen. Das kann ich nicht als Glück ansehen.«

Was sollte der Prinz darauf antworten? Phyūnglī dachte: ›Soviel Schönheit! Soviel Liebe! Wo finde ich derlei unter den Menschen? Sie sind geschaffen, einander glücklich zu machen, aber darin liegt auch der Grund ihres Leidens. Hier bin ich zwar allein, aber in meinem Herzen ist kein Neid, nichts fehlt mir. Bei den Menschen dagegen? Dort wird es wohl nicht soviel Offenheit geben!‹

In ihrem Innern aber flüsterte ihr eine Stimme etwas anderes zu: »Schließlich liegt das Glück einer Frau in der Ehe! Und auch die Jugend verlangt ihr Recht!«

Einen Augenblick lang zögerte Phyūnglī, aber schließlich überwog ihr Gefühl für den Prinzen. Sie erklärte sich mit seinem Angebot einverstanden.

Was geschah nun? Beide begaben sich noch am selben Tag auf den Weg. Die Tiere und die Vögel gaben ihnen das Geleit. In ihren Augen standen Tränen.

Der Rādshā brachte Phyūnglī in sein Reich. Beide waren überglücklich, und Phyūnglī war nun Rānī. Der Prinz liebte sie mehr als sein Leben. Im Schloß gab es auch mehr Bequemlichkeiten als im Wald, an nichts fehlte es. Es gab die verschiedensten Speisen, Dienerinnen warteten auf, und Tänzerinnen sorgten für Zerstreuung. Und nicht nur das, man konnte Reichtum zeigen und Macht ausüben.

Die Tage verstrichen. Die Sonne ging morgens auf und abends unter. Eine Weile dachten Phyūnglīs Brüder und Schwestern noch an sie. Doch war sie ja nun von ihnen gegangen! Nach kurzer Zeit zwitscherten die Vögel wieder wie früher, blühten die Blumen wie zuvor.

Eines Tages schien es Phyūnglī, als sei der Freudenrausch vorüber. Zwar gab es im Schloß noch den Glanz der Diamanten und Perlen, doch fehlten ihr die Einfachheit der Blumen und die Unbefangenheit der Vögel. Die Mauern des Schlosses nahmen ihr den Atem. Der Wald schien sie zu rufen. Wo waren jetzt ihre Brüder und Schwestern? Fern von ihr! Menschen waren da, es gab Neid, Habgier und Begierden, Phyūnglī aber sehnte sich nach reiner Liebe.

Und so verlor dieses Leben jeglichen Reiz für sie. Sie wurde traurig und zog es vor, allein zu bleiben. Der Prinz unternahm

Hunderttausende Anstrengungen, um sie zu erfreuen, doch ihr niedergeschlagener Sinn lebte davon nicht auf. Nach kurzer Zeit verschlechterte sich ihr Gesundheitszustand, sie legte sich ins Bett.

Ihr blühendes Antlitz wurde fahl, sie welkte dahin. Man soll eine Blume nicht an einen anderen Ort verpflanzen. Es gab nun keine Hoffnung mehr, daß sie am Leben blieb.

Eines Tages sprach sie zu dem Prinzen: »Ich lebe nicht mehr lange. Einen letzten Wunsch aber habe ich. Wirst du ihn erfüllen?«

Der Prinz erwiderte: »Ganz sicher.«

Phyūnglī holte tief Luft und sprach: »Wenn du in den Wald auf die Jagd gehst, verschone meine Brüder und Schwestern, und sobald ich tot bin, begrabe mich auf dem Gipfel jenes Berges, wo sie leben.«

Danach hauchte sie ihr Leben aus.

Der Prinz erfüllte ihren letzten Wunsch und begrub sie auf dem Gipfel jenes Berges. Die Tiere und Vögel, ihre Brüder und Schwestern, waren sehr traurig, als sie von Phyūnglīs Tod erfuhren. Der Wind fuhr schluchzend durch die Bäume, die Blumen ließen ihre Köpfe hängen, und die Lianen welkten. Der Prinz ging betrübt einher.

Die Menschen sterben, die Erde aber ist unsterblich. Vertrocknet hier ein Baum, schlägt dort ein neuer Trieb aus. So ist das Leben. Wenig später ertönte ein Seufzen. Auf dem Gipfel des Berges, wo Phyūnglī begraben lag, sproß eine Pflanze mit einer wunderschönen Blüte hervor, und die Leute nennen sie Phyūnglī.

Ein Opfer des Schicksals

In einer Stadt namens Anūp lebte einmal ein Holzfäller. Er war mit seinem Schicksal zufrieden, hatte eine Frau und einen dreijährigen Sohn. Das Holz, das er im Wald fällte, verkaufte er in der Stadt und verdiente so genügend Geld für seine Familie.

Eines Tages stand er etwas früher auf als sonst und ging Holz fällen. Als er einen Ast abgeschlagen hatte, kroch eine Schlange vorbei. Der Holzfäller sprang vor dem herabfallenden Ast zur Seite, trat auf die Schlange, sie biß ihn, und er starb.
Das geschah zur Regenzeit. Nachdem die Witwe des Holzfällers ihrem Mann die letzte Ehre erwiesen hatte, kehrte sie nach Hause zurück. Der Verlust schmerzte sie sehr. Ihr Sohn Dhawal spielte vor der Hütte. In sein Spiel vertieft, geriet er in die Nähe des Flusses, rutschte aus, fiel ins Wasser und wurde von der Strömung fortgetragen.
Jener Fluß floß auch an der Stadt Pannā vorbei. Dort bekleidete ein sechzigjähriger Mann den Posten des Ministers, der regelmäßig zum Fluß ging, um darin zu baden. Als der Minister an diesem Tag badete, sah er ein Kind darin treiben. Er zog es heraus und brachte es in sein Haus, denn er hatte keine Kinder. Die Frau des Ministers freute sich sehr, als sie das Kind erblickte. Beide hielten es für ein Geschenk Gottes und nahmen es als ihren Sohn auf.
Zur Pflege des Sohnes wurden Dienerinnen und Diener eingestellt. Als das Kind herangewachsen war, befaßten sich gelehrte Gurus mit seiner Bildung und Erziehung. Der Knabe wuchs am Tage um das Doppelte und in der Nacht um das Vierfache. Im Alter von sechzehn Jahren wirkte er wie ein zwanzigjähriger Jüngling. Er kannte alle Shāstras. Auf eine Entfernung von hundert Gaz traf er unfehlbar eine am Baum hängende Zitrone. Er war hochgewachsen, kräftig gebaut, und schön war er auch.
Jedes Jahr wurde im Monat Māgh in dieser Stadt ein großes Fest gefeiert. Bei dieser Gelegenheit fanden auch Wettkämpfe junger Männer statt. Dhawal ging aus allen Wettkämpfen als Sieger hervor. Auch der Rādshā und seine Tochter Shīlkumārī kamen, um sich das Fest anzusehen. Die Prinzessin war von dem schönen, kräftigen und tugendhaften Jüngling Dhawal ganz gefangengenommen.
Shīlkumārī hing an ihrer Amme. Am Abend legte sie ihren

Kopf auf deren Schoß und weinte. Ihre Amme versuchte sie zu trösten, aber Shīlkumārī sagte: »Wenn du es nicht fertigbringst, mich mit Dhawal zu verheiraten, schlage ich mir den Schädel ein.« Die Amme ließ sich erweichen. Sie versicherte der Prinzessin, dafür sorgen zu wollen, daß ihr Wunsch in Erfüllung gehe.

Am nächsten Tag begab sich die Amme in Dhawals Haus. Sie erzählte ihm vom Wunsch der Prinzessin und sagte: »Komm heute nacht mit zwei schnellen Pferden vor das Schloß der Prinzessin! Shīlkumārī wird mit dir in eine ferne Stadt gehen.« Dhawal ging auf diesen Vorschlag ein. Auch er war von der Schönheit der Prinzessin ganz bezaubert.

Es war eine ruhige Nacht. Die Sterne glänzten am Himmel. Dhawal kam mit zwei Pferden zum Schloß. Er hatte viel Geld und Schmuck zum Mitnehmen zusammengetragen. Auch die Prinzessin war bereit und erschien bald darauf. Beide ritten davon.

Nachdem sie eine Woche lang geritten waren, gelangten sie in die Stadt Kāmrūp. Dort stiegen sie in einer Pilgerherberge ab. Die Prinzessin machte sich daran, Essen zu bereiten, und Dhawal war zum Bāzār gegangen, um Futter für die Pferde und Lebensmittel zu holen.

Dhawal ging gerade durch eine enge Gasse, als die Tochter des Hofarztes aus dem Fenster sah. Ihr Blick fiel auf Dhawal. Die Frauen von Kāmrūp waren als Zauberinnen bekannt, und die Tochter des Hofarztes führte sie sogar an. Als sie diesen schönen, herrlichen Jüngling erblickte, war sie ganz hingerissen von ihm. Mit Hilfe eines Mantras verwandelte sie Dhawal in einen Frosch, band ihm eine Schnur um den Hals und ließ ihn nicht weg. In der Nacht nahm sie ihm die Schnur ab und verwandelte ihn wieder in einen Menschen. Am Tage aber war Dhawal ein Frosch. Kraft ihrer Zaubersprüche hatte Dhawal auch die Erinnerung an alles verloren, was vorher gewesen war. So lebte er nun in der Gewalt der Tochter des Hofarztes.

Shīlkumārī hatte lange auf Dhawal gewartet. Als er aber nicht

zurückkam, begriff sie, was geschehen war, denn sie hatte schon von der Zauberkraft der Frauen in der Stadt Kāmrūp gehört und wußte, wie man hier mit Fremden verfuhr. Deshalb kaufte sie sich auf dem Bāzār prächtige Kleider und verkleidete sich als Prinz. Dann suchte sie den Hof des Rādshās auf und bat um eine Anstellung. Dem Rādshā gefiel der Jüngling, er gab ihm eine gute Arbeit.
Von nun an diente Shīlkumārī und suchte gleichzeitig nach Dhawal. Bei ihrer Arbeit zeigte sie großes Geschick und erwarb sich bald die besondere Gunst des Rādshās, der immer größere Hoffnungen in sie setzte. Eines Tages nahm der Rādshā Shīl mit auf die Jagd. Es war ein herrlicher Tag. Sie drangen tief in den Wald ein und wurden schließlich müde. Die anderen Gefährten waren weit zurückgeblieben. Der Rādshā und Shīl gelangten an einen Teich. Dort war es angenehm kühl. Am Ufer des Teiches stand ein großer Baum. Sie stiegen von ihren Pferden, und der Rādshā legte sich nieder, um ein wenig zu ruhen. Auf einmal tauchte ein Löwe auf und fiel den Rādshā an. Shīl, die den Löwen schon von weitem gesehen hatte, schoß sofort einen vergifteten Pfeil ab, und der Löwe fiel auf der Stelle tot um.
Der Rādshā, überglücklich, daß der junge Mann ihm das Leben gerettet hatte, wollte ihn mit seiner Tochter verheiraten. Die verkleidete Prinzessin nahm das Angebot des Rādshās an, wandte aber ein, daß es in ihrem Lande Brauch sei, sich zunächst mit dem Schwert des Mannes zu vermählen. Danach müßten Mann und Frau sechs Monate lang getrennt leben. Hielte man sich nicht daran, würden die Eheleute vorzeitig sterben. Der Rādshā ging auf alle Bedingungen ein. Dhawal hatte aber, als er gegangen war, sein Schwert zurückgelassen. Das stellte Shīl nun für die Hochzeit zur Verfügung. So wurde die Prinzessin von Kāmrūp mit Dhawals Schwert vermählt. Im Schloß lagen die Zimmer von Shīl und der Prinzessin weit voneinander entfernt. Shīl dachte sich: ›Nun habe ich noch sechs Monate gewonnen. Wenn ich in dieser Zeit Dhawal nicht finde,

kommt alles ans Licht.‹ Unaufhörlich überlegte sie, wie sie Dhawal finden könnte. Als sie sah, wie die Hochzeit in der Stadt gefeiert wurde, kam ihr ein Einfall: ›Das könnte man doch auch ausnutzen!‹

Sie wandte sich an den Rādshā: »Mahārādsh! Es wäre bestimmt sehr gut, wenn auch Tierwettkämpfe stattfänden. Ein Elefant könnte mit einem Elefanten, ein Pferd mit einem Pferd und ein Frosch mit einem Frosch kämpfen.« Der Rādshā war einverstanden. Shīl ließ austrommeln, daß alle mit ihren Tieren herbeikommen sollten. Auch den Besitzern von Papageien wurde befohlen, mit ihren Papageien zu erscheinen. Überall in der Stadt setzte man nun Tierkämpfe an.

Eine Woche lang geschah nichts Besonderes. Am achten Tag sollten die Tiere aus dem Gehege des Hofarztes zum Wettkampf antreten. Die Tochter des Hofarztes wollte ihren Frosch verbergen, aber die Soldaten hatten ihn entdeckt und ergriffen ihn, ehe sie ihn verstecken konnte. Shīlkumārī sah sich vor jedem Kampf selbst die Tiere an. Als die Frösche an die Reihe kamen, erblickte sie einen, der eine Schnur um den Hals trug. Sie begriff, daß dieser Frosch, wenn nicht gar Dhawal selbst, so doch ein Mensch war. Den Soldaten befahl sie, diesen Frosch ins Schloß zu bringen, und setzte hinzu: »Ich habe ihn gekauft.« Die Tochter des Hofarztes wiederholte immer wieder: »Ich will meinen Frosch nicht verkaufen!« Aber was hätte sie schon gegen den Schwiegersohn des Rādshās ausrichten können? Der Frosch wurde bezahlt.

Als sich Shīl endlich allein in ihrem Zimmer befand, löste sie die Schnur vom Hals des Frosches. Sogleich stand Dhawal in seiner wahren Gestalt vor ihr. Zuerst blickte er recht verwirrt drein, doch beim Anblick der Prinzessin Shīl kehrten die verlorenen Erinnerungen zurück. So waren die beiden nach langer Trennung wieder vereint.

Shīl nahm Dhawal bei der Hand und brachte ihm zum Rādshā von Kāmrūp. Sie erzählte dem Rādshā die ganze Geschichte und fügte hinzu: »Mahārādsh! Das Schwert, mit dem Eure

Tochter vermählt wurde, gehört in Wirklichkeit ihm. Deshalb ist sie seine Gemahlin. Sie soll mir wie eine jüngere Schwester sein. Ich werde mich stets um ihr Glück sorgen.«

Der Herrscher von Kāmrūp ließ das gelten.

Dhawal blieb nun eine Woche bei seinem Schwiegervater. Dann bat er den Herrscher von Kāmrūp, bei Shīls Vater, dem Herrscher der Stadt Pannā, für ihn einzutreten. Wenn dieser sein Einverständnis gab, konnte er in seine Heimat zurückkehren.

Dank der Bemühungen des Herrschers von Kāmrūp erkannte auch der Herrscher von Pannā Dhawal als seinen Schwiegersohn an, und Dhawal kehrte mit seinen beiden Gemahlinnen zurück.

Die verwitwete Mutter von Dhawal in Anūp war tiefbestürzt, als sie erfuhr, daß ihr Sohn verschwunden war, aber sie hoffte dennoch, daß er noch lebe. Alle waren stets um sie bemüht, und doch verließ sie Anūp, um ihren Erinnerungen zu entfliehen. Zufällig langte auch sie an dem Tag in der Stadt Pannā an, als Dhawal dorthin zurückkehrte. Sie hatte beschlossen, ihrem Leben ein Ende zu setzen.

Dhawal wurde in Pannā mit großer Pracht empfangen. Er ritt auf einem Elefanten in die Stadt ein. Plötzlich sah er eine alte Frau vor dem Elefanten liegen. Noch ein Schritt, und der Elefant hätte sie zerstampft! Sogleich war Dhawal vom Elefanten gesprungen und hatte die Alte weggezogen. Dabei zerfetzte ihm der Stoßzahn des Elefanten einen Ärmel, und auf dem entblößten Arm kam nun ein Muttermal zum Vorschein. Die alte Frau sah dieses Zeichen und fiel in Ohnmacht.

Eine große Menschenmenge hatte sich ringsum versammelt. Die Leute hatten den Blick der Alten auf das Mal bemerkt. Dhawal und all die anderen wollten nun nur zu gern wissen, was das zu bedeuten hatte. Die Alte wurde ins Haus des Ministers gebracht. Als sie dort wieder zu sich kam, starrte sie erneut auf Dhawal. Dhawal wunderte sich. Sein Ziehvater

aber, der Minister, war sehr klug. Er fragte sie leise: »Mutter! Was hat solch großen Eindruck auf Euch gemacht?«
Die Alte erwiderte: »Mahārādsh! Alten Augen kann man nicht trauen. Vergeßt mich! Laßt mich gehen!«
Der Minister aber war nicht so leicht zu überzeugen. Er bemühte sich, das Rätsel zu ergründen, denn er hegte bereits eine Vermutung und wollte nun wissen, ob sie stimmte. Schließlich brachte er die alte Frau dazu, ihm, ohne sich zu schämen, alles zu erzählen. So berichtete sie nun der Reihe nach. Der Minister verglich den Zeitpunkt der Ankunft Dhawals bei ihm mit dem, was die alte Frau über das Verschwinden ihres Sohnes sagte, und kam zu der festen Überzeugung, daß die Alte Dhawals leibliche Mutter war. Dhawals Mutter erhielt ihren Platz in der Familie des Ministers und wurde mit größter Ehrerbietung behandelt, ihr Leid hatte ein Ende.
Nach dem Tode des Ministers ernannte der Rādshā von Pannā Dhawal zum Minister. Dhawal lebte nun mit seinen beiden Gemahlinnen glücklich und zufrieden.

Die Wetālin als Rānī

In alten Zeiten herrschte einmal ein Rādshā, Prithwīsingh mit Namen. Seine Untertanen behandelte er wie eigene Kinder. Auch seine Rānī, die sehr schön war, nahm Anteil am Glück und am Leid des Volkes. Sie erwartete ein Kind. In wenigen Tagen sollte es zur Welt kommen.
Der Rādshā liebte die Jagd. Eines Tages ritt er mit seinen Reitern in den Wald, um zu jagen. Bald stieß er auf ein Wildschwein. Der Rādshā gab seinem Pferd die Sporen, um das Tier zu verfolgen. Das aber rannte sehr schnell davon. Manchmal lief es vornweg, manchmal lief das Pferd schon neben ihm. So neigte sich der Tag. Da sah der Rādshā, wie das Wildschwein in einem Gebirgstal in einer Höhle verschwand.
Es war dunkel geworden, zurück in die Hauptstadt konnte er

jetzt nicht mehr, und so folgte der Rādshā dem Wildschwein in die Höhle. Dort brannten viele Fackeln. Ringsum war es taghell. Auf einem Thron saß eine wunderschöne Frau. Den Rādshā nahm ihre Schönheit ganz gefangen. Die Schöne rief den Rādshā an, als ob sie bereits auf ihn gewartet hätte, und ließ ihn neben sich Platz nehmen.
Er starrte die Schöne unverwandt an. Sie fragte ihn: »Gefalle ich dir?«
Der Rādshā erwiderte: »Ja, ich möchte dich heiraten.«
Dazu war sie sogleich bereit. Sie besiegelten ihren Bund, indem sie ihre Ketten tauschten. Die Nacht verbrachte der Rādshā in der Höhle, setzte die Schöne am nächsten Tag auf sein Pferd und brachte sie in die Hauptstadt. Über ihrer Schönheit vergaß er seine erste Rānī. Zum Empfang der neuen Rānī befahl er ein Fest, das eine ganze Woche lang dauerte.
Einige Zeit später ereigneten sich seltsame Dinge. Im Pferdestall des Rādshās fand man jeden Tag ein totes Pferd. Als der Pferdemeister dem Rādshā die Meldung machte, fiel der Verdacht zuerst auf die Wächter. Man wechselte sie aus. Dennoch gab es weiterhin jeden Tag ein totes Pferd.
Niemand wußte, daß die neue Rānī eine Wetālin war. Jeden Tag gelüstete es sie nach Blut, und so tötete sie jeden Tag ein Pferd. Von Anfang an war die neue Rānī darauf aus, die andere zu vernichten, und suchte nach einer Gelegenheit. Eines Nachts strich sie der Schlafenden ein wenig Blut ins Gesicht. Am Morgen teilte sie dem Rādshā mit: »Ich habe herausgefunden, wer die Pferde umbringt«, und brachte ihn in die Gemächer der ersten Rānī. Diese fuhr aus dem Schlaf auf. Der Rādshā sah das Blut in ihrem Gesicht. Das verwunderte ihn sehr. Sogleich befahl er, sie des Landes zu verweisen.
Die Rānī erwartete ein Kind. Wo sollte sie hin? Sie begab sich zu ihrem Bruder. Dort brachte sie einen schönen Knaben zur Welt. Nach einigen Jahren war der Knabe zu einem jungen Mann herangewachsen. Die Rānī erzählte ihm die Geschichte ihrer Ausweisung. Den Prinzen packte die Wut. Er wollte sich

an seinem Vater rächen und begann Pläne zu schmieden. Er beschloß, in das Reich seines Vaters zurückzukehren, um sich an Ort und Stelle von den Untaten der neuen Rānī überzeugen zu können, und bat seine Mutter, mit ihm zu kommen. Mutter und Sohn reisten gemeinsam wieder in ihr Heimatland.

Unterwegs gelangten sie an einen Fluß. Der Jüngling sah eine schöne Lotosblume darin treiben. Mit der Erlaubnis seiner Mutter holte er die Blume aus dem Wasser. Im Innern der Blüte befand sich ein Edelstein. Die Rānī hatte noch nie in ihrem Leben einen so schönen Edelstein gesehen. In der Stadt verkaufte die Rānī ihn einem bekannten Juwelier. Von dem Geld für den Edelstein erwarben sie ein Haus, und dort lebten Mutter und Sohn glücklich miteinander.

Am nächsten Tag begab sich der Jüngling an den Hof, um in den Dienst des Herrschers zu treten. Der Rādshā erkannte ihn nicht, fand aber Gefallen an ihm und gab ihm einen guten Posten. Die neue Rānī allerdings erkannte in ihm den Sohn der ersten Rānī. Sie war auf der Hut und beschloß, ihn töten zu lassen, damit sie in Ruhe leben konnte.

Der Juwelier hatte den ungewöhnlichen Edelstein dem Rādshā geschenkt. Dem Rādshā gefiel der Edelstein sehr, und er verehrte ihn der neuen Rānī. Diese erblickte darin eine gute Gelegenheit, sich des Prinzen zu entledigen. Sie bat den Rādshā: »Ich brauche noch zwölf solche Edelsteine, damit ich mir eine Kette anfertigen lassen kann.«

Der Rādshā ließ den Juwelier rufen und fragte ihn: »Hast du noch mehr solche Edelsteine?« Der Juwelier verneinte das: »Solch makellosen glänzenden Stein habe ich noch nie zuvor in meinem Leben gesehen.« Als sie das vernommen hatte, zog sich die neue Rānī in ihre Gemächer zurück und sagte zu dem Rādshā: »Wie dem auch sei! Fordert noch mehr solche Edelsteine! Sonst verweigere ich Essen und Trinken, selbst wenn es mich das Leben kosten sollte.«

Der Rādshā befand sich nun in einem Zwiespalt und wußte nicht, was er tun sollte. Schließlich ließ er bei Hofe verkünden, daß er demjenigen eine große Belohnung geben werde, der noch zwölf solche Edelsteine herbeibringe. Niemand wußte, wo man die Edelsteine bekommen konnte. Alle schwiegen. Da trat der junge Prinz vor und erklärte dem Rādshā: »Ich werde alles unternehmen, um solche Edelsteine herbeizuschaffen.«

Am Morgen suchte sich der Prinz ein prächtiges Pferd aus und holte sich ein herrliches Schwert aus der Waffenkammer. Mit dem Segen seiner Mutter machte er sich auf die Suche nach den Edelsteinen. Er begab sich dorthin, wo er die Lotosblume gefunden hatte, fand aber nichts. Da wanderte er flußaufwärts am Ufer entlang. Er war überzeugt, daß sich dort, wo die Lotosblume herstammte, noch mehr solche Blüten befinden mußten.

Nach fünf Tagen und fünf Nächten entdeckte er so eine Blume. Der Prinz dachte, daß er nun auch danach suchen sollte, wo die Blumen herkamen, wenn er schon so weit gezogen war. Er setzte also die Suche fort. Er ritt und ritt und gelangte an einen Ort, wo in der Mitte des Flusses ein Schloß stand. Niemand war darin zu sehen. Am Ufer war ein Boot angebunden. Der Prinz setzte sich hinein und fuhr zu dem Schloß. Dort sah er eine Prinzessin, der man den Kopf abgeschlagen hatte. Aus dem Rumpf tropfte das Blut in die Lotosblumen, und kaum war ein Tropfen in eine Blüte gefallen, verwandelte er sich auch schon in einen Edelstein.

Neben der Prinzessin hing ein Schwert. Auf der anderen Seite lag ein goldener Stab. Der Prinz hob den goldenen Stab auf und berührte damit versehentlich den Kopf der Prinzessin. Kaum war das geschehen, als Kopf und Rumpf sich wieder vereinten. Die Prinzessin richtete sich auf. Als sie den Prinzen erblickte, war sie zuerst freudig erregt, dann wieder zutiefst betrübt. Der Prinz fragte sie, als er ihre wechselnden Gefühle sah: »Weswegen machst du dir Sorgen? Warum lachst du erst und weinst dann wieder?«

Die Prinzessin erzählte: »Ich bin die Tochter eines Riesen. Ehe mein Vater weggeht, schlägt er mir den Kopf ab. Sobald er zurückkommt, macht er mich durch die Berührung mit dem goldenen Stab wieder lebendig. Es gefällt ihm nicht, wenn ein Fremder hier auftaucht. Er muß jetzt gleich kommen, und wenn er dich erblickt, bringt er dich um. Ich habe mich gefreut, als ich dich sah. Dann aber mußte ich an deinen Tod denken und wurde traurig.«

Der Prinz fragte die Prinzessin: »Gibt es keinen Ausweg, um deinem Vater zu entgehen?« Er schlug ihr sogar die Heirat vor. Die Tochter des Riesen überlegte eine Weile. Sie war es leid, stets allein zu sein, und suchte nach einer Gelegenheit zu fliehen. Sie hieß den Prinzen im Wasser untertauchen. Der Prinz pflückte zwei Blumen und legte die hohlen Stengel an seine Nasenlöcher. So konnte er sich unter dem Wasserspiegel verbergen und doch Luft holen. Ehe er sich versteckte, hatte er der Tochter des Riesen den Kopf wieder abgeschlagen, damit ihr Vater nichts von seiner Ankunft merkte.

Kaum war der Abend hereingebrochen, kam der Riese zurück und erweckte seine Tochter wieder zum Leben. An diesem Tag bereitete die Prinzessin ihrem Vater ein gutes Essen und gab ihm viel Wein zu trinken. Als der Riese genug gegessen und getrunken hatte, redete sie mit ihm über dieses und jenes. Sie fragte ihn: »Was soll aus mir werden, wenn du einmal stirbst? Ich habe doch die Welt da draußen noch nie gesehen. Wirst du mich denn nicht einmal verheiraten wollen?« Der Riese fand richtig, was seine Tochter da sagte, und meinte: »Such dir einen geeigneten Mann! Mit dem werde ich dich verheiraten.«

Als die Tochter dieses Versprechen von ihrem Vater bekommen hatte, holte sie den Prinzen aus dem Wasser. Dem Riesen gefiel der Prinz, und sogleich verheiratete er die beiden miteinander.

Der Prinz erhielt viele Edelsteine und kehrte mit seiner Frau in die Hauptstadt zurück. Seine Frau ließ er bei seiner Mutter und überbrachte die Edelsteine dem Rādshā. Erfreut belohnte der Rādshā den Prinzen reichlich. Die neue Rānī war enttäuscht. Sie hatte nicht damit gerechnet, daß der Prinz von diesem gefährlichen Unternehmen lebend wiederkehren würde. Nun suchte sie nach einer neuen Möglichkeit, um den Prinzen zu töten.

Eines Tages begann die Rānī zu weinen. Als der Rādshā nach dem Grund fragte, sagte sie: »Ich habe heftige Kopfschmerzen. Dagegen hilft eine Blume, die im Tal des Todes wächst. Wenn man ihren Duft einatmet, vergehen die Schmerzen.« Der Rādshā fragte seine Hofleute, wer es wagen wolle, die Blume zu holen. Alle schwiegen. Der Prinz aber nahm diese Aufgabe auf sich.

Das Tal des Todes lag fast fünfhundert Kos von der Hauptstadt entfernt. Dort lebten schreckliche Riesen, die Menschen fingen und töteten. Die neue Rānī sagte: »Meine Mutter lebt dort. Ich werde dem jungen Mann einen Brief an sie mitgeben.«

Der Prinz beschäftigte sich mit den Vorbereitungen für die Reise. Seine Frau, die Tochter des Riesen, sah ihn nur noch selten und fürchtete, daß Unheil drohte. Als der Prinz schlief, holte sie den Brief aus seiner Tasche. Die neue Rānī hatte ihn in der Sprache der Wetāls geschrieben. Der Prinz kannte diese Sprache nicht, deshalb wußte er nicht, was darin stand. Seine Frau aber war die Tochter eines Riesen. Sie konnte die Sprache der Wetāls lesen. Aus dem Brief erfuhr sie, daß die neue Rānī ihren Mann zu ihrer Mutter schickte, um ihn umbringen zu lassen. Sie nahm ein anderes Blatt Papier und schrieb einen neuen Brief: »Der Überbringer des Briefes ist mein Sohn. Hilf ihm, wo immer er Hilfe braucht!« Danach tauschte sie die Briefe aus und steckte dem Prinzen den von ihr geschriebenen in die Tasche. Am nächsten Morgen begab sich der Prinz in aller Frühe auf die Reise.

Nach zwei Wochen erreichte er das Tal des Todes. Als die Riesen ihn erblickten, freuten sie sich über alle Maßen, denn sie glaubten, daß ihnen da ein guter Fang in die Hände geraten war. Sie würden sich den Bauch vollschlagen können. Kaum hatte der Prinz ihnen aber seinen Brief übergeben, änderte sich

die Lage. Die Riesen empfingen ihn ehrerbietig und brachten ihn zu ihrer Mutter.
Die Mutter der Riesen hielt den Prinzen nun für ihren Enkel und begrüßte ihn liebevoll. Sie sprach: »Du bist das erste Mal hier und mußt deshalb einige Tage bleiben.« Der Prinz war einverstanden. Nun spazierte er als Gast im Tal des Todes umher. Er suchte ja jene Blume.
Eines Tages entdeckte er ein großes Tor. Er fragte seine ›Großmutter‹: »Was befindet sich hinter diesem Tor?« Zuerst tat sie, als hätte sie nichts gehört, dann suchte sie die Sache abzubiegen. Weil der Prinz aber nicht davon abließ, erzählte sie ihm schließlich, daß sich hinter dem Tor ein großer Teich befände, in dessen Mitte ein Baum stehe. An diesem Baum würden Käfige mit Papageien und Mainās hängen. Jeder Papagei bewahre die Seele eines Riesen, jede Mainā die eines bösen weiblichen Geistes. In der kleinsten Mainā verberge sich die Seele seiner Mutter, die der neuen Rānī.
Da freute sich der Prinz über die Maßen. Am nächsten Tag, als alle Riesen fortgegangen waren, öffnete er das Tor. Tatsächlich befand sich dort ein großer Teich mit schönem blauem Wasser. Mitten in dem Teich wuchs ein Banyānbaum, an dem einige Käfige hingen. Der Prinz holte sich den Käfig mit der kleinsten Mainā herunter. Den wollte er mitnehmen. Dann schlug er den Ast ab, an dem die anderen Käfige hingen. Der Ast fiel ins Wasser, und die Käfige versanken darin. Alle Papageien und Mainās ertranken. So fanden die Riesen und Wetāls aus dem Tal des Todes ihr Ende.
Danach kehrte der Prinz mit dem Mainākäfig nach Hause zurück. Er begab sich geradenwegs ins Schloß und sagte: »Ich möchte dem Mahārādsh etwas Erstaunliches zeigen.«
Der Rādshā fragte: »Hast du die Blume?«
Der Prinz erwiderte: »Ja, Mahārādsh. Aber ehe ich die Blume übergebe, möchte ich Euch ein Wunder vorführen.« Danach holte er die Mainā aus dem Käfig. Kaum hielt er sie in seinen Händen, als das Herz der neuen Rānī heftig zu schlagen be-

gann. Sie hastete in den Saal, in dem der Rādshā Hof hielt. Kaum war sie hier angelangt, riß der Prinz der Mainā ein Bein aus. Da fiel auch der Rānī ein Bein ab. Dann riß der Prinz der Mainā einen Flügel aus. Da fiel der Rānī ein Arm ab und mit dem anderen Flügel der Mainā auch der andere Arm. Trotzdem hüpfte die Rānī auf einem Bein weiter auf den Prinzen zu. Als sie noch einige Gaz entfernt war, drehte der Prinz der Mainā den Hals um. Mit lautem Krachen fiel die Rānī tot zu Boden.

Als die Hofleute das sahen, waren sie starr vor Staunen. Danach erklärte der Prinz ihnen alles: »Die neue Rānī ist die Tochter einer Wetālin. Sie hat die rechte Rānī des Landes verweisen lassen. Ich selbst bin der Sohn des Rādshās.« Der Rādshā sah nun, welchen Fehler er begangen hatte. Er umarmte seinen Sohn und schickte Sänften zu seiner ersten Rānī und der Schwiegertochter, um die beiden zu holen. Alle freuten sich sehr, daß die Rānī ins Schloß zurückkehrte. Der Rādshā und die Rānī, sein Sohn und dessen Frau lebten nun glücklich und zufrieden zusammen im Schloß. Einige Zeit später starb der Rādshā. Der Prinz bestieg den Thron und begann mit großem Geschick zu herrschen.

Die mutige Kānhar De

Am Ufer des Flusses Māhī gab es einmal eine Stadt namens Khambāt. Dort herrschte ein großer und mächtiger Rādshā. Er hatte eine Tochter, Kānhar De mit Namen. Sie war im heiratsfähigen Alter. Die Stadt Khambāt lag einsam und von anderen Ansiedlungen weit entfernt, so daß kein Prinz sich dorthin verheiraten wollte. Den Rādshā bedrückte nun der Gedanke, wie er für seine Tochter einen Mann bekommen sollte.

Eines Tages rief er den Hofpriester und befahl ihm, einen geeigneten Bräutigam für die Prinzessin zu suchen. Der Hofpriester machte sich sogleich in einer Sänfte auf den Weg und nahm einige berittene Soldaten mit. Sie waren schon weit herumgekommen, hatten unterwegs in allen Städten nach einem geeigneten Bräutigam gesucht, waren aber immer wieder enttäuscht worden.

Allmählich näherten sie sich der Stadt Widyā. Vor der Stadt trieben einige Jünglinge Spiele. Unter ihnen war auch ein schöner junger Mann, der bei allen Spielen als Sieger hervorging. Als die Spiele zu Ende waren und die Jünglinge sich anschickten, in die Stadt zurückzukehren, rief der Hofpriester jenen Jüngling allein zu sich und befragte ihn nach seiner Herkunft. Er freute sich zu hören, daß der junge Mann der Sohn des Rādshās dieser Stadt war, sein Name war Bhānusingh. Der Hofpriester erzählte ihm, warum er gekommen war. Der Prinz nahm den Heiratsantrag an.

Auf dem Heimweg hielten der Priester und sein Gefolge in einer großen Stadt an. Der Hofpriester hatte die Heiratsangelegenheiten zwar mit dem Prinzen Bhānusingh abgesprochen, aber nicht mit dessen Vater. Nun war er nicht sicher, ob Bhānusingh zur festgelegten Zeit nach Khambāt kam, und befand sich also in einem Zwiespalt. Deshalb begab er sich auch an den Hof dieser Stadt, gewann auch den hier lebenden Prinzen für eine Heirat mit Kānhar De und gab ihm als Tag für die Hochzeit den gleichen an, den er Bhānusingh genannt hatte. Nach Khambhāt zurückgekehrt, berichtete er dem Rādshā aber nur von der zweiten Abmachung.

Zum festgelegten Zeitpunkt erschien der Rādshā der zweiten Stadt mit einem großen Gefolge von Reitern, Kamelen und Elefanten in Khambāt, um seinen Sohn dort zu verheiraten. Der Rādshā von Khambāt bereitete der Barāt einen prunkvollen Empfang.

Auch der Prinz von Widyā traf um diese Zeit auf einem Kamel in Khambāt ein. Er begab sich ohne Aufenthalt zum Haus des Hofpriesters. Jener aber war mit der Begrüßung des anderen Bräutigams beschäftigt. Man schickte einen Boten. Als der Hofpriester Bhānusingh erblickte, geriet er in helle Aufregung.

Er ließ Bhānusingh unterbringen und begab sich selbst zu Kānhar De, um ihr alles zu erzählen.
Die Prinzessin hörte sich an, was der Hofpriester ihr sagte, und erfuhr so auch, daß Bhānusingh viel schöner und klüger war als der andere Prinz. Deshalb wollte die Bhānusingh kennenlernen.
Wegen der Hochzeitsfeier hatten sich viele Menschen versammelt. Da konnte der Hofpriester die Prinzessin unmöglich mit in sein Haus nehmen. Er hieß sie die Kleider einer Dienerin anziehen, und so verkleidet begab sie sich in das Haus des Hofpriesters. Kaum hatte sie Bhānusingh gesehen, als sie auch schon völlig von ihm bezaubert war. Sie bat den Hofpriester, sie sogleich mit ihm zu verheiraten. Der Hofpriester erklärte daraufhin, daß der Rādshā von der ganzen Sache nichts wisse und es deshalb jetzt nur einen Weg für Kānhar De und Bhānusingh gebe: Sie sollten nach Widyā gehen und die Hochzeit dort vollziehen. Die Prinzessin war einverstanden. Der Hofpriester teilte Bhānusingh mit, daß er in der Nacht mit seinem Kamel an das hintere Tor des Schlosses kommen solle.
Die Prinzessin bereitete sich auf eine lange Reise vor. Dann wartete sie bis zur vereinbarten Zeit nach Mitternacht. Auch Bhānusingh kam zur verabredeten Stunde an das hintere Tor des Schlosses, aber ihn übermannte dort der Schlaf.
Zur selben Zeit kam ein Dieb vorbei. Als der das Kamel erblickte, wollte er es stehlen. Er war schon aufgestiegen, da sah er ein schönes Mädchen mit einer Schmuckschatulle aus dem Schloß kommen. Das war die Prinzessin. Sie merkte nicht, in wessen Händen sich die Zügel des Kamels befanden, und stieg auf. Das aber war dem Dieb gerade recht. Er trieb nun das Kamel zur Eile an.
Beide ritten die ganze Nacht, ohne ein Wort miteinander zu wechseln. Am Morgen, als die Prinzessin anstelle Bhānusinghs einen Fremden erblickte, wurde ihr klar, daß sie einen Fehler begangen hatte. Aber sie war beherzt und klug. Nachdem sie eine Weile geritten waren, gab sie vor, Durst zu haben, und bat

den Dieb, ihr Wasser zu bringen. Als der Dieb an einem Brunnen in der Nähe Wasser emporzog, versetzte ihm Kānhar De einen solchen Stoß, daß er in den Brunnen fiel. Dann ritt sie auf dem Kamel davon.

Nach einigen Tagen gelangte sie zu einer Stadt. Vor der Stadt befand sich der Garten des Rādshās. Kānhar De war müde. Sie setzte sich nieder, um auszuruhen. Der Gärtner entdeckte das unter einem Baum sitzende schöne Mädchen, verliebte sich und machte ihr einen Heiratsantrag.

Kānhar De dachte bei sich, daß sie diesen Antrag annehmen müsse, denn sonst würde der Gärtner Leute herbeirufen und sie gefangennehmen lassen. Also erklärte sich die Prinzessin einverstanden, stellte aber die Bedingung, daß er zuvor genügend Reichtümer zusammentragen solle. Der Gärtner führte sie zu einer Hütte in der Nähe. Dort zeigte er ihr viel Geld und Edelsteine, die er in einer Truhe versteckt hielt. Das alles hatte er nach und nach bei Hofe gestohlen. Kānhar De tat, als ob sie sich darüber sehr freue, und beauftragte den Gärtner, sogleich einen Brahmanen zu holen, der sie trauen sollte. Das aber wollte ja der Gärtner. Er ging in die Stadt. Kaum war er weg, nahm Kānhar De sein gesamtes Vermögen an sich, bestieg ihr Kamel und floh.

Als sie ein Stück geritten war, gelangte sie in eine bergige Gegend mit dichtem Wald. Dort traf sie auf vier bewaffnete Männer. Kānhar De begriff sogleich, daß es Räuber waren. Absichtlich hielt sie ihr Kamel neben ihnen. Die Räuber freuten sich sehr, daß sich eine so schöne Frau ihnen angeschlossen hatte, begannen aber zu streiten, wem von ihnen sie gehören sollte. Die Prinzessin wollte diesen Streit zu ihrer Rettung nutzen. Sie sprach: »Ich kann nicht die Frau von euch vieren zugleich werden. Deshalb sollt ihr alle vier eine halbe Meile weit laufen, jeder in eine andere Richtung. Ich heirate den, der zuerst zurück ist.« Die Räuber gingen auf den Vorschlag ein, ließen ihre Waffen liegen und rannten los. Kānhar De sammelte alle Waffen ein, setzte sich auf ihr Kamel und ritt schnell davon.

Als die Räuber zurückkamen, waren sowohl die Schöne als auch ihre Waffen verschwunden. So blieb ihnen nur der Ärger.

Einige Tage später gelangte Kānhar De in ein Dorf. Vor dem Dorf lebte ein alter Brahmane. Kānhar De erzählte ihm alles, was ihr widerfahren war, gab ihm etwas Geld und bat ihn um Männerkleidung. Dann verkleidete sie sich als Mann und zog weiter.

Am nächsten Abend erreichte sie die Stadt Alkāpurī. Der hiesige Rādshā war sehr gütig, und die Prinzessin reiste nun nicht mehr weiter. Sie wußte, daß Prinz Bhānusingh auf dem Weg in seine Heimat durch Alkāpurī kommen mußte, also blieb sie dort, um auf den Prinzen zu warten. Inzwischen trat sie in den Dienst des Rādshās, um sich die Zeit zu verkürzen. Durch ihre Klugheit erwarb sie sich bald sein Vertrauen. Der Rādshā war alt und hatte keinen Sohn. Kānhar De liebte er bald so sehr, daß sie für ihn wie ein eigener Sohn war.

In Khambāt hatte Bhānusingh beim Erwachen festgestellt, daß sein Kamel gestohlen und die Prinzessin verschwunden war. Das betrübte ihn sehr, aber weil er Spuren lesen konnte, folgte er dem Kamel. Er ging und ging und kam schließlich an den Ort, wo die Prinzessin den Dieb in den Brunnen gestoßen hatte. Bhānusingh zog ihn heraus und erfragte von ihm, was geschehen war. Dann folgte er wieder den Fußspuren des Kamels und nahm auch den Dieb mit.

Bhānusingh erreichte auch den Garten, in dem sich die Prinzessin ausgeruht hatte, und sah dort den Gärtner traurig in einer Ecke sitzen. Auf die Frage des Prinzen erzählte der Gärtner sein Erlebnis. Als der Prinz nun von dort weiterzog, nahm er außer dem Dieb auch den Gärtner mit.

Dann kamen sie in den Wald. Dort erblickten sie vier Sādhus. Das waren jene Räuber, die, von der Prinzessin überlistet, nun aus lauter Verzweiflung Asketen geworden waren. Der Prinz fragte die Sādhus, ob sie ein auf einem Kamel reitendes Mädchen gesehen hätten. Die vier erzählten, was ihnen widerfahren war und wie jene Schöne sie übertölpelt hatte. Vor lauter Scham hätten sie nun ihr Räuberhandwerk aufgegeben und wären Sādhus geworden. Der Prinz stellte sich ihnen vor und erklärte, daß er ausgezogen sei, um jenes schöne Mädchen zu suchen. Die vier Räuber schlossen sich nun ebenfalls dem Prinzen an.

Einige Monate später erreichten sie Alkāpurī. Dort endeten die Kamelspuren. Nun suchten sie die Prinzessin in der Stadt. Einige Tage lang blieben sie ohne Erfolg. Dann zogen einmal die Kamele des Rādshās durch die Straßen. Unter ihnen entdeckte der Prinz sein Reittier. Das stimmte ihn froh. Er trat zu dem Kamel und rief es an. Als die Diener das sahen, staunten sie und berichteten es dem Rādshā.

Der alte Rādshā war aber schon gestorben, jetzt herrschte die als Mann verkleidete Prinzessin von Khambāt. Sie befahl den Dienern, jenen Jüngling sogleich herzubringen. Die Diener führten den Befehl aus. Die Prinzessin erkannte den Prinzen, ließ sich aber nichts anmerken, sondern fragte, was er in dieser Stadt suche. Bhānusingh erzählte seine Geschichte: Wie er die Prinzessin verloren hatte und nun auf der Suche nach ihr in diese Stadt gekommen war. Er erklärte auch, daß er keine Spur von der Prinzessin gefunden hatte, die aus Alkāpurī hinausführte. Die als Rādshā verkleidete Prinzessin sprach Bhānusingh Mut zu, bot ihm ihre Hilfe an, forderte aber noch: »Geh erst zu deinen Gefährten und frage sie, weswegen sie nach Alkāpurī gekommen sind!«

Der Prinz kehrte zu seinen Gefährten zurück und erzählte ihnen, daß ihm der Rādshā seine Hilfe versprochen habe. Danach erkundigte er sich: »Was werdet ihr tun, wenn wir die Prinzessin gefunden haben?«

Sie erwiderten: »Die Prinzessin ist deine Braut. Wir haben jetzt keinerlei Anspruch mehr auf sie, wollen aber diese kluge Frau unbedingt noch einmal sehen und von ihr unsere Sachen zurückfordern.«

Am nächsten Tag übermittelte der Prinz in aller Frühe dem

Rādshā die Antwort seiner Gefährten. Der Rādshā hieß ihn am Abend wiederkommen und seine Gefährten mitbringen. Dann wollte er sie mit der Prinzessin von Khambāt zusammenbringen.

Am Abend zog Kānhar De wieder Frauenkleider an, ließ zur festgelegten Zeit den Dieb, den Gärtner und die Räuber nacheinander zu sich rufen und gab ihnen zurück, was sie ihnen abgenommen hatte. Sie verabschiedeten sich von der Prinzessin und kehrten zufrieden nach Hause zurück. Zum Schluß ließ sie den Prinzen holen. Als der Prinz Kānhar De erblickte, geriet er vor Freude ein wenig in Verwirrung, faßte sich aber schnell wieder und bat sie wegen seines Fehlers um Verzeihung.

Bis jetzt hatte Kānhar De die Stadt Alkāpurī in Männerkleidung regiert. Nun ließ sie einen nahen Verwandten des verstorbenen Rādshās holen, erzählte ihm alles und bat ihn, die Herrschaft zu übernehmen. Als die Sache unter den Leuten bekannt wurde, staunten die Diener und Beamten des Reiches darüber, wie eine Frau die Rolle eines Mannes so gut hatte spielen können. Bis jetzt hatten alle sie für einen Mann gehalten. Sie stimmten dem Vorschlag Kānhar Des zu. Der neue Rādshā setzte sich auf den Thron. Danach machten sich Kānhar De und Bhānusingh auf den Weg nach Widyā.

Als sie die Stadt erreicht hatten, führte Bhānusingh Kānhar De zu einem alten Tempel am Rande der Stadt. Er erklärte ihr, daß man von diesem Tempel aus durch einen geheimen Gang direkt ins Schloß gelangen könne. Dieser Gang sei angelegt worden, damit sich die Familie des Rādshās bei feindlichen Überfällen in Sicherheit bringen konnte. Bhānusingh zeigte Kānhar De auch die Tür zu dem Geheimgang, ließ sie dort zurück und begab sich in die Stadt. Er wollte seinen Vater in Kenntnis setzen, damit man die Prinzessin feierlich in die Stadt führen konnte.

Die Prinzessin setzte sich vor den Tempel und wartete auf die Rückkehr des Prinzen. Da tauchte plötzlich ein Räuber auf.

Als er das schöne Mädchen erblickte, wollte er es rauben. Die Prinzessin aber war geistesgegenwärtig. Mit Freuden zeigte sie sich einverstanden, ihm zu folgen. Vorher wollte sie nur noch zu ihrer Hausgöttin beten. Was hätte der Räuber schon dagegen einwenden können? Er ließ die Prinzessin in den Tempel treten. Kaum war Kānhar De im Tempel, als sie auch schon die Tür zu dem geheimen Gang öffnete, hineinschlüpfte, die Tür hinter sich schloß und auf diese Weise ins Schloß gelangte.
Der Räuber wartete eine Weile vor dem Tempel auf die Prinzessin. Als sie aber nicht wieder herauskam, trat er ein, um sie zu suchen. Weil er aber auch hier keine Spur von ihr entdecken konnte, ging er enttäuscht nach Hause.
Einige Zeit danach langte der Prinz mit einem großen Gefolge aus dem Schloß beim Tempel an, um die Prinzessin zu empfangen. Als er sie nicht mehr vorfand, geriet er in Verzweiflung. Er konnte sich das nicht verzeihen und bereute es bitterlich, die Prinzessin ein zweites Mal verloren zu haben. Er beschloß, sein Leben in Wārānasī Gott zu opfern. Und so zog er zu Fuß sogleich aus der Stadt.
In Khambāt aber, wo man dabei gewesen war, alle Vorbereitungen für die Hochzeit von Kānhar De zu treffen, hatte der Rādshā ihren Freundinnen aufgetragen, die Prinzessin zu holen. Sie hatte aber das Schloß schon verlassen. Trotz allen Suchens war sie nicht aufzufinden.
Für den Rādshā von Khambāt bedeutete das ein großes Unglück. Die Barāt mußte wieder umkehren. Er schämte sich so sehr, sein Versprechen nicht gehalten zu haben, daß auch er nach Wārānasī zog, um dort sein Leben hinzugeben. So erreichten der Prinz von Widyā und der Rādshā von Khambāt gleichzeitig Wārānasī.
Kānhar De aber war durch den Gang in das Schloß gelangt. Die Mutter des Prinzen trauerte über die Nachricht, daß ihr Sohn nach Wārānasī gegangen war. Kānhar Des Ankunft tröstete sie etwas. Kānhar De aber traf mit einigen Soldaten noch vor Bhānusingh in Wārānasī ein.

In Wārānasī war es Brauch, daß ein Reumütiger, der sein Leben opfern wollte, erst im Tempel zu Shiw betete und sich dann auf eine steinerne Platte setzte. Dort zersägten ihn die Tempeldiener mit einer Säge in zwei Teile. Kānhar De hatte nun den Priestern etwas Geld gegeben und damit erreicht, daß sie sich weigerten, die Säge bei dem Prinzen anzusetzen.
Die Prinzessin erfuhr dann auch, daß der Prinz gekommen war, zu Shiw gebetet und sich auf die Platte gesetzt hatte, um sein Leben hinzugeben. Als es die Priester nun ablehnten, ihn zu zersägen, wollte Bhānusingh in die Gangā springen. Er befand sich schon auf dem Wege dorthin, als ihn die Soldaten Kānhar Des ergriffen und zur Prinzessin brachten. Bhānusingh war überglücklich, die Prinzessin wiederzuhaben. So waren die beiden endlich vereint.
Die Prinzessin schickte auch nach dem Rādshā von Khambāt. Auch er freute sich sehr, seine Tochter lebend wiederzusehen. Die Prinzessin erzählte ihrem Vater: »Der Hofpriester hatte mich zuerst mit Prinz Bhānusingh verlobt. Deshalb muß ich nun ihn heiraten, vermählt uns bitte selbst miteinander!«
Der Herrscher von Khambāt hörte auf seine Tochter. Zu einem günstigen Zeitpunkt richtete er die Hochzeit von Bhānusingh und Kānhar De mit großer Pracht und Herrlichkeit aus. Beide kehrten nun, durch die Bande der Ehe miteinander verbunden, nach Widyā zurück und herrschten glücklich über das Land.

Die kluge Kaufmannsfrau

Es war einmal ein Hirte, der hütete eine Herde Ziegen. Den lieben langen Tag verbrachte er mit ihnen. Die Ziegen waren seine Gefährtinnen. Allmählich nahm er auch die Gewohnheiten seiner Ziegen an. Das ging so weit, daß er sich zum Wassertrinken wie die Tiere auf seine vier Gliedmaßen stützte und das Wasser mit dem Mund aufnahm.
Einmal kam ein Kaufmann mit seiner Frau dort vorbei. Als er

sah, wie sich der Hirte benahm, sagte er zu seiner Frau: »Welch seltsames Spiel des Schicksals! Es hat den Hirten zu einer Ziege gemacht!«

Seine Frau aber widersprach: »Was soll denn das Schicksal hiermit zu tun haben? Das ist eine Sache des Zufalls. Es ist der Umgang, der abfärbt.«

Als der Kaufmann das hörte, schalt er seine Frau als dumm und sprach: »He! Du kennst dich in der Welt überhaupt nicht aus!«

Die Frau ärgerte das: »Wenn du so denkst, brauche ich gar nicht erst mit dir zu gehen. Ich werde hierbleiben.«

Der Kaufmann zog weiter. Seine Frau blieb dort zurück.

Als der Kaufmann fortgegangen war, begab sich seine Frau zu dem Hirten und sagte: »Ich bin deine Glaubensschwester, Bruder.«

Der Hirte erwiderte: »Ich bekomme am Tag sechs Fladen zu essen. Wenn du willst, kannst du hierbleiben. Wir werden sie uns teilen.«

Am nächsten Tag kam die Mutter des Hirten und brachte ihm das Essen. Als sie die Kaufmannsfrau erblickte, freute sie sich. Ihr Sohn hatte nun eine Glaubensschwester, die ihn unterstützte! Tagsüber blieb die Kaufmannsfrau bei dem Hirten, und die Nacht verbrachte sie bei seiner Mutter. So vergingen einige Tage.

Um die Lebensweise des Hirten zu verändern, fing die Kaufmannsfrau an, ihm das Essen zu beschneiden. Zuerst gab sie ihm statt sechs nur vier Fladen, dann drei statt vier und eines Tages schließlich war es nur noch einer. Durch das wenige Essen wurde der Hirte ganz schwach. Ihm fehlte nun die Kraft, um mit den Ziegen umherzustreifen. Als die Kaufmannsfrau das sah, sagte sie: »Du bist sehr schwach geworden. Diese Arbeit kannst du nicht mehr verrichten. Verkauf die Ziegen und befasse dich mit etwas anderem!« Zuerst lehnte der Hirte das ab, dann aber war er einverstanden.

Die Ziegen wurden verkauft. Danach brachte die Kaufmannsfrau dem Hirten Lesen und Schreiben bei. Später schickte sie ihn in eine Schule, damit er seine Kenntnisse erweiterte. Aus dem Hirten wurde ein Gelehrter. Die Kaufmannsfrau lehrte ihn gute Manieren. Sie brachte ihm bei, wie man sich zu setzen, wie man aufzustehen und wie man zu essen habe. In einigen wenigen Jahren hatte der Hirte alles gelernt.

Nun schlug ihm die Kaufmannsfrau vor, an den Hof des Rādshās zu gehen. Sie riet ihm aber, dort nur mit dem Rādshā selbst zu sprechen. Wenn dieser ihn frage, sollte er antworten: »Mahārādsh! Ich weiß sehr viel über Tiere. Ihr habt viele Pferde. Ich kann Euch gute Ratschläge geben, wie man sie zu halten hat.«

Der Hirt war nun auch ganz verständig geworden. Er befolgte den Rat und ging an den Hof des Rādshās. Dort setzte er sich etwas abseits und sprach kein einziges Wort. Erst als der Rādshā vorbeikam, stand der Hirte auf, grüßte den Rādshā und sagte ihm, was ihn die Kaufmannsfrau geheißen hatte.

Der Rādshā antwortete: »Ich bin einverstanden. Aber du mußt dich einer Prüfung unterziehen. Man wird dir zwei Stuten vorführen. Beide sind in Gestalt und Farbe völlig gleich. Du sollst herausfinden, welche von beiden die Mutter und welche die Tochter ist. Wenn du das kannst, stelle ich dich sofort ein. Wenn nicht, wirst du des Landes verwiesen.«

Der Hirte gab zur Antwort: »Gut! Ich werde herausfinden, welche die Mutter und welche die Tochter ist.«

Am Abend kehrte er niedergeschlagen nach Hause zurück und erzählte alles, was bei Hofe vorgefallen war. Die Kaufmannsfrau tröstete ihn: »Was ist da schon für ein Grund zur Aufregung? Ich werde dir sagen, wie du den Unterschied zwischen Mutter und Tochter herausfinden kannst.«

Am nächsten Morgen sprach die Kaufmannsfrau zu dem Hirten: »Geh zum Rādshā und fordere, daß die beiden Stuten einen ganzen Tag lang kein Futter bekommen sollen! Am Abend danach soll man einen Eimer voll Wasser und einen Haufen Futter zurechtmachen und die beiden Stuten dorthin schicken.« Die Kaufmannsfrau erklärte ihm auch genau, was noch zu tun war.

Der Hirt wiederholte ihre Worte vor dem Rādshā. Der Rādshā erteilte danach seine Befehle.

Am Abend sprach die Kaufmannsfrau zu dem Hirten: »Meiner Meinung nach wird die Tochter zuerst zum Wasser gehen und davon saufen. Sollte aber die Mutter als erste kommen, wird sie sich vorher umdrehen, um zu sehen, ob ihre Tochter auch folgt. So kannst du herausfinden, wer die Mutter und wer die Tochter ist.«

Daraufhin begab sich der Hirte in den Pferdestall des Rādshās und stellte sich neben den Eimer mit Wasser. Beide Stuten wurden losgelassen. Die Mutter erreichte das Wasser als erste. Ehe sie jedoch ihr Maul hineintauchte, drehte sie sich nach ihrer Tochter um. So erkannte der Hirte die Mutter unter den beiden Stuten.

Nach einiger Zeit, als die Stuten Wasser gesoffen und sich satt gefressen hatten, ging der Hirte zum Rādshā und berichtete ihm, welche von beiden die Mutter und welche die Tochter war. Der Rādshā freute sich sehr über seine Klugheit und ernannte ihn zum Ratgeber für die Tierhaltung. Nach und nach wurde er ein reicher Mann und führte ein prächtiges Leben in der Stadt.

Einige Jahre später kam jener Kaufmann, der seine Frau dort zurückgelassen hatte, wieder in diese Stadt. Die Frau erfuhr, wo er sich aufhielt. Sie bat den Hirten, den Kaufmann zum Essen einzuladen. Das tat dieser auch.

Nach dem Essen sah der Kaufmann dem Hirten aufmerksam ins Gesicht. Es kam ihm irgendwie bekannt vor.

Da lachte der Hirte und fragte: »Erinnert Ihr Euch an mich?«

Der Kaufmann erwiderte: »Mir kommt es so vor, als ob ich dich schon einmal gesehen habe. Aber wann und wo, das fällt mir einfach nicht ein.«

Da rief der Hirte seine Glaubensschwester. Als der Kaufmann

seine Frau erblickte, war ihm alles klar. Er bat seine Frau um Verzeihung. Mann und Frau gingen dann zusammen weg. Der Hirte aber lebte nun herrlich und in Freuden. Schließlich war er ja nun der Ratgeber des Rādshās für die Tiere.

Zwei kluge Brüder

Es war einmal ein Rādshā, der hatte einen überaus klugen Minister. Der Minister starb und hinterließ zwei Söhne, die ebenso klug waren wie ihr Vater. Der Rādshā wollte auch sie zu Ministern ernennen, aber einige Hofleute hintertrieben das, indem sie zu dem Rādshā sagten: »Ihr verstorbener Vater hat sich bei uns sechzigtausend Rupien geborgt.« Und der neue Minister meinte, daß man den beiden ein so ehrenvolles Amt wie das eines Ministers erst geben könne, wenn die Schuld getilgt sei.

Der Rādshā ließ die beiden Söhne zu sich rufen und fragte sie nach der Schuld. Die Jünglinge erwiderten: »O Herr! Wir wissen nichts davon. Aber wenn der neue Minister darauf Anspruch erhebt, werden wir sie unbedingt begleichen.«

Danach baten sie den Rādshā, ihnen eine Anstellung zu geben. Der Minister stimmte zu, ging aber sehr geschickt vor. Den einen stellte er als Türsteher ein und den anderen als Gärtner. Der Lohn, den sie erhielten, war so gering, daß er nicht einmal für ihren Lebensunterhalt ausreichte, geschweige denn zur Begleichung der Schuld.

Eines Tages berieten sich die die beiden Brüder nun untereinander und beschlossen, etwas zu unternehmen. Als am nächsten Tag der Rādshā an seiner Tür vorbeikam, wandte sich der Wache stehende Bruder an ihn: »Herr! Eurem Hof mangelt es nicht an klugen Leuten. Wenn mir jemand sagen könnte, was in der Welt das Höchste ist, wäre ich ihm sehr dankbar.«

Der Rādshā stellte diese Frage dann an seinem Hof den dort anwesenden Ministern und Edelleuten. Einer meinte, daß die

Berge das Höchste seien. Ein anderer erklärte die Macht des Geldes für das Höchste. Ein dritter hielt den auf dem Feld ausgesäten Samen dafür. Aber alle diese Antworten befriedigten den Rādshā nicht. Auch die Hofleute fanden keinen Gefallen an ihnen. In jeder Antwort entdeckten sie irgendeine Unzulänglichkeit.

So blieb der Rādshā ohne eine Antwort. Es fiel ihm aber auch nicht ein, daß der Türsteher ein Sohn seines verstorbenen Ministers war. Er ließ ihn rufen und verlangte von ihm, einen Menschen herbeizuschaffen, der die Frage beantworten könne.

Der Türsteher erwiderte: »Herr! Meiner Meinung nach weiß nur der neue Gärtner in Eurem Garten auf die Frage eine Antwort.«

Der Rādshā ließ den Gärtner auf der Stelle holen. Der Gärtner erschien, und als man ihm die Frage vorlegte, erklärte er: »Herr! Das Höchste in der Welt ist das menschliche Wort.«

Diese Antwort gefiel dem Türsteher und auch den anderen Anwesenden bei Hofe. Alle waren sich einig: »Der Gärtner ist ein gescheiter Mann.«

Zufrieden erlaubte ihm der Rādshā: »Verlange, was du willst!«

Der Gärtner forderte zwanzigtausend Rupien.

Am nächsten Tag, als der Rādshā wieder an der Tür vorbeikam, fragte ihn der Türsteher: »Herr! Ihr habt zwar gesagt, das Höchste in der Welt sei das menschliche Wort, doch möchte ich nun auch gern wissen, wo es zu finden ist.«

Der Rādshā stellte die am Hofe anwesenden Minister und Edelleute zur Rede. Einer meinte, daß es in den Pandits wohne. Ein zweiter, daß es zu den ehrlichen Menschen gehöre. Ein dritter hielt die Reichen für die Heimstatt des Wortes. Aber keine der Antworten schien den Hofleuten und dem Türsteher die rechte zu sein. Schließlich holte man wieder den Gärtner. Dieser sprach: »Ehe ich antworte, möchte ich zwanzigtausend Rupien haben.«

Der Rādshā ließ sie ihm geben.
Danach erklärte der Gärtner: »Herr! Das Wort lebt weder bei den Pandits noch bei den ehrlichen Menschen und auch nicht bei den Reichen, man findet es bei denen, die ihr Wort halten und es niemals brechen.«
Diese Antwort gefiel allen. Auch der Türsteher war zufrieden.
Als der Rādshā am dritten Tag an der Tür vorbeikam, hielt ihn der Türsteher wieder an: »Herr! Auf zwei meiner Fragen habe ich nun eine Antwort erhalten. Ihr habt gesagt, das Wort sei das Höchste in der Welt, und daß man es bei denen findet, die ihr Wort halten. Aber nun möchte ich noch wissen, wovon es sich nährt.«
Diese Frage versetzte den Rādshā in großes Erstaunen. Er begab sich an seinen Hof und legte sie den Anwesenden vor. Niemand wußte etwas zu erwidern. Schließlich ließ der Rādshā den Gärtner holen und forderte ihn zur Beantwortung der Frage auf.
Der Gärtner sprach: »Herr! Wenn ich noch einmal zwanzigtausend Rupien bekomme, kann ich auch diese Frage beantworten.«
Der Rādshā ließ ihm zwanzigtausend Rupien auszahlen.
Der Gärtner sprach: »Das Höchste in der Welt ist das Wort. Es lebt bei denen, die ihr Wort halten. Und seine Nahrung ist die Geduld.«
Die Antwort befriedigte alle.
Am nächsten Tag, als der Rādshā an der Tür vorbeikam, sagte der Türsteher: »Herr! Ihr habt meine drei Fragen beantwortet. Ihr habt gesagt, das Höchste in der Welt sei das Wort, es lebe bei denen, die ihr Wort halten, und es werde von der Geduld gespeist. Doch nun sagt mir bitte noch, was es bewirkt!«
Als der Rādshā diese Frage vernahm, kannte sein Erstaunen keine Grenzen. Wieder fragte er seine Minister, wieder konnte keiner antworten. Erneut ließ er den Gärtner holen.
Als der Gärtner eintraf, legte er sechzigtausend Rupien vor den

Rādshā hin und sagte: »Herr! Nach dem Tode unseres Vaters hat der Minister uns eine Schuld von sechzigtausend Rupien aufgeladen. Obwohl wir eigentlich gar keine Schulden haben, wollen wir sie dennoch begleichen. Nun habe ich nur eine Bitte. Ehe ich die Antwort gebe, soll der Übeltäter bestraft werden.«

Sogleich verurteilte der Rādshā den Minister zum Tode. Danach gab der Gärtner die Antwort: »Herr! Das menschliche Wort ist das Höchste in der Welt. Es lebt bei denen, die zu ihrem Wort stehen. Die Geduld ist seine Nahrung. Und es bewirkt das, was Geld, Macht und Verstand niemals bewirken können.«

Als die Leute eine solche Erwiderung aus dem Mund eines Jünglings vernahmen, staunten sie. Der Rādshā aber freute sich so sehr darüber, daß er den beiden Brüdern den Ministerposten ihres verstorbenen Vaters gab.

Die Reise nach Delhī

Einmal fragte ein Bauer einen Muslim: »Verehrter! Ich möchte zu gern Delhī sehen. Was muß ich tun?«

Der Muslim erwiderte: »Versetze einem Menschen ein paar Schläge mit deinen Schuhen, und du wirst Delhī sehen.«

Weil niemand weiter da war, zog der Bauer flugs seine Schuhe aus und ging damit auf den Muslim los. Der Muslim beschwerte sich darüber bei der Polizei. Der Polizeivorsteher befahl, den Bauern in Delhī vor den Richter zu führen.

Der Bauer freute sich: »Sehr gut! Das wollte ich doch gerade!« So machte er sich auf den Weg nach Delhī.

Als er in die Stadt kam, erblickte er den Laden eines Zuckerbäckers. Der Bauer verspürte mächtigen Hunger. Im Laden des Zuckerbäckers waren die köstlichsten Süßigkeiten aller Art ausgestellt. Der Bauer zeigte auf eine Süßigkeit und fragte: »Was ist das?«

Der Zuckerbäcker gab zur Antwort: »Douthā!«*
Der Bauer dachte, der Bäcker fordere ihn auf, zwei zu nehmen. Also nahm er sich zwei Stück davon. Danach zeigte der Bauer auf eine andere Süßigkeit und fragte, was das sei. Der Zuckerbäcker erwiderte: »Khādshā.«**
Der Bauer meinte, daß ihn der Bäcker aufforderte, davon zu essen. Also nahm er sich einige Stücke und kostete. Als der Bauer die Süßigkeiten gegessen hatte, verlangte der Zuckerbäcker sein Geld. Der Bauer weigerte sich, etwas zu bezahlen, und ging die Straße entlang, die zum Gericht führte. Der Zukkerbäcker lief hinter dem Bauern her, um vom Richter Gerechtigkeit zu fordern.
Unterwegs kam ihnen eine Frau mit ihrem Sohn entgegen. Das Kind war sehr ungezogen. Die aufgeregte Frau wandte sich an den Bauern: »Oh, Bruder! Schneide doch diesem Teufel die Ohren ab!«
Der Bauer zog sogleich sein Messer und schnitt dem Jungen die Ohren ab. Als die Frau das sah, schrie sie los: »He, Leute! Dieser Mensch hier hat meinem Jungen die Ohren abgeschnitten!« Die Leute liefen zusammen, als sie ihr Geschrei vernahmen.
Der Bauer sagte: »Ich bin auf dem Weg zum Richter. Die Frau soll mitkommen.«
Etwas weiter sah der Bauer, wie ein hübsches Mädchen bei einem Händler Öl kaufte. Sie verschüttete einige Tropfen auf den Boden. Da weinte sie sehr, denn der Vater würde wohl sehr ärgerlich werden deswegen.
Der Kaufmann tröstete sie: »He! Da brauchst du doch nicht zu weinen! Das verschüttete Öl wird ein paar Sterne besänftigen, die dir nicht wohlgesinnt sind.«
Als der Bauer das hörte, dachte er, daß er dem Kaufmann etwas

* ›Douthā‹ ist ein Name für eine indische Süßigkeit und kann gleichzeitig heißen: »Nimm zwei!«

** ›Khādshā‹ ist ein Name für eine indische Süßigkeit und kann gleichzeitig heißen: »Iß auf!«

Gutes tun und alle bösen Sterne besänftigen müsse. Also schlug er mit seinem Stock auf den Krug mit dem Öl ein, so daß alles herauslief. Vor Wut schrie der Händler: »Dieser Mensch hier hat meinen Ölkrug zerschlagen!«

Der Bauer sagte: »Bruder! Ich gehe zum Richter, komm doch mit!«

So langte der Bauer beim Gericht an. Ihm folgten die Leute, die sich über ihn beschweren wollten, und die Soldaten.

Zuerst verhandelte der Richter die Sache mit dem Muslim. Er fragte den Bauern: »Bruder! Warum hast du den Muslim mit Schuhen geschlagen?«

Der Bauer gab zur Antwort: »Herr! Ich bin ein einfacher Mensch vom Dorf. Ich habe meinen Freund, den Muslim, gefragt, was ich tun muß, um nach Delhī zu kommen. Und was hat er mir geantwortet? Ich soll irgend jemandem ein paar mit meinen Schuhen versetzen, dann würde ich schon Delhi sehen können. Weil niemand anderes als der Muslim da war, habe ich das gleich an ihm ausprobiert. Wenn mir da ein Fehler unterlaufen ist, bekenne ich mich schuldig.« Nachdem der Richter beide Seiten gehört hatte, erklärte er den Muslim für schuldig.

Danach trat der Zuckerbäcker vor: »Herr! Der Bauer hat meine Süßigkeiten gegessen und sie nicht bezahlt.«

Der Bauer erklärte: »Herr! Fragt den Zuckerbäcker, ob er mich aufgefordert hat, seine Süßigkeiten zu kosten! Zuerst hat er gesagt: ›Douthā!‹ Da habe ich mir zwei Stück genommen. Fragt ihn, ob es auch nur eins mehr war! Danach hat er gesagt: ›Khādshā!‹ Daraufhin habe ich von einem anderen Teller ein paar Süßigkeiten genommen und gegessen. Wenn ich etwas anderes gemacht habe, als er gesagt hat, bin ich bereit, mich schuldig zu bekennen. Herr! Ich bin ein einfacher Mensch. Ich habe gedacht, als ich den Zuckerbäcker reden hörte, daß ich seinen Worten folgen soll.«

Der Richter fällte das Urteil, daß den Bauern keinerlei Schuld treffe. Der Zuckerbäcker hätte begreifen müssen, daß ein ein-

facher Dorfbewohner die Namen der Süßigkeiten nicht kenne.
Danach brachte jene Frau ihren Sohn, dem der Bauer die Ohren abgeschnitten hatte. Der Bauer sprach: »Herr! Fragt doch diese Frau, ob sie mir nicht aufgetragen hat, ihrem ungezogenen Jungen die Ohren abzuschneiden!«
Die Frau erwiderte: »Ich wollte doch den Jungen bloß einschüchtern! Ich wollte doch gar nicht, daß der Bauer meine Worte für bare Münze nimmt!«
Der Bauer rechtfertigte sich wieder: »Herr! Ich bin ein einfacher Dorfbewohner. Ich habe geglaubt, daß sie will, was sie sagt.«
Daraufhin schlug der Richter auch die Klage der Frau nieder.
Die letzte Beschwerde war die des Händlers. Er bat: »Helft mir, Herr! Er hat meinen Krug mit Öl zerschlagen. Das sind ganze hundert Rupien Verlust für mich!«
Der Bauer erzählte auch hier den Vorfall: »Herr! Ein Mädchen hat bei dem Händler Öl gekauft und etwas verschüttet. Als sie zu weinen anfing, sprach der Händler zu ihr: ›Da brauchst du doch nicht zu weinen! Das verschüttete Öl wird ein paar böse Sterne besänftigen.‹«
Der Richter fragte den Händler: »Hast du das zu dem Mädchen gesagt?«
Der Händler mußte zugeben, daß er das gesagt hatte. Danach fuhr der Bauer fort: »Da, o Herr, habe ich den Krug zerschlagen, um dem Händler Gutes zu tun, weil so ja alle bösen Sterne besänftigt werden.«
Als der Richter hörte, was der Bauer sagte, lachte er und schlug auch diese Klage nieder. Nun hatte der Bauer Zeit, sich in Delhī umzusehen. Und davon machte er ausgiebig Gebrauch.

Der tapfere Radshpute

Es war einmal ein Radshpute. Er hieß Himmatsingh und war sehr arm. Da wollte er in die Fremde ziehen, um sein Glück zu versuchen. Ehe er loszog, stellte er fest, daß er nur vier Takās hatte. Er kaufte sich für einen Takā geröstete Körner, steckte die übrigen drei Takās in die Tasche und machte sich auf seinen langen Weg. Unterwegs begegnete er einem Kaufmann, der in die gleiche Richtung ging. So wanderten sie zusammen weiter.

Weil der Kaufmann überhaupt kein Wort sagte, wandte sich der Radshpute an ihn: »Bruderherz! Sag doch etwas, damit uns der Weg nicht so lang wird!«

Der Kaufmann erwiderte: »Mein Reden kostet Geld.«

Der Radshpute, dem seine drei Takās einfielen, gab dem Kaufmann einen.

Der Kaufmann sprach: »Hör zu, was ich dir für einen Takā zu sagen habe: Unterwegs sind zwei besser als einer.« Dann hüllte er sich wieder in Schweigen.

Der Radshpute dachte über die Worte des Kaufmanns nach und gab ihm dann noch einen Takā.

Der Kaufmann sprach: »An einem unbekannten Ort ist es besser, wach zu bleiben.« Dann schwieg er wieder.

Der Radshpute bedachte auch den zweiten Ratschlag des Kaufmanns und überließ ihm dann auch den dritten Takā.

Der Kaufmann sprach: »Sein Schwert muß man jederzeit scharf und bereit halten.« Danach redete er kein einziges Wort mehr.

Nun war das Geld des Radshputen weg. Beim besten Willen hätte er nichts mehr fragen können. Am Abend erreichten sie ein Dorf und nahmen Abschied voneinander.

Am nächsten Tag machte sich der Radshpute allein auf den Weg. Ein Weilchen später fiel ihm der erste Rat des Kaufmanns ein. Also wollte er sich nun einen Gefährten suchen, um seine Reise nicht allein fortsetzen zu müssen. Da fiel sein Blick auf

eine Schildkröte in einem Graben. Die hob er auf und setzte die nächsten zwei Tage seinen Weg mit ihr zusammen fort. Es ereignete sich aber gar nichts. Deshalb meinte er schließlich, daß es Unsinn sei, sich weiter mit der Schildkröte zu belasten. Dieser Takā war wohl umsonst ausgegeben worden.
Am Wege lag ein Teich, in den der Radshpute die Schildkröte setzen wollte. Als er aber ins Wasser trat, stieß sein Fuß auf etwas Hartes. Der Radshpute beugte sich vor, um zu sehen, was es sei. Es war ein Gefäß. Er holte es heraus und fand darin hundert Goldmünzen. Da freute er sich sehr. So hatte ihm der erste Takā doch noch großen Nutzen eingebracht.
Im nächsten Dorf kaufte er für einige Goldmünzen ein Pferd und Kleider. Einen Tag später machte er sich wieder auf den Weg. Am Abend erreichte er eine Stadt. Dort wollte er bleiben und sich eine Anstellung suchen. Es war Nacht, und er hatte noch keine Bleibe. Schließlich ging er zu einem Töpfer und bat, die Nacht bei ihm verbringen zu dürfen. Der Töpfer nahm ihn in seiner Hütte auf.
In der Nacht fing die Töpfersfrau an zu weinen. Auf die Frage des Radshputen erzählte der Töpfer, daß die Tochter des Rādshās an einer seltsamen Krankheit leide. Sie sei die ganze Zeit bewußtlos, und in der Nacht müsse stets jemand bei ihr Wache halten. Jeden Morgen aber liege dieser Wächter tot da. Deshalb habe der Rādshā beschlossen, daß der Reihe nach jede Familie eine Wache zu stellen habe.
Der Radshpute erfuhr, daß in dieser Nacht der Sohn des Töpfers an der Reihe war. Weil er ihr einziger Sohn war, weinte die Töpfersfrau bitterlich. Der Radshpute wandte sich an den Töpfer: »Dein Sohn braucht nicht zu gehen. Ich werde an seiner Stelle wachen.«
Der Töpfer erklärte ihm mehrmals, daß es sehr gefährlich sei, dorthin zu gehen. Wozu sollte er sich in Gefahr begeben? Aber der Radshpute blieb dabei. So mußte der Töpfer schließlich einwilligen.
Der Radshpute ging in das Schloß. Man brachte ihn in das

Zimmer, in dem die Prinzessin ohne Bewußtsein lag. Neben dem Bett stand ein Hocker. Auf den setzte sich der Radshpute.
In die Tochter des Rādshās war ein böser Geist gefahren, und deshalb hatte sie das Bewußtsein verloren. Der böse Geist kam jede Nacht als giftige Schlange zu ihr und biß jeden, der bei ihr Wache hielt.
Eine Weile später drohte der Schlaf den Radshputen zu übermannen. Aber da fiel ihm der zweite Ratschlag des Kaufmanns ein: ›An einem unbekannten Ort ist es besser, wach zu bleiben.‹ Da beschloß er, dem Schlaf zu trotzen und wach zu bleiben.
Um Mitternacht erschien der böse Geist, wie sonst auch, in Gestalt einer giftigen Schlange. Als er den Radshputen erblickte, wollte er sich auf ihn stürzen, um ihn zu beißen. Der Radshpute aber dachte an den dritten Ratschlag des Kaufmanns: ›Sein Schwert muß man stets scharf und bereit halten.‹ Sogleich zog er sein Schwert und hieb die Schlange in drei Stücke. Mit dem Tod der Schlange verschwand auch der böse Geist.
Nachdem er die Schlange getötet hatte, schlief der Radshpute ein. Am Morgen kamen die Diener des Rādshās. Als sie die Tür aufmachten, erwachte der Radshpute von dem Geräusch. Alle staunten, ihn lebendig zu sehen. Dann erhob sich auch die Prinzessin von ihrem Bett, als sei sie aus einem tiefen Schlaf erwacht.
Boten eilten zum Rādshā und zur Rānī. Beide eilten sogleich in das Zimmer der Prinzessin. Auf ihre Frage erzählte der Radshpute alles.
Sie waren darüber sehr froh. Der Rādshā verheiratete seine Tochter mit dem Radshputen. Der Radshpute war nun sein Sohn, übernahm nach dem Tode des Rādshās die Herrschaft und lebte glücklich mit der Prinzessin.

Drei Verhaltensregeln

In alten Zeiten herrschte einmal in der Stadt Indrapurī ein tapferer Rādshā. Sein Ruf hatte sich weit herumgesprochen. Er war sehr klug und behandelte seine Untertanen mit großer Güte, wie ein Vater seine Kinder. In seinem Reich lebten alle glücklich. Das ganze Volk liebte ihn.
Eines Tages kam ein armer Brahmane an seinen Hof und erzählte ihm von drei Verhaltensregeln.
Der Rādshā fragte den Brahmanen: »Was möchtet Ihr?«
Der Brahmane erwiderte: »Ich muß meine Tochter verheiraten. Wenn ich für jede Verhaltensregel tausend Rupien erhalte, bin ich zufrieden.«
Der Rādshā befahl dem Minister, dem Brahmanen dreitausend Rupien zu geben. Dann ließ er die drei Verhaltensregeln schön auf Papier schreiben und seinem Bett gegenüber an der Wand anbringen.
Am Abend, wenn sich der Rādshā schlafen legte, fiel sein Blick auf die drei Verhaltensregeln. Die erste lautete: ›Ein Rādshā muß stets wach und auf der Hut sein.‹ Der Rādshā beschloß, in die Stadt zu gehen, um feststellen zu können, wer von seinen Untertanen glücklich und wer von ihnen unglücklich war. Er verkleidete sich und zog los.
Als er durch eine Gasse kam, hörte er eine alte Frau weinen. Er trat zu ihr und fragte sie: »Mütterchen! Was bedrückt dich? Warum bist du so traurig?«
Die Alte erwiderte: »Bruder! Warum machst du dir wegen meines Weinens Sorgen? Geh deiner Wege!«
Der Rādshā widersprach: »Sag wenigstens, was dich bedrückt! Vielleicht kann ich dir helfen.«
Die Alte erwiderte: »Ich bin die Göttin aus der Burg des Rādshās. Bis jetzt lebte ich glücklich in seinem Reich. Doch jetzt bleibt dem Rādshā nur noch eine Woche zum Leben. Am siebenten Tag wird ihn eine Schlange beißen, und er wird sterben. Deshalb bin ich so traurig.«

Als der Rādshā das vernommen hatte, kehrte er zurück in sein Schloß. Nachdem er sich auf sein Bett gelegt hatte, fiel sein Blick auf die zweite Verhaltensregel des Brahmanen: ›Ein Rādshā muß selbst seinen Feind gut behandeln.‹

Am siebenten Tag ließ der Rādshā von der Tür seines Schlosses bis zu seinem Schlafgemach duftende Blumen streuen und zu beiden Seiten des Weges Süßigkeiten aufstellen. Überall standen Gefäße mit Honig oder süßem, wohlriechendem Reis. Rings um die Füße seines Bettes aber ließ er Salz aufhäufen. Dann setzte er sich auf das Bett und wartete auf die Schlange.

Die Schlange drang in das Schloß ein und kroch über die duftenden Blüten. Als sie die Süßigkeiten zu beiden Seiten des Weges entdeckte, roch sie daran und kostete von ihnen. An der Tür des Schlafgemachs angekommen, war sie sehr frohgestimmt.

Nachdem die Schlange aber so viele Süßigkeiten geschleckt hatte, gelüstete es sie nun nach Salz. Am Fuße des Bettes entdeckte sie die Salzhaufen und machte sich schnell darüber her.

Als sie genug geleckt hatte, fing sie an, an einem Fuß des Bettes hochzukriechen. Oben angelangt, hielt sie plötzlich inne. Sie merkte, daß sie nun den Rādshā nicht mehr beißen konnte, nachdem sie von seinem Salz geleckt hatte. Deshalb kroch sie wieder hinunter und verschwand. So wurde das Leben des Rādshās gerettet. Er erkannte den Wert der beiden Verhaltensregeln des Brahmanen.

Ein Minister des Rādshās war sehr böse. Er hatte eine Verschwörung angezettelt, um den Rādshā zu töten. Als der Rādshā einmal krank war, zog er den Hofarzt auf seine Seite. Er brachte ihn dazu, Gift in die Arznei des Rādshās zu mischen. Für tausend Goldmünzen auf die Hand war der Hofarzt zu dieser häßlichen Tat bereit.

Der Hofarzt ging mit der Arznei zum Rādshā. Dieser setzte sich im Bett auf, um die Arznei einnehmen zu können. Soeben wollte er aus dem Becher trinken, als sein Blick auf die dritte Verhaltensregel fiel: ›Ehe ein Rādshā etwas tut, muß er gut darüber nachdenken.‹

Der Rādshā verfiel ins Sinnen, und der Arzt dachte, daß sein Herr wohl etwas gemerkt haben mußte. Das versetzte ihn in nicht geringe Aufregung. Er fiel dem Rādshā zu Füßen, bettelte um Vergebung und entdeckte ihm die ganze Verschwörung.

Der Rādshā ließ sofort den Minister holen und gab diesem die giftige Arznei zu trinken. So starb der Übeltäter.

Die drei Verhaltensregeln des Brahmanen hatten dem Rādshā das Leben gerettet. Er ließ den Brahmanen holen und ernannte ihn zu seinem Minister. Danach vollbrachte der Rādshā noch viele große Dinge und lebte noch lange Zeit glücklich.

Der Rādshā und der Dieb

Es war einmal ein Dieb, der war sehr schlau. Die Leute sagten von ihm, daß er jemandem wohl sogar das Kādshal von den Augen stehlen könne, ohne daß der es merke. Eines Tages dachte der Dieb: ›Solange ich meine Kunstfertigkeit nicht in der Hauptstadt gezeigt habe, werde ich unter den Dieben keinen Namen haben.‹ Also ging er in die Hauptstadt. Dort sah er sich überall um und überlegte sich dabei, was und wie er etwas machen könne.

Er gedachte, mit dem Schloß anzufangen. Das wurde Tag und Nacht von vielen Soldaten bewacht. Niemand konnte unbemerkt eindringen. Im Schloß befand sich eine große Glocke. Die wurde jede Stunde geschlagen, um so die Zeit am Tag und in der Nacht zu verkünden.

Der Dieb sammelte große eiserne Nägel. Um Mitternacht, als die Glocke zwölfmal geschlagen wurde, hieb er gleichzeitig mit jedem Schlag einen Nagel in die Mauer. So konnte er, ohne daß jemand das Geräusch hörte, zwölf Nägel in die Wand

schlagen, über die er in das Schloß gelangte. Dort stahl er aus der Schatzkammer viele Schmuckstücke und Edelsteine.
Am Morgen, als der Diebstahl entdeckt wurde, meldeten die Minister das dem Rādshā, der darüber sehr zornig wurde. Er befahl den Ministern, die Wachen auf den Straßen der Stadt zu verdoppeln. Sollte jemand in der Nacht umherlaufen, hatte man ihn für einen Dieb zu halten und festzunehmen.
Als man das bei Hofe verkündete, war auch der Dieb, als einfacher Bürger verkleidet, zugegen. Jede Einzelheit des Planes nahm er aufmerksam in sich auf. Schnell fand er auch heraus, wer die sechsundzwanzig Soldaten waren, die für das Überwachen der Straßen der Stadt eingesetzt werden sollten.
Er lief schnell nach Hause und verkleidete sich als armer Sterndeuter. Dann suchte er der Reihe nach die Frauen der Soldaten auf. Jede von ihnen wollte, daß ihr Mann den Dieb fange, damit er die Belohnung des Rādshās bekäme.
Der Dieb las ihnen allen aus der Hand und erklärte jeder: »Die heutige Nacht ist für dich sehr günstig. In der Nacht wird der Dieb, als dein Mann verkleidet, kommen. Du darfst ihn aber um keinen Preis ins Haus lassen. Denn, wenn der Dieb ins Haus gelangen kann, bringt er alles durcheinander. Du mußt alle Türen gut verriegeln und den Dieb mit glühenden Kohlen bewerfen. Es ist sogar möglich, daß er mit der Stimme deines Mannes zu dir spricht. Aber er kann nur mit deiner Hilfe gefangen werden.«
Auf diese Weise wurde jede Frau eines Wachsoldaten auf den Empfang des Diebes vorbereitet. Nicht eine verriet auch nur ein einziges Wörtchen davon ihrem Mann. Die sechsundzwanzig Soldaten begaben sich auf Wache. Bis vier Uhr morgens versahen sie ihren Dienst. Obwohl es immer noch dunkel war, ließ sich kein Dieb sehen, und so meinten die Soldaten, daß er nun sicher nicht mehr kommen werde. Sie beschlossen, nach Hause zurückzukehren. Als sich die Soldaten ihren Häusern näherten, schöpften ihre Frauen Verdacht. Sie verfuhren nun so, wie es sie der ›Sterndeuter‹ geheißen hatte.

Und so verbrannten sich die Soldaten an den glühenden Kohlen und konnten ihren Frauen nur mit großer Mühe klarmachen, daß sie tatsächlich ihre Männer waren. Als das endlich gelungen war, öffneten die Frauen ihnen die Tür. Aber die Soldaten waren alle so verbrannt, daß sie ins Krankenhaus gebracht werden mußten.
Der Rādshā erfuhr von dem Vorfall am nächsten Tag. Er versetzte ihn in große Aufregung. Er ließ seinen Heerführer rufen und befahl ihm: »Du selbst mußt den Dieb fangen!«
In dieser Nacht wachte nun der Heerführer auf den Straßen der Stadt. Als er durch eine Gasse ging, kam ihm der Dieb, als junges Mädchen verkleidet, entgegen. Der Heerführer fragte: »Wer bist du?«
Der Dieb antwortete: »Ich bin der Dieb.«
Da glaubte der Heerführer, daß sich das Mädchen über ihn lustig machen wolle, und er fuhr sie an: »Mach keine Witze! Wenn du der Dieb bist, dann komm mit! Ich werde dich in den Block sperren.«
Der als Mädchen verkleidete Dieb folgte dem Heerführer zu dem Block. Als sie dort ankamen, sprach der Dieb: »Es wäre sehr liebenswürdig von Euch, wenn Ihr mir erklären würdet, wie Ihr einen Dieb dort einsperrt.«
Der Heerführer meinte: »Wenn ich mich auf lange Erklärungen mit dir einlasse, läufst du mir womöglich weg.«
Der Dieb erwiderte: »Ich habe mich selbst bei Euch gemeldet. Weshalb sollte ich nun auf einmal weglaufen?«
Das gefiel dem Heerführer. Nun wollte er dem Mädchen zeigen, wie man einen Verbrecher in den Block sperrt. Aber kaum hatte der Heerführer seine Arme und Beine in den Block gelegt, verriegelte der Dieb das Schloß, sagte zu ihm: »Rām! Rām!« und ging fort.
In jener Nacht war es ziemlich kalt. Bis es Tag wurde, war der Heerführer halbtot vor Kälte. Als die Soldaten kamen, fanden sie ihren Heerführer in den Block eingesperrt. Sie befreiten ihn und ließen ihn pflegen.

Am nächsten Tag erfuhr der Rādshā von dem nächtlichen Ereignis. Dieses Mal war er derart beunruhigt, daß er beschloß, sich selbst auf die Suche nach dem Dieb zu machen. Der Dieb war ebenfalls bei Hofe anwesend und hörte sich alles mit an. In der Nacht verkleidete er sich als Sādhu, setzte sich am Rande der Stadt unter einen Baum und zündete ein Feuer an.

Der Rādshā wanderte in der Stadt umher. Er war schon zweimal an dem Dieb vorbeigelaufen. Als er das dritte Mal an ihm vorüberging, fragte er: »Hast du hier einen Fremden vorbeigehen sehen?«

Der Dieb erwiderte: »Ich bin in meine Andacht vertieft. Wenn hier jemand vorbeigekommen ist, habe ich ihn nicht bemerkt. Ja, wenn Ihr wollt, könnt Ihr Euch ja selber hierhersetzen und sehen, wer vorbeikommt.«

Da kam dem Rādshā ein Einfall. Er sagte zu dem Dieb: »Gib mir deine Kleider und zieh meine an! Ich werde mich hier ans Feuer setzen, und du wirst in der Stadt umhergehen.«

Nach langem Hin und Her war der Dieb mit dem Vorschlag einverstanden. Beide tauschten ihre Kleider. Danach setzte sich der Dieb schnell auf das Pferd des Rādshās, ritt zum Schloß und legte sich in dessen Schlafgemach seelenruhig schlafen.

Der Rādshā aber saß nun in der Kleidung eines Sādhus am Feuer und wartete darauf, den Dieb fangen zu können. Als um vier Uhr morgens weder der Sādhu zurückgekommen war noch ein Fremder oder der Dieb sich hatten sehen lassen, wollte er in sein Schloß zurückkehren.

Als er jedoch am Tor anlangte, erklärten die Wächter, daß der Rādshā schon längst zurückgekommen sei. Er sei sicher der Dieb und wolle verkleidet ins Schloß eindringen. Sie nahmen den Rādshā fest und sperrten ihn in eine dunkle Zelle. Der Rādshā schrie und drohte, aber niemand hörte auf ihn.

Am Morgen, als es hell wurde, erkannte der Wächter vor der Zelle den Rādshā. Vor Angst fing er schrecklich an zu zittern. Er fiel dem Rādshā zu Füßen. Der Rādshā rief die anderen

Soldaten herbei und begab sich in sein Schloß. Der Dieb aber war beim ersten Sonnenstrahl aufgestanden, hatte die Kleider des Rādshās wieder angezogen, sich auf dessen Pferd gesetzt und war nun über alle Berge.

Am nächsten Tag ließ der Rādshā bei Hofe verkünden: »Wenn sich der Dieb selbst stellt, wird ihm vergeben werden. Gegen ihn wird nichts unternommen. Im Gegenteil, für seine Schlauheit erhält er noch eine Belohnung.«

Der Dieb, der zugegen war, trat sogleich vor den Rādshā und gab alle Taten zu. Als Beweis legte er sämtliche Schmuckstücke vor den Rādshā, die er aus dem Schloß gestohlen hatte. Auch die Kleider und das Pferd gab er zurück.

Der Rādshā schenkte ihm vier Dörfer als Belohnung und nahm ihm das Versprechen ab, in Zukunft nicht mehr zu stehlen. So führte der Dieb von nun an ein sorgloses Leben.

Das Wünschelsieb

Es war einmal ein armer Brahmane, der hatte keinerlei Beschäftigung, und so hatte er nichts zum Leben. Eines Tages sagte seine Frau: »Wir haben kaum noch etwas zu essen im Hause. Wenn du morgen nicht irgend etwas anfängst, womit du Geld verdienst, werden wir schrecklichen Hunger leiden müssen.«

Der Brahmane erwiderte: »Mach mir für den Weg etwas zu essen fertig! Ich werde in die Hauptstadt gehen und den Rādshā um Hilfe bitten.«

Die Brahmanin band ihrem Mann vier Brote in ein Säckchen. Am nächsten Morgen machte er sich auf den Weg. Als der Abend hereinbrach, war weder ein Dorf noch eine Stadt in der Nähe. Der Brahmane setzte sich unter einen Feigenbaum und öffnete das Säckchen, um etwas zu essen. Weil es nur vier Brote waren, fing er laut zu überlegen an: »Esse ich nun eins oder zwei? Oder esse ich drei oder gleich alle vier auf?«

Auf dem Feigenbaum hausten aber vier Dämonen. Die dach-

ten, daß der Brahmane von ihnen rede und sie auffressen wolle. Da erschraken sie sehr. Sie stiegen vom Baum, stellten sich vor den Brahmanen, verneigten sich tief vor ihm und sprachen: »Sagt, welchen Dienst wir Euch erweisen können!«
Der Brahmane begriff sofort alles und sagte: »Ich habe keinerlei Einkommen. Unternehmt irgend etwas, damit ich ruhig leben kann, sonst fresse ich euch auf!«
Die Dämonen brachten ein Sieb und erklärten dem Brahmanen: »Das ist ein Wünschelsieb. Du mußt es schütteln und laut das beim Namen nennen, was du dir wünschst. Das reicht. Das Gewünschte fällt dann aus dem Sieb.«
Der Brahmane nahm das Sieb entgegen und trat am nächsten Morgen den Heimweg an. Er freute sich so sehr und war innerlich so aufgewühlt, daß er nicht weit kam. Außerdem wollte er ja das Sieb erst einmal ausprobieren, ehe er in sein Dorf zurückkehrte.
Am Abend erreichte er ein Dorf, noch ziemlich weit entfernt von seinem eigenen. Dort bat er einen Bauern, ihn für die Nacht bei sich aufzunehmen. Der Bauer war dazu bereit, wandte aber ein, daß er nichts zu essen habe.
Das störte den Brahmanen nicht: »Mach dir deswegen keine Sorgen! Darum kümmere ich mich schon selber. Laß mich nur ein Weilchen allein in der Hütte! Ich werde für die ganze Familie ein herrliches Essen besorgen!«
Das erregte die Neugier des Bauern und seiner Mutter. Sie versteckten sich hinter der Tür, um zu beobachten, was der Brahmane anstellte. Kaum hatte sich dieser in die Hütte begeben, als er auch schon anfing sein Sieb zu schütteln und die verschiedensten Süßigkeiten und Näschereien herzusagen. Sogleich lagen sie auf großen Tellern und Tabletts da. Darauf rief der Brahmane den Bauern und dessen Mutter, und zusammen aßen sie nach Herzenslust von den köstlichen Speisen.
In der Nacht, nachdem sich der Brahmane schlafen gelegt hatte, schmiedeten der Bauer und seine Mutter Pläne, wie sie sich das Sieb aneignen könnten, damit sie nun immer genug zu

essen und trinken hätten. Der Bauer schlich sich in die Hütte und stahl das Sieb, steckte dann dem Brahmanen einen Knebel in den Mund, band ihn an Händen und Füßen und warf ihn aus der Hütte.

Am nächsten Morgen entdeckten Leute, die dort vorbeikamen, den Brahmanen und befreiten ihn von seinen Fesseln. Der Brahmane aber, statt nach Hause zu gehen, begab sich wieder zu jenem Feigenbaum, wo er gegen Abend anlangte. Als es dämmrig geworden war, fing er laut an, die Dämonen zu rufen. Als sie ihn hörten, stiegen sie vom Baum herunter und verneigten sich tief vor dem Brahmanen. Er erklärte ihnen, daß man ihm ihr Sieb gestohlen hätte.

Daraufhin meinten die Dämonen: »Dieses Mal geben wir dir einen Stock. Er wird jeden verprügeln, den du ihm nennst, dazu noch eine Muschel. Außer großen Worten kann sie gar nichts machen. Doch das wird dir großen Nutzen bringen.«

Der Brahmane war einverstanden: »Gut! Das wird schon so richtig sein!«

Er nahm den Stock und die Muschel und ging wieder zu jenem Dorf, wo er zuletzt gewesen war. Dort bat er den Bauern noch einmal um eine Unterkunft.

Der Bauer dachte, daß der Brahmane dieses Mal sicher etwas Neues mitgebracht hatte. Deshalb nahmen er und seine Mutter ihn wieder bei sich auf. In der Nacht ging der Brahmane in sein Zimmer und befahl der Muschel: »He, Muschel! Dieser Bauer ist so arm. Gib ihm hundert Münzen!«

Die Muschel antwortete: »Was redest du bloß von hundert Münzen? Gib lieber gleich zweihundert!« Danach kam aus der Muschel ein Geräusch, als ob sie die Münzen abzählte.

Der Bauer staunte sehr und dachte: ›Die Muschel ist ja noch besser als das Sieb!‹ Mutter und Sohn beschlossen nun, die Muschel, wie schon das Sieb, zu stehlen.

Einige Zeit später stellte sich der Brahmane schlafend. Die Muschel hatte er neben sein Kissen gelegt.

Der Bauer schlich sich in das Zimmer und legte soeben seine

Hand auf die Muschel, als der Brahmane aufsprang und laut seinem Stock befahl: »Gib dem Bauern eine tüchtige Tracht Prügel!«
Der Stock fiel über den Bauern her und schlug so lange auf ihn ein, bis er ihn halbtot geprügelt hatte. Der Arme fiel dem Brahmanen zu Füßen und flehte: »Nimm dein Sieb zurück!« Nachdem der Brahmane sein Sieb zurückbekommen hatte, befahl er dem Stock einzuhalten.
Am nächsten Morgen erreichte der Brahmane sein Haus. Von nun an lebten er und seine Frau dank der Hilfe des Siebs glücklich und zufrieden.

Der Schwur des Faulpelzes

In alten Zeiten lebte einmal ein sehr mächtiger Rādshā, und zu jedem Hofstaat gehörten damals fahrende Sänger, die besangen die großen Taten ihres Rādshās. So ein Sänger lebte auch am Hofe jenes Rādshās. Er war schon alt, aber er war ein kluger Mann. Eines Abends erklärte dieser Sänger: »Wenn man keine großen Ziele hat, muß man sich im Leben irgend etwas zum Vorbild nehmen, und sei es noch so dumm.« Danach erzählte er folgende Geschichte:
Es war einmal ein Bauer namens Tedshā. Der war sehr faul. Seine Tage verbrachte er mit Essen und Schlafen. Er verrichtete überhaupt keine Arbeit. Als er noch klein war, kümmerte sich sein Vater um ihn. Nachdem der Vater gestorben war, unterstützte ihn sein Bruder noch eine Zeitlang. Dann wurde er in eine reiche Familie verheiratet, und sein Schwiegervater ernährte ihn viele Jahre. Doch wie lange kann so etwas schon gutgehen? Alles hat seine Grenzen!
Eines Morgens kam die Frau des Bauern zu ihm und sagte: »Alles, was wir hatten, ist jetzt verbraucht. Du bist entsetzlich faul und hast überhaupt kein Ziel! Jeder Mensch möchte in seinem Leben irgend etwas erreichen, aber dein Leben hat kein

Ziel. Einige Zeit habe ich den Haushalt davon bestritten, daß ich meinen Schmuck verkauft habe, doch jetzt geht das nicht mehr.«

Tedshā aber war ein ausgemachter Faulpelz. Er überlegte sich, daß es wohl sehr schwer sein würde, seinem Leben ein bestimmtes Ziel zu geben. Deshalb dachte er sich etwas aus, das wenigstens seinen Geist in Bewegung halten würde. Er sagte zu seiner Frau: »Du möchtest, daß ich meinem Leben unbedingt einen Sinn geben soll. Also gut! Ich habe beschlossen, von nun an erst dann zu essen, wenn ich meinem Nachbarn, dem Töpfer, ins Gesicht gesehen habe.«

Daraufhin meinte seine Frau: »Na gut! Das ist besser als gar nichts!«

So ging das einige Zeit. Eines Tages nun geschah es, daß der Töpfer schon am frühen Morgen mit seinem Esel loszog, um sich Lehm für seine Töpfe zu holen. Als Tedshā dann aufstand, erfuhr er, daß der Töpfer irgendwohin gegangen war. Das wunderte ihn sehr. Nun wartete er auf dessen Rückkehr. Aber der war sicher sehr weit gegangen, um Lehm zu holen. Als die Zeit immer mehr voranschritt und der Töpfer immer noch nicht zurück war, entschloß sich Tedshā, dem Töpfer zu folgen und ihm in der Lehmgrube ins Gesicht zu sehen.

Der Töpfer war dabei, Lehm zu graben. Er grub und grub und stieß auf einmal auf einen großen Schatz. Das geschah zufällig in dem Augenblick, als der Bauer sich das Gesicht des Töpfers ansah. Tedshā war in einiger Entfernung stehengeblieben, um dem Töpfer ins Gesicht zu sehen. Danach drehte er sich um und ging nach Hause, um essen zu können. Der Töpfer jedoch glaubte, der Bauer habe sicherlich den Schatz entdeckt und ginge nun, um den Behörden davon zu berichten. Dann würde der Rādshā den Schatz sicherlich beschlagnahmen.

Da schrie der Töpfer los: »He, Bruderherz! Komm zurück!«

Der Bauer erwiderte: »Ich habe dich gesehen, das reicht! Warum soll ich denn jetzt zurückkommen?«

Der Töpfer rief ihn immer wieder und sagte: »Komm zurück! Hör mich doch erst einmal an!« Als der Bauer sah, daß der Töpfer nicht locker ließ, ging er zu ihm. Dort entdeckte er das mit Gold gefüllte große Gefäß. Der Töpfer sagte: »Wir wollen uns das teilen.«
So wurde Tedshā voll dafür belohnt, daß er einmal im Leben ein Ziel verfolgt hatte, und lebte von nun an mit seiner Familie glücklich und zufrieden.

Der betrogene Betrüger

In der Stadt Gangā herrschte einmal ein Rādshā. Der war sehr gerecht. Alle seine Untertanen lebten glücklich. Nur der Rādshā und die Rānī waren sehr unglücklich darüber, daß sie keine Kinder hatten.
In der Stadt lebten ein Dshāt und ein Miyāng. Beide waren Nachbarn. Der Dshāt lebte davon, daß er sein Feld bestellte. Der Miyāng lebte von seiner Schlauheit und versuchte, jeden übers Ohr zu hauen. Er nutzte jede Gelegenheit, um irgendeine List anzuwenden. Seinem Nachbarn, dem Bauern, gefiel das nicht. Der Miyāng dachte, daß der Bauer ein Dummkopf sei, den man sehr leicht betrügen könne.
Doch der Bauer hatte einen wachen Verstand. Eines Tages saßen die beiden beisammen. Der Miyāng erzählte dem Bauern von einem Menschen, der bei allen erriet, was sie im Sinn hatten. Da meinte der Bauer: »Das ist doch nicht schwer. Ich kann auch erraten, was du denkst und wünschst.«
Da meinte der Miyāng: »Na los! Wetten wir! Ich sage, daß dir das niemals gelingt!«
Darauf antwortete der Bauer: »Der Einsatz muß aber recht hoch sein, denn das ist eine sehr schwierige Angelegenheit.«
Der Miyāng vertraute auf seine Schlauheit. Er setzte sein ganzes Vermögen gegen die Ernte auf dem Feld des Bauern.
Der Bauer war schnell einverstanden. Da fragte der Miyāng:

»Sag! Welcher Wunsch ist in der Tiefe meiner Seele verborgen?«
Der Bauer erwiderte: »Bruder! Das kann ich dir nicht hier sagen, denn ich weiß, daß du nicht zu deinem Wort stehst. Solltest du verlieren, wirst du mir die ausgemachte Summe nicht bezahlen.«
Beide beschlossen, zum Rādshā zu gehen, ihm alles zu erzählen, und der Bauer sollte dort den in der Seele verborgenen Wunsch des Miyāngs enthüllen. Also begaben sich beide an den Hof des Rādshās und baten ihn, sich ihrer Angelegenheit anzunehmen.
Der Rādshā war zu seinen Untertanen wie ein Vater. Er zeigte sich schnell dazu bereit.
Danach tat der Bauer, als ob er die Gedanken seines Nachbarn lese. Ein wenig später sagte er »Herr! Der Miyāng möchte nur zu gern, daß diesem Thron bald ein Erbe geboren wird.«
Als der Miyāng das hörte, geriet er in eine Zwangslage. Wenn er leugnete, würde man ihn als Landesverräter hinstellen und ihn entweder des Landes verweisen oder aufhängen. Erklärte er sich aber mit dem von dem Bauern Gesagten einverstanden, müßte er sein ganzes Vermögen hingeben. Er dachte lange darüber nach und entschloß sich schließlich, dem Bauern zuzustimmen. Er sagte: »Majestät! Der Bauer hat es getroffen.« So gewann der Bauer die Wette.
Der Bauer bekam das gesamte Vermögen des Miyāng. Dem Miyāng aber war eine Lehre erteilt worden, damit er in Zukunft niemanden mehr betrog. Von nun an lebte er als guter und ehrbarer Bürger.

Die Tarnkappe

Es war einmal ein alter Mann. Der hatte drei Söhne. Die beiden älteren waren bereits verheiratet. Als er im Sterben lag, rief er seine drei Söhne zu sich. Dem ältesten gab er seinen

Grund und Boden und die Felder und dem zweitältesten das Vieh. Danach öffnete der Alte eine Truhe, holte eine Kappe heraus und gab sie seinem dritten Sohn. Dazu erzählte er ihm, daß ihm diese Kappe ein Mahātmā gegeben habe. Wer sie aufsetze, werde unsichtbar. Er hoffe, daß der Sohn damit seinen Lebensunterhalt bestreiten könne. Nachdem er seine Söhne unterwiesen hatte, schloß er für immer die Augen.

Nach seinem Tod lebten die Brüder eine Zeitlang zusammen. Der älteste kümmerte sich um die Felder und das Getreide, der mittlere um das Vieh. Er brachte Milch und Butter nach Hause. Der jüngste aber hatte gar nichts zu tun. Er spazierte den lieben langen Tag im Dorf herum und schwatzte. Er hieß Gunīrām oder Guniyā, und weil er der jüngste war, liebten ihn seine älteren Brüder sehr.

Doch die Frauen seiner Brüder ärgerten sich über ihn. Sie stichelten unablässig. Die ältere sagte, daß er von der Ernte lebe, die ihr Mann von seinen Feldern einbringe. Die zweite meinte, daß er die Butter esse, die das Vieh ihres Mannes erzeuge. So machten sie Guniyā das Leben schwer. Schließlich nahm er eines Morgens die Kappe, die ihm sein Vater gegeben hatte, und verließ sein Vaterhaus für immer.

Nachdem er fünf Tage und fünf Nächte gewandert war, kam er in eine große Stadt. Der Rādshā dort war sehr gerecht und klug. Auch seine Rānī war gütig und tugendhaft und liebte ihre Untertanen wie eine Mutter, stets bereit, unglücklichen und sorgenbeladenen Menschen zu helfen. Ringsum herrschten Glück und Zufriedenheit. Alle waren froh.

Aber in dieser Stadt lebten auch ein Zauberer und eine Zauberin. Sie hatten am Rande der Stadt einen großen Turm errichtet, in dem die beiden wohnten. Einmal im Monat hielten sie in einer dunklen Nacht dort Hof und brachten alle gesunden Leute der Stadt dazu, dem Zauberer ihre Ehrerbietung zu erweisen. Wer nicht kam, den bestrafte der Zauberer. Er brachte kraft seiner Zaubermacht alles über ihn in Erfahrung. Die Zau-

berin griff sich einen von ihnen und opferte ihn ihren bösen Zaubermächten.
Je näher wieder eine dunkle Nacht kam, umso besorgter wurde jeder. Wer war das nächste Opfer? Das beunruhigte die Gemüter aller. Jeder war verzweifelt. Nur über die Rānī hatte der Zauberer keine Macht, weil sie gerecht und tugendhaft war. Sie hatte sich auch nie um den Zauberer gekümmert und war auch nie hingegangen, wenn er Hof hielt. Deshalb lag der Zauberer nun ständig auf der Lauer, um ihr irgendeinen Schaden zufügen zu können.
Einmal schickte er die Zauberin als Gärtnerin verkleidet mit wunderschönen wohlriechenden Blumen zur Rānī. Die Rānī kaufte die Blumen. Als sie aber daran roch, kroch ein Zauber in ihre Nase und machte sie ganz lang. Allmählich wurde die Nase einen Fuß lang. Das geschah, als Guniyā in die Stadt kam.
Es war Abend, als er bei dem Turm in einer Ecke der Stadt anlangte. Er setzte sich, an die Mauer des Turmes gelehnt, hin und begann zu schnarchen. Als die Zauberin das Schnarchen hörte, sagte sie zu ihrem Mann: »Vielleicht ist jemand in unseren Turm eingedrungen?« Beide gingen hinaus, um nachzusehen. Schließlich entdeckte die Zauberin Guniyā, der unter dem Turm saß. Sie legte sich Flügel an und flog zu ihm hin. Sie wollte ihn einfangen, um ihn als Opfer darzubringen.
Der Lärm weckte Guniyā auf. Als er die Zauberin auf sich zukommen sah, setzte er sich schnell seine Kappe auf und war nun unsichtbar. Die Zauberin aber flog weiter und stieß mit dem Kopf an die Wand, so daß sie zu Boden trudelte. Das versetzte sie in große Wut. Sie schwor, Guniyā in der nächsten dunklen Nacht als Opfer darzubringen oder, wenn er nicht an ihrem Hofe erscheinen sollte, zum Esel zu machen.
Am nächsten Morgen ging Guniyā an den Hof des Rādshās. Er erzählte ihm, was in der vergangenen Nacht vorgefallen war, und ersuchte ihn um Hilfe. Der Rādshā erklärte, daß er dagegen machtlos sei und sich selber fügen müsse. Darauf traf sich

Guniyā mit dem Rādshā unter vier Augen. Er zeigte ihm seine Zauberkappe und erklärte ihm seinen Plan. Er sagte ihm auch, wie man die lang gewordene Nase der Rānī wieder auf ihre normale Größe zurückbringen könne.
Demzufolge schickte der Rādshā am nächsten Tag eine Nachricht zu dem Zauberer, in der er ihm mitteilte, daß die Rānī an seinem Hof erscheinen werde. Vorher solle der Zauberer aber ihre Nase wieder kürzer werden lassen.
Als der Zauberer diese Nachricht bekam, freute er sich sehr und machte durch einen Zauberspruch die Nase der Rānī wieder so, wie sie früher gewesen war. In der Nacht setzte sich Guniyā in die Sänfte der Rānī und begab sich zusammen mit dem Rādshā an den Hof des Zauberers. Der Zauberer und die Zauberin warteten ungeduldig darauf, daß die Rānī erschien und ihnen ihren Gruß entbot. Darauf freuten sie sich schon sehr und tranken deshalb Wein.
Als die Sänfte vor dem Turm abgestellt wurde, eilten der Zauberer und die Zauberin nach unten und setzten sich auf ihren Thron. Die Leute zogen an ihnen vorbei und verneigten sich vor ihnen. Die Rānī war zuletzt an der Reihe. Als die Rānī nun aus der Sänfte steigen sollte, erschien an ihrer Stelle Guniyā. Der Zauberer und die Zauberin wurden abwechselnd rot und blaß vor Wut. Ehe sie sich aber an der Rānī rächten, wollten sie Guniyā töten. Sie stürzten sich auf ihn. Aber Guniyā war sehr flink. Er setzte sich schnell seine Kappe auf und war nicht mehr zu sehen. Dann zog er sein Schwert und hieb dem Zauberer den Kopf ab. Die Zauberin erinnerte sich vor lauter Wut nicht mehr an ihre Zauberkräfte. Ehe sie wieder zu sich kommen konnte, hatte sich Guniyā auch ihrer entledigt.
Auf diese Weise wurde die Stadt von dem Zauberer und der Zauberin befreit. Der Rādshā und alle Einwohner freuten sich sehr darüber. Der Rādshā machte Guniyā zu seinem ersten Heerführer.
Guniyā baute sich im Park vor der Stadt ein großes Schloß und lud seine Brüder und Schwägerinnen zu sich ein. Als sie ka-

men, staunten sie nur so über Guniyās Schloß. Die beiden Schwägerinnen baten ihn wegen ihrer Fehler in der Vergangenheit um Verzeihung. Alle drei Brüder lebten nun glücklich und in Freuden zusammen.

Prinzessin Phūlmade

In einem fernen Land herrschte einmal ein Rādshā. Der war schön und hochgewachsen, aber körperlich schwach. Er hatte eine Tochter, namens Phūlmade. Hunderte Prinzen waren schon in der Hoffnung, sie heiraten zu können, in ihr Schloß gekommen, doch keiner kehrte lebend von dort zurück. Deshalb herrschte ringsum Unruhe und Aufregung. Die Leute erbebten schon, wenn sie nur davon hörten, daß jemand Phūlmade heiraten wollte.

Im Nachbarreich lebte ein tapferer Radshpute. Auch er hatte von der Schönheit Phūlmades gehört. Nun beschloß er, nicht eher zu ruhen, bis Phūlmade seine Frau geworden war. Er traf alle Vorbereitungen und zog dann aus, um Phūlmade zu heiraten.

Als er hundert Kos weit gekommen war, sah er einen Sannyāsī, der seine Bußübungen verrichtete. Er stieg vom Pferd und machte sich daran, dem Sannyāsī zu dienen. Eines Tages unterbrach der Sannyāsī seine Übungen und sagte zu dem Radshputen: »Ich bin mit deinen Diensten sehr zufrieden. Sprich! Was möchtest du?«

Der Radshpute erzählte dem Sannyāsī von seinem Vorsatz und bat ihn um Hilfe. Der Sannyāsī erwiderte: »Hundert Kos von hier wohnt ein anderer Sannyāsī. Der ist weiser als ich. Vielleicht kann er dir helfen.«

Der Radshpute bestieg wieder sein Pferd und ritt los. Am nächsten Tag erreichte er den anderen Sannyāsī. Vom Morgen bis zum Abend diente er ihm und hielt in der Nacht bei ihm Wache, damit der Schlaf des Weisen nicht gestört wurde. Der

Sannyāsī war mit den Diensten des Radshputen sehr zufrieden und erlaubte ihm einen Wunsch. Der Radshpute stand mit gefalteten Händen vor dem Sannyāsī und berichtete ihm von seinen Sorgen. Der Einsiedler erwiderte: »Hundert Kos von hier findest du meinen älteren Bruder. Das ist ein großer Sannyāsī. Wenn dir jemand helfen kann, dann er.«

Der Radshpute sattelte sein Pferd und ritt zu dem dritten Sannyāsī. Auch ihm diente er mit allen Kräften. Eines Tages, als er sah, daß der Sannyāsī gut gelaunt war, fiel er ihm zu Füßen und legte ihm seine Geschichte dar. Der Sannyāsī wußte bereits alles über Phūlmade. Er sagte, daß ein böser Zauber über der Prinzessin liege. Jeder, der in ihr Schloß wollte, mußte erst eine Glocke läuten, um so dem Rādshā sein Kommen zu melden. Sobald die Glocke erklang, flogen Schlangen und Skorpione durch die Luft herbei und töteten den Ankömmling.

Der Sannyāsī versuchte, den Radshputen von seinem Wunsch, Phūlmade zu heiraten, abzubringen. Aber der Radshpute fiel wieder vor ihm nieder und flehte: »Ich werde Eure Füße nicht eher loslassen, bis Ihr mir nicht Euren Segen gegeben habt.«

Der Sannyāsī war mit dem Radshputen sehr zufrieden, deshalb gab er ihm seinen Segen und erklärte ihm, was er zu tun habe: »Nimm ein Netz aus sehr feinem Garn mit! Das breitest du rings um dich aus, ehe du die Glocke vor dem Schloß der Prinzessin läutest! Die Skorpione und die Schlangen werden sich in ihm verfangen, und dann kannst du sie töten.«

Der Radshpute ließ sich, wie es der Einsiedler gesagt hatte, ein Netz aus feinem, aber starken Garn anfertigen und fand sich damit am Abend vor dem Schloß der Prinzessin Phūlmade ein. Dort breitete er das Netz rings um sich aus und läutete anschließend die Glocke. Kaum ertönte ihr Läuten, als auch schon die Schlangen und Skorpione herbeiflogen und sich in dem Netz verstrickten. Der Radshpute tötete sie alle.

Als die Glocke erklungen war, kam der Rādshā heraus, sah unzählige Skorpione und Schlangen tot herumliegen und daneben frisch und munter einen wackeren Jüngling stehen. Da freute er sich so sehr, daß er in Ohnmacht fiel. Kaum war er wieder zu sich gekommen, ließ er sogleich den Hofpriester holen, um Phūlmade mit diesem tapferen Radshputen zu verheiraten.

Nachdem der Radshpute einige Zeit im Schloß seines Schwiegervaters verbracht hatte, bat er ihn um Erlaubnis, nach Hause ziehen zu dürfen, und sagte: »Meine Mutter wird sich große Sorgen machen. Ich habe Angst, das könnte ihr Tod sein.« Der Rādshā wollte seinem Schwiegersohn ein Heer mitgeben, doch der Radshpute erlaubte es nicht: »Ich bin ein ganz gewöhnlicher Mensch. Wie könnte ich da ein ganzes Heer unterhalten?«

Am nächsten Morgen ritten der Radshpute und seine Frau los. Am Abend kamen sie in ein Dorf, in dem ein Zauberer lebte. Dank seiner Zauberkräfte wußte er alles. Er ging zu dem Radshputen und sagte zu ihm: »He, Bruder! Es ist nicht leicht, eine schöne Prinzessin zur Frau zu haben. Vielleicht wird sie dir der Rādshā deines Landes gewaltsam wegnehmen? Du solltest sie bei mir lassen. Ich gebe dir dafür einen Esel. Er macht für dich, was du willst.«

»Gut! Behalte die Prinzessin und gib mir den Esel!« erwiderte der Radshpute.

Nachdem der Radshpute den Esel bekommen hatte, fragte er ihn: »Wer ist dein Herr?«

Der Esel erwiderte: »Du bist mein Herr.«

Und was geschah nun? Der Radshpute befahl dem Esel: »Nimm dir den Zauberer vor!«

Kaum hatte der Esel den Befehl bekommen, als er auch schon auf den Zauberer losging und ihn halbtot schlug. Schließlich bat der Zauberer: »Oh, Bruder! Halte ein! Laß den Esel aufhören! Werde glücklich mit deiner Prinzessin! Nimm beide mit!«

So bekam der Radshpute die Prinzessin wieder. Am nächsten Morgen machten sich die beiden wieder auf den Weg in die Heimat des Radshputen.

Als es Abend wurde, erreichten sie ein Dorf. Dort lebte ein anderer mächtiger Zauberer. Der rief den Radshputen gleich zu sich und meinte: »Wenn du um dein Wohl besorgt bist, dann übergib mir die Prinzessin! Ich werde dir ein Seil geben. Es hat die besondere Eigenschaft, daß es die größten und stärksten Heere fesseln kann. Das macht es ganz allein und braucht keine fremde Hilfe dazu. Auf diese Weise kannst du andere besiegen und Rādshā werden.«

Der Radshpute tat, als ob er einverstanden sei, Prinzessin Phūlmade gegen das Seil einzutauschen. Als er das Seil entgegennahm, befahl er ihm: »Binde den Zauberer!« Dann befahl er dem Esel: »Gib ihm eine tüchtige Tracht Prügel!«

Der Esel schlug so auf den Zauberer ein, daß er das Bewußtsein verlor. Er konnte nicht einmal mehr zu seinen Zaubersprüchen Zuflucht nehmen. Da fiel er dem Radshputen zu Füßen und flehte ihn an: »Vergib mir! Der Esel soll aufhören. Ich brauche deine Prinzessin Phūlmade nicht.«

Am nächsten Morgen sattelten die beiden wieder ihre Pferde und ritten los. Am Abend erreichte der Radshpute mit Phūlmade sein Dorf. Seine Mutter freute sich über ihren Sohn und die Schwiegertochter sehr. Im Dorf breitete sich die Nachricht aus, daß der Radshpute eine Prinzessin zur Frau genommen hatte. Davon erfuhr auch der Rādshā.

Der Rādshā befahl dem ersten Heerführer: »Schicke ein paar Soldaten aus, die den Radshputen binden und herbringen sollen! Prinzessin Phūlmade setze in eine Sänfte und laß sie zu mir tragen, damit sie mit einem guten Prinzen verheiratet werden kann.«

Der erste Heerführer begab sich mit seinen Soldaten in das Dorf und befahl ihnen dort, den Radshputen gefangenzunehmen.

Der Radshpute ließ seinen Esel auf sie los. Er hatte kaum den Befehl erteilt, als der Esel auch schon den Heerführer und dessen Soldaten bearbeitete. Der Radshpute gebot ihm erst dann Einhalt, als alle bewußtlos auf der Erde lagen.

Als der Rādshā das hörte, zog er selbst mit allen seinen Soldaten aus und umzingelte das Haus des Radshputen. Auf einen Wink des Radshputen hin fesselte das Seil die Soldaten des Rādshās im Nu, und dann stürzte sich der Esel auf sie. Die Soldaten schrien und brüllten vor Schmerzen.

Auch der Rādshā wurde nicht von dem Esel verschont. Es gelang ihm aber, seinem Pferd die Sporen zu geben und wegzureiten. Der Radshpute sah ihn fliehen, schwang sich auf sein Pferd, verfolgte den Rādshā und forderte ihn zum Zweikampf heraus. Der Radshpute war jung und kampferfahren. Der Rādshā konnte ihm nicht standhalten, und so stürzte der Radshpute ihn vom Pferd.

Der Rādshā erkannte, daß der Radshpute sehr stark war. Er war einverstanden, ihm sein halbes Reich zu geben. So wurde der Radshpute ein Rādshā und herrschte gerecht über sein Volk. Er lebte noch lange Zeit glücklich und in Freuden.

Käufliche Ratschläge

Es war einmal ein Brahmane. Der war überaus gelehrt und klug. Niemand konnte sich mit seinem Verstand messen, doch der Tod läßt niemanden aus. Eines Tages starb der Brahmane und ließ einen Sohn zurück. Der Sohn stand dem Vater an Gelehrsamkeit und Klugheit nicht nach. Weil er kein Handwerk beherrschte, eröffnete er eines Tages einen Laden, in dem er gute Ratschläge verkaufte. Über dem Laden stand mit großen Lettern geschrieben: ›Hier wird Verstand verkauft.‹ Weil sich der Laden mitten auf einem großen Bāzār befand, mußte jeder, der auf den Bāzār wollte, daran vorbeigehen.

Eines Tages kam der Sohn eines reichen Mannes dort vorbei. Er hieß Dhannā. Als er die Aufschrift über dem Laden sah, wunderte er sich und trat ein. Er fragte den Sohn des Brahmanen, was für Verstand hier verkauft werde und wieviel er koste.

Der Brahmane erwiderte: »Das hängt davon ab, wieviel Geld du ausgeben möchtest.«
Dhannā zog eine Rupie aus der Tasche und fragte: »Was bekomme ich dafür und wieviel?«
Der Brahmane gab zur Antwort: »Bruder! Für eine Rupie kannst du hunderttausend sparen.«
Daraufhin gab Dhannā dem Brahmanen die Rupie, und der schrieb ihm dafür auf einen Zettel: ›Es ist dumm, neben zwei großen Menschen zu verweilen, die sich streiten.‹
Als Dhannā nach Hause zurückkam, zeigte er den Zettel seinem Vater. Als der den Spruch gelesen hatte, wurde er abwechselnd rot und blaß vor Zorn. Er schalt seinen Sohn, daß er sich von dem Brahmanen habe hereinlegen lassen, eilte schnurstracks zu dem Laden des Brahmanen, hielt ihm den Zettel hin und verlangte: »Gib die Rupie zurück, die dir mein Sohn gegeben hat!«
Der Brahmane war einverstanden, die Rupie zurückzugeben, wandte aber ein: »Ich gebe sie nur unter der Bedingung, daß dein Sohn niemals von meinem Rat Gebrauch macht.«
Als der Kaufmann das versprochen hatte, gab ihm der Brahmane die Rupie zurück.
Der Rādshā dieser Stadt hatte zwei Rānīs. Eines Tages kamen der Rādshā und die beiden Rānīs, als sie vom Bāzār zurückkehrten, am Laden eines Juweliers vorbei. Beiden Rānīs gefiel ein schöner Armreif, der dort ausgestellt war. Jede von ihnen beschloß bei sich, sobald sie ins Schloß zurückgekehrt war, ihre Dienerin loszuschicken, um sich den Armreifen zu kaufen.
So machten die Rānīs es auch. Als sie im Schloß angelangt waren, schickte jede von ihnen ihre Dienerin in den Laden des Juweliers, um den Schmuck zu kaufen.
Zufällig kamen beide Dienerinnen gleichzeitig im Laden des Juweliers an. Die Dienerin der ersten Rānī sagte: »Ich diene der ersten Rānī. Deshalb bekomme ich den Armreifen.« Die Dienerin der zweiten Rānī meinte, daß der Rādshā ihre Herrin

mehr liebe, deshalb habe nur sie das Recht, den Schmuck zu kaufen.

So stritten die beiden miteinander. Um diese Zeit befand sich auch Dhannā dort und beobachtete, wie die beiden Dienerinnen miteinander stritten. Weil der Streit nicht beizulegen war, wollte sich eine jede bei ihrer Herrin beschweren. Auf dem Rückweg ins Schloß sahen sie Dhannā und sprachen zu ihm: »Du wirst Zeuge dafür sein, was hier geschehen ist.«

Beide Dienerinnen suchten ihre Herrinnen auf und beschwerten sich, eine jede über die andere. Als die Rānīs das hörten, liefen sie wutentbrannt zum Rādshā, erzählten alles und sagten auch, daß der Kaufmann Dhannā zugegen gewesen sei und man ihn rufen müsse, damit er den Vorfall bezeuge. Der Rādshā meinte: »Ich werde euren Streit morgen entscheiden.« Dann schickte er nach Dhannā, damit dieser Zeugnis ablege.

Als Dhannā erfuhr, daß er als Zeuge vor dem Rādshā auftreten solle, beunruhigten sich sein Vater und er sehr. Es fiel ihnen nichts ein, was sie in dieser Lage tun konnten. Schließlich begaben sich beide in den Laden jenes Verkäufers, der mit Verstand handelte. Sie baten ihn um Verzeihung und flehten: »Hilf uns in dieser Angelegenheit!«

Der Brahmane erwiderte: »Brüder! Ich lehne es nicht ab, euch zu helfen, aber dieses Mal kostet der Rat, den ich euch gebe, fünftausend Rupien.«

Dhannās Vater holte sofort die fünftausend Rupien heraus und gab sie ihm. Da riet ihm der Brahmane, daß sich Dhannā wie ein Wahnsinniger gebärden solle, wenn der Rādshā ihn zur Zeugenaussage hole, damit er nicht gegen eine der beiden Rānīs auszusagen brauchte.

Am nächsten Tag, als man Dhannā bei Hofe aufrief, spielte er einen Wahnsinnigen. Der Rādshā schickte ihn wieder hinaus, denn wozu sollte die Aussage eines Verrückten gut sein? Weil es nun keinen Zeugen mehr gab, befahl der Rādshā den Rānīs, ihre Dienerinnen zu bestrafen, denn es wäre schwierig festzustellen, wer den Streit angefangen hatte.

Die große Rānī war mit der Entscheidung des Rādshās einverstanden, der kleinen Rānī aber mißfiel sie. Sie war böse auf Dhannā und dessen Vater, denn sie meinte, daß sie sich wegen dieser beiden vor dem Rādshā hatte schämen müssen.
Als Dhannās Vater erfuhr, daß die kleine Rānī böse auf ihn war, sorgte er sich um die Sicherheit seiner Familie und seines Handels. Also suchte er wieder den Brahmanen auf, um seinen Rat auch in dieser Angelegenheit einzuholen.
Der Brahmane sagte, der Rat koste zehntausend Rupien. Als er die erhalten hatte, riet er dem Kaufmann: »Kauf jenen Armreifen und schenke ihn der kleinen Rānī! Das wird nicht nur die kleine Rānī glücklich machen, auch dein Ansehen wird in ihren Augen steigen.«
Der Kaufmann ging zu dem Juwelier und erwarb jenen Armreifen für hunderttausend Rupien. So mußte er nun, weil er den Rat für eine Rupie abgelehnt hatte, mehr als hunderttausend ausgeben. Danach wurde der Brahmane sehr berühmt. In seinem Laden drängten sich die Menschen, die Ratschläge kaufen wollten, und er lebte ruhig und ohne Sorgen.

Prinz Risālū

In der Stadt Sardār herrschte einmal ein Rādshā. Seine schöne Rānī hatte ihm einen Sohn geschenkt – den Prinzen Risālū. Unter den Hofleuten des Rādshās waren drei, denen der Prinz sehr zugetan war. Den einen nannte man ›Langbein‹. Er konnte so schnell laufen, daß ihn nicht einmal ein Pferd einzuholen vermochte. Den zweiten riefen die Leute ›Schlechtauge‹, aber er sah die Zukunft klar wie ein Bild. Der dritte hieß ›Blindschütze‹ und war ein Meister im Bogenschießen. Mit seinem Pfeil durchbohrte er selbst ein Pollenkörnchen.
Eines Tages erkrankte die Rānī. Man behandelte sie ausgiebig und lange, aber es nützte nichts, sie starb. Der Tod der Mutter traf den Prinzen tief ins Herz. Eines Morgens begab er sich mit

jenen drei Hofleuten auf eine lange Reise. Das war zur Regenzeit. Ringsum waren die Flüsse angeschwollen und über ihre Ufer getreten. Der Prinz wanderte zusammen mit ›Langbein‹, ›Schlechtauge‹ und ›Blindschütze‹, als er plötzlich eine große Ratte erblickte, die sich mühte, aus dem Wasser herauszukommen. Die Strömung war aber so reißend, daß die Wellen die Ratte immer wieder mit sich fortrissen, wenn sie schon fast das Ufer erreicht hatte.

Als der Prinz das sah, tat ihm die Ratte leid. Er holte sie mit seinem Pfeil aus dem Wasser auf das trockene Ufer. Als die Ratte wieder etwas zu sich gekommen war, sagte sie: »Prinz! Ich bin der König der Ratten. Du hast mich gerettet. Ich werde dafür sorgen, daß dir jede Ratte hilft.«

Ein Stück weiter weg erblickte der Prinz auf einer Erhöhung mitten im Wasser Unmengen von Ameisen. Das Wasser aber stieg noch immer. Es fehlte nur noch wenig, und die Ameisen würden alle weggespült werden. Der Prinz befahl seinen drei Hofleuten, Blätter zu sammeln und auf das Wasser zu legen. Die Ameisen krochen auf die Blätter und erreichten so trockenen Boden.

Die Königin der Ameisen sprach zu Risālū: »Prinz! Du hast mein Volk vor dem Ertrinken gerettet. Von nun an werden dir alle Ameisen gehorchen.«

Am nächsten Tag kam der Prinz in die Stadt Tshandrashahar. Dort hielt ein grausamer und böser Rādshā die Zügel der Regierung in seinen Händen. Er hatte eine schöne Tochter, Tshandrāwatī mit Namen. Prinzessin Tshandrāwatī war jetzt im heiratsfähigen Alter, aber der Rādshā hatte für ihre Heirat unerfüllbare Bedingungen gestellt, und Tshandrāwatī durfte nur den heiraten, der diese Bedingungen erfüllte.

Bis jetzt waren schon neunundneunzig Prinzen gekommen und hatten um Tshandrāwatī geworben, aber noch keinem war es gelungen, die Bedingungen zu erfüllen. Der Rādshā hatte die Unglücklichen vor ein Mühlrad gespannt, das sie nun drehten und mit dem sie den Mais für die Pferde des Rādshās mahlten.

Als Prinz Risālū sah, wie es diesen Leuten erging, füllte sich sein Herz mit Mitleid. Er schwor auf der Stelle, Prinzessin Tshandrāwatī zu gewinnen und alle diese Prinzen zu befreien. Er ging an den Hof und sagte: »Ich bin der Prinz aus Sardār und komme, um Tshandrāwatī zu freien.«

Der Rādshā sah, daß Prinz Risālū ein schöner und ansehnlicher junger Mann war. In seinem Herzen spürte er Mitleid mit dem Prinzen und sagte zu ihm: »Es wäre besser, wenn du von dem Wunsch, die Prinzessin zu heiraten, abließest. Denn, solltest du die Bedingungen nicht erfüllen, werden es hundert Prinzen sein, die vor das Mühlrad gespannt sind.«

Prinz Risālū erwiderte daraufhin: »Ich habe nicht die geringste Angst davor.«

Der Rādshā stellte die erste Aufgabe: »In den Tälern des Himalaya gibt es einen schönen Teich, auf dem blühen goldene Lotosblumen. Du sollst in einer einzigen Nacht eine Blume pflücken und hierher zurückkehren, noch ehe der erste Sonnenstrahl die Erde berührt hat.«

Als der Abend hereinbrach, beriet sich Prinz Risālū mit seinen Hofleuten. ›Schlechtauge‹ stellte sogleich fest, wo sich der Teich befand, und erklärte ›Langbein› ganz genau, wie er dorthin gelangen konnte. ›Langbein‹ erreichte den Teich auch vor Mitternacht, pflückte eine Blüte und machte sich auf den Rückweg. Weil er aber sehr müde war, legte er sich unterwegs unter einen Baum und schlief ein.

Die Zeit verrann. Der Prinz und die beiden anderen Hofleute wurden unruhig. ›Schlechtauge‹ hielt Ausschau und entdeckte ›Langbein‹ schlafend unter einem Baum. Er wies ›Blindschütze‹ genau die Richtung. ›Blindschütze‹ zielte und schoß einen Pfeil ab, der dicht am Ohr von ›Langbein‹ vorbeischwirrte. Davon erwachte ›Langbein‹, stand eilig auf und rannte los. Noch ehe der Morgen graute, kam er in der Stadt an, und Prinz Risālū überreichte dem Rādshā die Lotosblume beim ersten Sonnenstrahl.

Am nächsten Tag stellte der Rādshā die zweite Aufgabe: »In der ganzen Stadt werden Senfkörner ausgestreut und mit der Erde vermischt. Deine Aufgabe besteht darin, bis zum Morgen jedes Korn aufzulesen.«

Am Abend rief Prinz Risālū die Ameisenkönigin und bat sie, die vom Rādshā gestellte Aufgabe zu lösen. Die Königin befahl allen Ameisen, die überall verstreuten Senfkörner aufzusammeln. Die Ameisen lasen alle Körner auf und trugen sie in ihre Behausung unter der Erde. Noch ehe es Morgen wurde, war auch nicht ein einziges Senfkorn mehr auf der Erde liegengeblieben.

Am nächsten Morgen begab sich Prinz Risālū an den Hof und sagte: »Die von Euch gestellte Aufgabe ist erfüllt.« Der Rādshā wunderte sich sehr, zeigte das aber nicht. Er stellte nun dem Prinzen die dritte Aufgabe und zeigte dazu auf einen zweiundachtzig Hāth hohen Pfahl, der im Hof eingerammt war: »Der muß bis zum Morgen verschwunden sein.«

Risālū nahm auch diese Herausforderung an und verließ den Hofstaat. Als es Abend wurde, rief er den Rattenkönig und befahl ihm, den Pfahl von den Ratten zernagen zu lassen.

Die Ratten besorgten das noch vor Mitternacht. Als der Rādshā am nächsten Morgen aufstand und in seinen Hof blickte, staunte er nicht schlecht. Von dem Pfahl fehlte jede Spur.

Aber auch jetzt war der Weg zur Prinzessin noch nicht frei. Am Tor vor ihrem Schloß hielt ein böser Zauberer Wache, dessen Blick jeden in Stein verwandelte, der ihm vor die Augen kam. Um aber zu der Prinzessin gelangen zu können, mußte Prinz Risālū durch dieses Tor.

Als es Morgen wurde, sah sich ›Schlechtauge‹ genau an, wo der Zauberer stand, erklärte das ›Blindschütze‹, und der zerschoß mit zwei Pfeilen die Augen des Zauberers. Dieser fiel um und starb.

Risālū setzte sich schnell auf sein Pferd und ritt durch das Tor. Drinnen hing eine Glocke. Der Prinz versetzte ihr einen Schlag und meldete so dem Rādshā und der Prinzessin, daß er gekommen war.

Nun konnte der Rādshā nichts mehr gegen die Hochzeit einwenden und mußte sich einverstanden erklären. Alle Prinzen, die in die Mühle eingespannt waren, wurden freigelassen.
Prinz Risālū begab sich mit seiner Frau, Tshandrāwatī, nach Sardār. Beide lebten lange Zeit glücklich und verließen dann, wie es die Natur verlangt, die Welt, um in jene andere einzugehen.

Freunde und Bekannte

Eines Tages fragte der Bādshāh den Bīrbal: »Bīrbal! Wer sind deine Freunde?«
Bīrbal antwortete: »Majestät! Ich habe gute Freunde, Freunde und Bekannte.«
Das versetzte den Bādshāh in großes Erstaunen, und er fragte Bīrbal: »Wer ist ein ›guter Freund‹, wer ein ›Freund‹ und wer ein ›Bekannter‹? Zeig sie mir doch einmal!«
»An einem Tag kann ich nicht alle drei auf einmal zeigen«, erwiderte Bīrbal. »Wenn Ihr sie Euch ansehen wollt, werdet Ihr drei Tage lang in Verkleidung mit mir kommen müssen.«
Der Bādshāh war einverstanden.
Voller Neugier hielt sich der Bādshāh den Abend frei. Als es zu dunkeln begann, rief er Bīrbal. Der Bādshāh verkleidete sich, und beide gingen aus dem Schloß. Bīrbal brachte den Bādshāh zum Hause des Kaufmanns Dhannāshāh. Dieser erwies Bīrbal und seinem Gefährten große Ehren und ließ ihnen Wein und Betel vorsetzen.
Bīrbal sagte dann: »Ich habe einen Fehler gemacht, daher hat der Bādshāh befohlen, mich morgen aufzuhängen. Wenn Ihr mir helfen würdet, kann ich vielleicht davonkommen.«
Als Dhannāshāh das gehört hatte, wich alle Farbe aus seinem Gesicht. Er schützte alles Mögliche vor und sah zu, daß die beiden ihn bald wieder verließen.
Bīrbal aber erklärte dem Bādshāh: »Dhannāshāh ist nur ein

Bekannter von mir. Morgen werde ich Euch einen Freund zeigen.«

Am nächsten Abend zogen Bīrbal und der Bādshāh wieder andere Kleider an und verließen das Schloß. Bīrbal brachte den Bādshāh zum Haus von Ratnāshāh. Auch Ratnāshāh bewirtete die beiden aufs beste. Doch Bīrbal saß auch hier mit trauriger Miene da, wie am Tage zuvor. Als Ratnāshāh ihn deswegen befragte, erzählte er die Geschichte vom vorangegangenen Tage.

Ratnāshāh rief einen Diener und hieß diesen den Schatzmeister holen. Zu Bīrbal sagte er: »Mein Geld steht dir zur Verfügung. Ich werde mich sehr freuen, wenn es gelingt, dich mit einer großen Summe beim Bādshāh loszukaufen.«

Bīrbal bedankte sich sehr bei Ratnāshāh und sagte: »Wenn es notwendig wird, mache ich bestimmt von deinem Geld Gebrauch.«

Als sie das Haus von Ratnāshāh wieder verlassen hatten, erklärte Bīrbal, daß Ratnāshāh sein ›Freund‹ sei.

Auch den dritten Tag verbrachte der Bādshāh voller Ungeduld. Er wollte gar zu gern wissen, was ihm heute bevorstand. Als es Abend geworden war, erinnerte er Bīrbal an sein Versprechen. Dieser erwiderte: »Zu einem guten Freund muß man spät gehen.«

Je weiter die Nacht voranschritt, umso neugieriger wurde der Bādshāh. Erst gegen Mitternacht nahm Bīrbal den Bādshāh mit nach draußen, begab sich mit ihm zu Dshagniyāng Mīnāng und klopfte an dessen Tür.

Dshagniyāng öffnete gähnend die Tür und fuhr erschrocken zurück, als er Bīrbal erblickte. Was wollte der zu so später Stunde bei ihm? Darüber wunderte er sich, hieß die beiden aber herzlich willkommen, führte sie ins Haus und trug seiner Frau auf, für Bīrbal Brot mit Butterschmalz und Zucker zu bestreichen.

Bīrbal saß, wie schon die beiden Tage zuvor, mit hängendem Kopf da und erzählte auch Dshagniyāng die Geschichte, als dieser ihn fragte. Am Hofe des Bādshāhs gab es einen Pathanen namens Sherchān, der auf Bīrbal sehr böse war. Seit eh und je versuchte er immer wieder, Bīrbal beim Bādshāh anzuschwärzen. Nun sah Bīrbal eine gute Gelegenheit, sich an Sherchān zu rächen. Als Dshagniyāng fragte, wem der Bādshāh befohlen hätte, ihn aufzuhängen, sagte Bīrbal deshalb, daß Sherchān um fünf Uhr morgens mit seinen Soldaten kommen werde, um ihn festzunehmen.

Dshagniyāng meinte daraufhin zu Bīrbal: »Ich muß für kurze Zeit weg, um etwas Wichtiges zu erledigen. Sobald die Brote fertig sind, bin ich wieder zurück, und dann werden wir alle zusammen essen. Wegen des Galgens brauchst du dir jetzt keine Sorgen zu machen! Diese Angelegenheit werden wir morgen regeln.«

Danach ging Dshagniyāng aus dem Haus. Bīrbal bat den Bādshāh um Verzeihung, daß er sich über einen kleinen Heerführer beschwert hatte. Als Dshagniyāng nach einiger Zeit wieder zurückkam, hielt er etwas in ein Tuch gewickelt in der Hand. Aus dem Tuch zog Dshagniyāng Sherchāns Kopf hervor. Bīrbal sagte zum Bādshāh: »Den nenne ich einen ›guten Freund‹.«

Das Zeichen des Diebes

In Dalelgarh lebte einmal ein Baniyā namens Motīlāl, der bei einem Seth als Munīm angestellt war. Er bekam aber so wenig Gehalt, daß er nie wußte, wie er alle Ausgaben bestreiten sollte. Dennoch hielten ihn die Leute für wohlhabend, weil er bei einem Seth als Munīm arbeitete. Eines Nachts, als Motīlāl schlief, drang ein Dieb in sein Haus ein. Der Dieb wollte etwas stehlen, aber so sehr er auch suchte, er fand nichts. Da dachte er, daß Motīlāl sein Geld sicher irgendwo vergraben hatte.

Er ging in Motīlāls Zimmer, setzte ihm ein Messer auf die Brust und schlug auf ihn ein. Dann fragte er: »Sag! Wo hast du dein Geld vergraben?«

»Wenn ich nur etwas zum Vergraben hätte!« sagte Motīlāl.
Der Dieb glaubte ihm nicht und schlug wieder auf ihn ein. Gleichzeitig schrie er: »Sprich! Sonst steche ich jetzt mit dem Messer zu!«
Das Gebrüll des Diebes weckte Motīlāls Frau auf. Sie war sehr schlau und konnte nicht zusehen, wie ihr Mann geschlagen wurde. Sie rief: »He! Seit wann ist einem Menschen das Geld lieber als sein Leben! Was er findet, kann er sich nehmen.«
Motīlāl widersprach ihr: »Was redest du da für Unsinn? Was sollten wir denn schon haben?«
Als der Dieb aber wieder auf ihn losprügelte, ging er auf den Vorschlag seiner Frau ein. Sie brachten den Dieb in den anderen Raum. Motīlāls Frau schloß rasch die Türflügel und legte ein Schloß vor. Dann sagte sie zu dem Dieb: »Jetzt werde ich die Polizei holen, und du wirst streng bestraft werden.«
Der Dieb aber spielte sich am Tage als großer Mann auf und fürchtete die Polizei sehr. So fing er flehentlich an, um Vergebung zu bitten.
Die Frau sagte: »In deiner Hand befindet sich ein Messer. Vielleicht überfällst du mich, wenn ich dich herauslasse? Erst wirf das Messer aus dem Fenster! Dann lasse ich dich frei.«
Der Dieb warf das Messer weg. Die Frau forderte ihren Mann auf: »Bist du etwa eine Frau? Jetzt kannst du es ihm heimzahlen.«
Motīlāl war kräftig gebaut. Er ging auf den Dieb los. Dieser schrie laut und verlor das Bewußtsein.
Als er wieder zu sich kam, faltete er die Hände und bat die Frau: »Laß mich gehen! Ich werde nie wieder in dieses Haus kommen.«
»Wie sollte ich dich jetzt weglassen?« fragte die Frau. »Wir müssen diesen Monat noch hundert Rupien Miete bezahlen.«
»Also gut, meine Liebe. Die hundert Rupien gebe ich«, versprach der Dieb.
»Das ist schon recht«, fuhr die Frau fort, »aber beim Kauf-

mann haben wir auch noch Schulden. Im letzten Monat war mein Mann krank. Da hat er nichts verdient. Beim Milchmann gibt es ebenfalls Rückstände. Zusammen werden es wohl zweihundert Rupien sein.«

»Na gut! Mit diesen zweihundert Rupien sind es dreihundert, die ich euch gebe. Nun laßt mich laufen!« flehte der Dieb.

»Aber unsere Tochter muß jeden Tag Milch trinken. Da kommen diesen Monat nochmal hundert Rupien zusammen«, erklärte die Frau.

»Schon gut! Nimm auch die von mir! Dann sind es also vierhundert«, versprach der Dieb bedrückt.

Aber die Frau war noch nicht am Ende: »Wir haben jetzt den Monat Sāwan. Da muß die Schwägerin eine Sārī bekommen, und unsere Tochter braucht auch neue Kleider. Das sind noch einmal zweihundert oder zweihundertfünfzig Rupien.«

»Siebenhundert sind doch nun genug! Bei Gott! Nun laßt mich endlich laufen!« flehte der Dieb.

»Wieso soll denn das genug sein? Die Schwiegertöchter, die Töchter und die Schwestern müssen ja etwas essen!« fuhr die Frau unermüdlich fort.

»Na gut! Nimm siebenhundertfünfzig und laß endlich ab von mir!« sagte der Dieb gereizt.

»Wenn du mich derart bittest, werde ich dich jetzt gehen lassen. Doch gib mir etwas, das ich deiner Frau zeigen kann, damit ich das Geld von ihr bekomme!« forderte sie.

Der Dieb gab ihr seinen Ring und sagte: »Zeig ihn meiner Frau, und du bekommst die siebenhundertfünfzig Rupien!«

Die Frau wandte sich an Motīlāl: »Paß auf den Dieb auf! Ich komme gleich mit dem Geld zurück.«

Dann nahm sie den Schlüssel zu dem Zimmer in die Hand und begab sich zum Haus des Diebes. Von seiner Frau nahm sie tausend Rupien in Empfang. Dann kehrte sie zurück, öffnete das Schloß und ließ den Dieb heraus.

Als er gehen wollte, fragte sie ihn: »Verehrter! Wann beehrt Ihr uns denn wieder?«

»Wenn ich wieder tausend Rupien beisammen habe«, antwortete der Dieb und rannte, so schnell er konnte, davon.

Der Dämon in der Schlinge

Am Rande eines Dorfes lebte einmal die Bäuerin Dsharlī. Sie hatte fünf Kinder. Zum Hause gehörte auch eine Kuh. Milch gab es also genug, und ihren Kindern mangelte es nicht an Milch und Quark.

Die Betreuung der Kinder und der Kuh ließ Dsharlī keine freie Zeit, deshalb fiel es ihr sehr schwer, in der Regenzeit den Acker zu bestellen. Doch brauchte sie den Weizen, also bestellte sie auch den Acker irgendwie und mit großer Mühe.

Nicht weit von Dsharlīs Haus lebte eine Katze. Die schlich manchmal in der Nacht durch das Fenster ins Haus und tat sich an der Milch gütlich. Dsharlī hatte schon einiges versucht, um das zu verhindern, aber die Katze war sehr schlau.

Eines Tages nun hatte Dsharlī an einem dicken Seil eine Schlinge geknüpft und sie ins Fenster gelegt, um die Katze zu fangen, sobald sie sich blicken ließ. Nachdem sie die Schlinge ausgelegt hatte, setzte sie sich hin und wartete.

In jener Nacht flogen aber zwei Dämonen spazieren. Von oben erblickten sie eine schöne Frau, die neben einem Fenster saß. Der jüngere von beiden wurde neugierig, bat seinen Gefährten, ein wenig zu warten, und steckte seinen Kopf ins Fenster, um einen Blick hineinzuwerfen. Dsharlī meinte, die Katze sei gekommen, und zog die Schlinge zu.

Nun war der Dämon gefangen. Zuerst erschrak Dsharlī, als sie den Dämon sah, dann aber vertraute sie auf ihre Schlinge und faßte Mut. Sie fragte ihn, was er in ihrem Haus zu suchen habe. Dem Dämon waren alle Sinne vergangen, als er in die Schlinge geriet.

Ihm fiel nichts anderes ein, als zu sagen: »Ich wollte nur erfahren, was ich für eine so schöne Frau tun kann.«

Dsharlī befahl sogleich: »Ich brauche jeden Tag ein Ser Korn. Das bringst du mir jetzt täglich!«
Als der Dämon ihr das versprochen hatte, lockerte Dsharlī die Schlinge.
Von nun an brachte der Dämon jeden Tag ein Ser Korn in Dsharlīs Haus. Es ärgerte ihn aber mächtig, daß er einer einfachen Frau in die Falle gegangen war. Vor Kummer wurde er ganz schwach.
Einige Zeit später trafen sich die beiden Dämonen wieder. Der ältere fragte, als er sah, wie schwach der andere geworden war, was denn los sei. Der jüngere erzählte ihm alles. Da sprach ihm der ältere Mut zu: »Reg dich nicht auf! Ich werde diese Frau einschüchtern und dich von ihr befreien.«
Dsharlī hatte die Katze bis dahin noch nicht fangen können. Seit sie die Schlinge das erste Mal ausgelegt hatte, war sie noch nicht wieder aufgetaucht. Dsharlī legte also ihre Schlinge wieder aus. Der ältere Dämon hatte vor Wut eine schreckliche Gestalt angenommen und steckte nun den Kopf durch Dsharlīs Fenster. Dsharlī glaubte, heute die Katze gefangen zu haben, und zog die Schlinge zu. Da steckte nun der ältere Dämon darin.
Zuerst begriff Dsharlī gar nicht, wer der andere Dämon war und warum er zu ihr kam. Doch der Dämon löste dieses Rätsel selbst. Er lächelte ein wenig und fragte: »Ja, ich bin gekommen, um zu fragen, ob ich jeden Tag ein Ser Weizen oder lieber ein Ser Mehl bringen soll.«
Als Dsharlī das hörte, freute sie sich sehr. Nun brauchte sie kein Korn mehr zu mahlen. Sie befahl sogleich: »Bring Mehl!«
Der Dämon versprach das, und sie gab ihn frei. Von nun an lebten Dsharlī und ihre Kinder glücklich und zufrieden.

Die Reise des Miyāng

Ein Miyāng und ein Dshāt waren einmal Nachbarn. Eines Tages sagte der Miyāng: »He, Dshāt! Laß uns zum Kadi gehen und ihm einige Zeit dienen. Wir brauchen aber eine Stute dazu.« Der Dshāt meinte daraufhin, daß sein Bruder für einhundertfünfundzwanzig Rupien eine Stute verkaufen wolle.
Der Miyāng freute sich: »Dann gehört die Stute ja zur Familie. Wenn wir aus dem Dienst zurückkommen, können wir deinen Bruder bezahlen.«
Der Dshāt glaubte, der Miyāng beabsichtige, ohne etwas bezahlen zu müssen, eine Reise zu unternehmen. Er konnte aber nichts gegen ihn sagen. So gab er seinem Bruder einen Wink, daß er ihnen folgen sollte. Unterwegs wollte er ihm die Stute irgendwie zurückgeben.
Sie ritten und ritten, es wurde Abend. Da ringsum kein Dorf zu sehen war, ließen sich der Miyāng und der Dshāt an einem Teich unter einem Baum nieder. Am nächsten Morgen trug der Miyāng dem Dshāt auf, die Stute zu satteln und alles fertig zu machen. Er wollte nur noch seine Notdurft verrichten. Der Dshāt erblickte darin eine gute Gelegenheit. Er schnitt der Stute ein paar Schwanzhaare ab und übergab sie seinem Bruder, den er wieder zurückschickte. Dann steckte er die Haare mit dem einen Ende in ein Mauseloch, behielt das andere Ende in der Hand und setzte sich davor, als ob er das Pferd am Schwanz festhielte.
Als der Dshāt den Miyāng zurückkommen sah, schrie er los: »Miyāng! Komm schnell! Der Fürst der Unterwelt will die Stute zu sich holen.« Als der Miyāng näher kam, ließ sich der Dshāt, die Schwanzhaare in der Hand, auf den Rücken fallen, als ob sich die Stute losgerissen hätte und nur ihr Schwanz in seiner Hand zurückgeblieben wäre.
Nun mußten die beiden zu Fuß weiterziehen. In der nächsten Nacht blieben sie in der Pilgerherberge eines Dorfes. Der Miyāng befahl dem Dshāt, Milch zu holen, damit sie sich süßen

Brei kochen konnten. Als der Brei fertig war, sagte der Miyāng: »He, Dshāt! Schlaf jetzt! Den Brei soll der zu essen bekommen, der in der Nacht den schönsten Traum hat.«
Der Dshāt erwiderte: »Sehr gut!« Beide legten sich schlafen. Am Morgen wollte der Miyāng, daß der Dshāt seinen Traum erzählte. Der Dshāt aber sagte: »Zuerst, Miyāng, erzählst du deinen!«
Der Miyāng fing an: »In der Nacht war ich im Himmel und habe dort die Feen tanzen gesehen und singen gehört, wie du es niemals erleben wirst.«
Der Dshāt erzählte: »He, Miyāng! Meine Nacht ist sehr schlecht verlaufen. Von irgendwoher ist ein böser Geist mit einem schwarzen Gesicht gekommen. Der hat meinen Rücken mit einem Stock bearbeitet und mir befohlen, den Brei aufzuessen. Ich habe ihn ganz demütig angefleht zu warten, bis der Miyāng zurück ist, aber er wollte nichts hören. Er schlug mit seinem Stock so auf mich ein, daß mir nichts anderes übrigblieb, als den Brei aufzuessen.«
Der Miyāng wandte ein: »He, Dshāt! Warum hast du mich denn nicht aufgeweckt?«
»Aber Miyāng! Du warst doch bei den Feen und hast ihren Tänzen zugesehen. Wie hätte ich dich denn vom Himmel holen können?«
Da verging dem Miyāng seine ganze Schlauheit, und sie zogen weiter.

Der kriegerische Geist

Es gab einmal ein schönes Dorf. In der Nähe befand sich ein Fluß, wunderschöne Bäume wuchsen dort, ringsum blühten Felder und Gärten. Es war eine Siedlung mit lauter guten Leuten. Ein paar schlechte waren aber, wie überall, auch darunter. Mitten im Dorf standen die Reste eines großen Hauses seit vielen Jahren nun schon öd und leer. Kein Reisender, kein Neuansiedler, einfach niemand hatte den Mut, sich dort niederzulassen, weil alle Leute im Dorf nur zu gut wußten, daß darin ein böser Geist hauste, der Menschen fraß. Das war der Grund, weshalb niemand, sobald die Nacht anbrach, dorthin gehen, ja, nicht einmal in die Richtung blicken wollte. Mit einem Wort, es war keiner bereit, das Haus auch nur geschenkt zu nehmen. Wer wäre denn schon so dumm, ein brennendes Haus zu mieten? Tagsüber lief in der Nähe einiges Vieh herum, doch, noch ehe es Abend wurde, trieben die Besitzer ihre Tiere mit Steinwürfen von dort weg. Man wagte es nicht einmal, den Fuß auf die Grenze dieses Grundstücks zu setzen.

Zufällig kam ein Seth hierher, der sein Land Mārwār verlassen und durch Handel in großen Städten viel Geld erworben hatte. Er sagte: »Ich werde mich hier niederlassen und einen Laden aufmachen. Meine Jahre neigen sich, und zum Umherwandern habe ich auch keine Lust mehr. Wenn sich der Mensch nicht irgendwo niederläßt, kann er keine Wurzeln schlagen. Ich bin fest entschlossen, mir auf diesen Resten ein Haus zu bauen. Wenn ihr mir helft, das Haus zu errichten, eröffne ich hier einen guten Laden. So bekomme ich ein Haus, und ihr werdet auch euren Nutzen davon haben.«

Die Leute versuchten ihn um seines eigenen Wohles willen davon abzubringen, erzählten alles bereits Vorgefallene, zählten die Menschen auf, die dort umgekommen waren, aber er hörte nicht darauf: »Brüder! Schließlich werde ich sterben oder leben. Es ist mein Wille. Weshalb regt ihr euch da so auf? Ihr alle zusammen sollt mir doch, wenn es möglich ist, nur helfen, ein Haus zum Wohnen hinzustellen.«

Im ganzen Dorf tuschelte man nun einige Tage lang über diesen neuen Helden und entschied dann wegen seiner Hartnäckigkeit, daß es ja sein eigener Wunsch gewesen sei, wenn er zum Sterben hergekommen war. Wen ging das also etwas an? Sein Tun würde schon den verdienten Lohn hervorbringen. Schließlich taten sich alle zusammen und errichteten ihm aus Querbalken und anderem Holz irgendwie ein Wohnhaus. Kaum war das Haus fertig, stellte der Seth einige Sachen hinein und

machte seinen Laden auf. Am Abend legte er sich unbekümmert in dem Haus schlafen.
Mitten in der Nacht wachte er plötzlich auf. Vor sich sah er eine schreckliche Gestalt. Zuerst erschrak er über ihren Anblick, doch im nächsten Augenblick faßte er sich wieder, nahm all seinen Mut zusammen und fragte: »Wer bist du, und was willst du?« Die Gestalt brüllte daraufhin los: »Ich bin ein Geist, ein kriegerischer Geist. Ich bin gekommen, um meinen Anteil zu holen. Wenn ich nicht jeden Tag etwas zu essen bekomme, werde ich dich auffressen.«
Der Seth hörte sich das ruhig an und erwiderte: »Mein Freund! Mit allen deinen Bedingungen bin ich einverstanden. Nur eine Bitte habe ich, und das ist die: Wenn du wirklich ein Geist bist, hast du auch Zugang zum Hofe Gottes. Deshalb sage mir morgen, welches Alter für mich in den Unterlagen Gottes eingetragen ist! So weiß ich dann, ob ich dir trauen kann, und werde nicht mehr zögern, deine Bedingungen zu erfüllen.«
Der Geist verschwand nach den Worten des Seths. Am nächsten Tag kam er zur vereinbarten Zeit und sagte: »Hör zu, Kaufmann! Ich bin selber in das Haus Gottes gegangen und habe ausfindig gemacht, daß dein Alter in seinen Unterlagen genau mit achtzig Jahren eingetragen ist. Nun bring mir meinen Anteil! Wo ist er?«
Der Seth war sehr schlau. Der Geist hatte kaum zu Ende gesprochen, als er ihn anflehte: »Bruder! Das ist aber gar nicht gut! Bei achtzig soll mein Atem für immer aussetzen, wie ich gehört habe? Bist du denn wirklich nur ein Teufel? Hast du denn nicht ein Quentchen Menschlichkeit in dir? Nein, nein! Das kann nicht sein! Sicher hast du auch etwas Menschlichkeit in dir! Ich denke, daß du mir in dieser schwierigen Lage wenigstens insofern hilfst, als du Gott sagst, er möge mein Alter wenigstens um einen Tag herab- oder heraufsetzen. Dafür werde ich dir ewig dankbar bleiben.«
Der Geist, wer weiß, was er dachte, sagte: »Na gut! Aber mor-

gen werde ich mir keine weiteren Klagen von dir anhören«, und ging auch an diesem Tag weg.
Am dritten Tag erschien der Geist noch vor der vereinbarten Zeit und berichtete voller Zorn: »Hör zu! Ich habe Gott inständig angefleht, ihn beschworen, daß er dein Alter um einen Tag herab- oder heraufsetzen möge. Aber er hat gar nichts davon hören wollen und erwidert, daß von einem Tag gar keine Rede sein könne. Dein Alter kann nicht einmal um einen Augenblick herab- oder heraufgesetzt werden. Also kann ich dir nicht helfen, verstehst du? Bis jetzt habe ich mir eine ganze Menge von dir angehört, und du hältst mich immer wieder hin. Heute wiederholt sich das nicht wieder! Bring meinen Anteil! Und mach schnell, sonst wird es dir schlecht ergehen! Ich werde dich auffressen.«
Der Seth lächelte: »Niemand kann mein Alter auch nur um einen Augenblick kürzer oder länger machen. Das ist ein Gesetz Gottes. Hast du nun noch etwas zu sagen?« Da schämte sich der Geist und ging fort.

Lakhan Patwārī

Eines Tages stritten sich Yamrādsh und Nārad, ob die Menschen von Natur aus bescheiden oder durchtrieben wären. Yamrādsh meinte, daß der Mensch von Natur aus einfach und bescheiden sei, während Nārad behauptete, er sei schlau und durchtrieben. Nārad sagte: »Bruder Yamrādsh-dshī! Ihr habt es immer nur mit toten Menschen zu tun. Wenn Ihr einmal einem lebendigen Menschen begegnet, werdet Ihr Eure Meinung ändern.«
Daraufhin gab Yamrādsh seinen Boten den Befehl, ihm in der Welt der Sterblichen einen lebenden Menschen einzufangen. Als die Boten auf die Erde kamen, begegnete ihnen zuallererst ein Patwārī namens Lakhan. Sie ergriffen ihn und sagten: »Komm mit! Yamrādsh ruft dich!« Der Patwārī beunruhigte

sich anfänglich deswegen, dann dachte er etwas nach und erwiderte: »Wartet eine Weile! Ich will meine Kinder noch einmal sehen, dann gehe ich mit euch.« Durch diesen Vorwand gewann er Zeit, ging ins Haus und schrieb im Namen Gottes einen Befehl an Yamrādsh: »Yamrādsh! Sobald du den Patwārī Lakhan gesehen hast, übergib ihm sofort alle deine Geschäfte! Du bekommst von heute an Rente.« Nachdem er diesen Befehl vorbereitet hatte, folgte er den Boten zu Yamrādsh. Kaum angelangt, legte er ihm äußerst demütig den Befehl zu Füßen. Wer kann schon etwas gegen Gottes Befehl tun? Kaum hatte Yamrādsh den Befehl gelesen, als er auch schon dem Patwārī Lakhan alle Geschäfte der Unterwelt übergab. Lakhan setzte sich auf Yamrādshs Thron und dachte: ›Mein Leben lang habe ich eine Sünde auf die andere gehäuft. Deshalb muß ich es jetzt so einrichten, daß ich nach meinem Tode in den Himmel komme.‹ Er veränderte das Gesetz Yamrādshs und befahl, alle in die Hölle geratenen Sünder in den Himmel zu schicken und alle edlen Seelen aus dem Himmel in die Hölle zu werfen. Die Sünder aus der Hölle kamen nun in den Himmel und die edlen Seelen aus dem Himmel in die Hölle. Wegen dieser neuen Ordnung geriet man in allen drei Welten in Aufregung. Alle erhoben ein großes Geschrei. Die Gottheiten begaben sich gemeinsam zu Wishnu und erzählten ihm von diesem Unfug. Gott ließ Yamrādsh holen und fragte ihn: »Warum hast du eine solche Mißwirtschaft heraufbeschworen?« Yamrādsh erwiderte: »Beschützer der Armen! Das war nicht ich, sondern der Patwārī Lakhan, dem Ihr an meiner Stelle durch einen Befehl die Geschäfte der Unterwelt übergeben habt.« Da lachte Gott ganz verwundert und sagte: »Aber ich habe doch niemanden mit einem Befehl zu dir geschickt!« Schließlich wurde der Patwārī Lakhan gesucht. Als er kam, fragte Gott: »Weshalb hast du diese Fälschung begangen?« Der Patwārī antwortete: »Beschützer der Armen! Yamrādsh hat mich entgegen der Vorschrift mit meinem Körper nach Yampurī bringen lassen. Weil ich nicht wußte, was er mit mir vorhatte, habe ich das zu mei-

nem eigenen Wohl so gemacht.« Nach langem Befragen wurde Gott klar, daß der Patwārī die Wahrheit sprach. Er bedachte aber auch, daß der Streit zwar nur den Patwārī und Yamrādsh etwas anging, doch hatte der Patwārī die Gesetze der Unterwelt geändert und edle Seelen in die Hölle geschickt, wo sie ohne jeglichen Grund großen Qualen ausgesetzt waren. Deshalb mußte er ihn bestrafen. Gott befahl, den Patwārī in der Hölle in den Kumbhīpāk zu werfen. Als der Patwārī diesen Beschluß hörte, flehte er Gott mit gefalteten Händen an: »Herr! Ich will nicht an Eurem Befehl rütteln. Doch laßt mich noch einmal für einige Stunden auf die Erde zurück! Dann bin ich mit Freuden bereit, die Strafe auf mich zu nehmen.« Gott fragte: »Warum willst du auf die Erde?« Der Patwārī erwiderte: »Beschützer der Armen! Ich werde den Menschen auf der Erde klarmachen, daß sie völlig umsonst zu Gott beten und ihn ehren. Sobald sie ihn zu Gesicht bekommen, müssen sie zur Hölle fahren, denn ich werde dorthin geschickt, obwohl ich Gott schauen durfte.«
Als die Götter das vernahmen, gerieten sie in helle Aufregung. Da würde man ja auf der Erde aufhören, zu Gott zu beten! Sie beschworen Gott, dem Patwārī viel Geld zu geben und ihn auf die Erde, nicht in die Hölle zu schicken. Gott war damit einverstanden, gab dem Patwārī viel Geld und Gut und schickte ihn wieder auf die Erde.
Jetzt quälte den Patwārī die Sorge, daß sich nach seinem Tode sicherlich Yamrādsh an ihm rächen würde. Er sann darüber nach, wie er dem entgehen könne. Seiner Gewohnheit entsprechend konnte das aber keine gute Tat oder sonst etwas Tugendhaftes sein. Nehmen kannte er, aber er wußte nicht, was Geben hieß. Mit diesen Überlegungen verging sein Leben. Als er starb, hatte er nicht mehr als eine alte magere Kuh der Wohltätigkeit geopfert.
Nach dem Tode wurden seine Taten aufgelistet, und es kam eine Sünde nach der anderen zum Vorschein. Nur die alte Kuh wurde ihm als gute Tat angerechnet. Yamrādsh fragte ihn:

»Willst du erst den Lohn für deine guten Taten haben oder erst den für deine Sünden?« Der Patwārī antwortete: »Erst für die guten Taten.« Yamrādsh gab sein Einverständnis. Die Kuh trat vor den Patwārī und fragte ihn: »Was befiehlst du?« Der Patwārī sprach: »Oh, Mütterchen Kuh! Stoß deine beiden Hörner Yamrādsh in den Bauch und wackle mit ihnen so lange hin und her, bis er den Geist aufgibt!« Die Kuh ging sofort auf Yamrādsh los. Der rannte um sein Leben. Er flehte die Kuh inständig an, aber sie wollte nichts hören. Da legten sich die Götter ins Mittel und vereinbarten zwischen Yamrādsh und dem Patwārī, daß letzterer in den Himmel aufgenommen werde.
So mußte sich Yamrādsh einem lebendigen Menschen geschlagen geben. Er sagte zu Nārad: »Ihr hattet völlig recht!«

Der Wert eines Menschen

Es war einmal ein Rādshā mit Namen Wikramādshīt. Er war sehr gerecht. Der Ruhm seiner Gerechtigkeit hatte sich bis in weite Fernen ausgebreitet. Eines Tages wollte Indra, der Rādshā der Götter, Wikramādshīt auf die Probe stellen, denn er befürchtete, daß ihm Rādshā Wikramādshīt wegen seiner Gerechtigkeitsliebe das Amt entreißen könnte. Deshalb schickte er ihm drei abgeschlagene Menschenköpfe und ließ ausrichten, daß es überall in seinem Reich Gold regnen werde, sobald er den Wert dieser Köpfe richtig bestimmt hätte. Sollte ihm das aber nicht gelingen, schicke er seinem Reich ein schreckliches Unheil, und die Menschen würden elendiglich zugrunde gehen. Der Rādshā stellte die drei Köpfe vor seine Hofleute und fragte alle Gelehrten: »Verratet mir den Wert dieser Köpfe!« Aber das vermochte niemand, denn die drei Köpfe glichen einander und schienen alle zu einem Körper zu gehören. Zwischen ihnen gab es nicht den geringsten Unterschied. Alle Anwesenden schwiegen, am Hofe war es ganz still, einer sah den anderen an. Als der Rādshā das sah, geriet er in Unruhe. Er ließ den Purohit rufen und sagte zu ihm: »Du bekommst drei Tage frei. Wenn du in diesen drei Tagen den Wert dieser Köpfe herausfindest, erhältst du eine Belohnung, ganz wie du sie wünschst. Wenn nicht, wirst du gehängt.«

Zwei Tage lang überlegte der Purohit hin und her, kam aber zu keinem Entschluß. Als der dritte Tag anbrach, war er der Verzweiflung nahe. Er vergaß Essen und Trinken, wickelte sich vor Sorge in ein Laken und blieb liegen. Das hielt seine Frau nicht aus. Sie ging zu ihm, zog das Laken weg und sagte: »Was liegt Ihr heute so herum? Los! Steht auf! Badet! Eßt!« Der Pandit erzählte seiner Frau die Geschichte von den drei Köpfen. Als sie das hörte, schwanden ihr die Sinne. Da war sie ja in ein schönes Unglück geraten! Sie dachte bei sich: ›Oh, Gott! Was soll ich jetzt tun? Wo soll ich hin? Ich begreife rein gar nichts! Morgen wird der Pandit gehängt! Warum sollte ich da nicht vorher schon sterben? Das ist besser, als den Tod des Pandits mit eigenen Augen ansehen zu müssen.‹ Zum Sterben fest entschlossen, ging die Frau des Pandits mitten in der Nacht aus der Stadt zu einem Teich.

Dort erzählte Pārwatī gerade dem Gott Shiw, daß eine treue und ihrem Gatten ergebene Frau in ein großes Unglück geraten sei und man etwas tun müsse. Shiw meinte: »Das ist nun mal die Welt! Hier ist das alles nun einmal so! Um wen willst du dich denn noch kümmern?« Aber Pārwatī gab nicht nach: »Nein! Irgend etwas müssen wir tun!« Da sprach Shiw: »Laß uns gehen, wenn du nicht hören willst!« Beide verkleideten sich als Schakale und liefen zum Damm des Teiches, in dem sich die Frau des Pandits ertränken wollte. Als die Frau des Pandits am Teich anlangte, hörte sie, daß ein Schakal wie ein Verrückter lachte. Mal lachte er, und mal rief er, wie es die Schakale tun: »Huke-huke, huwā-huwā.« Da fragte die Schakalin den Schakal: »Bist du heute verrückt geworden? Warum lachst du ohne jeglichen Sinn?« Der Schakal gab zur Antwort: »He! Du weißt ja gar nicht, daß wir heute viel zu fressen bekommen! Wir werden uns den Bauch vollschlagen und dick und rund werden.« Darauf die Schakalin: »Was redest du da? Ich begreife das nicht! Wenn ich es begriffen habe, glaube ich es auch.« Der Schakal sagte: »Rādshā Indra hat Rādshā Wikramādshīt drei Köpfe geschickt und als Bedingung genannt, daß ihm der Rādshā ihren Wert nenne. Wenn er das kann, regnet es im ganzen Reich Gold, wenn nicht, schickt er ein schreckliches Unheil. Hör zu! Den Wert der Köpfe, so daß es Gold regnet, wird niemand sagen können. Jetzt wird das Reich von einem schrecklichen Unheil heimgesucht, viele Leute werden sterben, wir werden jede Menge zu fressen haben und dick werden.« Danach fing der Schakal wieder zu lachen und zu rufen an: »Huke-huke, huwā-huwā.« Die Schakalin fragte: »Kennst du den Wert dieser Köpfe?« Der Schakal erwiderte: »Den kenne ich schon, aber ich werde ihn nicht verraten. Denn, wenn das jemand hört, ist das ganze Spiel verdorben.« Die Schakalin meinte daraufhin: »Dann weißt du also gar nichts und plusterst dich nur auf! Wer soll denn mitten in der Nacht hier herumsitzen, dir zuhören und das Geheimnis ausposaunen?« Der Schakal geriet in Wut: »Du glaubst mir wohl nicht? Gut! Dann hör zu! Steckt man dem einen Kopf eine goldene Nadel ins rechte Ohr, bewegt sie in alle Richtungen, und sie kommt nicht zum Mund wieder heraus, dann ist sein Wert unbezahlbar. Verfährt man bei dem zweiten auch so, und die Nadel kommt zum Mund heraus, dann beträgt sein Wert zehntausend Rupien. Führt man bei dem dritten die Nadel durch den Mund, die Nase, die Augen, also überall hindurch, dann ist er nur zwei Kaurīs wert.« Die Frau des Pandits hörte das alles mit an und schlich sich leise nach Hause zurück. Zufrieden langte sie zu Hause an. Der Pandit lag auch jetzt noch mit dem Laken zugedeckt da und grübelte. Seine Frau hob das Laken an und sagte: »Was liegst du da herum? Komm! Steh auf! Bade und iß! Wozu machst du dir unnötig Sorgen? Ich werde dir den Wert der drei Köpfe nennen.«

Als der Pandit am Morgen aufstand, sah er an der Tür einen Soldaten des Rādshās stehen. Der Pandit versetzte dem Soldaten mit der Türmatte einen Klaps und sagte: »Es ist noch nicht richtig Morgen geworden, und schon holt man mich! Geh und sag dem Herrn Rādshā, daß ich erst bade, die Morgenandacht verrichte, esse und trinke und dann kommen werde!« Der Soldat ging fort. Der Pandit badete in aller Ruhe, verrichtete seine Andacht und frühstückte. Dann ließ er sich von seiner Frau das Geheimnis sagen und ging an den Hof. Kaum war er dort, als er forderte: »Rādshā! Laßt die drei Köpfe holen!«

Der Rādshā ließ die drei Köpfe holen. Der Pandit drehte sie hin und her, betrachtete sie von allen Seiten und sagte dann: »Bringt mir eine goldene Nadel.« Man brachte sie. Der Pandit hob einen der Köpfe hoch, steckte ihm die Nadel ins Ohr und bewegte sie hin und her. Aber sie kam nirgends heraus. Da sagte der Pandit: »Dieser Mensch ist sehr ernst. Er gibt sein Geheimnis nicht preis. Schreibt, Mahārādsh! Sein Wert ist unbezahlbar.« Dann hob er den zweiten Kopf hoch und steckte ihm die Nadel ins Ohr. Als er sie hin und her bewegte, kam sie zum Mund heraus. Da sagte er: »Dieser Mensch ist etwas leichtgläubig. Was er mit dem Ohr hört, spricht er mit dem Mund aus. Schreibt, Mahārādsh! Sein Wert beträgt zehntausend Rupien.« Der Pandit hob den dritten Kopf hoch. Kaum hatte er ihm die Nadel ins Ohr gesteckt, als sie auch schon durch den Mund, die Nase, die Augen, überall hindurchrutschte. Der Pandit verzog das Gesicht und sagte: »O je! Dieser Mensch taugt gar nichts. Er kann kein Geheimnis für sich behalten. Schreibt, Mahārādsh! Er ist nur zwei Kaurīs wert. Für solch einen leichtgläubigen und verleumderischen Menschen sind schon zwei Kaurīs zuviel.«

Der Rādshā war mit der Antwort des Pandits zufrieden. Er verabschiedete ihn und schickte die Antwort zu Rādshā Indra. Indra war ebenfalls zufrieden. Im ganzen Reich regnete es nun Gold. Das Volk wurde wohlhabend und glücklich.

Das Schicksal

Es waren einmal zwei Freunde. Der eine war ein Brahmane, der andere ein Barde. Der Barde sagte eines Tages zu seinem Freund: »Laß uns an den Hof des Rādshās gehen. Wenn Rādshā Gopāl zufriedengestellt ist, haben wir unser Glück gemacht.«
Der Brahmane wies ihn lachend zurück: »Das Schicksal gibt, was könnte Gopāl da tun? Was einem vom Schicksal vorherbestimmt ist, das bekommt man auch.«
Der Barde erwiderte: »Nein! Gopāl gibt! Was kann das Schicksal da schon tun? Rādshā Gopāl ist sehr freigebig. Er wird uns sicherlich große Reichtümer schenken.«
So stritten sich die beiden noch lange Zeit. Schließlich gingen sie an Rādshā Gopāls Hof und legten diesem jeder seine Meinung dar. Als der Rādshā den Barden angehört hatte, war er sehr zufrieden. Als er den Brahmanen angehört hatte, geriet er in Wut. Er befahl beiden, am nächsten Tag wieder an seinen Hof zu kommen.
Die beiden Freunde begaben sich am nächsten Tag wieder dorthin. Auf des Rādshās Befehl hin gaben die Soldaten dem Brahmanen eine Handvoll Reis, eine Handvoll Bohnen und etwas Salz. Dem Barden gaben sie ein Ser Reis, ein Ser Butterschmalz und einen mit Gold gefüllten Kürbis. Dann befahl der Rādshā: »Geht jetzt und eßt, was ihr bekommen habt! Am Abend erscheint wieder bei Hofe!«
Die beiden Freunde kehrten wieder zu der Stelle am Fluß zurück, wo sie die Nacht verbracht hatten. Der Barde dachte sich: ›Ich möchte bloß wissen, warum der Rādshā dem Brahmanen die Bohnen und mir diesen Kürbis gegeben hat! Erst muß man ihn schälen, dann zerschneiden und auch noch zubereiten! Wer soll sich denn soviel Mühe machen? Außerdem muß ich befürchten, wieder Leibschmerzen zu bekommen, wenn ich ihn esse.‹ Nachdem ihm das alles durch den Kopf gegangen war, wandte er sich an den Brahmanen: »Freund!

Wenn ich Kürbis esse, bekomme ich Leibschmerzen. Nimm du ihn und gib mir deine Bohnen!«
Der Brahmane war damit einverstanden. Jeder nahm, was ihm zugeteilt worden war, und fing an zu essen. Der Barde aß seine Bohnen und den Reis und legte sich dann unter einem Mangobaum schlafen. Als der Brahmane den Kürbis zerschnitt, fand er das Gold, das der Rādshā hatte hineinfüllen lassen. Da dachte er bei sich: ›Ich habe bekommen, was mir vom Schicksal vorherbestimmt war. Gopāl wollte das eigentlich dem Barden zukommen lassen.‹ Er band das Gold in ein Tuch. Eine Hälfte des Kürbisses versteckte er, und aus der anderen bereitete er sich ein Gericht zu. Nachdem er gegessen und getrunken hatte, legte auch er sich schlafen.
Am Abend gingen die beiden Freunde wieder an Rādshā Gopāls Hof. Der Brahmane hatte den halben in ein Tuch gewickelten Kürbis bei sich. Der Rādshā wandte sich an den Brahmanen und fragte: »Nun weißt du es sicher: Gopāl gibt, was kann da das Schicksal tun?«
Der Brahmane hielt dem Rādshā den halben Kürbis hin, senkte demütig den Kopf und erwiderte: »Nein, Mahārādsh! Das Schicksal gibt! Was könnte Gopāl da tun?«
Da wußte der Rādshā, daß der Brahmane die Wahrheit sprach. Dem Brahmanen war vom Schicksal das Gold bestimmt gewesen, nicht dem Barden; deshalb hatte der Barde dem Brahmanen das Gold gegeben. Er sprach: »Es stimmt, was du sagst. Das Schicksal gibt! Was könnte Gopāl da tun?«
Zum Abschied schenkte er beiden viel Geld.

Der Ziegenbock

Es war einmal eine Ziege. Nach vielen Gebeten zu Gott warf sie endlich ein Zicklein. Als es sechs Monate alt geworden war, kam das Durgā-Fest im Monat Kwār heran. Es fanden sich Käufer für das Zicklein. Sein Besitzer wollte es verkaufen. Der

Preis wurde ausgehandelt, aber der Käufer hatte nicht genügend Geld bei sich, um den Preis gleich zu bezahlen. Deshalb versprach er, das Geld am nächsten Morgen zu bringen und das Zicklein abzuholen.

Als es Nacht wurde, sagte die Ziege zu ihrem Kind: »Söhnchen! Du bist mein einziges Kind. Ich habe dich großgezogen. Aber morgen wird dich unser Herr für das Durgā-Fest verkaufen. Deshalb lauf heute nacht noch aus dem Dorf in einen Wald, wo es keine Menschen gibt! Sonst wirst du getötet. Wenn du am Leben bleibst, wird auch mein Name weiterleben.«

Das Zicklein lief noch in der Nacht aus dem Dorf. Es gelangte in einen dichten Wald. Dort verbrachte es drei Jahre. Aus dem Zicklein wurde ein kräftiger Ziegenbock, dem ein großer, langer Bart und Hörner wuchsen.

Eines Tages lief er einmal ein einen anderen Wald. Dort begegnete ihm ein Tiger. Als der Ziegenbock den Tiger erblickte, fürchtete er sich sehr. Auch der Tiger erschrak, als er den Ziegenbock vor sich sah. Das lag daran, daß der Tiger noch nie zuvor ein solches Tier gesehen hatte. Einer fürchtete sich vor dem anderen und blieb stehen. Nach einiger Zeit sagte der Tiger: »Grauer mit dem langen Kinn- und Schnurrbart! Sprich! Woher kommst du? Wenn du nicht sprichst, bekommst du eine Ohrfeige.«

Der Ziegenbock erwiderte: »Ich habe die großen Fische Artshunnī und Gartshunnī gefressen, Löwen waren es sieben. Und wenn ich einmal keine zehn Tiger am Tag bekomme, muß ich hungern.«

Als der arme Tiger das hörte, rannte er verstört davon. Unterwegs traf er auf einen Schakal. Der fragte ihn: »Herr des Waldes! Wohin lauft Ihr heute so verstört?« Der Tiger blieb stehen, verschnaufte etwas und gab zur Antwort: »Panditdshī! Fragt mich bloß nicht! Heute ist ein schrecklich großes Tier in unserem Wald erschienen. Es hat einen Bart so lang wie ein Arm und ebensolange Hörner. Es sagte, daß es an einem

Tag sieben Löwen und zehn Tiger auffresse. Aus Furcht vor ihm laufe ich so. Wenn ich nicht wegrenne, frißt es mich auf.« Der Schakal lachte hellauf: »Ihr seid auf einen Betrug hereingefallen und fürchtet Euch deshalb so! Das ist doch das Junge einer Ziege! Das könnt Ihr schon mit einer Ohrfeige töten! Los! Kommt mit! Heute bekommen wir etwas Herrliches zu fressen.« Zuerst glaubte der Tiger dem Schakal nicht, als dieser aber lange auf ihn einredete, war er einverstanden. Mit einem Strick verband er eines seiner Beine mit einem des Schakals. Dann zogen beide los.

Als der Ziegenbock die beiden kommen sah, dachte er sich schon, daß der Schakal den Tiger über ihn aufgeklärt haben mußte und die beiden nun deswegen hierherkamen. Jetzt würde er nicht so ohne weiteres davonkommen! Es sei denn, er ließ sich etwas einfallen! Er sprach zu dem Schakal: »Mein Freund! Ich hatte dir doch gesagt, daß du zwei Tiger bringen sollst! Und nun bringst du nur einen!« Kaum hatte der Tiger das gehört, als er auch schon glaubte, daß ihn der Schakal betrogen und deshalb hierhergebracht hatte. Er rannte, so schnell er nur konnte, fort. Bis der Schakal etwas sagen konnte, war der Tiger schon etliche Sprünge weit entfernt. Der Schakal schleppte sich hinterher und gab schließlich seinen Geist auf. Der Tiger ließ sich in einem anderen Wald nieder. Seitdem streifte der Ziegenbock nach Herzenslust in diesem Wald umher und ergötzte sich an dessen Gewächsen.

Gutes bringt Gutes hervor

Ein Brahmane hatte sieben Schwiegertöchter. Sechs von ihnen hatten Brüder und Neffen in ihrem Elternhaus, nur die jüngste hatte niemanden dort. Als der Monat Sāwan herankam, wurden alle Schwiegertöchter von ihren Brüdern oder Neffen geholt. Die arme Jüngste aber holte niemand. Innerlich betrübte sie das sehr. Sie verkroch sich hinten im Haus und weinte bit-

terlich: »Nicht einmal der Schlangenkönig kommt aus dem Wald, um mich von hier wegzuholen!«
Zufällig hörte der Schlangenkönig ihre Worte. Er konnte nicht zusehen, wie sie so weinte und empfand Mitleid mit ihr. Spät am Abend kam ein Mann in das Haus ihres Schwiegervaters. Die Farbe seines Körpers glich der von Apfelsinenschalen, er war über zwei Meter groß, und sein Gesicht glänzte. Die Haare auf seinem Kopf standen senkrecht in die Höhe, und seine Augen glitzerten wie rote Edelsteine. Beim Sprechen steckte er die Zunge heraus.
Als der Brahmane ihn fragte, wer er sei, erwiderte er: »Eure jüngste Schwiegertochter ist meine Nichte. Als sie geboren wurde, war ich in der Fremde, deshalb könnt Ihr mich nicht kennen. Im Elternhaus meiner Nichte gibt es jetzt niemanden mehr, darum bin ich gekommen, sie zu holen.«
Der Brahmane wunderte sich sehr, denn er hatte diesen Mann bis jetzt noch nie gesehen. Aus diesem Grunde hielt er es für richtig, ins Haus zu gehen und seine jüngste Schwiegertochter zu befragen. Er ging hinein und fragte sie: »Schwiegertochter! Dein Onkel ist gekommen, dich zu holen. Erkennst du ihn?«
Die junge Frau lebte nun schon viele Jahre hier und hatte dieses Leben satt. Sie dachte bei sich: ›Ich werde gehen, einige Tage herumspazieren und mich etwas vergnügen.‹ Laut aber sprach sie: »Ja, ich erkenne meinen Onkel.«
Der Onkel trank Milch und aß geröstete Reiskörner zum Abendbrot. Als der Abschied beschlossen war, legten sich alle schlafen. Noch ehe die Sonne aufging, machten sich die beiden auf den Weg. Die junge Frau nahm von ihren Schwiegereltern Abschied, indem sie ehrerbietig ihre Füße berührte. Vor dem Dorf verneigte sie sich vor der Dorfgottheit und lief dann fröhlich ihrem Onkel hinterher. Sie freute sich sehr. Ihre Beine schienen Flügel bekommen zu haben. Die beiden gingen und gingen. Als die Sonne im Westen untergehen wollte, kamen sie in einen dichten Wald. Plötzlich blieb der On-

kel stehen und fragte: »Du fürchtest dich doch nicht vor Schlangen?«
Die jüngste Schwiegertochter, sie hieß Mani, antwortete: »Onkel! Wer fürchtet sich denn nicht vor Schlangen?«
Der Onkel sprach: »In alten Zeiten fürchteten sich die Menschen nicht vor Schlangen. Und auch heute tun die Schlangen nichts, wenn die Menschen sie nicht reizen. Früher schlugen die Menschen die Schlangen auch nicht tot. Sie hielten sie für eine Gabe Gottes. Gott hat alle Geschöpfe geschaffen, damit sie einander Gutes tun. Zu jener Zeit achtete man die Schlangen, betete sie sogar an. Zur Regenzeit fütterten die Menschen sie mit Milch und gerösteten Körnern und aßen bemerkenswerter Weise selber erst, nachdem sie den Schlangen zu essen gegeben hatten. Zu jener Zeit wünschten auch die Schlangen den Menschen nichts Böses. Erst, als die Menschen ihnen nach dem Leben trachteten, fingen sie an, den Menschen Schaden zuzufügen. Nun gut, Tochter! Fürchte dich nicht! Ich bin der Schlangenkönig. Ich konnte dein Leid nicht ertragen, und du hattest dich auch an mich gewandt, deshalb bringe ich dich jetzt in mein Haus in der Schlangenwelt. So bin ich dem Glauben nach dein Onkel, und du bist meine Nichte. Keine Schlange wird dir von jetzt an etwas Böses antun. Du brauchst überhaupt keine Angst zu haben. Von nun an werde ich in meiner richtigen Gestalt weitergehen. Schließe die Augen und setz dich auf meinen Schild!«
Dann nahm der Schlangenkönig seine schreckenerregende Gestalt an. Zuerst fürchtete sich Mani, doch dann faßte sie Mut und setzte sich auf seinen Schild. Wenig später kamen sie in der Schlangenwelt an. Dort wurde Mani allen vorgestellt.
Nach einigen Tagen verging Manis Angst völlig. Der Schlangenkönig hatte allen Schlangen befohlen, ihr nichts zu tun und sie nicht zu belästigen. So vergingen viele Tage, und Mani gefiel es immer noch dort. Manchmal sprang sie wie eine Gazelle mit den schnellen Giftschlangen um die Wette, manchmal spielte sie mit den Schlangenkindern.

Manis Tante, die große Kobra, war sehr schnell und von Natur aus äußerst hitzig. Doch mit Mani verfuhr sie weich und zärtlich.
Nach einiger Zeit legte Manis Tante viele Eier, aus denen nach wenigen Tagen kleine Schlangen krochen, von denen es nur so wimmelte. Einige von ihnen schlugen Mani ins Gesicht, andere setzten ihr auf andere Weise zu. Mani hatte Angst vor ihnen. Eines Tages sagte sie zu ihrem Onkel: »Onkel! Ich fürchte mich vor diesen Kindern.«
Der Onkel redete ihr gut zu: »Tochter! Nimm ein Öllämpchen in die Hand, und deine Angst verfliegt im Nu! Die Kinder werden sich aus Angst vor dem Licht nicht mehr an dich heranwagen.«
Seitdem schlief sie in der Nacht mit einem Öllämpchen in der Hand. Eines Nachts aber scherten sich einige Kinder nicht um die Lampe und fielen wieder über Mani her. Vor Angst rannte sie weg. Die Lampe fiel ihr aus der Hand auf die Schlangenkinder, wodurch einigen das dünne Schwänzchen abgeschlagen wurde. Als die Tante sah, wie übel ihren Kindern mitgespielt wurde, kochte sie vor Zorn und rannte herbei, um Mani zu beißen. Mani aber war so erstarrt, daß, hätte man sie jetzt gebissen, kein Blut aus ihr geflossen wäre. Glücklicherweise kam ihr Onkel dazu, der gut auf seine Frau einredete und sie schließlich beruhigte. Nach einigen Tagen setzte der Schlangenkönig Mani auf seinen Schild und brachte sie ins Haus ihrer Schwiegereltern zurück.
Im nächsten Jahr dachte Mani zum Nāgpantshamī-Fest an ihren Onkel und ihre Schlangenbrüder. Die Welt der Schlangen stand ihr wie ein Paradies vor Augen. Sie stand auf und fegte alle Ecken im Haus sauber. Auf die Wand malte sie mit Kuhdung das Bild einer Schlange und verrichtete davor ihre Andacht. Dann hob sie ihren Sārīzipfel hoch und fing an, für das Wohlergehen ihres Schlangenonkels und ihrer Schlangenbrüder zu beten: »Oh, lieber Gott! Laß es meinem Onkel und meinen Brüdern gutgehen! Ihnen soll keinerlei Leid gesche-

hen!« Während sie so sprach, schlossen sich ihre Augen, und ihr Herz fing beim Gedanken an ihre Schlangenbrüder an zu weinen.

In der Schlangenwelt aber waren die Kinder mit dem abgeschnittenen Schwanz groß geworden und fragten nun ihre Mutter, warum sie keinen Schwanz hatten. Die Mutter erzählte ihnen alles. Als sie das hörten, wurden sie gelb und rot vor Wut und schrien alle gleichzeitig: »Wir werden nicht eher ruhen, bis wir das gerächt haben!«

Und alle machten sich sogleich auf den Weg zu Mani, um sich an ihr zu rächen.

Als sie in Manis Haus kamen, lag diese mit der Stirn auf der Erde und bat Gott um das Glück ihrer Schlangenbrüder. Als die vor Wut völlig außer sich geratenen Schlangen zischend auf Mani zukamen, blieb diese aber, in ihre Andacht versunken, sitzen.

Als sie ihr Gebet beendet hatte und die Augen öffnete, erblickte Mani ihre Schlangenbrüder und freute sich sehr. Sogleich füllte sie eine große Schüssel mit Milch und gab auch geröstete Reiskörner dazu. Die Schlangen aßen sich an Milch und Reiskörnern satt. Alle tanzten nun vor Freude. Mani fragte sie nach den Neuigkeiten aus der Schlangenwelt und behandelte sie äußerst liebevoll. Zwar waren die Brüder gekommen, um sich an ihr zu rächen, aber die liebevolle Behandlung der Schwester ließ all ihren Zorn verfliegen, und ihr Herz füllte sich mit Liebe. Als sie sich zum Gehen rüsteten, schenkten sie ihrer Schwester eine Kette aus Edelsteinen.

Seitdem lebten alle fröhlich und zufrieden.

Das Blumenlager

In einer Stadt herrschte einmal ein Rādshā, der hatte eine Rānī, die liebte Kleider und Schmuck über alles. Mal brauchte sie goldene Ohrringe, mal eine Brillantkette, mal eine aus Perlen, mal schöne Kleider. Ohne die feine Seide aus Bhagalpur und Musselin aus Dakkā fand sie keine Ruhe. Zum Schlafen wollte sie ein Bett aus Blumen. Doch welche Blumen sollten es sein? Keine aufgeblühten, sondern halb geöffnete Blüten, die in der Nacht langsam aufgingen. Die Diener sammelten die Blumen und brachten sie, die Dienerinnen richteten das Bett daraus. Eines Tages waren unter die halb erblühten Blumen auch einige geöffnete geraten. Da fand die Rānī keine Ruhe. Die Blütenblätter stachen, der Schlaf mied sie. Der Gott des Lichtes breitete seine Strahlen aus. Als er den Zustand der Rānī sah, hielt er es nicht aus und sprach: »Rānī! Wie würde es dir gefallen, wenn einmal die Rānīs an die Reihe kämen, beim Häuserbau die Schalen mit Kalk und Mörtel herbeizubringen? Ob dich dann wohl das Mörtelschleppen mehr plagen würde als diese Blütenblätter?«

Als die Rānī diese Frage hörte, blieb sie stumm, gab keine Antwort darauf. Doch der Rādshā war wach geworden und hatte alles mit angehört.

Er sagte zu der Rānī: »Rānī! Du solltest den Vorschlag des Lichtgottes erproben!«

Die Rānī war einverstanden.

Der Rādshā ließ einen Holzkäfig bauen, in den sperrte er die Rānī ein und setzte ihn im Fluß aus. Der Käfig trieb nun in der Strömung und geriet in einer anderen Stadt ans Ufer. Zufällig herrschte dort der Schwager des Rādshās. Er war an den Fluß gekommen, um darauf spazierenzufahren. Als er den Holzkäfig sah, ließ er ihn herausholen, man öffnete ihn, und eine wunderschöne Frau kam zum Vorschein. Der Rānī hatte man ihre schönen Kleider und ihren Schmuck abgenommen und sie in dicke, alte Lumpen gekleidet. So konnte der Rādshā sie nicht erkennen, und die Rānī verriet ihm auch nicht, wer sie war. Der Rādshā fragte sie: »Was willst du?«

Die Rānī offenbarte ihren Wunsch: »Wenn Ihr ein Haus bauen laßt, möchte ich dort Mörtel und Kalk schleppen.«

Der Rādshā ließ sich zu der Zeit ein neues Schloß bauen, so ließ

er die Rānī dort arbeiten. Die Rānī schleppte den ganzen Tag die Schalen mit Mörtel und Kalk und lebte von den paar Paisās, die ihr diese Arbeit einbrachte. Nach der schweren Tagesarbeit schmeckte ihr das trockene Brot, das sie essen mußte, und nachts schlief sie auf ihrem rauhen Lager so gut, daß sie gar nicht merkte, wie die Nacht verging. Bereits am frühen Morgen stand sie auf und machte sich fröhlich an die Arbeit.
So vergingen viele Tage. Zufällig kam eines Tages ihr Mann zu seinem Schwager auf Besuch. Ohne die Rānī gefiel es ihm gar nicht. Als er sich das neue Schloß des Schwagers ansah, erblickte er plötzlich die Rānī. Er erkannte sie sofort. Von der Arbeit war zwar die Hautfarbe der Rānī etwas dunkler geworden, aber der Körper hatte sich gestrafft. Auch die Rānī erkannte den Rādshā.
Der Rādshā trat zu ihr und fragte: »Sag! Wie gefällt dir das Schleppen der Kalk- und Mörtelschalen?«
Die Rānī erwiderte: »Die Blütenblätter stachen meinen Körper, die Mörtelschalen tun das nicht.«
Der Schwager des Rādshās hörte den beiden zu. Er wunderte sich sehr und fragte: »Wovon sprecht ihr?« Der Rādshā erzählte ihm die Geschichte. Als der Schwager das hörte, schämte er sich sehr. Er befreite die Rānī von der Arbeit. Das Paar kehrte in sein Reich zurück.
Einige Tage später fragte der Rādshā die Rānī: »Rānī! Wie gefällt es dir jetzt?«
Die Rānī sagte: »Herr! Wo ist jetzt jene Freude? Die Trägheit macht sich breit. Ich habe Angst, die Blütenblätter könnten mich wieder stechen.«
Darauf entschied der Rādshā: »Wenn das so ist, sollten wir einer Arbeit nachgehen. Wir beide werden tagsüber arbeiten und nachts auf einem Blumenlager schlafen. Richtig so?«
Die Rānī meinte: »Wenn wir arbeiten, brauchen wir kein Blumenlager mehr. Da kommt der Schlaf von allein.«
Seitdem arbeiteten der Rādshā und die Rānī, und ihr Leben verlief nun voller Glück und Freude.

Bruderliebe

In einem Dorf lebte einmal ein Bauer. Dieser hatte zwei Söhne. Der ältere war bereits verheiratet und hatte Kinder. Der jüngere war noch Junggeselle. Der Bauer wollte nicht, daß sich die beiden nach seinem Tode stritten, und teilte deshalb sein ganzes Vermögen, seinen gesamten Besitz unter den beiden zu gleichen Teilen auf. Als er starb, beruhigte es ihn zu wissen, daß die beiden Brüder in Liebe miteinander leben würden.
Und tatsächlich, sie lebten einträchtig zusammen und arbeiteten viel. Jeder der Brüder hatte das Gefühl in seinem Herzen, solange er lebte, es nicht zuzulassen, daß dem anderen ein Leid geschehe. So lebten sie in Frieden.
Als beiden Brüdern im Monat Agahan die Ernte heranreifte, füllten sich ihre Scheunen mit Reis. Wer das sah, staunte nur so.
Beide Brüder schliefen jeder in seiner Scheune. Eines Nachts kam dem jüngeren Bruder plötzlich der Gedanke, was er doch für ein hartherziger Mensch war. Wie selbstsüchtig er handelte. Er hatte keine Esser im Hause und schleppte den ganzen Reis zu sich ins Haus! Und sein Bruder hatte Kinder! Die mußte er ernähren! Warum sollte er nicht etwas Reis von seiner Scheune in die seines Bruders tragen? Kaum gedacht, stand der jüngere Bruder auch schon auf und trug ein Sorhī Reis in die Scheune seines Bruders. Dann legte er sich still wieder schlafen.
Der Zufall wollte es, daß dem älteren Bruder ein ähnlicher Gedanke kam. Auch er dachte, daß er sehr selbstsüchtig sei. Er aß und trank in aller Ruhe und kümmerte sich nicht darum, ob sein jüngerer Bruder genug zu essen hatte oder hungern mußte. Er lebte ja allein! Wie schwer mußte ihm das fallen! Er selber hatte ja Kinder. Durch Gottes Güte würden sie alle nach geraumer Zeit groß werden und Geld verdienen. Ringsum würde sich das Haus füllen. Aber der jüngere Bruder hatte niemanden. Ein älterer Bruder ist dann wie ein Vater. Also wollte auch

er seinem jüngeren Bruder von seinem Reis etwas in die Scheune schaffen.
Also trug auch er ein Sorhī Reis aus seiner Scheune in die seines jüngeren Bruders. Er hatte Angst, daß jener es sehen könnte, denn dann würde er es sicher nicht nehmen.
Als der Tag vergangen war, zählte der jüngere Bruder die Reislasten in seiner Scheune und staunte nicht schlecht, als gar keine fehlte. Der ältere Bruder aber staunte auch, daß ihm bei seinem Reis keine Last fehlte. In der nächsten Nacht machten sich die beiden Brüder wieder auf den Weg, um einer dem anderen heimlich ein Sorhī Reis zu bringen. Am Morgen fehlte wieder bei keinem eine Last Reis.
Dieses Spiel wiederholte sich nun einige Nächte. Schließlich stießen sie eines Nachts, als wieder jeder ein Sorhī Reis aus seiner Scheune zu der des anderen trug, zusammen. Sobald sie einander erkannt hatten, warfen sie ihre Last ab und umarmten sich. Aus ihren Augen flossen Tränen. Ohne etwas zu sagen, war ihnen nun klar, warum ihnen niemals eine Last Reis gefehlt hatte.
Aus den Augen der beiden Brüder flossen Tränen der Liebe. Sie befeuchteten das Samenkorn des Feigenbaumes, das darunter lag. Aus ihm drangen Triebe, und in wenigen Tagen wuchs ein großer Baum daraus. Diesen Baum gibt es auch heute noch. Die Leute sagen, daß die Luft unter diesem Baum kühler als unter anderen Bäumen sei, weil er seine Entstehung Tränen der Liebe verdankte.

Der Winzling

In einem Dorf lebte einmal eine alte Frau, die hatte einen sehr kleinen Sohn. Er war nur anderthalb Handspanne groß, deshalb nannten ihn die Leute ›Winzling‹. Er hatte keinen Vater, und die Mutter verdiente sich ihren Lebensunterhalt, indem sie in der Nachbarschaft kleine Dienste verrichtete. Der Winzling ging jeden Tag in die Schule. Er hatte weder eine Tafel noch ein

Buch, aber irgendwie erlernte er das Alphabet. Sie hatten kein Geld, um Bücher zu kaufen. Als der Winzling geboren wurde, hatte ihm seine Großmutter ein Kalb geschenkt. Inzwischen waren einige Jahre vergangen. Aus dem Kälbchen war eine Kuh geworden, doch das Schicksal wollte es, daß sie unfruchtbar blieb.

Eines Tages kam der Winzling weinend aus der Schule nach Hause. Die Mutter fragte ihn: »Was ist geschehen, mein Sohn! Warum weinst du?«

Der Winzling antwortete: »Mutter! Der Lehrer hat mich geschlagen. Er sagt, weshalb ich zur Schule komme, wenn ich kein Buch habe. Laß mir ein Buch besorgen, dann gehe ich auch wieder in die Schule.«

Da sagte die Mutter: »Mein Sohn! Woher soll ich denn das Geld nehmen? Ich verrichte doch nur kleine Dienste, von denen wir uns recht und schlecht durchschlagen. Meine ganze Hoffnung war die Kuh. Ich dachte, wenn sie Milch gibt, sind wir alle Sorgen los. Doch wer kennt schon sein Karm? Jetzt wird sie niemand mehr kaufen, nicht einmal für zwei Kaurīs. Im Gegenteil, sie ist uns jetzt ein Klotz am Bein. Mein Sohn! Dir und mir ist vom Schicksal kein Glück bestimmt. Da steht nur Unglück geschrieben. Ein zerrissenes Kleid kann der Schneider nähen, doch wie soll man ein zerrissenes Schicksal wieder zusammenflicken? Bring die Kuh fort und binde sie im Wald an einen Baum! Irgendein Tiger wird sie schon auffressen. Die Regenzeit kommt. Wie sollen wir sie da füttern? Wo sollen wir sie da zum Weiden anbinden? Es ist besser, uns von ihr zu trennen.«

Der Winzling verstand die Mutter, und so brachte er die Kuh in den Wald. Dort band er die Kuh an den dicken Stamm eines Baumes. Als er sich zum Gehen wandte, kam dort eine alte Frau vorbei. Sie war sehr fromm, wanderte immer im Wald umher und erkundigte sich, wie es den Vögeln und den anderen Tieren ging. Sie band die Kuh los und brachte sie in ihr Haus.

Der Winzling sah das und ging nach Hause. Unterwegs fand er einen Sperling, der sich ein Bein gebrochen hatte und nun weder laufen noch fliegen konnte. Der Winzling hatte Mitleid mit ihm und sprach: »Oh! Der Arme hat sich ein Bein gebrochen! Was wird mit ihm, wenn hier ein Wagen vorbeikommt? Die Räder werden ihn überfahren, und er geht elendiglich zugrunde.« Behutsam hob er ihn hoch und wickelte ihn in seine Dhotī. Zu Hause erzählte er alles der Mutter.

Die Mutter schalt ihn: »Wozu hast du dir das aufgeladen? Wo willst du die Körner für ihn hernehmen? Wirf ihn der Katze vor!«

Der Winzling aber sprach: »Nein, Mutter! Solange sein Bein noch nicht heil ist und er noch nicht wieder fliegen kann, werde ich mich um ihn kümmern. Dann lasse ich ihn wieder fliegen. Sieh nur, wie prächtig er ist!«

Der Winzling holte sich beim Töpfer einen zerbrochenen Krug. In den bohrte er kleine Löcher, legte ihn mit weichem Gras aus und setzte den Sperling hinein. Jeden Tag gab er ihm Körner zu fressen und Wasser zu trinken. An den Tagen, an denen Mutter und Sohn nichts zu essen hatten, mußte auch der Sperling Hunger leiden.

Nach einiger Zeit wuchs das Bein des Sperlings wieder zusammen. Eines Tages flog er heimlich aus seinem Krug fort und begab sich gleich zu jener guten Alten, die im Wald lebte. Der Sperling setzte sich bei der alten Frau auf die Schulter. Sie streichelte gerade kleine Kälbchen und fragte ihn: »Wo warst du so lange?«

Der Sperling erzählte alles, was ihm widerfahren war. Als er mit seiner Erzählung fertig war, fragte er: »Wem gehören diese zarten Kälbchen?«

Die Alte gab zur Antwort: »Sie sind von der Kuh, die ich unter jenem Kadambbaum gefunden habe.«

Der Sperling fragte weiter: »Wo gehört sie denn hin?«

Die Alte erwiderte: »Sie war an dem Baum angebunden. Weil ich Angst hatte, ein Löwe könnte sie überfallen, habe ich sie mitgenommen. Wenn sie ihr Besitzer suchen kommt, gebe ich sie ihm zurück. Aber bis jetzt ist noch niemand gekommen. Sieh nur! Was für hübsche Kälbchen sie zur Welt gebracht hat!«

Der Sperling kreiste nun über den Kälbchen und kitzelte sie mit seinen Flügeln. Als die Kuh das sah, hob sie ihren Schwanz und scheuchte den Sperling fort.

Es verging einige Zeit. Eines Tages sagte der Winzling zu seiner Mutter: »Mutter! Ich will in den Wald gehen und sehen, was mit der Kuh geschehen ist. Es tut mir sehr leid, daß ich sie dort zurückgelassen habe.«

Dazu meinte die Mutter: »Gut, mein Sohn! Wenn du es möchtest, dann geh nur in den Wald und sieh nach!«

Der Winzling ging in den Wald. Den lieben langen Tag suchte er die Kuh, konnte sie aber nirgends finden. Als es Nacht wurde, kam er in einen sehr dichten Teil des Waldes.

In der Dunkelheit fürchtete er sich, denn er war ja noch klein. Er fing an zu weinen. Da sah er zwischen den Bäumen ein Licht schimmern. Auf das ging er zu. Nach kurzer Zeit kam er auf eine Lichtung, wo eine winzig kleine Hütte stand. In dieser lag seine Kuh, die vor sich hinkaute, und neben ihr lagen zwei Kälbchen.

»Großmutter! Großmutter! Komm schnell heraus!« tschilpte der Sperling. »Sieh nur! Der Junge ist gekommen, der mir das Leben gerettet hat.«

Die Alte fragte: »Welcher Junge?«

Der Sperling sagte: »Na der, der mich auf dem Weg gefunden und zu sich nach Hause gebracht hat.«

Die Alte kam heraus. Liebevoll hieß sie den Jungen sich setzen. Sie brachte Wasser in einem Metalltopf zum Füßewaschen und setzte ihm die besten Speisen vor. Zum Schlafen breitete sie über dem Gras eine Decke aus. Am nächsten Morgen stand sie sehr zeitig auf und sagte zu dem Winzling: »Mein Sohn! Geh auf den Markt und verkaufe dort die Kuh! Die Kälbchen aber behalte! Für das Geld, das du für die Kuh bekommst, kaufe einen eisernen Wagen und einen eisernen Pflug! Dann spann die Kälbchen vor den Wagen! Sie sind zwar noch klein, aber schon sehr kräftig. Sie werden deinen Wagen sehr schnell ziehen.«

Der Winzling machte das auch so. Am Abend kam er mit einem eisernen Wagen und einem eisernen Pflug nach Hause. Die Kälbchen hatten den Wagen prächtig gezogen.

Um die Zeit, als er nach Hause kam und die Kälbchen ausspannte, trommelte man gerade aus: »Der Rādshā hat ein Feld, auf dem Weizen ausgesät ist. Wer dieses Feld an einem einzigen Tag pflügt, bekommt als Belohnung, was er gern möchte. Wenn er das Feld nicht in dieser Zeit pflügen kann, muß er sechs Monate in den Kerker und wird in die Presse eingespannt.«

Am nächsten Morgen spannte der Winzling die Kälbchen in den Pflug und machte sich zum Gehen fertig. Die Mutter fragte: »Wohin gehst du?«

Der Winzling antwortete: »Ich will das Feld des Rādshās pflügen.«

Die Mutter widersprach: »Was wirst du dort machen? Die Kälbchen sind noch klein. Du wirst das Feld nicht pflügen können. Die Erde dort ist hart wie Eisen, und der Rādshā ist sehr böse. Er lockt die Menschen, läßt sie für sich arbeiten und bestraft sie dann noch sehr hart.«

Der Winzling aber ließ sich nicht von seinem Vorhaben abbringen: »Mutter! Hab keine Angst! Mein Pflug ist aus Eisen. Ich werde die Belohnung ganz bestimmt bekommen.«

Danach rannte der Winzling los. Als er auf dem Feld angekommen war, ließ er seinen Pflug herunter und spannte die Kälber davor. Wenige Zeit später kam der Rādshā dort vorbeigeritten.

Der Rādshā fragte: »He, Junge! Was machst du hier?«

Der Winzling antwortete: »Ich pflüge Euer Feld.«

Der Rādshā schimpfte: »Hau ab von hier! Das ist keine Arbeit für dich und deine Kälber!«

Der Winzling aber ließ sich nicht beirren: »Ihr werdet es schon sehen!«

Danach pflügte er noch schneller weiter. Wohlgelaunt sang er dazu ein Lied von der Trennung. Er pflügte das Feld sehr geschickt. Nur noch wenig Boden war übrig. Als der Rādshā das sah, war ihm gar nicht wohl. Er hätte es doch am liebsten so gehabt, daß die Arbeit zwar gemacht wurde, er aber keine Belohnung dafür zu geben brauchte. Dieser Junge aber brachte es fertig, ihm die Belohnung abzuverlangen, indem er die Arbeit rechtzeitig vollbrachte.

Der Rādshā ging in sein Schloß und schickte nach einer Hexe, die über den Winzling einen Zauber aussprechen sollte. Die Hexe ging auf das Feld und wandte sich zärtlich an den Winzling: »Bruder! Nun laß es gut sein! Du mußt ja müde sein von der vielen Arbeit! Ruh dich doch ein Weilchen aus! Dein mondgleiches Gesicht ist ganz welk geworden! Es ist doch nur noch ein ganz kleines Stückchen übrig, und das schaffst du auch noch. Komm! Ich erzähle dir eine schöne Geschichte.«

Der Junge fiel auf ihre süßen Worte herein. Kinder lieben ja Geschichten sehr. Er hielt die Kälber an und setzte sich im Schatten des Sārīsaumes der Hexe auf eine Furche. Die Hexe fing an zu erzählen: »Es war einmal ein Rādshā...«

Je weiter sie erzählte, umso schläfriger wurde der Junge, und kurze Zeit später war er eingeschlafen.

Die Hexe war sehr zufrieden, daß ihre List geglückt war. Sie lief von dort weg, denn sie nahm an, daß der Tag vorüber sein würde, wenn der Knabe wieder aufwachte. Aber das war nicht so. Im Herzen des Winzlings hatte sich das Bestreben festgesetzt, die Arbeit zu vollbringen und die Belohnung dafür zu bekommen. So öffneten sich kurze Zeit später seine Augen wieder, und noch ehe der Tag zu Ende ging, hatte er die Arbeit vollbracht.

Als die Sonne untergegangen war, kam der Rādshā und sah, daß das Feld gepflügt war. Der Winzling aber stand lächelnd daneben, streichelte seine Kälber und lobte sie.

Der Rādshā mußte sich geschlagen geben, und der Winzling erhielt die Belohnung, die er verlangte.

Der dumme Ahīr

In einem Dorf lebten einmal ein Ahīr und seine Frau. Beide lebten von der Feldarbeit. Eines Tages hatte der Bauer Hülsenfrüchte zum Trocknen in die Sonne gelegt und sich unter einen Baum gesetzt, um sie vor den Krähen zu schützen. Nach einiger Zeit bekam er Durst. Als er Wasser trinken ging, kam flugs eine Krähe herbei und fing an, die Körner aufzupicken. Bei seiner Rückkehr ergriff der Ahīr einen Stock und stürzte sich schreiend auf die Krähe. Diese flog aber auf einen Baum, der gleich daneben stand.

Der Ahīr hatte das Nachsehen und ärgerte sich: »O weh! Die Krähe ist weggeflogen. Wie soll ich mich jetzt an ihr rächen?« Schließlich kam er darauf, den Baum zu fällen. Wenn der Baum umfiel, könnte er sich die Krähe mit Leichtigkeit greifen und verprügeln. Über diesen Gedanken freute er sich sehr und ging los, den Zimmermann zu holen.

So bekam die Krähe wieder eine Gelegenheit. Krächzend rief sie ihre Gefährten herbei, die sich in Scharen über die Körner hermachten. Zufällig lief die Frau des Ahīrs vorbei. Als sie sah, was da vor sich ging, erhob sie großes Geschrei. Die Krähen hatten schon eine Menge Körner vertilgt. Zähneknirschend mußte sie sich mit der Dummheit ihres Mannes abfinden. Sie sammelte die restlichen Körner auf und verdrängte ihren Ärger: »Laß ihn nur heute nach Hause kommen! Da werde ich es ihm schon zeigen!«

Inzwischen war der wütende Ahīr beim Zimmermann angelangt und forderte ihn auf: »Bruder! Du mußt den Baum vor meiner Tür fällen. Auf ihm sitzt eine Krähe, die mir großen Schaden zugefügt hat. Bevor ich mich nicht an ihr gerächt habe, finde ich keine Ruhe.«

Als der Zimmermann die Geschichte vom Schaden des Ahīrs vernommen hatte, lachte er innerlich sehr darüber und schob die Sache hinaus: »Na gut! Wenn ich Zeit habe, werde ich den Baum fällen.« Das aber gefiel dem Ahīr gar nicht! Er wollte

doch gleich Rache nehmen! Außerdem befürchtete er, daß die Krähe wegfliegen könnte.
Der Ahīr setzte dem Zimmermann so sehr zu, daß dieser zu einer deutlichen Absage gezwungen war: »Bruder! Was hat mir denn der Baum getan, daß ich ihn fällen soll?«
Darüber ärgerte sich der Ahīr furchtbar. Er vergaß die Krähen und wollte sich nun an dem Zimmermann rächen: »Also gut! Wir sprechen uns noch!« Danach ging er zum Rādshā, erzählte ihm die ganze Geschichte und bat ihn, den Zimmermann zu bestrafen. Der Rādshā hörte sich alles an, dachte tief darüber nach und sprach: »Ich kann hier keine Schuld des Zimmermanns erkennen. Wenn ich jemanden zu Unrecht bestrafe, muß auch ich mich am Hofe Gottes dafür verantworten. Von mir kannst du so etwas nicht verlangen!«
Das steigerte die Wut des Ahīrs nur noch mehr. Er vergaß die Krähen und den Zimmermann und träumte nun davon, an dem Rādshā Rache zu üben. Von ihm begab er sich schnurstracks zur Rānī. Er erzählte ihr alles und bat sie: »Mahārānī! Ihr müßt heute mit dem Rādshā böse sein und ihn dazu bringen, den Zimmermann zu bestrafen!«
Der Rānī gefiel aber gar nicht, was der Ahīr da von ihr wollte. Sie wurde zornig und sprach: »Scher dich weg von hier! Ich werde dich sonst so verprügeln lassen, daß du dich an die Milch deiner Mutter erinnerst! Was hat mir denn der Rādshā angetan, daß ich mit ihm böse sein soll!«
So lief der arme Ahīr vor lauter Angst weg. Jetzt wollte er sein Mütchen an der Rānī kühlen und zog weiter.
Unterwegs begegnete ihm eine Schlange. Zuerst hatte der Ahīr Angst vor ihr, dann aber faßte er Mut, erzählte ihr seine Geschichte und bat sie: »Oh, göttliche Schlange! Hab die Güte, begib dich in das Schloß der Rānī und beiße sie! Sie hat mich sehr beleidigt.«
Über soviel Dummheit geriet die Schlange in große Wut. Sie züngelte hin und her, als sie erwiderte: »Du Dummkopf! Weißt du denn nicht, daß ich niemanden ohne Grund beiße! Was hat

mir denn die Rānī getan, daß ich hingehe und sie beiße? Hau bloß ab, sonst beiße ich dich!«
Als er das hörte, rannte der Ahīr im Nu fort. Erst, als er ein Stück weg war, verschnaufte er und sagte: »Wenn ich einen Stock bei mir gehabt hätte, würde ich es dieser elenden Schlange gleich gezeigt haben! Na gut! Ich werde mich schon noch an der Schlange rächen! Da ist ja nichts weiter dabei!« Mit diesem Gedanken, sich an der Schlange zu rächen, zog er weiter.
Nachdem er sich eine Weile geärgert hatte, machte er sich einen dicken Knüppel zurecht. Zu dem sagte er: »He, Knüppel! Ich habe gehört, selbst der eigene Bruder dient einem nicht, wenn man ihn braucht. Du aber bist immer bereit, einem zu helfen. Also zeig es nun der Schlange!« Der Knüppel gab darauf zur Antwort: »Weißt du denn nicht, daß ich nur Sünder bestrafe? Wenn dich die Schlange gebissen hätte, ließe ich sie nicht ungeschoren.«
Als er das hörte, kochte der Ahīr vor Wut. Er sagte: »Na gut! Ich will nicht mehr Ahīr heißen, wenn ich dich nicht zu Asche verbrenne!« Nun richtete sich seine ganze Wut auf den Knüppel. Er ging zum Feuer und bat: »Oh, göttliches Feuer! Der Knüppel hat mich schwer gekränkt. Mache sofort Asche aus ihm!«
Als der Feuergott die Geschichte gehört hatte, spürte er Mitleid mit dem dummen Ahīr und wollte ihn zur Einsicht bringen: »Wegen ein paar Körnern ärgerst du dich nun schon so viele Tage! In dieser Zeit hättest du Hülsenfrüchte in Hülle und Fülle sammeln können. Geh und mach deine Arbeit!«
Einem Dummkopf scheinen selbst gute Worte böse zu sein. Den Ahīr erzürnten die Worte des Feuergottes sehr: »Sei still! Wer bist du denn schon, daß du mich belehren willst! Sprich! Machst du, was ich will, oder nicht?«
Da hielt es der Feuergott nicht länger aus. Er nahm seine furchteinflößende Gestalt an und wollte sich auf den Ahīr stürzen. Diesem aber gelang es auszureißen.

Das Gemüt des Ahīrs war nun in höchster Erregung, er wollte sich am Feuer rächen.
Er ging und ging und kam an das Ufer des Flusses. Er dachte sich: ›Am Feuer rächt sich am besten das Wasser! Wer könnte ihm schon widerstehen?‹ So bat er den Fluß: »He, Fluß! Tritt über die Ufer und lösche das Feuer! Es hat mich zutiefst gekränkt. Deshalb will ich ihm seinen Hochmut austreiben.«
Der arme Fluß sprach in aller Ruhe: »Jetzt führe ich kein Hochwasser. Deshalb kann ich dir nicht helfen.«
Als der Ahīr das hörte, mußte er mit langem Gesicht wieder abziehen und ging in den Wald. Dort irrte er einige Tage umher. Seine Wut richtete sich nun auf den Fluß. Eines Tages traf er zufällig auf einen Hirsch. Er hatte gehört, daß ein Hirsch viel Wasser trinken kann, erzählte ihm seine Geschichte und sagte: »Oh, mein Bruder Hirsch! Trinke das Wasser des Flusses aus! Er hat nicht auf mich gehört, und darüber bin ich sehr ärgerlich.«
Der Hirsch erwiderte: »Wenn ich das Wasser des Flusses an einem einzigen Tag austrinke, wo soll ich dann die anderen Tage hingehen? Es fließt kein anderer Fluß hier in der Nähe. Warum sollte ich mich also ins eigene Fleisch schneiden?«
Das reizte den Ahīr nur noch mehr. Zornig sah er auf den Hirsch und sagte: »Gut! Dafür werde ich mich rächen! Eher kann ich keine Ruhe finden!«
Er hatte gehört, daß der Hirsch sterben mußte, wenn ihm eine Mücke ins Ohr kroch. So begab er sich von dort aus auf die Suche nach einer Mücke. Zufällig ließen um diese Zeit die Mücken auf einem Strauch nebenan ihr süßes Summen hören. Der Ahīr ging zu ihnen und erzählte ihnen, was ihm widerfahren war.
Die Mücken wiederum klagten ihm ihr Leid: »Das mag ja alles stimmen, Bruder. Aber die Sache ist die, daß wir schon seit Monaten nichts zu essen bekommen haben. Sieh nur, in welch einem schlimmen Zustand wir uns befinden! Ihr solltet uns erst etwas von Eurem Blut aus Eurem Körper trinken lassen, damit

wir wieder zu Kräften kommen. Dann setzen wir uns dem Hirsch derart ins Ohr, daß er sein Leben lang daran denken wird!« Danach fielen die Mücken über den Ahīr her.

Nun erging es ihm schlecht. Schnell rannte er weg. Jetzt war er entschlossen, an den Mücken Rache zu nehmen. Er besuchte den Gott der Winde. Den bat er: »Oh, Gott des Windes! Die Mücken haben mir übel mitgespielt. Schickt sie über alle sieben Meere, damit sie von dort nie wieder hierher gelangen können! Dort werden sie vor Kälte umkommen.«

Als der Gott des Windes sah, wie zornig der Ahīr war, fragte er ihn: »Was ist denn geschehen, daß du so wütend bist!«

Der Ahīr erzählte ihm alles. Als der Gott des Windes das hörte, lachte er schallend los.

Dem Ahīr gefiel es gar nicht, daß man über ihn lachte. Wütend brach es aus ihm hervor: »Na gut! Wenn ich dich nicht aufhalte, will ich meinen Namen ändern!«

Danach träumte er davon, an dem Gott des Windes Rache zu nehmen, und begab sich an den Hof des Gottes der Berge. Zu dem sagte er: »Oh, Herr der Berge! Der Gott des Windes hat sich über mich lustig gemacht. Stellt Euch ihm in den Weg und haltet ihn auf! Dann werde ich sehen, wie er seine Nase vor mir auf dem Boden reibt!«

Als der Herr der Berge das hörte, sagte er: »Ich kann dir nicht helfen. Der Wind ist mein Freund. Auch du kannst nicht ohne ihn leben. Was bist du nur für ein Dummkopf, daß du dich mit solch einem Freund anlegen willst!«

Dem Ahīr tat es sehr weh zu hören, daß man ihn einen Dummkopf nannte. Innerlich sagte er sich: »Was ist das schon für einer, daß er mich einen Dummkopf nennt! Ich werde ihm seinen Hochmut schon austreiben! Eher werde ich mir keine Ruhe gönnen!«

Daraufhin begab er sich an den Hof des Rādshās Mūshak. Der herrschte über alle Mäuse und hatte Tausende Soldaten. Der Ahīr gelangte irgendwie zu ihm und erzählte seine Geschichte: »Oh, Rādshā Mūshak! Ihr seid sehr stark. Befehlt Eurem

Heer, daß es sich auf den Berg stürzen und ihn aushöhlen soll, indem es lauter Löcher in ihn bohrt. Er hat sich mir gegenüber sehr häßlich benommen.«

Rādshā Mūshak betrachtete den Ahīr lange Zeit ernsthaft, dann sagte er: »Bruder! Was soll ich tun? Wir haben jetzt keine Zeit für Kriege. In der Hauptstadt herrscht Mangel an Getreide. Wie sollen wir kämpfen, ohne zu essen? Im Lande herrscht Hungersnot. Wenn wieder Getreide heranwächst, können wir auch unsere Speicher wieder füllen. Wenn du dann zu mir kommst, werde ich darüber nachdenken, ob ich dir helfe.«

Als der Ahīr die Worte von Rādshā Mūshak gehört hatte, ärgerte er sich maßlos. Plötzlich kam ihm der Gedanke, daß er sich an die Katzen wenden könne, um sich an Rādshā Mūshak zu rächen. Vom vielen Umherlaufen jedoch war er müde geworden. Deshalb meinte er, daß er zuerst nach Hause gehen sollte. Danach wollte er die Katzen aufsuchen.

Er kam nach Hause und erzählte seiner Frau alles. Zuerst wollte sie über die Dummheit ihres Mannes lachen, doch dann wurde sie wütend darüber, daß er soviel Zeit sinnlos vertan hatte. Sie ließ ihn nun nirgendwohin mehr gehen, und dem armen Ahīr blieb nichts weiter übrig, als seinen Groll zu unterdrücken.

Der Bettler von Mithilā

In alter Zeit lebte einmal in einem Dorf von Mithilā ein alter Bettler. Er lebte von Almosen, die er sich in den umliegenden Dörfern erbettelte.

Einmal brach in Mithilā eine große Hungersnot aus, und der Bettler ging in den Nachbarkreis Madshauyā, um dort zu betteln. Er hatte gehört:

»Wunderbar ist das Land Madshauyā.
Dort fragt die Krähe nicht nach dem Reis.«

Als er dort hinkam, wanderte er umher und sammelte an einem Tag sehr viel Reis zusammen.

Eines Tages fragten ihn die Leute aus seinem Dorf: »Was machst du mit dem vielen Reis, den du jeden Tag erbettelst?«
Der Bettler antwortete: »Ich bekomme jeden Tag ungefähr vier Ser Reis. Eines davon gebe ich einer Hexe, eines borge ich jemandem, eines werfe ich in das fließende Wasser, und eines bringe ich einer Gottheit im Tempel zum Opfer.«
Die Leute begriffen nicht, was er damit meinte, und sagten: »Wozu schwatzt du solchen Unsinn? Sag lieber, wo diese Hexe ist! Und wer ist dein Schuldner? Wo fließt dieses Wasser? Und wo ist der Tempel?«
Der Bettler schwieg. Als die Dorfleute keine Antwort bekamen, dachten sie, daß der Bettler ein großer Heuchler sein mußte. Sie wurden sehr böse auf ihn, ergriffen ihn und brachten ihn zum Rādshā. Als der Rādshā ihn befragte, gab er die gleiche Antwort.
Auch der Rādshā begriff das nicht und fragte: »Was soll bedeuten, was du da sagst? Sprich deutlicher!«
Der Bettler erläuterte: »Oh, Rādshā! Meine Frau ist jene Hexe. Sie kann nur essen, sich anziehen und schlafen. Sonst tut sie nichts.«
Der Rādshā fragte weiter: »Na gut! Und wem borgst du etwas?«
Der Bettler erwiderte: »Das ist mein Sohn. Jetzt ist er noch klein, und ich muß mich rühren, um ihn zu ernähren. Wenn meine Arme und Beine müde geworden sind und er erwachsen ist, wird er etwas verdienen und mich ernähren müssen. Deshalb sage ich, daß ich ihm jetzt etwas borge.«
Der Rādshā wollte nun auch wissen: »Was soll bedeuten, daß du Reis in das fließende Wasser wirfst?«
Der Bettler erklärte auch das: »Ich habe eine Tochter. Ein Ser Reis ißt sie. Jetzt ist sie noch klein. Wenn sie groß geworden ist und selbst verdienen kann, geht sie ins Haus ihres Mannes. Was soll es schon anderes bedeuten, als Reis in fließendes Wasser zu werfen, wann man das alles weiß?«
Der Rādshā hörte dem Bettler aufmerksam zu und forderte ihn

dann weiter auf: »Nun sag auch, in welchem Tempel du einer Gottheit jeden Tag ein Ser Reis opferst!«
Der Bettler sprach: »Herr! Dieser erbärmliche Körper hier ist jener Tempel, und meine Seele ist die Gottheit dieses Tempels. Wenn ich nicht jeden Tag diesem Tempel und dieser Gottheit mein Opfer darbringe, ist das ganze Spiel verdorben.«
Der Rādshā war mit den Antworten des Bettlers sehr zufrieden. Er sagte zu ihm: »Es zeigt sich, daß du ein großer Gelehrter bist. Warum gehst du dann betteln?«
Da sagte der Bettler: »Herr! Das ist doch alles nur eine Täuschung Gottes! Und niemand kommt hinter sein Geheimnis. In seinem Reich sind die Gelehrten Bettler und die Dummköpfe reiche Leute. In seinem Reich ist der Reiher weiß und der Kuckuck schwarz. In seinem Reich wachsen auf Bäumen winzig kleine Beeren und auf Ranken riesengroße Früchte. Gottes Größe ist unendlich. Was soll ich da noch sagen?«
Der Rādshā freute sich sehr über die Klugheit des Bettlers und beschenkte ihn zum Abschied reichlich.

Was ist größer? Der Name oder die Tat?

Es war einmal in alten Zeiten. In einem Dorf lebte damals ein Ahīr. Er hieß Thuthpālrāy, Kahlbaumkönig. Er war sehr reich, sah gut aus, war zufrieden und fromm. Am Leben hatte er große Freude.
Eines Tages geschah es, daß an der Wasserstelle, wo Thuthpālrāys Frau zusammen mit anderen Frauen Wasser holte, eine von ihnen bemerkte: »Im Haus kann man eine noch so gute Lakshmī haben, ein ›kahler Baum‹ wird doch niemals grün.«
Eine andere meinte: »Am Namen erkennt man das Geschlecht.«
Darüber lachten und kicherten alle Frauen.
Thuthpālrāys Frau begriff, daß alle diese Worte auf ihren Mann

zielten. Das traf sie sehr, und sie meinte: »Seid still! Warum quält ihr mich völlig unnütz?«
Eine dritte verzog ihr Gesicht, als sie das hörte, und sagte: »In der Tat! Wenn meiner einen solchen Namen hätte, würde ich vor Scham im Boden versinken.«
Thuthpālrāys Frau kränkte das sehr. Sie ließ ihren mit Wasser gefüllten Krug an der Wasserstelle stehen, ging sogleich nach Hause und fing an zu fasten. Es vergingen sieben Tage, es vergingen sieben Nächte, und sie sprach nicht ein einziges Wort mit ihrem Mann.
Thuthpālrāy fragte sie daraufhin: »Was ist geschehen? Warum läßt du deinen Körper vertrocknen?«
Seine Frau fuhr sofort hoch: »Habt Ihr endlich mal Zeit, mich zu fragen? Die Sache ist die, daß ich Euren Namen ändern lassen will. Euer Name ›kahler Baum‹ ist sehr häßlich. Am Brunnen verspotten mich die Frauen schon. Jener Brahmae soll zur Hölle fahren, der Euch diesen Namen gegeben hat!« Mit zitternder Stimme schwatzte sie noch mehr Unsinn dieser Art.
Als Thuthpālrāy hörte, was sie alles sagte, lachte er laut los: »Ach geh! Du bist mir schon eine! Wegen solch einer Kleinigkeit verdirbst du dir deinen goldgleichen Leib! He! Welche Welt steckt schon hinter einem Namen? Mehr wert als ein Name ist die Tat.«
Die Frau aber bestand darauf: »Wie dem auch sei! Wollt Ihr mich nun fasten lassen oder Euren Namen ändern?«
Thuthpālrāy wurde ernst: »Meinen Namen ändern und mir einen künstlichen geben lassen? Was habe ich denn davon? Was hast du davon?«
Die Frau erwiderte: »Ob du nun etwas davon hast oder nicht, ist mir gleich. Ich aber habe großen Nutzen davon. Ich bleibe am Leben.«
Thuthpālrāy hielt ihr entgegen: »Sieh nur! Was natürlich ist, das ist wahr und schön. Davon, daß ich Thuthpālrāy heiße, habe ich keinerlei Schaden, werde ich nicht entehrt.«

Seine Frau: »Aber ich habe Schande davon.«
Thuthpālrāy sprach weiter auf sie ein: »Künstlichkeit macht nichts schöner. Mit Angeben erwirbt man sich keinen Ruhm.«
Aber all das machte gar keinen Eindruck auf seine Frau. Sie blieb auf ihrer Forderung bestehen.
Die Hartnäckigkeit der Frauen ist bekannt. So mußte Thuthpālrāy nachgeben und begab sich mit seiner Frau auf die Suche nach einem schönen Namen, den er dann annehmen könnte.
Sie gingen und gingen und kamen in weite Fernen. Sie gelangten in eine Stadt und suchten einen Namen. Als sie keinen gefunden hatten, zogen sie weiter in eine andere Stadt. Auch dort irrten sie umher, fanden aber keinen schönen Namen. So verging die Zeit.
Am nächsten Tag zogen sie weiter. Da trugen Leute einen Toten an ihnen vorbei und riefen immerzu: »Rām! Dein Name ist die Wahrheit!« Thuthpālrāy trat vor und fragte: »Bruder! Wie hieß dieser Tote?«
»Amarsingh, Unsterblicher Held«, lautete die Antwort.
Als er das hörte, lachte Thuthpālrāy. Auch seine Frau lächelte. Sie zogen weiter. Wie sie so gingen, trafen sie auf einen Bettler. Als dieser sie erblickte, flehte er sie an: »Bābū! Gebt etwas!«
Die Frau hatte Mitleid mit ihm, als sie ihn sah. Sie gab ihm etwas Geld und fragte: »Bruder, sag! Wie heißt du?«
Der Bettler segnete sie und antwortete: »Ich heiße Dhanpati, Reicher Mann.«
Danach gingen beide weiter. Sie kamen an ein Dorf. Dort führte ein Mann ein prächtiges Kalb an ihnen vorbei. Die Frau fragte ihn: »Bruder! Wie heißt du?«
»Dayānāth, Gütiger Herr«, lautete die Antwort.
»Und was machst du?« fragte die Frau weiter.
»Ich bin Schlächter«, sagte er.
Danach gingen der Mann und seine Frau wieder nach Hause. Wie sie so gingen, sagte Thuthpālrāy zu seiner Frau: »Amar-

singh, Dhanpati und Dayānāth! Wie schön diese drei Namen sind! Welcher von diesen dreien gefällt dir?«

Die Frau blieb stehen, sie sagte nichts.

Thuthpālrāy fragte sie wieder: »Warum sagst du nichts? Was ist daran zum Schämen? Ich werde den Namen annehmen, der dir gefällt.«

Da sagte die Frau:

»Amarsingh ist gestorben.

Dhanpati geht betteln. Dayānāth schlägt Tiere tot.

Du bist Thuthpālrāy. Und das ist gut so!«

Als Thuthpālrāy das hörte, war er sehr froh und sagte: »Nun? Jetzt wirst du wohl nicht mehr von mir verlangen, den Namen zu ändern?«

»Nein«, sagte die Frau. »Du hattest recht. Es ist nicht wichtig, wie ein Mensch heißt, sondern wichtig ist, was er tut.«

Die Belohnung des Gurus

Es war einmal ein Barbier, der hatte eine Büffelkuh. Die führte er täglich zum Teich und ließ sie darin baden. Eines Tages, als er sie wieder badete und sorgfältig abrieb, sah er, wie am Ufer ein Bābā dreißig Goldstücke nachzählte, sie in eine Börse tat und diese in seinem Haarknoten auf dem Hinterkopf versteckte.

Schnell brachte der Barbier seine Kuh nach Hause, band sie dort an und ging dann zu dem Bābā. Er grüßte ihn ehrfürchtig und sagte: »Verehrter Bābā! Es würde mich sehr glücklich machen, wenn Ihr heute abend in meine elende Hütte kämt. Bis jetzt habe ich noch keinen Guru und meine Frau auch nicht. Deshalb macht mich zu Eurem Schüler und bringt dadurch Erfolg in mein jetziges Leben. Wir beide werden für Euren Tsharanodak dankbar sein.«

Der Bābā erwiderte: »Mein Sohn! Wenn du bereit bist, mir zwei Goldstücke als Belohnung zu geben, kann ich dich zu meinem Schüler machen.«

Der Barbier gab höchst demütig zur Antwort: »Bābā! Ich bin einverstanden. Wann hätte ich schon noch einmal ein solches Glück, einen solchen Mahātmā wie Euch zu treffen! Was sind schon zwei Goldstücke im Vergleich zur Berührung Eurer lotosgleichen Füße!«

Danach warf sich der Barbier die Tasche des Asketen über die Schulter und ging los. Der Bābā lief, mit seinen hölzernen Sandalen klappernd, hinter ihm her.

Als sie im Haus des Barbiers angekommen waren, wuschen der Barbier und seine Frau die Füße des Bābās mit großer Hingabe in einer Schüssel. Zum Essen setzten sie ihm die verschiedensten Speisen vor.

Nach dem Essen legte sich der Bābā auf ein Bett. Die Barbiersfrau massierte ihm die Beine. Der Bābā freute sich sehr über die Hingabe seines Schülers. In der Nacht schlief er tief und fest.

Als es Morgen geworden war und der Bābā gehen wollte, verlangte er seine Belohnung. Der Barbier gab seiner Frau den Schlüssel zur Truhe und sagte zu ihr: »In der Truhe liegen dreißig Goldstücke. Geh, hole zwei von ihnen und gib sie unserem Guru. Dann berühre seine Füße und laß dich segnen! Wenn dir der Guru gnädig gesonnen ist, wird dein Schoß fruchtbar werden.«

Die Barbiersfrau nahm den Schlüssel, ging und öffnete die Truhe. Doch, wie sehr sie auch überall suchte, Goldstücke fand sie keine. Sie kam zurück und sagte das.

Der Barbier wurde böse auf seine Frau und schalt sie: »Was redest du da! Wo sollen denn die Goldstücke hin sein? Sind sie vielleicht weggeflogen? Ich habe sie selber nachgezählt und in die Truhe gelegt.«

Der Barbier ging selber, suchte eine Weile in der Truhe herum, kehrte dann zurück und schrie seine Frau bitterböse an: »Die Goldstücke waren in der Truhe! Ich habe sie eigenhändig dort hineingetan! Das ist alles deine Hinterlist! Du wirst sie irgendwo versteckt haben und willst sie bei der nächsten Gelegenheit deinem Vater und deinem Bruder geben! Ich werde dich durchsuchen müssen!«

Danach durchsuchte der Barbier seine Frau, aber Goldstücke fand er keine.

Da sagte der Barbier zu seiner Frau: »Du wirst begreifen, daß ich sie irgendwohin getan haben muß. Gut! Durchsuche mich!«

Die Barbiersfrau durchsuchte ihren Mann, aber die Goldstücke fanden sich nicht.

Daraufhin wandte sich der Barbier an den Bābā: »Mahārādsh! Meine Frau hat einen sehr mißtrauischen Charakter. Deshalb laßt auch Ihr Euch durchsuchen, damit sie keinen Zweifel hegt!«

Der Bābā stand schnell auf und sprach: »He! Was ist da schon dabei! Natürlich! Durchsuche auch mich!« Dabei schüttelte er seinen Lendenschurz.

Der Barbier forderte: »Der Haarknoten ist noch da. Macht den auch auf! Meine Frau ist sehr argwöhnisch.«

Zuerst zauderte der Bābā. Doch, was sollte er tun! Ihm blieb nichts weiter übrig, als den Haarknoten zu lösen, und da fiel die Börse mit den Goldstücken heraus.

Der Barbier freute sich: »Seht nur, wieviel Wunderkraft der Mahārādsh hat! Er hat die verlorengegangenen Goldstücke wieder herbeigeholt! Bravo, Mahārādsh! Bravo!« Und zu seiner Frau: »Gut! Zähl die Goldstücke nach! Sag mir, wenn sie nicht vollzählig sind! Zwei lege dem Mahārādsh zu Füßen und bitte ihn um seinen Segen, damit sich dein leerer Schoß füllt!«

Als die Babiersfrau die Goldstücke eins nach dem anderen gezählt hatte, waren es tatsächlich dreißig. Zwei legte sie dem Mahārādsh zu Füßen.

Der Barbier faltete die Hände und sprach: »Mahārādsh! Ihr habt mein Leben gerettet! Wenn Ihr wieder einmal hier vorbeikommen solltet, dann vergeßt Euren Diener nicht!«

Ein Mann, der eine Niederlage erlitten hat und von einer Frau geschlagen wurde, sagt nichts. Also blieb auch der Bābā stumm. Dann, als er sich zum Gehen umwandte, sagte er: »Mein Sohn! Bleibe glücklich! Bei den Menschen muß man sich vor den Barbieren und bei den Vögeln vor den Krähen hüten!«

Der größte Dummkopf

Vier Freunde gingen einmal des Weges. Vom vielen Laufen waren sie müde geworden und setzten sich unter einen Pīpalbaum, um sich auszuruhen. Die vier Freunde gehörten jeder einer anderen Kaste an: einer war ein Brahmane, der andere ein Kshatriya, der dritte ein Waishya und der vierte ein Kāyasth. Später kam noch ein Wanderer, um sich unter dem Baum auszuruhen. Als er die Freunde erblickte, grüßte er sie mit einer Verbeugung.

Wegen seines Grußes entstand unter den Freunden ein Streit.

Der Munshī sagte: »Er hat mich gegrüßt!«

Der Pandit widersprach: »Nein! Mich hat er gegrüßt!«

Der Singh: »Nein, Verehrter! Mich hat er gegrüßt!«

Warum sollte da der Kaufmann schweigen? Er sagte: »He, Brüder! Wenn ihr es genau wissen wollt, dann hat er alle zusammen gegrüßt. Wenn ihr das nicht glaubt, dann fragt ihn doch! Wozu braucht man einen Spiegel, um zu sehen, ob man den Armreifen am Arm hat!«

Heftig fuhr der Kshatriya hoch: »Hör auf! Was bist du schon für einer, daß du dich grüßen läßt! Ich bin ein Radshpute! Meinem Geschlecht steht es zu, sich grüßen zu lassen, und nicht deinem!«

Auf diese Weise wuchs sich der Streit immer mehr aus. Als sie ihn untereinander nicht mehr schlichten konnten, fragten sie den Wanderer: »Verehrter! Wen von uns hast du gegrüßt?«

Dieser aber dachte sich: ›Wie dem auch sei, sie sind alle vier Dummköpfe. Man muß mit jedem verfahren, wie ihm gebührt.‹

Laut sagte er: »Ich habe den gegrüßt, der von euch der größte

Dummkopf ist. Und wer das ist, sollt ihr mir beweisen!« Was geschah nun? Kaum hatten die vier das vernommen, als sie ganz begierig darauf waren, ihre Dummheit zu beweisen.

Der Pandit rückte sich seinen Turban zurecht und erzählte: »Hört zuerst mich an! Es war in einer finsteren Nacht im Monat Bhādong. Meine Frau befand sich mit den Kindern bei ihren Eltern. Ich war allein. Um Mitternacht machte ein Dieb ein Loch in die Wand und drang in mein Haus ein. Als ich ein Geräusch hörte, wachte ich auf. Ich wollte schon Lärm schlagen, als mir einfiel, daß es besser wäre, erst nachzusehen, wann ein günstiger Moment dafür käme. Als ich nun in meinen Papieren nachsah, stellte es sich heraus, daß die Nacht mit dem Vollmond dafür am günstigsten wäre. Jetzt aber war eine sehr ungünstige Zeit. Deshalb blieb mir nichts weiter übrig, als die Hände in den Schoß zu legen und still abzuwarten.

Die Vollmondnacht kam. Der Himmel war klar. Der Mond lachte. Der günstigste Augenblick zum Lärmschlagen war vierzehn Minuten nach ein Uhr. Genau um diese Zeit lief ich hinaus und schrie los: ›Ein Dieb! Ein Dieb! . . . ‹

Auf den Lärm hin eilten die Nachbarn herbei. Zufällig kam um diese Zeit ein Mann von seiner Arbeit nach Hause. Die Leute ergriffen ihn und sperrten ihn ein. Der Arme beteuerte tausendmal seine Unschuld, aber niemand hörte auf ihn.

Am Morgen brachte man uns alle an den Hof des Rādshās.

Als der Rādshā sich alles hatte berichten lassen, fragte er: ›Ist das der Dieb?‹

Ich bestätigte: ›Ja, das ist er.‹

Der Rādshā fragte weiter: ›Wann hat er gestohlen?‹

Ich erwiderte: ›Das war vor acht oder neun Tagen. Mir wurde alles geraubt.‹

Der Rādshā fragte weiter: ›Warum hast du aber erst jetzt in der Vollmondnacht Lärm geschlagen?‹

Ich gab zur Antwort: ›Mahārādsh! In den Papieren stand geschrieben, daß der günstigste Augenblick zum Lärmschlagen in der Vollmondnacht ist.‹

Als er das hörte, wurde der Rādshā sehr zornig und schrie: ›Scher dich bloß weg von hier, du Dummkopf!‹
So hat mir der Rādshā das Zeugnis ausgestellt. Wenn ihr das nicht glauben wollt, dann geht zum Rādshā und fragt ihn, ob ich der größte Dummkopf bin oder nicht!«
Nun war der Kaufmann an der Reihe: »He, Brüder! Wer könnte von euch schon ein größerer Dummkopf sein als ich? Es war in der Nacht des Diwālī-Festes. Meine Frau und ich hatten unsere Andacht vor Lakshmī verrichtet, unser ganzes Vermögen auf einen Teller gelegt und saßen nun da. Da fiel mir ein, daß dies der günstigste Augenblick des ganzen Jahres war. Da mußte man unbedingt sein Glück im Spiel versuchen. Dadurch erfuhr man, ob man das ganze Jahr über zu den Verlierern oder zu den Gewinnern gehören würde. Als ich das meiner Frau sagte, meine sie: ›Wo willst du mitten in der Nacht deswegen hingehen? Spiel mit mir, und dann wirst du ja sehen!‹
Danach gaben wir uns beide die Hand und machten aus, daß derjenige verloren hatte, der zuerst sprach. Als das beschlossen war, legten wir uns still aufs Bett und warteten voller Ungeduld.
Als Mitternacht vorüber war, drang ein Dieb in unser Haus ein. Wir beide lagen wach. Aber wer sollte etwas sagen? Wer zuerst sprach, hatte verloren. So sagte keiner etwas, und der Dieb räumte das Haus aus.
Der Dieb war aber sehr habgierig. Eine Weile später kam er wieder zurück. Wir beide waren auch da noch wach. Aber wer sollte etwas sagen? Für den Dieb war aber nun gar nichts mehr zu holen. Da nahm er meine Kleider. Trotzdem blieb ich ruhig. Danach griff er meiner Frau an den Hals und zog an ihrer Kette. Auch da sagte ich nichts. Aber meine Frau konnte es nicht länger aushalten und schrie: ›Nun sprich endlich und schlage Lärm, sonst stiehlt er mir auch noch meine Ehre!‹
Ich sagte: ›Du hast verloren! Sag! Erkennst du da an?‹
Meine Frau aber sagte: ›Zum Teufel mit diesem dummen Spiel!

Mein Haus ist ausgeraubt worden, und meine Ehre wäre auch fast dahin gewesen!‹

Nun stritten wir beide uns deswegen. Als die Nachbarn den Lärm hörten, eilten sie herbei. Nachdem sie den Grund erfahren hatten, schmähten sie uns: ›Größere Dummköpfe als euch kann es gar nicht geben! Man raubt euch das Haus aus, und ihr beide seht dabei zu!‹

Nun sagt, seid ihr größere Dummköpfe als ich?«

Danach fing der Kshatriya an: »Ihr habt gut erzählt. Na ja, aber ich übertreffe euch beide bei weitem. Hört zu! Eines Tages saß ich einmal auf meiner Veranda und rauchte den Hukkā. Da ritt ein Händler aus Kabul mit einigen Decken auf einer herrlichen Stute vorbei. Das Pferd gefiel mir. Ich hielt ihn an und fragte: ›Verkaufst du die Stute?‹

Der Händler antwortete: ›Ich verkaufe sie. Aber du kannst sie nicht bezahlen. Nur ein Rādshā kann diese Stute kaufen.‹

Ich ließ nicht locker: ›Nenne den Preis!‹

Der Händler verlangte tausend Rupien. Ich sagte: ›Das geht in Ordnung.‹ Ich ließ die Stute bei mir anbinden, holte fünfhundert Rupien aus der Truhe und zählte sie ihm vor. Wegen der restlichen Rupien sagte ich ihm, daß er erst seine Decken verkaufen und sie auf dem Rückweg holen solle.

Der Händler zog weiter.

Nach zwei Tagen hatte er seine Decken verkauft und kam zurück. Von den Kaufleuten im Dorf hatte ich vierhundert Rupien geborgt und mußte dafür einen Ānā Zinsen im Monat zahlen. Für die restlichen hundert Rupien bat ich den Händler um eine Woche Frist. Der Händler aus Kabul schloß beide Augen, öffnete sie einen Augenblick später wieder und sprach: ›Verehrter Singh! Eine Woche ist vorbei. Bring das Geld!‹ Wie sehr ich mich auch bemühte, aber ich konnte das Geld nicht aufbringen. So mußte ich der Vereinbarung entsprechend die Stute dem Händler aus Kabul für hundert Rupien wieder verkaufen, um so die volle Summe zu bezahlen. Nun sagt! Bin ich der größte Dummkopf, oder seid ihr das?«

Danach hub der Munshī an: »Ihr habt nun alle eure Geschichte erzählt. Ich schäme mich etwas, die meine zu erzählen, da ich selber nicht genau sagen kann, ob ich damals im Recht war oder eine Dummheit begangen hatte. Es war zur Regenzeit. Alle Flüsse und Kanäle waren übervoll. Plötzlich kam aus dem Haus der Schwiegereltern die Nachricht, daß die Schwiegermutter sehr krank sei und es keine Hoffnung gäbe, daß sie am Leben bleibe. Wenn wir sie noch einmal sehen wollten, mußten wir uns sofort auf den Weg machen. So zog ich mit meiner Frau und meinen Kindern los. Unterwegs kamen wir an einen Fluß. Meine Frau sagte: ›Suche eine Anlegestelle! Dort gibt es sicher ein Boot.‹

Ich widersprach: ›Was redest du da für ungereimtes Zeug! Erst such einen Bootsmann! Dem mußt du um den Bart gehen! Dann kannst du übersetzen! Wozu brauchen wir das? Ich weiß, wie man die Wassertiefe mißt. Gleich werde ich sagen, wieviel Wasser in dem Fluß ist. Wenn es nicht so tief ist, können wir ohne Boot ans andere Ufer gelangen.‹

Ich stieg in den Fluß. Zuerst versanken die Füße im Wasser, dann reichte es mir bis an die Knie, dann bis an die Hüften, ein Stück weiter bis zur Taille und schließlich bis an die Brust. Ich rechnete zusammen, ermittelte den Durchschnitt und fand heraus, daß das Wasser im Mittel nur ein Stück bis über die Knie reichte.

Zu meiner Frau sagte ich: ›Es ist nicht weiter schlimm. Das Wasser ist nicht sehr tief. Es geht nur ein bißchen bis über die Knie. Wir können bequem ans andere Ufer gelangen. Auch für die Kinder wird es nicht schwer sein.‹

Meine Frau begriff nicht, wie ich das errechnet hatte. Da wurde ich zornig. Selbst am Gericht schätzte man meine Berechnungen und Durchschnittswerte! Das hatte bis jetzt noch nie jemand widerlegen können! Und nun wollte diese Frau, die nichts weiter konnte als einen Ofen anfachen, mich eines Besseren belehren! Ich schrie sie an und befahl ihnen, ins Wasser zu kommen. Langsam ging auch ich weiter. In der Mitte der

Strömung ertranken die Kinder. Meine Frau wollte sie retten und wurde selber abgetrieben. Ich machte mir keine Sorgen. Meine Berechnungen konnten nicht falsch sein! Doch als ich sah, daß alle verschwunden waren, vermochte ich nicht zu begreifen, wie das geschehen war. Als ich nun wieder die Tiefe des Wassers maß, kam ich zum gleichen Ergebnis wie schon vorher. Ich stehe auch heute noch vor einem Rätsel:

Gerechnet, geprüft, alles stimmt!
Wo sind bloß die Kinder hin?«

Als sich der Wanderer alle Geschichten angehört hatte, lächelte er: »Der allergrößte Dummkopf ist der Munshī. Ihr drei habt zwar euer Vermögen verloren, er hat aber sogar seine Kinder ertrinken lassen! Wer sollte einen solchen Menschen nicht grüßen?«

Die Vogelrānī

Es war einmal ein Rādshā. In seinem Reich lebten die Untertanen vollkommen glücklich und zufrieden. Sie hatten keinerlei Unbill zu erleiden. Nur, der Rādshā hatte keine Kinder, und das betrübte ihn und alle seine Untertanen sehr. Die Leute dachten darüber nach, wer denn nach dem Tode des Rādshās den Thron besteigen solle. Deshalb beteten alle zu Gott, daß er dem Rādshā doch wenigstens eine Tochter schenken möge.

Eines Tages saß die Rānī in ihrem Schloß und dachte darüber nach, wie sie Kinder bekommen könne. Da kam ihr plötzlich der Gedanke, ein schönes Vögelchen in einem Käfig zu halten und dann eines Tages durch die Dienerinnen dem Rādshā sagen zu lassen, daß sie ein Kind erwarte. Was dann daraus entstünde, würde sich ja zeigen. Für einige Zeit aber wären der Rādshā und das Volk glücklich.

Daraufhin rief die Rānī ihre Dienerinnen und befahl ihnen, ihr ein schönes Vögelchen zu bringen, das sie heimlich halten wolle. Dem Rādshā sollten sie nichts davon sagen.

Kaum hatte die Rānī diesen Befehl erteilt, als man ihr auch schon ein schönes Vögelchen in einem Käfig brachte. Danach ließ sie bei einer günstigen Gelegenheit dem Rādshā ausrichten, daß sie guter Hoffnung sei. Darüber freute sich der Rādshā sehr. Nach und nach verbreitete sich die Nachricht in der Stadt. Die Freude des Volkes war grenzenlos.

Nach sechs Monaten wurde die Schwangerschaft der Rānī mit großem Prunk gefeiert. Als neun Monate vergangen waren, meldeten die Dienerinnen dem Rādshā, daß die Rānī eine schöne Prinzessin zur Welt gebracht habe. Überall im Reich herrschte darüber großer Jubel.

Eines Tages kam der Rādshā die Rānī besuchen und sprach: »Rānī! Zeig mir die Prinzessin!«

Die Rānī erwiderte: »Mahārādsh! Geduldet Euch! Ich werde Euch die Prinzessin jetzt noch nicht zeigen. Das werde ich erst zur Dashtaun-Zeremonie tun.«

Die Dashtaun-Zeremonie ging vorüber, der Rādshā äußerte wieder seinen Wunsch, aber die Rānī wollte noch immer nicht: »Jetzt nicht. Erst zur Mundan-Zeremonie.«

Einige Tage später war die Mundan-Zeremonie an der Reihe. Wieder erfüllte die Rānī des Rādshās Wunsch nicht: »Jetzt nicht. Ihr werdet sie sehen, wenn der Prinzessin die Ohrläppchen durchbohrt werden.«

Einige Tage danach fand auch diese Zeremonie statt. Der Rādshā forderte nun äußerst ungeduldig: »Rānī! Jetzt zeige mir endlich die Prinzessin!«

Die Rānī gab zur Antwort: »Ihr werdet sie sehen, wenn die Prinzessin verlobt wird.«

Die Zeit zögerte nicht vorüberzugehen. Inzwischen waren fünfzehn Jahre verstrichen. Eines Tages sagte die Rānī zum Rādshā: »Mahārādsh! Die Prinzessin ist jetzt im heiratsfähigen Alter. Laßt für sie einen geeigneten Bräutigam suchen und verheiratet sie!«

Der Rādshā sprach: »Gut.«

Dem Wunsch der Rānī entsprechend band sich der Rādshā den

Turban um und begab sich in ferne Lande, um einen guten Prinzen zu suchen. Doch er fand nirgends einen geeigneten Bräutigam. Enttäuscht kehrte er wieder um.

Unglücklicherweise brach sich der Rādshā auf der Suche nach einem Bräutigam ein Bein, das nur langsam wieder heilte. Danach nahm der Rādshā seine Suche wieder auf. Zu seiner großen Verwunderung fand er nun in einer Stadt einen Prinzen, der ihm gefiel. Er vereinbarte die Verlobung der Prinzessin und kehrte nach Hause zurück. Im Schloß angekommen, teilte er der Rānī mit: »Rānī! Jetzt steht die Verlobung der Prinzessin fest. Nun zeige sie mir!«

Die Rānī verweigerte es ihm wieder: »Jetzt nicht. Nachdem Ihr Euch nun schon so lange Zeit geduldet habt, werdet Ihr es auch noch ein Weilchen aushalten. Wenn unsere Tochter die Bhāngwars dreht, werdet Ihr sie sehen.«

Man suchte die günstigste Stellung der Gestirne für die Hochzeit aus und legte den Zeitpunkt danach fest. Als die Zeit herankam, traf die Barāt ein. Alle Zeremonien wurden aufs beste durchgeführt. Als es Zeit für die Bhāngwars wurde, forderten die Angehörigen des Bräutigams: »Holt die Braut!« Das richtete man der Rānī aus, die nun sagen ließ, daß bei ihnen hier die Prinzessinen ihre Bhāngwars in einer Sänfte machten.

So wurden die Bhāngwars auch durchgeführt.

Als die Bhāngwars vollzogen waren, forderte der Rādshā wieder: »Rānī! Jetzt zeige aber die Prinzessin!«

Die Rānī widersprach: »Jetzt nicht. Wenn Ihr sie holen geht, werdet Ihr sie sehen.«

Auf diese Weise wurde das Vögelchen mit großer Pracht verheiratet. Als es Zeit wurde, die Barāt zu verabschieden, setzte man den Käfig mit dem Vögelchen in eine Sänfte und den Prinzen in eine andere. Als der Prinz mit seinem Gefolge aus der Stadt heraus war, stieg er aus seiner Sänfte und ging zu der Prinzessin. Doch was sah er da? Nur den Käfig mit einem Vögelchen. Der Prinz wunderte sich darüber sehr. Was aber hätte er denn tun können?

Die Barāt kam zu Hause an. Als die Mutter des Prinzen ihn an der Türschwelle mit allen Zeremonien begrüßen wollte, gebot ihr der Prinz Einhalt und sagte: »Mutter! Jetzt vollziehen wir keinen Partshan. Erst wenn mein jüngerer Bruder heiratet. Dann geschieht das für uns zwei Brüder gemeinsam.«
Der Prinz zog mit dem Käfig in sein Schloß und gab nun dem Vögelchen regelmäßig Körner und Wasser.
Einige Zeit später wurde die Hochzeit des jüngeren Prinzen beschlossen. Bis zur Hochzeit verblieben nur noch wenige Tage. Die Mutter sprach zu dem älteren Prinzen: »Mein Sohn! Seit du verheiratet bist, hältst du die junge Frau in deinem Schloß eingesperrt. Was soll denn aus unserem Haushalt werden? Der Reis muß geschält, die Hülsenfrüchte müssen verlesen werden. Wie soll ich das alles allein schaffen?«
Nach diesen Worten ging der Prinz in sein Zimmer und setzte sich, den Kopf in die Hand gestützt, hin. Das Vögelchen hatte bis jetzt geschwiegen. Als es aber den Prinzen so dasitzen sah, hielt es das nicht länger aus: »Was ist geschehen? Warum seid Ihr so traurig?«
Als der Prinz das Vögelchen sprechen hörte, staunte er und meinte: »Was soll ich sagen? Wir werden eine Hochzeit haben, und die Mutter fragte, ob meine Frau nicht zum Beispiel beim Hülsenfrüchte-Verlesen, Mahlen und anderem helfe?«
Da lachte das Vögelchen: »Ach? Wegen solch einer Kleinigkeit macht Ihr Euch Sorgen? Geht und sagt Eurer Mutter, sie soll das Korn und die Hülsenfrüchte, alles, was verlesen werden soll, in den Hof bringen. Es wird alles gemacht werden.«
Als er das vernahm, ging der Prinz glücklich und froh zu seiner Mutter. Die Mutter fragte: »Mein Sohn! Der Reis muß geschält werden. Sprich! Wer soll das tun?«
Der Prinz antwortete: »Mutter! Laß allen Reis, der geschält werden soll, in den Hof bringen! Über Nacht wird alles fertig sein.«
Die Mutter meinte: »Na gut!«

Am Abend ließ die Rānī fünf Man Reis in den Hof des Prinzen bringen und legte sich schlafen. Der Prinz ging zu dem Vögelchen und sagte zu ihm: »Fünf Man Reis hat die Mutter in den Hof bringen lassen.«

Kaum hatte das das Vögelchen gehört, als es auch schon aus dem Käfig flatterte. In kurzer Zeit hatte es viele Vögel um sich versammelt, und geschwind schälten die Vögel dann den Reis, indem sie die Reiskörner mit dem Schnabel aufpickten, sie auf einer Seite hinlegten und die Spelzen auf der anderen. Als sie mit ihrer Arbeit fertig waren, flogen sie einer nach dem anderen wieder fort, und das Vögelchen setzte sich wieder in seinen Käfig.

Als die Mutter des Prinzen am Morgen aufstand und den Reis sah, kannte ihr Erstaunen keine Grenzen. Sie sprach: »Oh! Wie gut der Reis geschält worden ist! Keine Spelze ist mehr darin! Und nicht ein Körnchen ist beschädigt!«

Bei sich dachte sie: ›Die Frau des Prinzen arbeitet aber gut! Sicherlich ist sie auch sehr schön! Und der Grund, warum der Prinz sie niemandem zeigen wollte, ist wohl, daß der böse Blick sie nicht trifft!‹

Am nächsten Tag teilte die Rānī dem Prinzen mit: »Heute müssen Hülsenfrüchte ausgepult werden.«

Als der Prinz das gehört hatte, setzte er sich, wie schon beim ersten Mal, bedrückt in sein Zimmer. Das Vögelchen, das ihn so betrübt dasitzen sah, fragte: »Was ist geschehen?«

Der Prinz erwiderte: »Heute will die Mutter Hülsenfrüchte ausgepult haben.«

Das Vögelchen sprach: »Wegen solch einer Geringfügigkeit seid Ihr so besorgt? Geht und sagt Eurer Mutter, daß sie alle Hülsenfrüchte, die ausgepult werden sollen, herschicken soll!«

Der Prinz sagte das seiner Mutter. Am Abend ließ die Rānī alles in den Hof des Prinzen bringen: die Schoten, die Siebe und alles andere, was man zum Auspulen der Hülsenfrüchte brauchte. Sie wollte eigentlich heimlich zusehen, wenn die junge Frau die Gerätschaften holen kam, legte sich aber doch schlafen.

Wie schon zuvor flog das Vögelchen aus seinem Käfig, sammelte Scharen von Vögeln um sich, und gemeinsam holten sie mit ihren Schnäbeln die Früchte aus den Schoten. auf die eine Seite legten sie die Früchte und auf die andere die leeren Schoten. Als sie die Arbeit verrichtet hatten, flogen die Vögel fort. Das Vögelchen des Prinzen aber setzte sich wieder in seinen Käfig.

Am nächsten Tag wunderte sich die Rānī sehr, daß die Hülsenfrüchte sauber dalagen. Die Gerätschaften standen nämlich alle noch unberührt da, aber die Arbeit war getan. Als der Tag herankam, an dem sich die Barāt des jüngeren Prinzen auf den Weg machen sollte, befielen den älteren Prinzen große Sorgen. Er setzte sich bedrückt in sein Zimmer. Das Vögelchen konnte ihn nicht so traurig dasitzen sehen und fragte: »Warum seid Ihr so besorgt? Sagt mir, worum es geht! Ich werde mich bemühen, Euch zu helfen.«

Der Prinz erklärte: »Ich muß mit der Barāt gehen. Das dauert vier Tage. Wer wird dir inzwischen Körner und Wasser geben?«

Das Vögelchen erwiderte: »Das ist kein Grund zur Beunruhigung! Legt Körner in meinen Käfig und stellt ein Schüsselchen Wasser hinein, da werde ich diese Tage schon überstehen.«

Der Prinz machte das auch so und zog mit der Barāt.

Eines Tages geschah es nun, daß sich das Vögelchen auf den Rand der Schüssel setzte, um Wasser zu trinken. Sie kippte um, und das Wasser lief aus. Nun flatterte das Vögelchen vor Durst hin und her, die Kehle trocknete ihm aus, und es befand sich in großen Nöten. Da dachte sich das Vögelchen etwas aus. Es befestigte an der Schüssel eine Schnur, die band es sich um den Hals, kroch durch ein Loch im Käfig und flog zum Brunnen. Doch nun ergab sich eine neue Schwierigkeit. Sobald es ins Wasser tauchte, schwamm die Schüssel auf dem Wasser, tauchte es aber die Schüssel ein, schwamm es selber auf dem Wasser. So

gelang es ihm nicht, obwohl es das mehrere Male versuchte, Wasser zu trinken und die Schüssel mit Wasser zu füllen.
Die Nacht war schon fast vorüber, und das Vögelchen hatte seinen Durst noch immer nicht gestillt. Glücklicherweise kamen, noch ehe der Morgen anbrach, Shiw und Pārwatī dort vorbei. Als Pārwatī sah, wie sich das Vögelchen quälte, bekam sie großes Mitleid mit ihm. Sie bat Shiw: »Seht nur, wie sich dieses Vögelchen quält! Erlöst das Arme doch!«
Daraufhin sagte Shiw: »Mir gefällt nicht, was die Frauen so daherreden. Das hier ist die Welt, und die Menschen müssen Freud und Leid auf die verschiedenste Weise erfahren. Jeder bekommt, was ihm vom Schicksal vorherbestimmt ist.«
Pārwatī aber bat weiter: »Sei, wie dem sei! Aber dieses Vögelchen hier müßt Ihr erlösen!«
Die Hartnäckigkeit Pārwatīs brachte Shiw schließlich dazu, sich schnell in den kleinen Finger der linken Hand zu schneiden und ein paar Tropfen Blut auf den Körper des Vögelchens zu spritzen. Kaum hatten die Blutstropfen den Körper berührt, als er sich auch schon in ein schönes Mädchen verwandelte. Die Schöne bat Shiw-dshī: »Ihr habt mir schon soviel Güte erwiesen! Bringt mich doch noch in mein Haus!«
Shiw und Pārwatī erhörten die Bitte des Mädchens, brachten es zu seinem Haus und verschwanden dann.
Die Barāt kehrte zurück. Ungeduldig lief der Prinz in sein Zimmer und fand dort eine wunderschöne Prinzessin anstelle des Vögelchens vor. Der Prinz wurde zornig, zog sein Schwert und wollte sie töten.
Die Prinzessin faltete die Hände und sprach: »Tötet mich nicht gleich! Hört erst, was geschehen ist. Dann könnt Ihr tun, was Ihr möchtet.«
Danach erzählte ihm das Vögelchen seine Geschichte, und nachdem er alles erfahren hatte, freute sich der Prinz sehr und drückte die Prinzessin an seine Brust. Was geschah dann? Er begab sich mit ihr zur Rānī. Bei jedem Schritt, den die Prinzessin ging, hinterließen ihre Füße Sandelholzspuren auf

der Erde, und wenn sie lachte, sprühten Perlen aus ihrem Mund.

Als die Rānī das alles sah, sagte sie zu dem Prinzen: »Jetzt verstehe ich, warum du deine Frau nicht gezeigt hast!«

Einige Zeit später kam der Vater der Prinzessin, um sie zu verabschieden. Nachdem er die Prinzessin gesehen hatte, kannte seine Freude keine Grenzen. Voller Entzücken und Glück hieß er sie Abschied nehmen und brachte sie in ihr Elternhaus.

Als die Rānī ihre Tochter erblickte und die ganze Geschichte erfuhr, erfaßte auch sie grenzenlose Freude.

Von da an lebten alle glücklich und in Freuden.

Wie die Taten, so die Früchte

In einem Dorf lebte einmal ein Weber, der war sehr arm. Manchmal aß er einmal am Tag, manchmal konnte er sich beinahe satt essen, und an anderen Tagen wiederum wurde ihm nicht einmal dieses Glück zuteil.

Ihm wurde ein Mädchen geboren. Es wuchs nun wie der Mond heran. Mit jedem Tag wurde sie schöner und schöner und glich einer Fee. Als sie alt genug war, verheiratete ihr Vater sie mit einem armen Weber. In dessen Hause ging es wie in dem ihres Vaters zu. Auch hier konnte sie sich niemals satt essen.

Eines Tages sprach sie zu ihrem Mann: »Wir alle verbringen unsere Tage in großer Armut. Wie lange soll das noch so weitergehen?«

Der Weber antwortete: »Was bleibt uns denn übrig?«

»Wenn du mir ein Spinnrad und etwas Baumwolle bringst, wird mir schon einfallen, wie ich unser Leben zum Besseren wenden kann.«

Der Weber borgte sich am nächsten Tag etwas Geld und kaufte dafür ein Spinnrad und etwas Baumwolle.

So schön wie die Frau des Webers war, so geschickt war sie

auch. Sie spann die Wolle zu Garn und fertigte daraus auf dem Webstuhl herrliche Dinge: wunderschöne Dhotīs und kunterbunte Kleider. Die Dhotīs versah sie mit herrlichen Kanten und die Kleider mit den verschiedensten Blumenmustern. Die Leute bestaunten ihre Kunstfertigkeit. In kurzer Zeit war die Armut aus dem Haus verbannt.

Bald verbreitete sich die Kunde von der Geschicklichkeit der Frau des Webers im ganzen Lande. Große Rādshās und andere Fürsten bestellten sich bei ihr Kleider. Die Reichen kauften ihre Kleider und bezahlten dafür, was sie wollte.

Einmal fertigte die Frau des Webers einen besonders schönen Teppich an, so schön, wie es auf der ganzen Welt noch keinen gab. Auf diesem Teppich war das ganze Reich eingewebt, man konnte die Städte und die Dörfer, die Wälder und die Felder, die Berge und die Flüsse, die Vögel am Himmel und die wilden Tiere, die Tiger und die Löwen, und viele andere Dinge darauf sehen.

Als der Teppich vollendet war, gab sie ihn ihrem Mann und sagte: »Verkaufe ihn dem Rādshā! Fragt der Rādshā nach dem Preis, dann nenne ihm keinen! Sag, daß der Teppich seinen Preis schon nennen wird! Oder nimm, was der Rādshā gibt!«

Der Weber legte sich den Teppich auf die Schulter und ging zum Hof des Rādshās.

Unterwegs hielt ihn ein reicher Kaufmann an und fragte: »Sag, Bruder! Was nimmst du für diesen Teppich?«

»Der Teppich wird seinen Preis selber sagen. Ich weiß gar nichts«, erwiderte der Weber.

Der Kaufmann überlegte und überlegte, konnte aber keinen Preis für den Teppich festlegen. Inzwischen kam ein zweiter Kaufmann dazu. Dann noch ein dritter und vierter. Danach ein fünfter und ein sechster. Allmählich sammelten sich dort viele Kaufleute an. Alle bewunderten den Teppich, konnten sich aber über seinen Preis nicht einig werden.

Um diese Zeit trug man den Minister des Rādshās in einer

Sänfte dort vorbei. Als er den Menschenauflauf sah, stieg er aus und ging darauf zu. Bei seinem Erscheinen gab ihm die Menge den Weg frei. Der Minister besah sich den Teppich. Er gefiel ihm sehr, und er dachte sich, daß dieser Teppich an den Hof des Rādshās gehöre.

Der Minister fragte den Weber: »Woher hast du den Teppich?«

Der Weber erwiderte: »Meine Frau hat ihn gewebt.«

Der Minister fragte weiter: »Und wieviel kostet er?«

»Das weiß ich nicht«, gab der Weber zur Antwort. »Meine Frau hat mir aufgetragen, ihn an den Hof des Rādshās zu bringen. Entweder sagt der Teppich selber, wieviel er kostet, oder ich soll das nehmen, was mir der Rādshā gibt.«

Der Minister meinte daraufhin: »Du hast recht. Wo könnte man schon den Preis für diesen Teppich festlegen, wenn nicht am Hofe des Rādshās? Na gut! Dann nimm diese zweihunderttausend Goldstücke!«

Der Weber nahm die Goldstücke, übergab den Teppich und ging nach Hause.

Der Minister begab sich mit dem Teppich schnell zum Rādshā und zeigte ihm das Wunderwerk.

Der Rādshā staunte, als er vor seinen Augen das ganze Reich aufgezeichnet sah.

Als er in der Nacht auf seinem Bett lag, konnte er nicht schlafen. Immer wieder wanderten seine Gedanken zu der Frau, die diesen Teppich gewebt hatte. »Wie schön muß sie erst sein, wenn sie so einen schönen Teppich anfertigen kann! Ich muß sie sehen und heiraten!«

Er lag die ganze Nacht wach. Es wurde Morgen. Der Rādshā zog die Kleider eines einfachen Mannes an und ging in jenes Dorf, wo das Haus des Webers stand. Endlich fand er es. Er klopfte an die Tür. Die Frau des Webers öffnete ihm. Als der Rādshā sie erblickte, blieb er wie erstarrt stehen.

Er glaubte eine Fee zu sehen.

Verwundert wartete die Frau des Webers ein Weilchen, daß er

etwas sage. Als der Besucher aber stumm blieb, packte sie ihn an der Schulter, drehte ihn um, schloß ihre Tür wieder und ging hinein.

Das kränkte den Rādshā sehr. Er fluchte: »Weshalb bin ich bloß allein hierher gekommen? Hätte ich meine Soldaten mitgebracht, könnte ich sie jetzt als meine Rānī mitnehmen. Eine so schöne Frau gehört nicht in das Haus eines Webers!«

Der Rādshā kehrte in sein Schloß zurück. Das frevelhafte Verlangen in seinem Herzen wurde immer stärker: »Geschehe, was will! Die Frau des Webers muß entführt werden!«

Danach ließ der Rādshā seinen Minister rufen und sprach: »Ich will die Frau des Webers heiraten. Wenn du mir dabei hilfst, gebe ich dir das halbe Reich als Belohnung. Bekomme ich die Frau nicht, lasse ich dich töten.«

Als der Minister das hörte, geriet er in große Besorgnis. Was sollte er tun? Einige Tage vergingen. Tag und Nacht dachte er darüber nach, was letzten Endes daraus werden sollte. Doch, wie sehr er auch grübelte, es fiel ihm kein Ausweg ein. Das bedrückte ihn sehr. Gewöhnlich nahm er am Morgen und am Abend ein Bad in der Gangā. Er ging ans Ufer, badete und verrichtete dort seine Andacht. Jetzt hatte der Arme seine Gewohnheit fast vergessen. Wenn sie ihm mal wieder einfiel, ging er an das Ufer der Gangā, badete und blieb anschließend still sitzen.

Ein Schäfer hütete dort seine Schafe und hatte jeden Morgen beobachtet, wie der Minister in aller Frühe sein Bad nahm und seine Andacht verrichtete. Seit ein paar Tagen jedoch stellte er fest, daß der Minister mal spät am Morgen kam, mal mittags und daß sein Gesicht von Sorgen umwölkt war. Eines Tages ergriff er die Gelegenheit und fragte den Minister: »Verehrter Minister! Warum seid Ihr jetzt immer so niedergeschlagen? Früher kamt Ihr schon zeitig am Morgen hierher, doch seit Tagen haltet Ihr nicht mehr an dieser Gewohnheit fest. Was ist geschehen?«

Der Minister erwiderte: »Oh, Bruder! Was soll ich da sagen?

Was nützt es mir schon, wenn ich es erzähle? Könntest du denn etwas tun? Frag nicht, welches Unglück der Rādshā für mich bereithält!«
Der Schäfer redete ihm zu: »Es wird schon richtig sein, es mir zu erzählen. Ich werde mich bemühen, Euch zu helfen. Seht, der Verstand ist nicht nur einem gegeben. Manchmal fällt auch einem geringen Menschen etwas ein, das sich dann bei einer großen Sache als nützlich erweist. Und vermag ich Euch auch nicht von Nutzen zu sein, so kann ich Euch doch keinen Schaden zufügen. Macht Euch nur keine Sorgen und erzählt mir alles!«
Der Minister dachte: ›Der Schäfer hat recht. Was ist schon dabei, wenn ich ihm alles erzähle? Wer durchschaut schon das Spiel Gottes?‹
Also erzählte der Minister dem Schäfer die Geschichte.
Da sprach der Schäfer: »Herr Minister! Unternehmt folgendes! Vielleicht hilft Euch das etwas! Die Menschen aus der Weberkaste sind meist sehr einfältig. Sollte das auch auf die Frau des Webers zutreffen, könnt Ihr sie mit Leichtigkeit bekommen. Ihr müßt Euch nur etwas ausdenken, das über ihren Verstand geht. Sagt dem Rādshā, er soll den Weber in den Himmel schicken, damit er dort erfahre, wie es dem Vater des Rādshās geht. Wenn der Weber damit einverstanden ist, wird es ihm wohl zunächst einmal schwerfallen festzustellen, wie er in den Himmel kommt. Und selbst wenn er dorthin gelangen sollte, kann er nicht zurück, sondern bleibt dort.«
Dem Minister gefiel der Ratschlag.
Am nächsten Tag erschien er am Hof des Rādshās und sprach: »Mahārādsh! Ich habe einen Weg gefunden, wie man den Weber von seiner Frau trennen kann.«
Das freute den Rādshā sehr. Der Minister erklärte dem Rādshā, wie das zu machen sei. Der Rādshā befahl sofort, den Weber zu ergreifen und herzubringen.
Als der Weber vor ihm erschien, sagte der Rādshā: »Du hast mir bis jetzt sehr treu gedient. Mir ist auch noch keine Be-

schwerde über dich zu Ohren gekommen. Solch einen tugendhaften und ehrlichen Menschen wie dich brauche ich heute. Ich will dich mit einer wichtigen Sache betrauen. Geh in den Himmel und bringe dort in Erfahrung, wie es meinem verehrten Vater geht. Wenn du mir diese Nachricht bringst, werde ich dich reichlich belohnen. Solltest du aber nicht gehen wollen, lasse ich dich aufhängen.«

Als der Weber das hörte, erschrak er und sagte: »Ich werde es mir überlegen und dann antworten.«

Als er nach Hause kam, war er vor Angst und Sorge ganz gelb geworden. Seine Frau fragte: »Warum bist du so niedergeschlagen? Welches Unglück ist dir widerfahren? Ich werde dem schon abhelfen.«

Der Weber erzählte ihr von dem Befehl des Rādshās.

»Was ist schon dabei!« rief seine Frau. »Das ist doch ganz einfach! Iß und leg dich ruhig schlafen! Was einem in der Nacht einfällt, ist nie gut. Am Morgen werde ich dir sagen, was zu tun ist.«

Am nächsten Tag stand der Weber sehr zeitig auf. Seine Frau machte ihm etwas Essen für den Weg zurecht. Außerdem gab sie ihm einen goldenen Fingerring und sprach: »Geh zum Rādshā und sage ihm, daß er dir seinen Minister mitgeben soll, damit er bezeugen kann, daß du tatsächlich im Himmel warst. Wenn er dazu bereit ist, dann geht gemeinsam los. Wirf diesen Ring auf den Weg! Er wird vor dir herrollen, und du folgst ihm. Sobald der Ring aufhört zu rollen, kannst du sicher sein, den Himmel erreicht zu haben.«

Der Weber nahm das Bündel mit dem Essen und den Ring und begab sich sogleich zum Rādshā, den er bat, ihm den Minister mitzugeben. Der Rādshā konnte das nicht abschlagen. So machten sich die beiden, der Weber und der Minister, auf den Weg in den Himmel.

Der Weber warf den Ring vor sich hin, und der rollte vor ihnen her. Sie folgten ihm und überquerten Ebenen, kamen durch Wälder und über Berge, sprangen über Quellen, setzten über

Flüsse und Kanäle, und wer weiß, was sie nicht noch alles zu überwinden hatten.
Wenn die beiden vom Laufen müde wurden, nahmen sie aus dem Bündel etwas Wegzehrung zu sich und setzten dann ihren Weg fort.
Sie gingen und gingen und gelangten in weite Fernen. Der Minister konnte schon nicht mehr laufen. Da erreichten sie einen dichten Wald, der völlig öde und leer war! Keine Stimme war darin zu hören. Als sie anlangten, hörte der Ring auf zu rollen.
Der Weber und der Minister machten Rast und aßen etwas. Da sahen sie auf einmal einen alten Mann einen sehr großen, mit Holz beladenen Wagen ziehen. Sein Rücken krümmte sich unter der Last, ihm hing die Zunge heraus, und er keuchte schwer. Zwei Büttel hieben links und rechts von ihm mit Peitschen auf ihn ein.
Der Weber fragte den Minister: »Wer ist dieser alte Mann? Erkennst du ihn? Ich kenne ihn nicht.«
Erstaunt sagte da der Minister: »He! Das ist doch der Vater unseres Rādshās! Oh, Rām! Was geht denn mit ihm vor?«
»Oh! Ihr Boten des Gerechten!« rief der Weber. »Laßt diesen alten Menschen doch einmal Luft holen! Ich möchte mit ihm reden.«
Yams Knechte sahen mit rot unterlaufenen Augen zu ihm hin und sagten: »Wir haben keine Zeit zum Anhalten. Wer soll denn das Holz schleppen?«
Der Weber erwiderte daraufhin: »Das ist doch kein Grund zur Sorge! Seht! Ich habe jemanden mitgebracht! Er wird an seine Stelle treten.«
Damit waren Yams Knechte einverstanden. Sie ließen den alten Mann los und spannten an seiner Stelle den Minister vor den Wagen. Wenn der Minister stehenblieb, hieben sie mit ihren Peitschen auf ihn ein. Der arme Minister mußte nun anstelle jenes Alten mit gekrümmtem Rücken den Wagen ziehen.
Der Weber fragte den alten Vater des Rādshās: »Mahārādsh! Wie geht es Euch?«

»Oh, mein lieber Bruder!« sagte da der Vater des Rādshās. »Es geht mir hier sehr schlecht. Was ich gesät, muß ich nun ernten. In Rāmāyan steht ganz richtig geschrieben: ›Wie die Taten, so die Früchte. Erst in der Hölle kommt die Reue.‹ Deshalb, lieber Bruder, kehre in meine Stadt zurück und erinnere meinen Sohn daran, daß er seine Untertanen auf gar keinen Fall schlecht behandeln soll, sonst wird es ihm wie mir ergehen, und er muß die Qualen der Hölle erleiden. Der Tod bringt alles ans Licht.«

Das Gespräch der beiden dauerte eine lange Zeit. Inzwischen waren Yams Knechte mit dem Wagen fortgezogen, hatten ihn ausgeleert und kamen nun wieder zurück. Der Weber verabschiedete sich vom Vater des Rādshās und nahm auch den Minister wieder mit. Beide machten sich auf den Weg in ihre Stadt.

Nach einigen Tagen erreichten sie die Stadt und begaben sich gleich in das Schloß. Als der Rādshā den Weber erblickte, schrie er vor Wut: »Wieso bist du so schnell zurückgekommen?«

Der Weber erwiderte: »Mahārādsh! Ich habe im Himmel Euren Vater gesehen. Er läßt Euch ausrichten, daß es ihm dort sehr schlecht ergeht. Wenn Ihr Euch nicht auch ein so hartes Schicksal einhandeln wollt, sollt Ihr mit Euren Untertanen nicht übel verfahren.«

Als der Rādshā das hörte, geriet er nur noch mehr in Wut. Er schrie: »Wie kannst du beweisen, daß du tatsächlich im Himmel warst und dort meinen Vater getroffen hast?«

Der Weber erwiderte: »Mahārādsh! Der Herr Minister war doch mit. Seht Euch nur einmal seinen Rücken an! Was haben Yams Knechte bloß mit ihm gemacht!«

Der Rādshā ließ den Minister die Kleider ausziehen und sah sich seinen Rücken an. Da gingen ihm die Augen auf. Er fing an, seine Taten zu bereuen, bat den Weber um Vergebung und versprach ihm, nie wieder solche Fehler zu begehen.

Der Rādshā ließ nun auch von der Frau des Webers ab. Der

Weber kehrte zu seiner treuen Frau nach Hause zurück und verbrachte nun seine Tage in Glück und Freude.

Jeder ist auf seinem Platz groß

In einer Stadt herrschte einmal ein Rādshā. Er liebte die Gerechtigkeit und sorgte für das Wohl seines Volkes. In seinem Reich lebten die Menschen glücklich. Diebe, Räuber und böse Menschen konnten sich dort nicht festsetzen. Umso herzlicher war der Empfang, der Sādhus und frommen Leuten bereitet wurde.

Der Rādshā überlegte sich ständig, wie er sie ehren könnte. Welcher Sādhu oder Mahātmā auch immer zu ihm kam, ihm wurden alle Ehren zuteil, und der Rādshā fragte ihn: »Mahārādsh! Sagt bitte, welcher von beiden ist besser! Der Mensch, der Haus und Hof, Reich und Thron, Mutter und Schwester, Frau und Sohn aufgibt und zum Asketen wird, oder jener, der, in den weltlichen Wahn verstrickt, seinen häuslichen Pflichten nachkommt? Ich werde mich bemühen, dem nachzueifern, der von beiden der bessere ist. Ich denke, daß die Pflichten eines Asketen die größten und die schwierigsten sind. Wer diesen Weg geht, wird bestimmt erlöst werden.«

An den Hof des Rādshās kamen die verschiedensten Gelehrten, Sādhus und Asketen. Jeder äußerte seine Gedanken dazu, aber den Rādshā stellte keiner zufrieden.

Einmal besuchte wieder ein Sādhu den Rādshā. Auch ihm stellte der Rādshā diese Frage. Tatsächlich war es aber so, daß es den Rādshā nicht zu seinen Reichsangelegenheiten zog. Das Einsiedlerleben und Asketentum spukten in seinem Kopf herum.

Der Sādhu war ein weiser Mann. Er belehrte den Rādshā: »Rādshā! Jeder ist an seinem Platz groß. Keinen kann man geringer nennen.«

»Wie das?« fragte der Rādshā.

»Darauf werde ich erst nach einiger Zeit eine Antwort geben, Rādshā«, sagte der Sādhu. »Ihr werdet Euch etwas gedulden und auch etwas Mühe auf Euch nehmen müssen. Ihr werdet einige Tage mit mir verbringen müssen.«

Der Rādshā war einverstanden. Er übergab die Reichsgeschäfte dem Prinzen, verkleidete sich als Fakīr und begleitete den Sādhu. Sie kamen durch verschiedene Länder, durch Wälder, über Berge und Flüsse und gingen über große Ebenen, bis sie schließlich in ein sehr großes Reich gelangten.

In dem Reich dieses Rādshās fand gerade ein Fest statt. Der Sādhu und der Rādshā sahen dort viele schön gekleidete und reich mit Schmuck behangene Menschen versammelt. Irgend jemand verkündete etwas. Neugierig blieben sie stehen und hörten: »Die Prinzessin wird sich ihren Gatten selbst auswählen.«

Die Prinzessin war sehr schön. Sie wollte den schönsten und klügsten Jüngling in der Welt heiraten. Doch bisher hatten der Prinzessin entweder das Äußere des einen oder der Verstand des anderen nicht gefallen. Das war nun schon mehrmals so gewesen, und viele Prinzen aus verschiedenen Ländern waren unverrichteter Dinge wieder nach Hause zurückgekehrt.

Die Prinzessin saß in einer offenen Sänfte und hielt die Kette in der Hand, mit der sie ihre Gattenwahl treffen wollte. Sie hatte sich schon überall herumtragen lassen, ohne einen geeigneten Bräutigam entdecken zu können. Die Leute waren enttäuscht. Alles war umsonst gewesen. Gerade um diese Zeit kam ein junger Asket, dessen Gesicht wie die Morgensonne strahlte, und stellte sich neben die Leute, um diesem Schauspiel schweigend zuzusehen.

Die Sänftenträger wanderten mal hierhin, mal dorthin und kamen schließlich zu dem Platz, wo der junge Asket stand. Die Prinzessin musterte das Gesicht des jungen Mannes und fühlte sich zu ihm hingezogen. Ihre Augen schlossen sich. Sie beugte den Kopf, legte ihm die Kette um den Hals und fiel ihm zu Füßen.

Der junge Asket riß sich sofort die Kette vom Hals und warf sie weg. Er sagte: »Was ist das für ein Schauspiel! Ich bin ein Asket! Solche Bande sind nicht für mich!«
Der Vater der Prinzessin glaubte, als er das sah, der Asket sei vielleicht mittellos und wollte deshalb seine Tochter nicht heiraten. Deshalb ließ er verkünden: »Ich gebe demjenigen, dem die Prinzessin die Kette umgelegt hat, das halbe Reich als Mitgift, und wenn ich gestorben bin, herrscht er über das ganze Reich.«
Der Asket aber wiederholte: »Ich habe längst alle Bande zu dieser trügerischen Welt zerrissen. Ich brauche das alles nicht!« Mit diesen Worten ging er weg von dort.
Die Prinzessin aber war von dem Asketen so sehr gefangengenommen, daß sie auf gar keinen Fall ihren Entschluß ändern wollte. Sie folgte ihm und rief: »Wenn er mich nicht anerkennen will, scheide ich aus dem Leben.«
Nachdem sie das alles beobachtet hatten, sagte der Sādhu zu dem Rādshā: »Laßt uns gehen und sehen, was aus diesem Paar wird! Wir müssen ihnen aber so folgen, daß sie uns nicht bemerken.«
Der Asket, der die Kette zerrissen und das Reich ausgeschlagen hatte, verließ die Stadt. Er ging und ging und gelangte weit weg in einen Wald auf einen Berg, wo er schließlich in einem Tal verschwand.
Die Prinzessin suchte lange nach ihm, konnte ihn aber nicht entdecken. Als sie keine Hoffnung mehr hatte, den Asketen zu finden, warf sie sich verzweifelt im Schatten eines Baumes auf den Boden und fing bitterlich zu weinen an.
Nach einiger Zeit langten auch der Rādshā und der Sādhu bei der Prinzessin an. Der Sādhu sprach ihr Mut zu: »Meine Tochter! Weine nicht! Wir werden dir jegliche Hilfe zuteil werden lassen. Doch jetzt wird es dunkel. Wir werden die Nacht hier verbringen. Sobald der Morgen anbricht, helfen wir dir suchen.«
Alle drei ließen sich für die Nacht unter dem Baum nieder.

Im Wipfel des Baumes war ein Nest, in dem ein Vogel mit seinem Weibchen und seinen drei Kindern wohnte.
Als der Vogel sah, daß drei Gäste zu seinem Haus gekommen waren, sagte er zu seiner Frau, daß es kalt wäre, sie aber kein Brennmaterial hätten, um für die Gäste ein Feuer anzuzünden.
Das Weibchen meinte: »Warte einen Augenblick! Ich werde mir etwas einfallen lassen.«
Das Weibchen flog flügelschlagend davon und kam mit einem brennenden Scheit im Schnabel zurück, das es vor den Gästen niederfallen ließ. Diese sammelten trockene Blätter und Zweige, mit denen sie ein Feuer entfachten.
Der Vogel aber gab sich damit noch nicht zufrieden. Er sagte zu seinem Weibchen: »Hörst du? Das Feuer brennt zwar nun, aber was wirst du den Gästen vorsetzen? Wenn sie die ganze Nacht über hungern müssen, begehen wir eine große Sünde. Es ist die allererste Pflicht eines Hausherrn, einen Gast, der in sein Haus gekommen ist, zu beköstigen. Im Hause ist nichts. Aber, meine Liebe, irgend etwas müssen wir unternehmen. Sorge du für unsere Kinder, ich werde mich den göttlichen Gästen opfern. Das wird die Strafe für meine Geburt sein.«
Ehe die Vogelfrau dazu kam, etwas zu sagen, fiel der Vogelmann in das lodernde Feuer, in dem er sich rösten ließ und nach kurzer Zeit gar zum Essen war.
Die Gäste bemühten sich, kaum war er in das Feuer gefallen, ihn zu retten, aber es gelang ihnen nicht.
Nachdem sich ihr Mann geopfert hatte, dachte das Weibchen, daß es ja drei Gäste waren, die alle drei Hunger hatten. Ein Vogel allein konnte sie da nicht satt machen. Die höchste Pflicht für eine Frau aber ist es, ihrem Mann bei seinem Tun zu helfen, damit es von Erfolg gekrönt wird.
Nach diesen Überlegungen stürzte auch sie sich wie ein Pfeil in das Feuer.
Nun blieben noch die drei zarten, kleinen Kinder übrig. Sie sahen, daß das Fleisch ihres Vaters und ihrer Mutter zusammen nicht ausreichte, um den Hunger der Gäste zu stillen. Sie berie-

ten sich und meinten, daß es die Pflicht der Kinder ist, das unvollendete Werk ihrer Eltern zu Ende zu bringen. Also mußten auch sie helfen und sprangen alle drei in das Feuer.
Die Gäste aber wunderten sich über das seltsame Benehmen der Vögel, ihr Fleisch brachte keiner von ihnen hinunter.
Die Prinzessin verspürte großes Mitleid mit den Vögeln. Sie bat den Sādhu: »Bābā! Macht diese Vögel kraft Eures Gnadenschatzes der Buße wieder lebendig!«
Der Sādhu wandte sich an Gott, schnitt sich in den kleinen Finger seiner linken Hand, und sobald die Tropfen seines Blutes auf die Vögel niederfielen, wurden sie wieder lebendig.
Alle drei freuten sich sehr.
Der Sādhu sagte zu dem Rādshā: »Rādshā! Ihr habt nun gesehen, daß jeder an seinem Platz groß ist. Jeder Weg im Glauben hat seine Bedeutung. Wenn du als Hausherr leben mußt, dann betrachte wie diese Vögel hier dein Leben als Mittel für Wohltätigkeit und als Opfer. Glaubst du aber an das Asketen- und Einsiedlertum und willst der Welt entsagen, dann sieh wie jener junge Asket nicht auf Geld und Gut, auf Reich und Thron! Hausherr und Asket, beide sind jeder auf seinem Platz groß, aber beide haben unterschiedliche Aufgaben. Darum ist der eine nicht geringer, der andere nicht größer.«
Die Prinzessin wollte eigentlich als Frau des Hauses das Glück des Herrschens genießen. Die Worte des Sādhus hatten ihr die Augen geöffnet.
Danach verheiratete der Sādhu die Prinzessin mit dem Rādshā, und die beiden kehrten glücklich und zufrieden in ihre Stadt zurück, wo sie nun herrlich und in Freuden lebten.

Die Rānī hat gewonnen, der Rādshā hat verloren

In einer Stadt lebte einmal ein Brahmane. Der war sehr gelehrt und fromm. Auch seine Frau war äußerst tugendhaft und in häuslichen Angelegenheiten sehr geschickt. Ihnen wurde eine

Tochter geboren. Die Eltern liebten sie sehr. Das Mädchen wuchs mit jedem Tag und war schon bald erwachsen. Eines Tages sprach die Brahmanin zu ihrem Mann: »Jetzt mußt du für unsere Tochter einen Bräutigam suchen. Es ist Zeit für ihre Hochzeit.«
Der Vater hatte niemals gedacht, daß er schon so schnell für seine Tochter einen Bräutigam würde suchen müssen. Er überlegte und befragte seine Bücher. Aus ihnen erfuhr er, daß der günstigste Zeitpunkt dafür noch in diesem Monat war, sonst müßte er drei Jahre warten. Das beunruhigte ihn sehr. Als die Brahmanin davon erfuhr, wurde auch sie von großer Unruhe und Sorge ergriffen. Nach einigem Nachdenken jedoch sagte sie: »Jetzt haben wir noch zwanzig Tage. Wenn du die Sache richtig anpackst, wirst du in dieser Zeit sicherlich einen Bräutigam finden. Wenn es dem Mädchen so bestimmt ist, findest du ihn schon in drei Tagen.«
Der Brahmane stimmte ihr zu: »Du hast recht! Doch wie sollen wir die Hochzeit ausrichten? Wir haben doch gar kein Geld!«
Mann und Frau dachten lange darüber nach.
In jener Stadt lebte ein Rādshā. Der hatte sich ein Schloß bauen lassen, in dem aber niemand lange bleiben konnte, denn es war darin äußerst kalt. Nicht einmal im Sommer hielt es jemand in diesem Schloß aus. Der Rādshā hatte austrommeln lassen, daß er demjenigen eine große Belohnung geben werde, der eine ganze Nacht in diesem Schloß verbringe. Die Belohnung hatte schon viele dazu verlockt, ihr Leben aufs Spiel zu setzen. Aber wer auch immer abends in das Schloß gegangen war, am Morgen war er tot. Dem Brahmanen fiel nun die Sache mit dem Schloß ein.
Er sprach zu seiner Frau: »Ich werde eine Nacht in jenem kalten Schloß des Rādshās verbringen, zu Gott beten und die große Belohnung für die Hochzeit meiner geliebten Tochter verwenden.«
Besorgt widersprach ihm die Brahmanin: »Darin sind doch

schon so viele Leute umgekommen! Was wird denn aus uns beiden, wenn dir dort etwas zustößt?«

Aber der Brahmane hörte nicht auf sie: »Überlaß die Sorge darum, was später wird, Gott! Die Schwierigkeit, die wir heute haben, kann auf andere Art und Weise nicht gelöst werden. Also laß mich gehen! Wenn Gott es will, werde ich genauso heil und unversehrt aus diesem kalten Schloß wieder herauskommen wie die kleinen Kätzchen aus dem heißen Ofen des Töpfers.«

Danach begab sich der Brahmane an den Hof des Rādshās und sagte: »Mahārādsh! Die heutige Nacht werde ich in Eurem kalten Schloß zubringen.«

Der Rādshā versuchte den alten Brahmanen von seinem Vorhaben abzubringen: »Göttlicher Brahmane! Ihr werdet dort keine ganze Nacht, nicht einmal ein bis zwei Stunden zubringen können!«

Weil der Brahmane aber nicht hören wollte, blieb dem Rādshā nichts weiter übrig, als ihn am Abend in jenem kalten Schloß einzusperren.

Als es Nacht wurde, öffnete der Brahmane ein Fenster an der Vorderseite, von dem aus er die Lampe sehen konnte, die über dem Schloß des Rādshās brannte. Auf dieses Licht starrte der Brahmane unverwandt die ganze Nacht.

Es wurde Morgen. Als die Wächter das Türschloß öffneten, sahen sie, daß der Brahmane lebte. Sie brachten ihn an den Hof des Rādshās. Der Rādshā wunderte sich, den Brahmanen lebendig wiederzusehen. Er fragte: »Mahārādsh! Sagt! Wie habt Ihr in der Kälte die Nacht überstanden?«

Der Brahmane erzählte: »Rādshā! Ich habe die ganze Zeit unverwandt auf jene Lampe gestarrt, die über Eurem Schloß brennt. So ging die Nacht vorüber.«

Der Rādshā schüttelte den Kopf: »Mahārādsh! Dadurch seid Ihr am Leben geblieben? So viele bis jetzt auch in jenes Schloß gegangen sind, keiner ist lebendig zurückgekehrt. Ihr aber, ein sechzigjähriger, alter Brahmane kamt unversehrt zurück! Euer

Körper ist bestimmt von der Lampe gewärmt worden! Deshalb habt Ihr kein Recht auf die Belohnung.«
Verzweifelt ging der Brahmane nach Hause.
In der ganzen Stadt redete man nun von dieser Ungerechtigkeit des Rādshās. In jener Stadt lebte noch ein kleiner Rādshā, der fürchtete den großen Rādshā sehr. Er dachte bei sich: ›Wenn an dem Brahmanen ein solches Verbrechen verübt werden konnte, wird der Rādshā sicherlich auch irgendwann einmal mit mir so ungerecht verfahren.‹ Als er in so trübe Gedanken vertieft war, kam seine Tochter zu ihm. Sie fragte nach dem Grund für seine Traurigkeit. Zuerst versuchte der Rādshā alle möglichen Ausflüchte, erzählte aber dann der Tochter doch alles: »Es scheint, daß ich dieses Reich verlassen und irgendwo anders hingehen muß. Der Rādshā ist sehr ungerecht geworden. Deshalb bin ich so traurig, meine Tochter.«
Daraufhin meinte die Tochter: »Macht Euch nur keine Sorgen! Ich werde schon erreichen, daß der Rādshā dem Brahmanen die Belohnung gibt. Ladet für morgen den Rādshā, die Beamten des Reiches und das ganze Heer zum Essen ein! Für die Beamten und die Soldaten werdet Ihr das Essen zubereiten lassen, den Rādshā aber will ich selbst beköstigen.«
Die Tochter war sehr klug. Wie sie gebeten hatte, schickte der kleine Rādshā dem großen Rādshā eine Einladung. Der große Rādshā nahm an und erschien am nächsten Tag mit allen seinen Angestellten und Soldaten zur vereinbarten Zeit bei dem kleinen Rādshā, um zu essen.
Der kleine Rādshā bewirtete alle, gab ihnen Betel und verabschiedete sie mit großen Ehren. Zum großen Rādshā aber sprach er: »Für Euch bereitet meine Tochter das Essen. Geht zu ihr und eßt dort!«
Der große Rādshā begab sich mit seinen Leibwächtern in das Schloß des Mädchens und fragte dort nach dem Essen. Die Prinzessin hieß ihn herzlich willkommen, ließ ihn sich setzen und sprach: »Mahārādsh! Es dauert nicht mehr lange. Alles ist bereit, nur der Milchreis muß noch gar werden.«

Danach wies sie mit dem Finger auf ein Feuer, um ihm zu zeigen, daß der Milchreis bereits auf dem Feuer stehe.

Der Rādshā erblickte einen Messingkessel, der hoch oben an einem Haken hing, und unter ihm brannte in einer Entfernung von acht bis neun Ellen ein Feuer. Da sagte der Rādshā zu der Prinzessin: »Prinzessin! Dort oben wird der Milchreis niemals kochen! Wie soll denn die Hitze des Feuers bis zum Kessel da oben gelangen?«

Die Prinzessin erwiderte lächelnd: »Mahārādsh! Wenn ein in dem kalten Schloß eingesperrter Brahmane von dem Licht in Eurem Schloß erwärmt werden kann, wird Milchreis, der nur acht bis neun Ellen vom Feuer entfernt ist, auch kochen.«

Der Rādshā begriff, was sie meinte, konnte aber nichts sagen. Die Prinzessin hatte ihm eine Niederlage zugefügt. So ließ er den Brahmanen rufen und belohnte ihn reichlich.

Die Belohnung hatte der Rādshā nun gegeben, aber die Sache mit der Prinzessin ließ ihm keine Ruhe. Er wollte es ihr heimzahlen. Am nächsten Tag pries er die Klugheit der Tochter des kleinen Rādshās an seinem Hof und erklärte, daß er sie heiraten werde.

Obwohl das dem kleinen Rādshā gar nicht so recht war, wurde der Tag vereinbart, und die Barāt zog zum Schloß des kleinen Rādshās.

Als die Bhāngwars an die Reihe kamen, vollführte der große Rādshā nur drei und eine halbe. Er setzte sich, ohne die vierte vollendet zu haben.

Nachdem sich der Rādshā von seiner Barāt verabschiedet hatte, ging er in sein Schloß. In der Nacht trafen sich der Rādshā und die Rānī. Als die Rānī ihm vorwarf, welche Schmach er ihr durch die unbeendete Runde zugefügt hatte, erzählte er ihr von seinem Entschluß, sich an ihr zu rächen, weil sie ihn dazu gezwungen hatte, dem Brahmanen die Belohnung zu geben! Damit war es aber noch nicht genug.

Als er am nächsten Morgen die Gemächer der Rānī verließ, verkündete er, daß er sich von der Rānī trennen wolle. Zutiefst gekränkt erwiderte die Rānī auf diese Ankündigung: »Sollte dir mein Sohn die Schmach nicht heimzahlen, will ich meinen Namen ändern, oder ich lasse dich Korn mit der Handmühle mahlen!«

Das verwirrte den Rādshā zwar, aber seitdem lebte die Rānī allein in ihrem Schloß. Allmählich wurde sie des Alleinseins überdrüssig und schaffte sich, um sich zu zerstreuen, einen Papageien an.

Die Zeit verging. Das Schicksal fügte es, daß die Rānī am zehnten Tag nach genau neun Monaten einen Sohn gebar. Der große Rādshā hieß Zālimsingh. Ihrem Sohn gab die Rānī den Namen Zulumsingh.

Als Zulumsingh verständig geworden war, fragte er eines Tages: »Mutter! Wer ist mein Vater? Wo lebt er? Was macht er?« So überschüttete er sie mit den verschiedensten Fragen.

Die Mutter suchte ihn zu beruhigen: »Mein Sohn! Dein Vater ist im Krieg umgekommen. Du bist sein würdiger Sohn und mußt dich an seinen Feinden rächen. Du bist meine ganze Hoffnung. Der Rādshā dieses Reiches war sein größter Feind. An ihm sollte man sich rächen, indem man ihn mit der Handmühle Korn mahlen läßt.«

Als der Sohn das von der Mutter gehört hatte, wurde er sehr zornig. Er sagte: »Ich will nicht mehr Zulumsingh heißen, wenn ich diesen bösen Rādshā nicht dazu bringe, Korn mit der Hand zu mahlen.«

Auf Geheiß seiner Mutter ließ Zulumsingh in der Stadt austrommeln, daß in Zālimsinghs Stadt nun Zulumsingh gekommen sei, der alle betrügen werde, selber aber jedem Betrug widerstehe.

Eines Tages verkleidete sich Zulumsingh als Seth. In der Stadt angekommen, kaufte er bei einem Betelhändler einhundert Betelrollen. Als er ihm das Geld dafür gab, sagte er: »Behalte die Betelrollen einstweilen hier! Ich hole sie auf dem Heimweg ab.«

Von dort suchte er den Laden eines Seths auf und kaufte bei ihm für hundert Rupien Stoff. Dann fragte er: »Verehrter Seth!

Wirst du die hundert von einem anderen Händler nehmen, den ich vermittle?«

Der Seth erwiderte: »Was ist schon dabei! Wenn du es so vermittelst, werde ich sie von einem anderen nehmen. Wenn du es möchtest, kannst du den Stoff auch einfach so mitnehmen. Es ist ja keine große Summe!«

Zulumsingh bat den Seth mitzukommen und sagte: »Keine Ursache, verehrter Seth! Wenn Geld da ist, brauche ich keine Schulden zu machen.« Während sie sich unterhielten, kamen sie zu dem Laden des Betelhändlers. Mit gebieterischer Stimme sagte Zulumsingh: »He, Betelhändler! Gib die hundert dem Seth-dshī!«

Der Betelhändler erwiderte: »Na gut!«

Zulumsingh ging nach Hause.

Der Seth kaute im Laden des Betelhändlers Betel. Ehe er wegging, verlangte er die hundert.

Der Betelhändler reichte ihm das Bündel mit den hundert Betelrollen.

Der Seth meinte daraufhin: »Er hat bei mir Stoff im Wert von einhundert Rupien gekauft, und du gibst mir hundert Betelrollen! Gib mir die hundert Rupien!«

Der Betelhändler erklärte ihm alles, aber der Seth war damit nicht einverstanden. So gerieten sie aneinander.

Der Betelhändler sagte schließlich: »He, Kamerad! Was haben wir davon, wenn wir uns streiten? Laß uns zum Rādshā gehen! Er wird Gerechtigkeit walten lassen.«

Der Seth war einverstanden: »Laß uns gehen!«

Beide begaben sich zum Rādshā. Der Rādshā dachte: ›Wie dem auch sei, da steckt sicher jener Gauner dahinter, der gestern die Trommel hat schlagen lassen.‹ So hieß er den Seth und den Betelhändler am nächsten Tag wiederkommen, verabschiedete sie und ließ verkünden, daß derjenige tausend Rupien als Belohnung bekäme, der Zulumsingh finge. Außerdem ließ er am Morgen fünf Soldaten aufstellen, die alle durchsuchen sollten, die in die Stadt wollten.

Zulumsingh erzählte seiner Mutter alles, als er nach Hause kam. Um genau Bescheid zu wissen, was der Rādshā unternahm, schickte die Rānī ihren Papageien aus. Als dieser zurückkam, berichtete er von der Belohnung und den fünf Soldaten.
Dieses Mal rüstete sich Zulumsingh mit den Gerätschaften eines Barbiers aus und begab sich in die Stadt. Als er an das Stadttor kam, hielten ihn die Soldaten an: »He, Barbier! Wo gehst du hin? Rasiere erst uns, ehe du weitergehst!«
Das aber wollte Zulumsingh ja gerade. So sagte er: »Wie ihr wollt! Aber hier ist es sehr heiß. Wir sollten unter den Baum am Ufer des Teiches dort gehen. Dort ist es kühler.«
Die fünf Soldaten gingen in den Schatten des Baumes am Teich. Zulumsingh rasierte sie recht liebevoll und sagte dann: »Ihr solltet alle fünf einmal in dem Teich untertauchen. Bei jedem wird der Bart so lang wachsen, wie er unter Wasser bleibt.«
»Einverstanden«, stimmten ihm die Soldaten zu.
Danach tauchten die fünf Soldaten im Teich unter. Jeder dachte bei sich, daß er als letzter auftauchen wolle. So bekam Zulumsingh die Gelegenheit, ihre Kleider und Waffen einzusammeln und damit zu verschwinden.
Als es einer der Soldaten nicht länger unter Wasser aushielt, steckte er seinen Kopf heraus und entdeckte, daß am Ufer alles leer war. Der Barbier war verschwunden und ebenso ihre Kleider und ihre Waffen. Alle fünf aber waren nackt! Wie sollten sie da aus dem Wasser kriechen? Sie dachten sich: ›Wie dem auch sei! Das war der Gauner! Er hat uns hinters Licht geführt! Jetzt wird uns der Rādshā auch noch bestrafen!‹
Zulumsingh aber kehrte zu seiner Mutter zurück und erzählte ihr alles. Dann verkleidete er sich als Sterndeuter, klemmte sich Bücher und Kalender unter den Arm und ging zu den Häusern der Soldaten. Dort fragte er nach deren Befinden.
Die Angehörigen der Soldaten klagten: »Was sollen wir sagen, Pandit-dshī? In der Stadt geht ein Gauner um. Da sind sie alle am frühen Morgen losgezogen, um die Stadt zu bewachen. Bis

jetzt ist noch keiner wiedergekommen. Bald wird es Nacht sein! Wir wissen nicht, warum sie noch nicht zurück sind.«
Der Sterndeuter rief: »Was ist das nur für ein Gauner! Er betrügt andere, fällt aber selber nicht auf einen Betrug herein! Eure Leute sind heute hinter ihm her! Deshalb braucht ihr nicht mehr auf sie zu warten. Ja! In der Nacht werden fünf Hexen zu Euren Häusern kommen. Die sind völlig nackt und werden sagen, daß sie Soldaten sind. Seid vor ihnen auf der Hut! Sammelt Steine und Ziegel auf euren Dächern an, damit ihr sie damit bewerfen und vertreiben könnt! Tut ihr das nicht, werden sie eure Häuser ausrauben und die verschiedensten Zauber aussenden. Fallt ja nicht auf ihre Rede herein!«
So brachte der Sterndeuter sein Schäfchen ins Trockene und verschwand.
Die Angehörigen der Soldaten bereiteten sich vor, wie es ihnen der Sterndeuter geraten hatte. Als es Mitternacht schlug, stiegen die Soldaten aus dem Teich und begaben sich, nackt und bloß, wie sie waren, zu ihren Häusern. Kaum erblickten ihre Angehörigen die Nackten, als sie sich auch schon daran erinnerten, was ihnen der Sterndeuter gesagt hatte, und bewarfen sie mit Steinen und Ziegeln. Die Armen schrien und riefen vor Schmerz, gaben sich zu erkennen, aber, wer glaubte ihnen denn schon? Schließlich fielen die fünf blutüberströmt zu Boden und blieben bewußtlos liegen. Ihre Angehörigen hielten sie für tot und gingen ängstlich zu ihnen hin. Als sie nun diese fünf bei Licht ansahen, gingen ihnen die Augen auf.
Da die Soldaten nicht wiederkamen, schickte Rādshā Zālimsingh Boten nach ihnen aus. Als ihm mitgeteilt wurde, was sich zugetragen hatte, packte ihn der Zorn, und er jagte sie aus seinen Diensten. Um den Gauner zu fangen, traf er nun noch schärfere Vorkehrungen.
An jenem Tag aber blieb der Gauner zu Hause. Seine Mutter schickte den Papageien in die Stadt, damit er die Lage erkunde. Er brachte die Nachricht mit, daß der Rādshā in dieser Nacht

den Polizeivorsteher aufgestellt habe. Um Mitternacht zog Zulumsingh Frauenkleider an, nahm eine Parāt in die Hand, auf die er ein Öllämpchen mit vier Dochten stellte, die er alle anzündete. So ging er bis zum Stadttor. Der Polizeivorsteher hielt die Frau, die da mitten in der Nacht allein daherkam, an und fragte: »Wer ist da?«

Die Frau antwortete: »Mein Mann ist sehr krank. Ich will für sein Wohl diese Öllampe mit vier Dochten an der Wegkreuzung aufstellen und für ihn beten.«

Der Polizeivorsteher aber glaubte der Frau nicht und brachte sie zum Gericht. Beim Anblick der hölzernen Blöcke fragte sie ihn: »Was ist das, Herr?«

Der Polizeivorsteher antwortete: »Das sind Blöcke, in die man Diebe und Verbrecher sperrt, um sie zu bestrafen. Aus ihnen können die Leute ohne fremde Hilfe nicht wieder herauskommen.«

Die Frau meinte kokett: »Du bist mir schon ein Schrecklicher, verehrter Herr! Wie kann man denn einen Menschen in solch einen Block einsperren? Das möchte ich gern wissen! Lege mir doch mal so einen an!«

Der Polizeivorsteher weigerte sich: »He, du Schöne! Wie könnte ich deinen zarten Körper da hineinlegen! Sobald du in dem Block steckst, geht deine zarte Haut ab. Und wenn dem Rādshā zu Ohren kommt, daß ich dich in den Block eingesperrt habe, läßt er mich töten. Deshalb werde ich mir lieber selber den Block anlegen, damit du es sehen kannst. Du mußt nur ganz behutsam den Block zumachen und, wenn ich es dir sage, wieder öffnen.«

Wie der Polizeivorsteher es ihr gesagt hatte, so machte es die Frau auch und sperrte ihn in den Block. Dann schwärzte sie ihm das Gesicht mit Ruß, nahm seine Kleider und seine Waffen an sich und schlug den Weg nach Hause ein. Dort erhielt die Mutter einen genauen Bericht.

In der Frühe schickte der Rādshā Soldaten zum Gericht, die dort den Polizeivorsteher mit rußgeschwärztem Gesicht entdeckten. Nackt und bloß steckte er im Block und schlug sich an den Kopf.

Als der Rādshā von dem aller Kleider und Waffen entblößten Polizeivorsteher erfuhr, packte ihn großer Zorn. Er befahl, ihn den ganzen Tag so in dem Block zu behalten. Dann ließ er in der ganzen Stadt austrommeln: »Wer jenen Zulumsingh fängt, erhält zur Belohnung, was er will.«

In der Stadt war niemand bereit, den Gauner zu fangen, außer einer Hetäre, die hier lebte. Sie kam an den Hof des Rādshās und erklärte: »Ich kann den Gauner fangen.«

Der Rādshā fragte sie: »Wie willst du das anstellen?«

Die Hetäre antwortete: »Mahārādsh! Ich kann Dinge vollbringen, die bis jetzt noch nie jemand gesehen oder gehört hat. Was soll ich noch mehr sagen? Wenn Ihr es befehlt, bohre ich ein Loch in den Himmel oder hole die Sterne herunter.«

Der Rādshā schwieg eine Zeitlang und dachte: ›Wer solch große Dinge vollbringt, kann sicherlich auch Zulumsingh fangen.‹

Er fragte: »Was brauchst du, um den Gauner zu fangen?«

Die Hetäre antwortete: »Goldenen Schmuck und eine seidene Schnur für eine Schaukel im Garten.«

Sie erhielt das Gewünschte, nahm die seidene Schnur, schmückte sich auf sechzehnerlei Art und Weise, legte dreihundertzwanzig Schmuckstücke an, ging, mit ihrem Schmuck klirrend, in den Garten des Rādshās und brachte dort im Schatten eines Mangobaumes eine Schaukel an, auf der sie zu schaukeln anfing.

Auch davon berichtete der Papagei der Rānī.

Dieses Mal verkleidete sich Zulumsingh als Sādhu, steckte sich eine Flasche Wein in den Beutel, wanderte umher und betrat dann den Garten.

Dort erblickte er eine wunderschöne, herrlich geschmückte Frau, die sich auf einer Schaukel hin und her wiegte. Mit ihrer Schönheit konnte sich nicht nur im ganzen Reich, nein, sogar auf der ganzen Insel, keine andere Frau vergleichen.

Als die Hetäre den schönen Jüngling in safrangelben Kleidern erblickte, war sie von ihm bezaubert und sagte lächelnd: »Meine Verehrung, Bābā!«
Der Sādhu segnete sie lächend: »Deine Herzenswünsche mögen in Erfüllung gehen, Dewī!«
Danach setzte die Hetäre den Sādhu neben sich auf die Schaukel. Beide schaukelten nun miteinander. Dabei fiel der Blick der Hetäre auf die Flasche im Beutel. Sie zog sie heraus und sprach ihr so kräftig zu, daß sie besinnungslos umfiel. Der Sādhu zog ihr die Kleider und den Schmuck vom Leib und ging damit nach Hause.
Am Abend, als die Hetäre nicht kam, schickte der Rādshā Soldaten nach ihr aus. Diese fanden sie besinnungslos, nackt und mit wirrem Haar im Garten liegen. Die Soldaten trugen sie in ihr Haus und berichteten es dem Rādshā.
Den Rādshā versetzte das in großes Erstaunen. Was sollte das alles schließlich bedeuten? Das Volk war wegen des Gauners in großer Unruhe. Niemand konnte ihn fangen. Wer auszog, ihn zu ergreifen, wurde von ihm hinters Licht geführt. Nachdem er lange darüber nachgedacht hatte, ließ der Rādshā schließlich verkünden, daß er selbst Zulumsingh ergreifen wolle.
Das berichtete der Papagei sofort der Rānī.
Zulumsinghs Mutter freute sich grenzenlos, da sich ihr Herzenswunsch nun erfüllen sollte. Sie schickte ihren Sohn, als Bettlerin verkleidet und mit allen guten Ratschlägen versehen, in die Stadt. Die arme Bettlerin klopfte dort an die Tür eines reichen Kaufmanns und bat: »Gebt mir ein Plätzchen für die Nacht und morgen auch etwas Arbeit!« Der Kaufmann lehnte ab. Als sie jedoch bettelte und flehte, ließ sich die Kaufmannsfrau erweichen. Sie wies ihr für die Nacht ein Plätzchen zu, nachdem sie ihren Mann dazu überredet hatte. Am frühen Morgen gab man der Bettlerin ein Man Korn zum Mahlen.
In der Nacht ritt der Rādshā auf seinem Pferd, mit Schwert und Schild gerüstet, selbst umher und hielt Wache. Nachdem er Runde um Runde in der Stadt geritten war, wurde er müde. Die

halbe Nacht war schon um. Im vierten Pahar hörte der Rādshā in der Ferne jemanden rufen.
Er gab seinem Pferd die Sporen und eilte in die Richtung, aus der die Rufe kamen. In einer Gasse sah er eine alte Frau in zerrissenen Lumpen, die mit einer Handmühle Korn mahlte. Sie war es, die so laut schrie. Der Rādshā brachte sie zum Schweigen und fragte: »Was ist los?« Sie gab zur Antwort: »Soeben kam hier jemand vorbei, fiel über mich her, hat mir Faustschläge versetzt und ist dann wieder weggelaufen.« Der Rādshā wollte wissen: »Wo ist er hingelaufen?« Er wandte sein Pferd in die Richtung, die ihm die Alte wies. Als er ein Stück weggeritten war, hörte der Rādshā die Alte wieder schreien. Der Rādshā kehrte um. Auf seine Frage sagte die Alte: »Kaum warst du weg, als er wiederkam und mir noch einen Fausthieb versetzte. Dann ist er wieder weggelaufen.«
Dieses Mal ritt der Rādshā in die andere Richtung, konnte aber auch hier nichts finden.
Als sich das so einige Male wiederholt hatte und der Mensch immer noch nicht gefangen werden konnte, schlug die Alte vor: »So kann der Gauner niemals ergriffen werden! Hör auf mich, dann haben wir ihn schnell, und du brauchst nicht mehr umherzureiten.«
Der Rādshā fragte: »Und wie soll das geschehen?«
Die Alte sagte: »Zieh du meine Kleider an und ich deine! Wenn du dich in meinen Kleidern daran machst, das Korn zu mahlen, wird der Gauner denken, da sitzt nur eine alte Frau, und wird kommen. Dann kannst du ihn ergreifen. Bis dahin werde ich auf dein Pferd aufpassen.«
Dem Rādshā leuchteten die Worte der Alten ein. Er zog ihre Kleider an und setzte sich an die Mühle, um Korn zu mahlen.
Was aber machte Zulumsingh? Er schlüpfte in die Kleider des Rādshās, schwang sich auf dessen Pferd, nahm Schwert und Schild in die Hand und ritt schnurstracks zu seiner Mutter, der er alles berichtete.

Vom Kornmahlen wurde der Rādshā müde. Doch ließ sich weder der Gauner sehen, noch kam die Alte zurück. Ein Weilchen später brach der Morgen an, und das Licht des Tages breitete sich aus. Jetzt begriff der Rādshā, daß, wie dem auch sei, dies alles die Machenschaften jenes Gauners waren. Er schämte sich und beunruhigte sich sehr. Doch, was konnte er schon tun?

Zulumsinghs Mutter aber badete und wusch sich, schmückte sich auf sechzehnerlei Art und Weise und ging mit ihrem Sohn zu dem Rādshā. Als sie zu ihm trat und der Rādshā sie erblickte, erinnerte er sich an das, was vor zwölf Jahren vorgefallen war, und sagte: »Rānī! Du hast gewonnen! Ich habe verloren.«

Als sie das hörte, lächelte die Rānī. Sie gab dem Rādshā Kleider zum Wechseln. Der Rādshā drückte Zulumsingh an seine Brust. Alle drei gingen ins Schloß und lebten nun glücklich und zufrieden.

Wie der Prinz Wissen erlangte

Es war einmal ein Rādshā. Der hatte einen Sohn, dem stand der Sinn nicht nach Lesen und Schreiben. Den lieben langen Tag trieb er sich herum. Den Rādshā bedrückte die Unwissenheit seines Sohnes sehr, sie stimmte ihn überaus traurig. Der Sohn des Wezīrs erzählte das dem Prinzen, und der meinte daraufhin: »Freund! Woher soll denn Wissen kommen, wenn man zu Hause bleibt? Ich will daher außer Landes gehen.«

Der Sohn des Wezīrs berichtete dem Rādshā: »Der Prinz will in die Fremde ziehen, um Wissen zu erlangen.« Der Rādshā ließ alle Vorbereitungen treffen, und der Prinz verließ zu einem günstigen Zeitpunkt sein Zuhause.

Der Sohn des Rādshās irrte umher und gelangte in einen dichten Wald. Dort sah er einen Sādhu mit geschlossenen Augen dasitzen. Auf seinem Körper hatten sich weiße Ameisen eingenistet. Der Prinz blieb neben ihm stehen. Zuerst säuberte er den Sitzplatz des Sādhus von Gras und Stroh, dann entfernte er behutsam Erde und Ameisen vom Körper des Sādhus. Er reinigte den ganzen Āshram. Die Nacht über schlief er dort. Von nun an aß er Wurzeln und Früchte des Waldes und diente dem Sādhu. Einige Tage später gingen die zwölf Asketenjahre des Sādhus zu Ende. Als er die Augen aufschlug, sah er, daß ringsum alles sauber war. Der Sādhu sprach: »Derjenige, der mir so viele Dienste erwiesen hat, soll vortreten.« Als der Prinz das hörte, trat er mit gefalteten Händen vor den Sādhu. Dieser sagte zu ihm: »Ich bin mit deinen Diensten zufrieden. Wünsch dir etwas!« Der Prinz bat: »Mahārādsh! Wenn Ihr zufrieden seid, dann gebt mir Wissen!« Der Sādhu erwiderte: »Du hast dir nichts und alles gewünscht. Ich werde dir Wissen geben. Du mußt drei Dinge beachten! Als erstes: Geh niemals allein des Weges! Als zweites: Setze dich nie auf einen angebotenen Sitz, ohne ihn vorher genau untersucht zu haben! Als drittes: Wenn dir ein Unbekannter etwas zu essen gibt, dann iß es erst, wenn du vorher ein Tier davon hast kosten lassen!«

Der Prinz zog mit des Sādhus Segen weiter. Er ging und ging und gelangte an einen Teich. Dort sah er einen Geier mit einer Beute hochfliegen. Der Geier hatte eine Schildkröte gefangen. Als er aber seinen Schnabel in ihren Körper schlug, stieß er nur auf Knochen. Deshalb ließ er die Schildkröte fallen. Sie landete auf dem Boden vor dem Prinzen. Dem Prinzen fiel der Rat des Sādhus ein, niemals allein des Weges zu ziehen. So meinte er, daß ihm Gott einen Gefährten auf diesem einsamen Weg geschickt habe. Er steckte die Schildkröte in seinen Beutel und zog weiter. Er ging und ging und ließ sich gegen Mittag mitten im Wald unter einem Feigenbaum nieder. Dort holte er die Schildkröte aus dem Beutel, setzte sie neben sich und legte sich den Beutel als Stütze unter den Kopf. Da er sehr müde war, fielen ihm sogleich die Augen zu. Zwischen den Wurzeln des Baumes lebte eine Schlange. Sie war mit einer Krähe und einem Schakal befreundet. Wenn sich ein Wanderer unter diesem

Baum zum Schlafen hinlegte, fing die Krähe laut zu krächzen an. Daraufhin kam der Schakal herbei und heulte mit aller Kraft, und auf das Lärmen des Schakals hin kroch die Schlange aus ihrem Nest und biß den schlafenden Wanderer. Sobald er tot war, taten sich die Krähe und der Schakal an ihm gütlich.

Die Krähe wartete, bis der Prinz schlief, dann krächzte sie. Daraufhin kam der Schakal herbei. Als der Schlange das Heulen des Schakals in die Ohren drang, kroch sie sogleich auf den Prinzen zu, biß ihn in die große Zehe und kehrte in ihr Nest zurück. Einige Zeit später flog die Krähe herab und hüpfte langsam zu dem Prinzen hin. Nachdem sie sich davon überzeugt hatte, daß er tot war, näherte sie sich seinem Kopf, um ihm die Augen auszuhacken. Da stürzte sich die Schildkröte auf sie und umklammerte ihren Hals mit den Pfoten. Die Krähe war dem Ersticken nahe. Flehentlich bat sie: »Liebe Schildkröte! Bring mich nicht um! Laß mich los!« Die Schildkröte aber erwiderte: »Wie du meinen Freund hast umbringen lassen, so werde ich dich auch umbringen.« Die Krähe bat: »Laß mich laufen! Ich mache deinen Freund wieder lebendig.« Danach rief sie dem Schakal, der sich in der Nähe befand, zu, sein Geheul ertönen zu lassen, woraufhin die Schlange aus ihrem Nest kam und zu dem Prinzen kroch. Sie legte ihr Maul auf seine Wunde, saugte das Gift heraus und fiel bewußtlos um. Der Prinz erhob sich und rief: »Oho! Was ich für einen Traum hatte!« Die Schildkröte aber berichtigte: »Freund! Das war kein Traum. Diese Kobra hier hatte dich gebissen, und du warst gestorben.« Danach erzählte sie alles, was weiter geschehen war. Sie erwürgte die Krähe und sagte zu dem Prinzen: »Was schaust du so? Das ist deine Gelegenheit! Die Schlange liegt da! Töte sie!« Der Prinz zückte seinen Dolch und hieb die Schlange in Stücke. Danach zog er mit der Schildkröte weiter.

Als sie ein Weilchen gegangen waren, kamen sie an einen Teich. Da sagte die Schildkröte: »Wir waren nun einige Zeit zusammen. Jetzt bin ich zu Hause angelangt. Laß mich gehen!« Der

Prinz setzte daraufhin die Schildkröte am Ufer des Teiches ab. Die Schildkröte kroch ins Wasser, und der Prinz zog weiter. Nicht weit weg von dort kam der Prinz in das Dorf Thagpur, wo ein Räuber mit seinen vier Söhnen und zwei Töchtern lebte. Die Mädchen kannten sich in der Sterndeuterei aus. Sobald ein Fremder in das Dorf kam, wußten sie, wieviel Geld er bei sich hatte. Die vier Jünglinge begaben sich dann jeder auf eine der vier Seiten des Dorfes und raubten den Wanderer aus. Wer ihnen entging, wurde von ihrem Vater an der Weggabelung ausgeplündert. Eine Tochter des Räubers hatte gesagt, daß der Prinz auf seiner Hüfte vier Rubine verborgen trage. Als der Räuber den Prinzen kommen sah, hieß er ihn herzlich willkommen und sagte: »Der Abend bricht herein. Weit und breit gibt es kein anderes Dorf. Ruht Euch heute nacht in meinem Haus aus!« Der Prinz ging auf diesen Vorschlag ein und begab sich mit dem Räuber zu dessen Haus. Der Räuber brachte ihn in eine Kammer und sagte: »Legt Euch bequem auf dieses Bett hier!« Danach ging er schnell hinaus. Der Prinz sah, daß auf dem Bett ein sauberes weißes Laken ausgebreitet war. Ehe er sich darauf setzte, fiel ihm der Rat des Sādhus ein. Als er das Laken hochhob, sah er, das Bett war aus einfachen Garnfäden geknüpft. Darunter befand sich eine tiefe Grube, in der scharfe spitze Speere und Lanzen eingegraben waren. Der Prinz begriff im Nu, was das bedeutete. Er breitete das Laken wieder über dem Bett aus und setzte sich auf den Fußboden. Der Räuber merkte, daß ihm diese List nicht geglückt war. Nun ließ er Essen zubereiten, unter das er Gift mischte. Er richtete es auf einem Metallteller prächtig an und brachte es dem Wanderer. Als der Prinz sich zum Essen setzte, fiel ihm der dritte Ratschlag des Sādhus ein. Unter dem Vorwand, seine Andacht verrichten zu wollen, nahm er etwas Essen von dem Teller und warf es draußen einem Hund vor. Kaum hatte der Hund den Bissen verschluckt, als er auch schon tot hinfiel. Der Prinz ging wieder ins Haus, warf das Essen in eine Grube, spülte den Teller ab und stellte ihn hin. Als auch diese List dem Räuber nichts genützt hatte, brachte er den Wanderer in ein Zimmer und hieß ihn sich auf dem Bett schlafenlegen. Der Prinz untersuchte das Bett zuerst und legte sich dann darauf. Der Räuber befahl seinen Töchtern, dem Wanderer unbedingt die Rubine abzunehmen. Die jüngste Tochter des Räubers war von der Schönheit des Prinzen ganz verzaubert. Sie ging zu ihm und sagte: »Ich werde dein Leben retten, wenn du versprichst, mich zu heiraten.« Der Prinz befand sich in den Klauen der Räuber. Um sein Leben zu retten, gab er sein Einverständnis. Das Mädchen sagte: »Heute nacht halten wir zwei Schwestern bei dir Wache, bis Mitternacht meine ältere Schwester. Rette dich irgendwie vor ihr! Danach komme ich und werde dir sagen, wie du von hier fortkommen kannst.«

Der Prinz war schon einige Tage unterwegs und sehr müde. Kaum hatte er sich auf dem Bett ausgestreckt, als ihn der Schlaf übermannte. Die ältere Tochter des Räubers kam, um Wache zu halten. Als sie eintrat, sah sie, daß der Prinz schlief. Sie band ihm Arme und Beine mit einem Strick, zog einen Dolch und setzte sich ihm auf die Brust. Der Prinz öffnete die Augen und begriff, in welcher Lage er sich befand. Die Tochter des Räubers forderte ihn auf: »Gib mir sofort die Rubine, wenn dir dein Leben lieb ist! Sonst stoße ich dir diesen Dolch in den Leib!«

Der Prinz erwiderte: »Hör zu, Tochter des Räubers! Wenn du mich tötest, wirst du das später genauso bereuen wie der Vogelfänger, der den Falken getötet hatte.«

Die Tochter des Räubers fragte verwundert: »Wieso? Weshalb hat es der Vogelfänger bereut, den Falken getötet zu haben?«

Der Prinz forderte: »Zuerst löst du die Stricke an meinen Armen und Beinen, steckst den Dolch wieder in die Scheide und setzt dich ordentlich in eine Ecke auf den Fußboden! Dann erzähle ich dir die Geschichte von dem Falken.« Die Neugier der Tochter des Räubers überwog. Sie löste dem Prinzen die Fesseln und setzte sich neben ihn. Der Prinz begann zu erzählen: »Hör zu, Tochter des Räubers! In einem Dorf lebte einmal ein Vogelfänger. Der hatte einen Falken gezähmt. Diesen Falken nahm er stets mit auf die Jagd. Sobald er einen Vogel fliegen sah, ließ er den Falken auf ihn los, der ihm den Vogel herbeibrachte. So verdiente sich der Vogelfänger seinen Lebensunterhalt. Eines Tages streifte er auf der Suche nach einer Beute umher und gelangte in eine Gegend, wo es weit und breit kein Wasser gab. Vom vielen Laufen hatte er Durst. Er suchte nach Wasser, fand aber nirgends welches. Schließlich setzte er sich, vom Durst gequält, in den Schatten eines Feigenbaumes. Da sah er, wie von diesem Baum Wasser heruntertropfte. Er formte aus Blättern eine Schale und stellte sie an die Stelle, wo das Wasser heruntertropfte. Nach einiger Zeit war die Blätterschale voll. Er hob sie hoch und setzte zum Trinken an, da flog jener Falke herbei und schlug ihm mit seinem Flügel die Schale aus der Hand. Wütend über das vergossene Wasser blickte der Vogelfänger auf den Falken. Er stellte die Schale wieder hin. Dreimal sammelte er Wasser, und jedesmal, wenn er davon trinken wollte, schlug ihm der Falke mit seinem Flügel die Schale aus der Hand. Da loderte der Zorn des Vogelfängers hellauf. Er zog seinen Dolch und hieb den Falken in zwei Teile. Der Falke starb. Mit der Geduld des Vogelfängers aber war es nun vorbei. Wie lange sollte er noch darauf warten, bis sich die Schale mit Wasser füllte? Er kletterte schnell auf den Baum, denn jetzt wollte er das Wasser gleich dort trinken, wo es herkam. Als er oben anlangte, sah er eine riesige tote Schlange liegen, deren Körper sich zersetzte. Aus ihm tropfte die Flüssigkeit herunter. Als er das sah, bedauerte er es sehr, den Falken getötet zu haben. Er schlug sich an den Kopf und bereute seine Tat. Sein Leben lang begleitete ihn dieser Schmerz. Und so wirst auch du es dein Leben lang bereuen, wenn du mich tötest.«

Als sich die Erzählung ihrem Ende näherte, war es Mitternacht geworden, und die jüngste Tochter des Räubers kam, um ihre Wache anzutreten. Kaum gekommen, fragte sie: »Nun, Schwester? Hast du die Rubine?« Die älteste Tochter des Räubers erwiderte: »Nein, Schwester! Er hat mich in eine Erzählung verstrickt und so die Zeit herumgebracht. Jetzt mußt du die Rubine herausholen! Laß dich nicht auf ein Gespräch mit ihm ein!« Danach ging die ältere Schwester fort. Die jüngere aber begab sich zu dem Prinzen und sprach: »Siehst du, Prinz! Ich werde dir das Leben retten. Versprich noch mal, daß du mich heiraten und zu deiner Rānī machen wirst!« Der Prinz nickte zustimmend mit dem Kopf. Die Tochter des Räubers fuhr fort: »Gut! Jetzt mach folgendes! Im Pferdestall sind zwei Kamelstuten angebunden, eine dicke, wohlgenährte und eine dünne, schlanke. Die dicke, wohlgenährte legt an einem Tag sechzig Kos zurück und die dünne, schlanke hundert. Geh und binde die dünne, schlanke Kamelstute los! Inzwischen sammle ich hier alles Wertvolle zusammen.« Der Prinz ging in den Pferdestall. Ihm gefiel die dünne, schlanke Kamelstute nicht, deshalb band er die dicke, wohlgenährte los. Als die Tochter des Räubers sah, daß der Prinz die Sechzig-Kos-Kamelstute brachte, war sie traurig. Dann dachte sie: ›Was Gott will, geschieht!‹ Sie lud das Bündel mit dem Geld und den Wertsachen auf die Kamelstute, beide setzten sich darauf, und die Stute ritt los.

Am Morgen begab sich einer der Räuber in das Zimmer, in dem der Prinz schlief. Als er dort eintraf, blieb er überrascht stehen. Weder der Prinz noch seine jüngere Schwester waren dort. Er meinte, der Prinz müsse seine Schwester wohl gewaltsam entführt haben. Als er in den Pferdestall blickte, stand die Hundert-Kos-Kamelstute noch da. Er schwang sich hinauf und nahm die Verfolgung auf.

Der Prinz hatte sechzig Kos zurückgelegt und hielt unter einem Baum Rast. Da erspähte die Tochter des Räubers die Kamelstute, auf der ihr Bruder herangeritten kam. Sie sagte zu dem Prinzen: »Klettere schnell auf den Baum! Sieh nur! Mein Bruder kommt auf der Kamelstute angeritten, um uns wieder einzufangen.« Der Prinz kletterte auf den Baum, und die Tochter des Räubers ging ihrem Bruder entgegen. Sie sagte: »Sieh nur, Bruder! Der unglückselige Prinz hat mich gefesselt und mitgenommen. Als er dich erblickte, ist er auf den Baum geklettert.« Der Räuber glaubte seiner Schwester. Er stieg vom Kamel und kletterte auf den Baum.

Unten aber stach die Tochter des Räubers der Sechzig-Kos-Kamelstute einen Dolch ins Bein und setzte sich auf die Hundert-Kos-Stute. Der Prinz sprang von Ast zu Ast und der Räuber ihm nach. Da rief die Tochter des Räubers von unten: »Brüderchen! Brüderchen! Sieh nur! Der Prinz springt gleich von dem Ast!« Als der Prinz das hörte, sprang er auf die Kamelstute, auf der die Tochter des Räubers saß. Beide ritten los. Als der arme Räuber vom Baum herunterkam, sah er den Prinzen und seine Schwester auf seiner Kamelstute wegreiten. Weil die andere Stute auf einem Bein hinkte, hatte er keine Möglichkeit, sie zu verfolgen, und blieb wütend zurück.

Nachdem die beiden ein Stück geritten waren, dachte der Prinz: ›Was kann ich schon von der Tochter eines Räubers erwarten? Wenn sie schon ihren leiblichen Bruder betrügt, macht sie das sicher auch mit mir! Sobald sich ein hübscher Jüngling findet, bringt sie mich um und geht mit ihm! Schließlich ist sie von niederer Kaste!‹ Da zog der Prinz sein Schwert, hieb der Tochter des Räubers den Kopf ab und warf ihn zur Erde. Auch ihren Körper warf er weg. Danach ritt er nach Hause. Seine Eltern freuten sich sehr. Der Rādshā war alt geworden. Er setzte seinen Sohn auf den Thron. Der alte Rādshā und sein Minister begaben sich in den Wald, um dort Askese zu üben. Der neue Rādshā kümmerte sich nun um das Reich.

Der Sohn der Blinden

Es war einmal ein Rādshā, der veranstaltete einen Bāzār. Sein Befehl lautete, alles, was bis zum Abend nicht verkauft war, mit Geld aus der Reichskasse aufzukaufen. Ein Weber hatte einmal die Figur einer Hexe bekommen und brachte sie zum Verkauf auf den Markt. Doch wer verschluckt schon wissentlich eine Fliege? Wer gibt denn Geld für den Kauf einer Hexe

aus? Am Abend bekam sie natürlich der Rādshā. Die Hexe aber war nun mal eine Hexe. Sie sagte zu dem Rādshā: »Denke ja nicht, daß du mit dem Kauf allein davonkommst! Was ich sage, wirst du tun! Rādshā! Reiß deinen drei Rānīs die Augen aus und jag sie in den Wald!« Was konnte da der arme Rādshā tun? Er ließ seinen drei Rānīs die Augen ausreißen und schickte sie in den Wald. Die jüngste Rānī erwartete ein Kind. Die Arme ließ sich in dem öden Wald unter einem Pīpalbaum nieder, aß von seinen Früchten und trank Wasser aus kleinen Senken. Eines Tages gebar sie einen Sohn. Sie nannte ihn Widshaypāl, Siegbringer. Der Sohn war ein Sohn, er wuchs tagsüber um das Zweifache und nachts um das Vierfache. Eines Tages kam ein Rādshā vorbei. Widshaypāl verlangte von ihm Pfeil und Bogen. Nun konnte er auf die Jagd gehen. Er aß von dem Fleisch, das er erjagt und gab auch seiner Mutter und den anderen Rānīs davon zu essen. Eines Tages erfuhr er von seinen Müttern, warum sie blind waren. Da ging er zu der Hexe und sprach zu ihr: »Von jetzt an werde ich hier leben.«
Die Hexe erschrak und erwiderte: »Geh zuerst zu meiner Mutter und bring mir Nachricht von ihr! Dann kannst du hier wohnen.« Die Hexe glaubte, ihre Mutter würde den Jungen auffressen, sobald er zu ihr kam, und dann konnte er ja nicht kommen, um bei ihr zu wohnen. Widshaypāl ließ sich sagen, wo die Mutter der Hexe zu finden war, und machte sich auf den Weg. Bei ihr angekommen, behandelte er sie wie seine Großmutter. Als er einige Tage dort verbracht hatte, fragte er sie: »Großmutter! Wessen sechs Augen hängen dort?« Die Hexe erwiderte: »Das sind die Augen der Rānīs des Rādshās, mein Sohn. Deine Mutter hat sie ausreißen lassen und dann hierhergeschickt.« Er fragte weiter: »Wie kann man die Augen wieder einsetzen?« Die Hexe gab Auskunft: »An dem und dem Ort befindet sich ein Feld mit ewigem Reis, er wird ständig gesät und ständig geerntet. Wenn man die Augen mit Brei anklebt, der aus diesem Reis gekocht ist, können sie wieder sehen.«
Was geschah dann? Widshaypāl stahl die Augen und begab sich

zu dem Reisfeld. Er brach fünf Reisstengel und kehrte nach Hause zurück. Vier Stengel zerkleinerte er, bereitete aus ihnen einen Brei und setzte so seinen drei Müttern ihre Augen wieder ein. Einen Stengel säte er aus. Der Reis reifte heran. Nun hatten die Mütter immer Reis zu essen und konnten auch wieder sehen. Jetzt brauchte er Leute für die Bodenbestellung, und ein Haus mußte auch gebaut werden. Eines Tages suchte er wieder seine Großmutter auf. Er entdeckte bei ihr einen Stock. Auf seine Fragen erfuhr er, daß jeder, der den Stock besaß, so viele Tiere und Menschen mit sich fortziehen konnte, wie er wollte. Bei einer günstigen Gelegenheit nahm sich Widshaypāl den Stock und ging fort. Er kam nach Hause. Nun trieb er mit dem Stock Kühe, Büffel und Ochsen herdenweise herbei. Für die Bearbeitung des Bodens und das Hüten des Viehs holte er viele Leute. Das Haus wurde fertig. Nun lief alles recht gut.

Eines Tages kam ein Rādshā, verheiratete seine Tochter mit Widshaypāl und übergab ihm auch seinen Thron. Nun war Widshaypāl ein Rādshā geworden. Er befürchtete aber, daß ihm die Hexe arg zusetzen würde, sobald sie davon erfuhr. Deshalb wollte er sie lieber gleich zurechtweisen. Er ging wieder zu der Großmutter. Bei ihr entdeckte er zwei Sindūrschachteln. Er fragte die Großmutter, was das sei.

Die Hexe gab zur Antwort: »Mein Sohn! Die darfst du nicht berühren. In diesen Schachteln befinden sich meine Seele und die deiner Mutter. Werden sie geöffnet, sterben wir beide, Mutter und Tochter, auf der Stelle.«

Eines Tages brachte Widshaypāl die beiden Schachteln heimlich an sich und ging mit ihnen nach Hause. Nachdem er sie geöffnet hatte, starben Mutter und Tochter. Nun ging Widshaypāl zu seinem Vater und gab sich ihm zu erkennen. Vater und Sohn fielen sich um den Hals. Widshaypāl bekam nun das Reich seines Vaters. Und was war nun? Seine Tage glichen dem Gold und seine Nächte dem Silber.

Die Geschichte ist zu Ende. Denkt über ihren Sinn nach! Möge allen das Glück lachen wie dem Sohn der Blinden!

Rādshā Dholan

Es waren einmal ein Rādshā und eine Rānī. Weil die Rānī keine Kinder bekam, heiratete der Rādshā ein zweites Mal. Das Schicksal wollte es aber, daß die erste Rānī nun schwanger wurde. Die kleine Rānī war darüber sehr beunruhigt. Sie rief einen Pandit, belohnte ihn reichlich und befahl ihm, zum Rādshā zu gehen und diesem zu sagen, daß sein Reichtum dahin sein werde, sobald ein Sohn zur Welt käme. Deshalb müsse der Rādshā die große Rānī des Landes verweisen.

Als dem Rādshā bekannt wurde, daß die Rānī schwanger war, freute er sich sehr und ließ den Pandit holen, um die Gestirne zu befragen. Als der Pandit das Horoskop gestellt hatte, wurde er traurig. Er sagte: »Rādshā! Zwar bekommt Ihr einen Sohn, aber er wird Euer Verderben sein. Euren ganzen Besitz, Euren ganzen Reichtum, alles werdet Ihr einbüßen.«

Da antwortete der Rādshā: »Pandit-dshī! Dann nennt einen Ausweg, wie ich diesem Verderben entgehen kann!«

Der Pandit antwortete: »Mahārādsh! Wenn es kein Rohr mehr gibt, kann auch die Flöte nicht spielen. Es tut mir zwar weh, es zu sagen, aber Ihr müßt die Rānī des Landes verweisen, damit der böse Einfluß ihrer Kinder nicht mehr auf Euch wirkt.«

Der Rādshā liebte die Rānī zwar sehr, doch fürchtete er die Vorhersage des Pandits. In der Nacht sprach er zu ihr: »Rānī! Du solltest für einige Zeit ins Haus deiner Eltern gehen. Die neue Rānī ist eifersüchtig auf dich, und das ist weder für dich noch für das Kind gut.«

Die große Rānī hörte auf den Rādshā. Die kleine Rānī befahl den Sänftenträgern, die große Rānī in den Wald zu schaffen.

Die Sänftenträger brachten die Rānī in einen dichten Wald und verschwanden. Die Rānī kam fast um vor Angst, wenn sie die Löwen brüllen hörte. Doch was sollte sie tun? Sie konnte nur zu Gott beten. Einen anderen Ausweg hatte sie nicht.

Durch den Wald floß die Gangā. Ein Kaufmann, der seine Waren im In- und Ausland verkaufen wollte, fuhr auf seinem

Schiff vorbei, als der Sohn der Rānī zur Welt kam. Der Kaufmann hörte die Stimme des Kindes, ließ sein Schiff am Ufer anlegen und rief: »Tritt vor mich hin! Seiest du nun ein Dämon, ein Gespenst, ein Bruder oder eine Schwester!«
Seufzend antwortete die Rānī im Schutz eines Strauches: »Bruder! Ich bin weder ein Dämon noch ein Gespenst, sondern eine vom Unglück verfolgte Frau.«
Der Kaufmann ging zu ihr hin. Die Rānī erzählte ihm ihre Geschichte. Der Kaufmann machte sie zu seiner Glaubensschwester und brachte sie in sein Dorf. Er ließ die Rānī und das Kind auf dem Schiff und ging selbst in sein Haus. Dort angekommen, sagte er zu seiner Frau: »Ich habe im Wald eine sehr schöne Frau gesehen. Sie brachte gerade ein Kind zur Welt und war ganz allein und schutzlos. Am liebsten hätte ich sie in mein Schiff gesetzt und nach Hause gebracht. Aus Angst vor dir tat ich es aber nicht und habe sie den wilden Tieren im Wald als Beute überlassen. Nun bin ich hier.«
Die Kaufmannsfrau erwiderte: »He! Was für ein Herz aus Stein du hast! Komm! Wir kehren beide dorthin zurück und holen Mutter und Kind hierher.«
Der Kaufmann lachte und sprach: »Ich wollte dich nur auf die Probe stellen. Die Frau befindet sich nicht im Wald, sondern auf meinem Schiff.«
Der Kaufmann und seine Frau holten die Rānī in ihr Haus. Der Kaufmann hatte keine Kinder, deshalb hielt er den Sohn der Rānī wie seinen eigenen und erzog ihn auch so. Man nannte ihn Dholan.
In der nächsten Stadt herrschte ein sehr begabter Rādshā. Er hatte beschlossen, seine Tochter mit dem Götterkönig Indra zu verheiraten, fand aber niemanden, der bereit gewesen wäre, den ›gelben Brief‹ nach Indrapurī zu bringen. Schließlich war ein Schwan einverstanden, das zu übernehmen, und der Rādshā band ihm den ›gelben Brief‹ um den Hals. Der Schwan flog und flog und kam in die Stadt von Rādshā Dholan. Als er dort ankam, regnete es in Strömen. Der Schwan sah, wie eine

Maus in den Fluten zu ertrinken drohte. Er empfand Mitleid mit ihr und barg sie unter seinen Flügeln. Die Maus aber nagte seine Federn von innen her ab. Als der Regen aufhörte, breitete der Schwan seine Flügel aus und alle seine Federn fielen ab. Er war sehr traurig über die Niedertracht der Maus. Da er nicht mehr fliegen konnte, lief er nun auf seinen Beinen vorwärts. Als Rādshā Dholan den schlimmen Zustand dieses schönen Vogels sah, brachte er ihn in sein Haus und sorgte für ihn. Eines Tages, als er ihn badete, entdeckte er, daß um seinen Hals ein Brief gebunden war. Dholan nahm den Brief an sich. Nach einem Jahr waren dem Schwan neue Federn gewachsen, und er konnte wieder fliegen. Der Rādshā hatte ihm jenen Brief gegeben und ihm aufgetragen, ihn König Indra zu bringen.

Der Schwan sagte: »Ich bin nicht so erbärmlich wie die Maus. Ihr habt mir Schutz gewährt. Ich werde diesen Brief nicht zu Indra bringen. Behaltet Ihr jetzt den Brief und faßt es so auf, als wäre Eure Heirat mit der Prinzessin eine beschlossene Sache!«

Der Schwan kehrte in sein Land zurück und erzählte dem Rādshā alles. Der Rādshā war darüber froh und verheiratete die Prinzessin mit Dholan.

Einige Zeit später starben der Kaufmann und seine Frau. Auch Dholans Mutter folgte ihnen kurz darauf. Dholan wurden keine Kinder geboren. Die Rānī war deswegen sehr unglücklich. Eines Tages sagte sie zu Dholan: »Es fehlt Euch an nichts. Aber ohne einen Sohn ist jedes Glück fade und blaß. Ohne Kinder haben wir niemanden, der unser Geschlecht fortsetzt und für uns die Totenzeremonien durchführt. Deshalb vollbringt etwas Großes, damit euer Name unsterblich wird.«

Rādshā Dholan gefielen die Worte der Rānī. Er ließ austrommeln, daß alles, was zum Verkauf auf den Markt kam und bis zum Abend nicht verkauft war, der Rādshā aufkaufen werde. Nun kamen Kaufleute von weit her. Der Rādshā erwarb alles, was nicht verkauft wurde.

Ein Schmied hatte zwölf Jahre an einer eisernen Figur des Gottes Saturn gearbeitet. Als er sie fertig hatte, brachte er sie auf den Markt des Rādshās. Alle Dinge wurden verkauft, nur diese eiserne Figur kaufte niemand. Dem Befehl des Rādshās zufolge fragten seine Beamten nach dem Preis.

Der Schmied nannte ihn: »Hunderttausend Rupien.«

Sie fragten weiter: »Bruder! Welche Eigenschaften hat sie denn, daß sie hunderttausend Rupien wert ist?«

Der Schmied erwiderte: »Die Figur wird ihre Eigenschaften selbst nennen.« Die Beamten fragten nun die Figur nach ihren Eigenschaften.

Die Figur antwortete: »Wer mich kauft und in sein Haus bringt, dem stürzt sogleich eine Ecke seines Hauses ein. Fünf Tage später ist sein gesamtes Vermögen dahin. Ihm wird zwölf Jahre lang nur Unglück widerfahren. Danach wird ihm ein prächtiger Sohn geboren werden.«

Nachdem die Figur so gesprochen hatte, begaben sich alle Beamten zum Rādshā und erzählten ihm die Geschichte. Als die Rānī gehört hatte, worum es ging, sagte sie zu dem Rādshā: »Rādshā! In jungen Jahren werdet Ihr Unglück schon irgendwie ertragen! Dafür genießt Ihr dann im Alter das Glück eines Sohnes! Außerdem müßt Ihr halten, was Ihr versprochen habt!«

Kaum war die Statue im Haus, stürzte eine Ecke des Schlosses ein. Innerhalb fünf Tagen starben die Elefanten und die Pferde, die Soldaten und die Beamten, ging der Schatz zu Ende. Nur ein Ring blieb dem Rādshā. Er war ein Fingerzeig, daß er nicht restlos vernichtet werden würde. Der Rādshā und die Rānī gingen beide in den Wald, um die Zeit ihres Unglücks dort zu verbringen. In diesem Wald kam auch Rādshā Hārun von Garhpindshar, der im Kartenspiel alles an eine Hetäre verloren hatte. Rādshā Dholan war sehr betrübt über die Lage Hāruns. Er gab ihm seinen Ring und sagte: »Geh und spiele wieder mit jener Hetäre! Wenn du deinen Einsatz machst, dann sprich: ›Nun los Würfel! Bring für Rādshā Dholan die Zwölf!‹«

Rādshā Hārun nahm den Ring und ging wieder zu der Hetäre, um mit ihr Karten zu spielen. Die Kraft des Ringes brachte ihm sein verlorenes Vermögen zurück. Überglücklich kam er zu Dholan und sagte: »Nimm den Ring! Von heute an sind wir beide gute Freunde. Wenn du einmal einen Sohn hast und ich ein Mädchen, dann verheirate ich meine Tochter mit deinem Sohn. Wenn es umgekehrt der Fall sein sollte, dann verheirate du deine Tochter mit meinem Sohn!«

Glücklich erwiderte Dholan: »Das ist gut so! Die Sache ist beschlossen!«

Nach zwölf Jahren wendete sich Dholans Geschick, und er herrschte wieder wie früher mit Prunk und Pracht in seinem Reich. Dholan wurde ein Sohn geboren und Hārun eine Tochter.

Dholan nannte seinen Sohn Nal. Nal war sehr kräftig und liebte den Ringkampf sehr. Er ließ eine Umfriedung bauen und pflanzte darin einen Nīmbaum. Diesen Nīmbaum goß er jeden Tag mit einem Ser Milch und einem Ser Wasser. Der Baum wuchs, mit dichtem Laub bedeckt, empor. Der Prinz hielt sich viel in seinem Schatten auf.

Im Dorf Garhpindshar lebten die zwei Töchter eines Gärtners mit Namen Rewā und Parewā. Sie waren Zauberinnen. Als sie an der Einfriedung vorbeikamen, fiel ihr Blick auf den schönen Nīmbaum. Sie entdeckten Nal, der unter dem Baum schlief, und dachten: ›Wie sehr muß jemand erst einen Menschen lieben, der derart an einem Nīmbaum hängt!‹ Sie beschlossen, den Prinzen irgendwie in ihre Netze zu verstricken. Mit Hilfe ihrer Zauberkraft ließen sie den Nīmbaum vertrocknen.

Am nächsten Tag, als Nal den vertrockneten Baum erblickte, stockte ihm das Herz. Er fragte: »Oh, Nīmbaum! Was ist mit dir geschehen? Bist du krank oder setzt dir die Hitze im Monat Dsheth so zu?«

Der Nīmbaum antwortete: »Weder bin ich krank, noch setzt mir die Hitze des Monats Dsheth zu. Es war der böse Blick von Rewā und Parewā, der mich in diesen Zustand versetzt hat.«

Prinz Nal blieb vor Kummer unter dem vertrockneten Nīmbaum liegen. Als er nicht zu Hause eintraf, kamen der Rādshā und die Rānī zu ihm. Nachdem sie das eingefallene Gesicht ihres Sohnes gesehen hatten, fragten sie: »O Sohn! Was bedrückt sich?«

Nal erwiderte: »Wenn Ihr mir meine Sorgen nehmen wollt, dann verheiratet mich mit Rewā und Parewā!«

Dholan verstand das nicht, deshalb sagte er: »Dort Gärtnerinnen! Hier ein Prinz! Wie soll da eine Heirat zustandekommen? Und dann! Weißt du denn nicht, wie schlecht diese beiden Schwestern sind?«

Nal gab zur Antwort: »Gerade deshalb will ich sie heiraten, um Macht über sie zu bekommen. Sie haben meinen herrlich blühenden Nīmbaum verzaubert. Ich werde nicht eher ruhen, bis ich das gerächt habe.«

Rādshā Dholan hatte sein Wort gegeben, Nal mit Hāruns Tochter zu verheiraten. Als er nun dies von Nal hörte, wurde er sehr traurig. Nal sagte, daß er so lange weder Speise noch Trank anrühren werde, bis man ihn mit Rewā und Parewā verheirate. Da mußte sich Rādshā Dholan geschlagen geben.

Rādshā Dholan ließ Rewā und Parewā rufen und verkündete ihnen den Entschluß ihres Sohnes. Das hatten die beiden ja beabsichtigt! Sie gaben schnell ihr Einverständnis, nahmen dem Rādshā aber die Zusage ab, daß Prinz Nal in ihrem Dorf Garhpindshar leben müsse und nichts tun dürfe, ohne sie zu fragen.

Dholan schwankte, doch Nal blieb unerschütterlich bei seinem Wort, beugte sich auch den Wünschen Rewās und Parewās und zog mit ihnen in das Dorf Garhpindshar. So riß jegliche Bindung zu seinem Elternhaus ab.

Inzwischen war Hāruns Tochter ins heiratsfähige Alter gekommen. Hārun schickte Rādshā Dholan eine Botschaft und erinnerte ihn an sein Versprechen. Doch Nal war ja nun nicht mehr da. So wies er Rādshā Hāruns Boten ab. Rādshā Hārun war darüber traurig, aber trauriger noch als er war seine Tochter. Der Kummer seiner Tochter ließ Hārun eine zweite Botschaft schicken, doch Dholan wies auch sie zurück.

Aus Rādshā Dholans Stadt Narwargarh pflegten viele Händler nach Garhpindshar zu kommen und dort ihre Waren zu verkaufen. Hāruns Tochter stieg oft auf das Dach des Schlosses in der Hoffnung, jemand könne ihr eine geheime Botschaft bringen. Aber sie wurde jeden Tag enttäuscht. Eines Tages überwand sie ihre große Scheu und fragte einen Kaufmann: »Von woher bringst du all diese Waren?«
Der Kaufmann erwiderte: »Von Narwargarh.«
Darauf gab ihm die Prinzessin viel Gold und Geld. Um alles aufzuladen, gab sie fünfhundert starke Ochsen dazu.
Der Kaufmann freute sich sehr, aber das traurige Gesicht der Prinzessin ließ ihn fragen: »Was betrübt dich so? Wie heißt dein Gatte? Hat er dich verlassen, oder ist er in die Fremde gezogen?«
Die Prinzessin antwortete: »Ich bin mit Nal, dem Sohn von Rādshā Dholan in Narwargarh, verlobt. Jetzt weiß ich aber nicht, wo Nal sich befindet und in welches Unglück er geraten ist.«
Darauf der Kaufmann: »Prinzessin! Du weißt aber auch gar nichts! Rādshā Dholan hat doch Nal mit den Gärtnerinnen Rewā und Parewā verheiratet!«
Erstaunt fragte da die Prinzessin: »Mit Rewā und Parewā? Ausgerechnet mit Zauberinnen aus meiner Stadt? Wie ist das geschehen? Kannst du Rādshā Nal einen Brief von mir bringen?«
Der Kaufmann nahm den Brief und zog los. Unterwegs traf er auf Rewā und Parewā. Sie nahmen ihm den Brief ab und zerrissen ihn in lauter kleine Stücke.
Wenige Tage später kam ein Bettler nach Garhpindshar. Rādshā Hāruns Tochter rief ihn zu sich und sagte: »Ich werde dich dein ganzes Leben lang mit Nahrung und Kleidung versehen. Bring einen Brief von mir zu Rādshā Nal!«
Unterwegs eilten Rewā und Parewā, als Dämoninnen verkleidet, herbei, um den Bettler zu verschlingen. Rewā riß ihr Maul so weit auf, daß es vom Himmel bis zur Unterwelt reichte.

Aber auch der Bettler war ein Zauberer. Er verwandelte sich in eine Hummel, kroch in ihr Maul hinein und zu ihrem Ohr wieder heraus. Rewā merkte es nicht einmal. Sie blieb mit aufgerissenem Maul stehen. Der Bettler überbrachte Rādshā Nal den Brief. Als Rewā und Parewā besiegt nach Hause zurückkamen, las Rādshā Nal gerade den Brief. Sie entrissen ihm den Brief und zerfetzten ihn. Doch was geschah nun? Rādshā Nal wußte jetzt wenigstens, daß seine Braut auf ihn wartete. Er begann auf Mittel zu sinnen, wie er der strengen Aufsicht von Rewā und Parewā entrinnen konnte.

Eines Tages bekam Nal Fieber. Er fing laut zu stöhnen an. Rewā und Parewā meinten, daß dies eine gute Gelegenheit für sie zum Spazierengehen wäre. Wohin sollte der arme, vom Fieber geplagte Nal gehen?

Kaum waren Rewā und Parewā fort, als Nal über die Mauer des Hauses kletterte und sich zum Schloß des Rādshās Hārun begab. Von dort bis Narwargarh waren es 360 Kos. Er wollte zuerst zu seinem Vater Dholan, hatte aber nur eine Stunde Zeit. Heimlich schlich er sich in den Pferdestall und in das Elefantenhaus von König Hārun, fand aber dort weder ein Pferd noch einen Elefanten, die schnell genug gewesen wären. Da verriet ihm eines der Pferde, daß der Rādshā als Mitgift für seine Tochter eine Löwin halte. Sie befinde sich in der Unterwelt. Nur sie könne ihn so schnell in sein Land bringen.

Rādshā Nal rief Leute und ließ die Erde aufgraben. Zufällig stand auch jener Bettler dort. Er stampfte mit dem Fuß auf, und kaum hatte er das getan, da öffnete sich die Erde, und Nal gelangte zu der Löwin. Rādshā Nal trug der Löwin sein Anliegen vor. Sie erwiderte: »Rādshā! Seit zwölf Jahren faste ich. Deshalb habe ich jetzt nicht soviel Kraft, um ein so weites Ziel erreichen zu können. Setz dich auf meinen Rücken und bring mich zur Gangā, damit ich dort baden kann!« Der Rādshā führte die Löwin an das Ufer der Gangā. Kaum war die Löwin ins Wasser gegangen, als sie sich auch schon in Indras Reich befand und sich von Indra die Gunst erbat, so kräftig wie

früher zu werden. Dann kehrte die Löwin stark und kräftig zum Rādshā zurück.
Rewā und Parewā verfolgten Rādshā Nal und kamen zu der Löwin. Sie lockten sie auf vielerlei Art und Weise, doch die Löwin war fest entschlossen, Nal zu helfen. Da versuchten Rewā und Parewā, sie zu töten. Aber die Löwin war unsterblich, deshalb mußten Rewā und Parewā unverrichteter Dinge wieder umkehren.
Die Löwin setzte Nal auf ihren Rücken und eilte gen Narwargarh. Sie warnte Nal: »Laß dich unterwegs durch nichts verführen! Wir werden an einen Fluß kommen, in dem sich Rewā und Parewā versteckt halten. Sie werden sich an meinen Schwanz hängen. Fürchte dich nicht! Hau mit deinem Schwert meinen Schwanz ab und wirf ihn weg!«
Unterwegs zauberten Rewā und Parewā wunderschöne Gärten und Parks. Nal zog es dorthin, aber die Löwin ließ ihn nicht absteigen. Ein Stückchen weiter kamen sie zu einer Stadt, in der ein prächtiges Schloß stand. Obwohl die Löwin es dem Rādshā verbot, stieg er ab und begann, darin umherzuspazieren. Solange sich der Löwenstrick in der Hand des Rādshās befand, war alles in Ordnung. Als der Strick Rādshā Nal aber aus der Hand glitt, fiel er sofort tot um. Bestürzt lief die Löwin in Indras Reich. Rewā und Parewā eilten inzwischen mit der Leiche nach Garhpindshar.
Die Löwin holte aus dem Reich Indras Amrit, kam damit nach Garhpindshar und erweckte Nal wieder zum Leben. Dann setzte sie ihn auf ihren Rücken und lief heimlich davon. Rewā und Parewā verfolgten sie. Unterwegs kamen sie an einen Fluß. Die Löwin stieg in den Fluß. Rewā und Parewā packten sie am Schwanz. Da erinnerte sich der Rādshā an das, was die Löwin ihm gesagt hatte. Er hieb ihr den Schwanz mit dem Schwert ab. Rewā und Parewā blieben am Ufer des Flusses als zwei Palmen stehen. Rādshā Nal erreichte nun Narwargarh und erzählte Rādshā Dholan alles, was ihm widerfahren war. Rādshā Dholan versicherte Nal, daß er nun keine Angst mehr zu haben

brauche. Die Hochzeit werde mit Freuden stattfinden. Rādshā Nal zog mit einer prächtigen Barāt nach Garhpindshar. Unterwegs kam man an den Fluß, und die Hochzeitsgäste hielten dort Rast, um zu frühstücken. Nicht weit davon standen ein Löwe und eine Löwin. Der Löwe zeigte der Löwin Nal und sagte: »Welch schöner Prinz! Ich werde ihn heute töten und dir bringen.« Als Nal den Löwen auf sich zukommen sah, erschoß er ihn. Der Löwe war sofort tot. Die Löwin kam brüllend herbeigerannt und schrie: »Prinz! Du hast meinen Gemahl getötet! Dafür werde ich mich ganz bestimmt rächen!«
Erschrocken sprach der Prinz: »Königin des Waldes! Hab Mitleid! Ich bin auf dem Weg, um zu heiraten.«
Das Herz der Löwin wurde weich. Sie versprach: »Gut! Wenn du heute nacht noch nach Hause zurückkehrst, werde ich dich verschonen.« Sie wußte aber, daß der Prinz keinesfalls noch am gleichen Tag zurückkehren konnte.
Hārun beeilte sich, die Hochzeitszeremonien zu Ende zu bringen, und verabschiedete die Tochter. Nal bekam als Hochzeitsgeschenk jene Löwin, die so schnell war wie der Wind. Sie rannte mit Nal und seiner Rānī davon. Unterwegs traf Nal auf Rewā und Parewā, die zu Palmen geworden waren, Kaum hatten sie ihn erblickt, als sie sich auch schon in Hexen verwandelten und herbeieilten, um ihn zu fressen. Rādshā Nal aber war darauf vorbereitet. Er hatte eine Ölhändlerin mitgebracht, die eine noch schrecklichere Hexe war als Rewā und Parewā. Sie stieß mit Rewā und Parewā zusammen. In dem fürchterlichen Handgemenge schlugen Rewā und Parewā und die Ölhändlerin sich gegenseitig die Zähne in den Leib. Rādshā Nal sagte zu seiner Rānī: »Das ist eine gute Gelegenheit. Wenn du willst, bringe ich alle drei um.«
Die Rānī antwortete: »Ja! Ja! Beeil dich! Sonst richten sie wieder ein Unheil an!«
Rādshā Nal stieß alle drei in den Rachen des Todes. Sterbend verfluchte ihn die Ölhändlerin: »Oh, Rādshā! Du hast Gutes

mit Bösem vergolten! Deshalb wirst du vergessen, daß du mit Hāruns Tochter verheiratet bist!«

Als Nal die Ölhändlerin nun anflehte, sagte sie: »Gut! Solltest du einmal aus Versehen auf die Sārī-Kante deiner Rānī treten, wirst du dich wieder an alles erinnern!«

Noch am selben Tag kamen Rādshā Nal und die Rānī, auf dem Rücken der Löwin reitend, in Narwargarh an. Kaum zu Hause, kümmerte sich Nal überhaupt nicht um die Rānī. Die Rānī wunderte sich darüber, konnte aber nichts dagegen tun. Eines Nachts schlief Nal draußen, als sich ein heftiger Sturm erhob. Er stand auf und ging ins Haus. Dabei trat sein Fuß unversehens auf die Sārīkante der Rānī. Sofort erinnerte er sich wieder an alles und bat die Rānī um Verzeihung, daß er sich so lange nicht um sie gekümmert hatte. Danach lebten sie glücklich und zufrieden miteinander.

Anhang

Worterklärungen

Agahan: neunter Monat im indischen Mondkalender. Er entspricht etwa der Zeit von Mitte November bis Mitte Dezember.

Ahīr: Bezeichnung für eine Kaste von Kuhhirten und für die ihr Angehörenden.

Amāwas: letzter Tag der dunklen Hälfte des Monats Kātik mit Neumond in der Nacht. An ihm wird das Diwālī-Fest gefeiert.

Amrit: Unsterblichkeitstrank der Götter.

Ānā: Münze, die bis 1957 in Umlauf war. Ein Ānā entspricht vier *Paisās*, sechzehn Ānās waren eine Rupie.

Angrakhā: Jacke aus grobem, meist weißem Baumwollstoff, die vorn seitlich verschnürt wird.

Apsarā: Bezeichnung für eine Reihe von tanzenden und singenden, für ihre Schönheit und verführerischen Reize gerühmten Nymphen an Indras Hof. Die Apsarās sind die Kurtisanen des Himmels.

Āshārh: vierter Monat im indischen Mondkalender. Er entspricht etwa der Zeit von Mitte Juni bis Mitte Juli. In ihm beginnt die Regenzeit. Er gilt als der Wonnemonat.

Āshram: Wohnort und Kultstätte hinduistischer Asketen und anderer Heiliger.

Bābā: ehrerbietige Anrede für einen älteren Mann, einen Heiligen, einen Asketen u. ä.; etwa ›heiliger Vater‹, ›Vater‹ oder auch ›Väterchen‹.

Bābū: ehrerbietige Anrede für den Vater oder für hochgestellte und geachtete Personen, aber auch Bezeichnung und Anrede für kleinere Beamte und Büroangestellte.

Bādshāh: islamischer Herrscher; ein Kaiser oder König.

Baniyā: Bezeichnung für eine Kaste von Händlern und Kaufleuten sowie für die ihr Angehörenden.

Banyānbaum: eine schattenspendende Feigenbaumart mit Luftwurzeln, die in Indien als heilig verehrt wird; Ficus indica.

Barāt: Hochzeitszug. Er findet in der Regel einen Tag vor der Hochzeit zum Haus der Brauteltern statt. An ihm nehmen die Angehörigen, Verwandten und Freunde des Bräutigams teil.

Bātī: runder Brotfladen. Er wird meist auf einem Feuer gebakken, das mit getrockneten Kuhmistfladen unterhalten wird.

Berühren der Füße: gilt in Indien als besonders ehrerbietiger Gruß.

Betelrolle: kurz Betel; ein indisches Genußmittel. In ein Blatt der Betelnußpalme (Areca catechu) werden unter Beifügung anderer Zutaten geröstete Samenkörner gewickelt, die aus den Nüssen derselben Palme stammen. Eine Betelrolle wird lange im Mund gekaut, wobei sich ein roter Saft entwickelt. Das Kauen von Betel gilt bei den Indern als gesundheitsfördernd.

Bhādong: sechster Monat im indischen Mondkalender. Er entspricht etwa der Zeit von Mitte August bis Mitte September.

Bhāngwar: Runde, die ein Brautpaar während der hinduistischen Hochzeitszeremonie um das heilige Feuer macht. Nach sieben Runden gilt die Hochzeit als vollzogen. Das heilige Feuer befindet sich dabei zur Rechten des Paares.

Bhar: früher ein bedeutender Volksstamm in Nordindien auf dem Gebiet der jetzigen Unionsstaaten Uttar Pradesh und Bihar mit großem politischem und sozialem Gewicht; jetzt von geringem sozialem Ansehen.

Bhishtī: Bezeichnung für die Kaste der Wasserträger sowie für die ihr Angehörenden. Die Bhishtīs versprühen u. a. Wasser zur Kühlung und Staubbindung auf Straßen und in Wohn- und Aufenthaltsräumen.

Blätterschale: wird aus Banyān- oder Bananenblättern in Handtellergröße geformt und ist zum Verabreichen von Speisen bestimmt. Blätterschalen sind auch heute noch bei Straßenhändlern und auf dem Dorf sehr verbreitet.

Brahmā: Schöpfergott, Urheber der vier Weden und Lenker des Schicksals. Er ist einer der Hauptgötter der hinduistischen Göttertriade und gestaltet zu Beginn jeder Weltperiode den Kosmos neu. Seine Gemahlin ist Saraswatī, sein Reittier Hams, eine wilde Gans. Brahmā hat einen Bart, vier gekrönte Häupter und vier Arme. In den Händen hält er die Weden, ein Gefäß mit Gangeswasser und einen Gebetskranz sowie entweder einen Opferlöffel oder eine Lotosblume oder einen Stab oder einen Bogen.

Brahmane: Priester- und Gelehrtenstand. Seit alters her sind die Brahmanen der oberste Stand in der sozialen Hierarchie des Hinduismus, der das Recht auf das heilige Wissen hat. Seine Angehörigen werden oft mit dem Titel ›Pandit‹ angesprochen.

Brahmanin: Frau eines Brahmanen.

Brihaspati: Guru und Hauspriester der Götter.

Dānaw: eine Dämonenart der hinduistischen Mythologie.

Dashtaun: eine der sechzehn hinduistischen Zeremonien, die nach der Geburt eines Kindes zu vollziehen sind. Bei dieser erhält das Kind am sechzehnten Tag nach der Geburt seinen Namen durch einen Priester verliehen.

Dewī: ›Göttin‹; eine Anrede der Göttin Durgā und auch ehrerbietige Anrede für Frauen. Wenn mit einem Namen gebraucht, wird sie diesem nachgestellt.

Dhanteras: dreizehnter Tag der dunklen Hälfte des Monats Kātik. Zwei Tage danach findet das Diwālī-Fest statt.

Dharm: sittliches Weltgesetz. Es enthält die religiös-moralischen Verhaltensnormen für jedes Wesen und damit auch für jeden Stand und jede Kaste. Auf seiner Grundlage ist jeder Mensch gehalten, seinen vorherbestimmten Pflichten nachzukommen und diese zu erfüllen.

Dharmrādsh: allerhöchster Rādshā in religiösen Angelegenheiten des Hinduismus.

Dhobī: Bezeichnung für die Kaste der Wäscher sowie für die ihr Angehörenden.

Dhotī: indisches Beinkleid für Männer, manchmal auch von Frauen getragen. Die Dhotī besteht aus einem etwa vier Meter langen, meist weißen Stück Stoff, das um die Hüften geschlungen, zwischen den Beinen hindurchgezogen und hinten in der Taille festgesteckt wird. Sie reicht bis zu den Knöcheln. In ein Ende, das in die Taille gesteckt wird, knotet man oft Geld zur Aufbewahrung.

Diwālī-Fest, auch Dīpāwalī-Fest: hinduistisches Lichterfest, das alljährlich am Ende der dunklen Hälfte des indischen Mondmonats Kātik, also Ende Oktober/Anfang November, oft mehrere Tage lang gefeiert wird. Zu Ehren der Göttin Lakshmī zündet man bei Einbruch der Dunkelheit viele Öllämpchen, Kerzen und andere Lichter an, um sie so ins Haus einzuladen, damit sie Glück und Wohlstand bringe. Außerdem zählen diese Tage als glückbringend bei allen Spielen und Wetten.

Dohā: Zweizeiler mit einer Zäsur in jeder Verszeile.

drei Welten: Darunter versteht man im Hinduismus die Welt der Götter oder das Paradies, die Welt der Sterblichen und die Welt der Toten oder die Unterwelt.

Dshamnā, auch Yamunā: Nebenfluß der Gangā, gilt den Hindus als heiliger Fluß und wird häufig wie eine Göttin verehrt.

Dshāt: Bezeichnung für eine Kaste von Bauern in Nordindien sowie für die ihr Angehörenden.

Dsheth: dritter Monat im indischen Mondkalender. Er entspricht etwa der Zeit von Mitte Mai bis Mitte Juni und ist der heißeste Monat des Jahres.

-dshī: Partikel, die an Namen, Titel, Anreden u. a. angefügt wird. Sie drückt Höflichkeit und Ehrerbietung aus. Etwa: ›Verehrter‹, ›Herr‹ bzw. ›Verehrte‹, ›Frau‹.

Durgā: ein Name von Pārwatī. Unter diesem Namen und auch anderen wie Kālī, Tshandī usw. gilt diese Göttin als Dämonenvertilgerin und wird als grausam und blutdürstig dargestellt, deren kriegerische Tapferkeit jedoch ohnegleichen ist. Insbesondere zum Durgā-Fest werden ihr Tieropfer, vor allem Lämmer und Zicklein, dargebracht. Früher waren es auch Menschenopfer. Vor einigen Jahren wurden auch die Tieropfer von der indischen Zentralregierung verboten.

Durgā-Fest: es wird im Monat Kwār gefeiert und ist besonders im Nordosten Indiens, in Bengalen, verbreitet.

Elefantenperle: früher glaubte man, daß sich hinter der Stirn von Elefanten eine Perle befinde, die ungeheuer wertvoll sei.

Fakīr: ein Mensch, der der Welt und ihren Genüssen entsagt hat und ein Gott geweihtes Leben führt. Obwohl islamischen Ursprungs, wird dieses Wort in Indien auch für hinduistische Asketen verwendet.

Fluß: das Wort für ›Fluß‹ (nadī) ist im Hindī weiblichen Geschlechts, deshalb wird der Fluß oft als Göttin oder Rānī dargestellt und verehrt.

Fuß: ein Längenmaß, ca. 30 cm.

Ganesh: Gott des Reichtums und Patron der Gelehrsamkeit, den man zu Beginn jedes Unternehmens um Beistand für sein Gelingen anruft. Er ist der Sohn von Shiw und Pārwatī. Man stellt ihn als kleinen beleibten Mann mit einem großen Elefantenkopf dar, der aber nur einen Stoßzahn hat. In seinen vier Händen hält er einen Strick, einen Stachelstock, seinen zweiten Stoßzahn und eine Schüssel mit seinem pfannkuchenartigen Lieblingsgericht.

Gangā: Name des Flusses Ganges im Hindī und Sanskrit. Das Wort ist weiblich. Die Gangā gilt als Indiens heiligster Fluß. Sie wird wie eine Göttin verehrt. Das Baden in der Gangā ist eine rituelle Handlung, die, bei Sonnenaufgang vollzogen, von allen Sünden befreit.

Gangārām: Kosename für einen Papageien.

Ganpati: ›Herrscher über die Menschen‹, ein Name von Ganesh.

Garud: ein Adler, das Reittier des Gottes Wishnu. Er gilt als der König der Vögel. Vielfach wird er mit einem Menschenleib und einem Vogelkopf dargestellt.

Garur: Name eines Berges.

Gayā: hinduistischer und buddhistischer Wallfahrtsort in Bihar, wo insbesondere den Ahnen Opfer dargebracht werden.

Gāyatrī: Zum einen altindisches Metrum, das aus dreimal acht Silben besteht. In ihm sind im Rigwed, vgl. *Weden*, viele Hymnen an den Gott des Feuers Agni abgefaßt; aber auch Name eines bestimmten wedischen Mantra, der als besonders wichtiges und heiliges Gebet gilt. Die Gāyatrī darf nur von Männern der oberen drei Stände bei ihren Andachten rezitiert werden. Sie wird auch wie eine Göttin verehrt und als zweite Gemahlin des Gottes Brahmā angesehen.

Gaz: Längenmaß, ca. 90 cm.

Guinee: alte Goldmünze.

Guru: geistlicher Lehrer und Führer, der im Besitz eines besonderen transzendenten Wissens ist und deshalb über übernatürliche Kräfte verfügt. Durch seine Belehrung verhilft ein Guru seinen Schülern zu ihrer zweiten, der geistigen Geburt und sichert ihnen dadurch ihr Heil im Diesseits wie im Jenseits. Ein Schüler muß seinem Guru mit Leib und Seele sowie mit Hab und Gut dienen und hat ihm alle möglichen Gaben darzubringen.

Hākim: islamischer Heilkundiger; hoher Beamter.

Hāth: ein Längenmaß, ca. 45 cm.

Holī-Fest: hinduistisches Frühlingsfest, das alljährlich während des Vollmondes im Monat Phālgun mit fröhlicher Ausgelassenheit gefeiert wird. Am zweiten Tag bewirft man sich gegenseitig mit farbigem Puder oder bespritzt sich mit gefärbtem Wasser. Abends zündet man Feuer an. Zu diesem Fest werden oft auch obszöne Lieder gesungen.

Hukkā: Wasserpfeife.
Ilākā: größerer Verwaltungsbezirk.
Inch: ein Längenmaß, ca. 2,5 m.
Indra: König der Götter und Gewittergott in wedischer Zeit. Er ist der Welthüter des Ostens, der Herr des Firmaments und Repräsentant der Kriegerkaste im Himmel. Er verfügt über Donner und Blitz, spannt seinen Bogen als Regenbogen am Himmel auf und führt das erquickende Gewitter herbei. Seine Waffe ist der Donnerkeil, er reitet auf dem weißen Elefanten Airāwat oder fährt in einem von zwei Falben gezogenen Wagen. Indra wohnt im Götterhimmel Swarg, wo sich seine Hauptstadt Amarawatī befindet, die auch Indrapurī genannt wird. An Indras Hof tanzen und singen die Apsarās. Indra hat eine weiße Hautfarbe, ist von imposanter Gestalt und rot gekleidet. Er ist ein kriegerischer Gott, der seine Feinde tötet, bezwingt oder überlistet, den Bedrängten beisteht und seine Beute freigebig verteilt.
Indrapurī: ›Stadt Indras‹, gilt als Paradies.
Jambū: Malabarapfelbaum, Eugenia jambolana.
Kabīr: Bekannter Hindī-Dichter (um 1440 bis 1518). Kabīr ist brahmanischer Herkunft, wuchs aber in einer muslimischen Weberfamilie auf. Er versuchte eine Verschmelzung von Hinduismus und Islam herbeizuführen.
Kadambbaum: eine indische Baumart; Nauclea cadamba. Dieser Baum blüht zu Beginn des Frühlingsmonsuns mit duftenden Blüten und trägt dann kleine, harte Früchte.
Kādshal: Antimon, wird zum Ummalen der Augen verwendet.
Kadshlī-Wald: Wald, in dem viele Bananen vorkommen; auch der Name eines Waldes in Assam.
Kailās: Berg im Himalaya, Wohnsitz des Gottes Shiw und des Gottes Kuber.
Kamāl: Name des Sohnes von Kabīr.
Karm, auch Karman: eine Art Tatenregister, das die Art der nächsten Geburt eines Lebewesens festlegt. Die Lehre vom

Karm ist das zentrale Dogma aller indischen Religionen. Ihr zufolge zeitigt jede Tat, ja sogar jedes Wort und jeder Gedanke neben der sichtbaren noch eine unsichtbare Wirkung, die insbesondere das Leben nach dem Tode bestimmt. So wird das gegenwärtige Leben durch die Taten des vorhergehenden determiniert, während das gegenwärtige Leben wiederum über Qualität und Dauer des zukünftigen entscheidet.

Kāshī: ältester Name von Benares, einer der ältesten Städte der Welt überhaupt. Sie gilt den Hindus, die häufig Pilgerfahrten zu ihr unternehmen, als heilig. Am rechten Ufer der Gangā werden dort auf einer Länge von 4,8 km täglich rituelle Bäder, insbesondere bei Sonnenaufgang, vorgenommen.

Kātik: achter Monat im indischen Mondkalender, entspricht etwa der Zeit von Mitte Oktober bis Mitte November.

Kaurī: kleine Muschel. Sie wurde bis zum Ersten Weltkrieg als kleinstes Zahlungsmittel verwendet.

Kāyasth: Bezeichnung für eine Kaste von Schreibern und Angestellten sowie für die ihr Angehörenden.

Kedarnāth: hinduistischer Wallfahrtsort im Himalaya mit berühmtem Shiw-Tempel.

Kos: indisches Längenmaß, ca. 3200 m.

Koyal: indischer Kuckuck; Cuculus indicus. Sein Gesang gilt als ebenso süß und lieblich wie in Europa der der Nachtigall.

Krishna: achte Inkarnation des Gottes Wishnu als Rinderhirte, in der er wie ein Gott verehrt wird.

Kshatriya: Kriegerstand. Er nimmt in der sozialen Hierarchie des Hinduismus den zweiten Platz nach den Brahmanen ein.

Kuber: Gott des Reichtums.

Kumbhīpāk: Abteilung der Unterwelt, wo die Sünder geröstet werden, die Tiere und Vögel getötet haben.

Kwār: siebenter Monat im indischen Mondkalender. Er entspricht etwa der Zeit von Mitte September bis Mitte Oktober.

Laddū: indische Süßigkeit in Kugelform.

Lakhtakiyā: jemand, der hunderttausend Takās wert ist.

Lakshman: Halbbruder von Rām und dessen unzertrennlicher und treuer Gefährte.

Lakshmī: Gemahlin von Wishnu und Göttin des Reichtums und des Glücks. Sie wird entweder mit Wishnu auf der Weltschlange ruhend oder auf einer Lotosblume stehend oder sitzend dargestellt. In jeder ihrer vier Hände hält sie eine Lotosblume. Eine Frau, die ihrer Familie Glück bringt, wird oft als Lakshmī des Hauses bezeichnet.

Lālā: ehrerbietige Anrede besonders für Kāyasths und Waishyas; wird auch Namen vorangestellt; etwa: ›Verehrter‹, ›Herr‹.

Lūtā: eine regionale Bezeichnung für Spinne.

Māgh: elfter Monat im indischen Mondkalender. Er entspricht etwa der Zeit von Mitte Januar bis Mitte Februar.

Mahādew: ›großer Gott‹; ein Name von Shiw.

Mahārādsh: ›oberster Gebieter‹, ›Herrscher‹, ›großer König‹; auch ehrerbietige Anrede für hochgestellte Personen, Heilige, Brahmanen und für einen Koch aus dem Brahmanenstand.

Mahārānī: ›große Königin‹, ›Großfürstin‹; Gemahlin eines Mahārādsh.

Mahātmā: ›große Seele‹; Titel für einen Heiligen.

Mainā: Trauermainā, eine indische Starenart; Acridotheres tristis.

Makar-Sankrānti: hinduistisches Fest der Wintersonnenwende, in Südindien auch Pongal genannt. Es wird im Januar gefeiert, wenn die Sonne auf ihrer scheinbaren Bahn das Sternbild des Steinbocks erreicht hat, und ist dem Sonnengott Sūrya gewidmet. Da einst an diesem Tag die Göttin Gangā vom Himmel auf die Erde herabgestiegen sein soll, werden in den an der Gangā gelegenen Städten, vor allem in Allahabad, große Badefeste veranstaltet. Zu diesem Fest tauschen Verwandte und Bekannte Glückwünsche und Süßigkeiten aus, in Südindien ehrt man außerdem die Haustiere.

Malīdā: eine indische Süßigkeit, die aus in Butter und Zucker getunkten Brotkrumen besteht.

Man: indische Gewichtseinheit, ca. 40 kg.

Mantra: Plural Mantren: Gebetsformel, Zauberspruch; meist aus den Weden. Ihnen wird eine große magische Kraft zugesprochen.

Mārwār: Gebiet im Westen des indischen Unionsstaates Radshasthan, dessen Bewohner Mārwārīs genannt werden und als Händler und Kaufleute in ganz Indien bekannt sind.

Mehtar: Bezeichnung für die Kaste der Straßenfeger, Müllbeäumer und Klosettreiniger sowie für die ihr Angehörenden.

Melā: eine Art Jahrmarkt oder Volksfest; wird oft aus religiösen Anlässen veranstaltet.

Mithilā: Name eines Stadtstaates im alten Indien auf dem Gebiet des jetzigen Unionsstaates Bihar.

Miyāng: muslimischer Lehrer; wird oft pejorativ für einen Muslim verwendet.

Mond: das Wort jūn für ›Mond‹ ist im Hindī-Dialekt Garhwālī weiblichen Geschlechts, deshalb wird der Mond oft als Göttin oder Rānī verehrt.

Mundan-Zeremonie: eine von sechzehn hinduistischen Zeremonien, die nach der Geburt eines Kindes vollzogen werden müssen. Bei der Mundan-Zeremonie wird dem Kind zwischen dem ersten und dem dritten Lebensjahr der Kopf völlig kahl geschoren. Nur auf dem Hinterkopf bleibt oben eine Locke stehen, die niemals abgeschnitten werden darf.

Munīm: Buchhalter, Rechnungs- oder Geschäftsführer.

Munshī: Bezeichnung und Anrede für Schreiber und Büroangestellte; auch ehrerbietige Anrede für einen gebildeten Menschen; Titel der Kāyasths.

Nāgpantshamī-Fest: Es wird am fünften Tag in der dunklen Hälfte des Monats Sāwan gefeiert. An ihm werden die

Schlangen geehrt, indem man der Abbildung einer Kobra Reis, Milch und Blumen darbringt.

Nandā: ein Name der Göttin Pārwatī.

Nārad: ein Sohn des Gottes Brahmā. Er gilt als der Erbauer des Saiteninstruments Wīnā.

Nidhi: Die neun Nidhis sind Schatzkammern des Gottes Kuber.

Nīmbaum: eine Zedrachenbaumart, die den Hindus heilig ist; Melia azadirachta oder azedarach.

Nirākār: ›der Gestaltlose‹; ein Name für Gott.

Padminī: Lotosblume.

Pahar: indische Zeiteinheit, die drei Stunden umfaßt, so daß jeder Tag in acht Pahars eingeteilt wird. Als letztes Pahar zählen die drei Stunden nach Mitternacht.

Paisā: kleine Geldmünze. Bis 1957 bildeten vier Paisās einen Ānā und 64 Paisās eine Rupie. Seit 1957 sind 100 Paisās eine Rupie.

Pandit: Titel, der einem gelehrten Brahmanen verliehen wird.

Pāpar: dünner, knuspriger, in heißem Öl gebackener Fladen aus Erbsenmehl.

Parāt: schüsselartiges, rundes Messinggefäß mit glattem Boden und geradem, hohem Rand.

Partshan: Zeremonie, bei der der Hochzeitszug an der Türschwelle von den Angehörigen eines Teils des Brautpaares begrüßt wird. Dazu gehört u. a. das Schwenken eines Öllämpchens über den Köpfen des Brautpaares.

Pārwatī: Gemahlin des Gottes Shiw und Tochter des Himālaya. Sie wird auch unter anderen Namen wie Umā, Durgā, Kālī, Shakti usw. sehr verehrt, wobei mit jedem Namen die Hervorhebung anderer Eigenschaften verknüpft ist. Als Pārwatī und Umā gilt sie als Muster weiblicher Tugenden und nimmt sich gütig und voller Mitleid aller in Not geratenen Menschen an.

Pathane: Einwohner von Afghanistan.

Patwārī: Katasterbeamter oder Landvermesser, der Buch über die Bodenverteilung und die Aussaaten eines Dorfes führt.

Phālgun: zwölfter und letzter Monat im indischen Mondkalender. Er entspricht etwa der Zeit von Mitte Februar bis Mitte März. Am letzten Tag dieses Monats wird das Holī-Fest gefeiert.

Pīpalbaum: eine schattenspendende Feigenbaumart mit Luftwurzeln, die in Indien als heilig gilt; Ficus religiosa.

Pradshāpati: ›Herr der Geschöpfe‹; Name für eine Reihe von Rishis, die als dem Geist Brahmās entsprossene Söhne gelten und bei der Weltschöpfung mitwirkten. Oft wird auch Brahmā selbst mit diesem Namen gemeint.

Purānas: achtzehn altindische epische Werke, in denen vor allem kosmogonische Probleme, die Taten der Götter, die Lebensgeschichte altindischer Weiser und Helden, die Genealogien irdischer Könige sowie die kosmischen Weltzeitalter beschrieben werden.

Purohit: Hauspriester; bei Hofe oft auch der erste Ratgeber des Rādshās.

Rādshā: ein König, Herrscher oder Fürst.

Radshpute: Kriegerkaste in Radshasthan und Bezeichnung für die ihr Angehörenden.

Raidās: ein hinduistischer Heiliger aus der Kaste der Tshamāren.

Rākshas: böser Geist oder Unhold, der in fürchterlicher Gestalt vor allem nachts umherschweift und Menschen frißt.

Rām: siebente Inkarnation des Gottes Wishnu als Königssohn. Er ist der Held des altindischen Epos ›Rāmāyan‹ und wird wie ein Gott verehrt. Die Doppelung seines Namens ›Rām! Rām!‹ dient als Gruß, aber auch zur Anrufung Gottes, damit er in Zeiten der Not Beistand leiste.

Rāmāyan: altindisches Epos, dessen Abfassung Wālmikī (um die Zeitenwende) zugeschrieben wird. Es handelt von den Heldentaten Rāms und von der Entführung seiner schönen, treuen und tugendhaften Gemahlin Sītā durch den Dämonenfürsten Rāwan und von ihrer Befreiung durch Rām und dessen getreuen Halbbruder Lakshman, denen dabei eine

Schar Affen mit ihrem Minister Hanumān hilft. Das Rāmāyan erfreut sich in Indien auch heute noch großer Beliebtheit. Es gibt zahlreiche Nachdichtungen, von denen die von Tulsīdās (um 1532-1623) die berühmteste ist. Alljährlich wird seine Geschichte in sogenannten Rāmlīlās (Rām-Spielen) zum Dashehrā-Fest im Oktober prächtig aufgeführt. Diese Rāmlīlās sind eine Art Tanz- und Musikdramen.

Rānī: Königin, Herrscherin, Fürstin; Gemahlin eines Rādshās; wird oft auch als ehrerbietige Anrede für Frauen verwendet, bei Namen nachgestellt.

Sādhu: ›frommer Mann‹; Bezeichnung für hinduistische Einsiedler, Bettelmönche oder Mitglieder eines religiösen Ordens, also für Männer, die der irdischen Welt und ihren Genüssen entsagt haben und ein asketisches, Gott geweihtes Leben führen. Man glaubt, daß sie sich durch allerlei Bußübungen große Macht und sogar übernatürliche Fähigkeiten verschaffen können. Die Sādhus tragen safrangelbe, rote oder weiße Gewänder, manchmal auch nur einen Lendenschurz. Manche von ihnen gehen völlig nackt. Sie bestreichen ihren Körper mit Asche oder Erde zum Schutz gegen die Sonne, Insekten und böse Geister. Ihr Kopf ist entweder kahl geschoren, oder ihr Haar fällt wirr herab. Einige tragen es sorgfältig in kleine Zöpfe geflochten. Die Sādhus wandern zwischen den verschiedenen Wallfahrtsorten umher, übernachten im Freien unter Bäumen, in Tempeln, kleinen Hütten oder in Höhlen und leben von Almosen, die ihnen die gläubigen Hindus gern geben.

Sāhab: ehrerbietige Anrede für Männer und Frauen; wird auch an Titel und Namen angefügt, etwa: ›verehrter‹, ›Herr‹; bzw. ›verehrte‹, ›Frau‹.

Sannyāsī, auch Sannyāsin: bettelnder Wanderasket – ein Mensch, der Heimat, Familie, Namen, also alles aufgegeben, sich das Kopfhaar abrasiert, die heilige Schnur abgelegt und gelbe Mönchskleidung angelegt hat.

Saraswatī: Gemahlin von Brahmā und Göttin der Rede, der Künste und der Wissenschaften.

Sārī: indische Frauenkleidung. Sie besteht aus einem ca. 1 m breiten und 6 bis 10 m langen Stück Stoff, das um die Hüften drapiert wird. Ein Ende derselben wird quer über die Brust gelegt und hängt von der linken Schulter am Rücken herab. Bei Annäherung von Fremden zieht die Trägerin diesen Sārī-Zipfel vor ihr Gesicht, um es damit zu verdecken.

Saturn: der Planet Saturn wird in Indien wie ein Gott verehrt, der jedoch nur Unheil und Verderben über die Menschen bringt.

Satyug, auch Satyayug: Ära der Wahrheit; eine der vier Weltzeitperioden, die 1 728 000 Jahre dauerte. Der Satyug gilt als das ›goldene Zeitalter‹.

Sāwan: fünfter Monat im indischen Mondkalender. Er entspricht etwa der Zeit von Mitte Juli bis Mitte August.

Schnurrbartabrasieren: Bestandteil der Trauerzeremonien, wird auch heute noch am zehnten Tag nach dem Tode eines sehr nahestehenden Angehörigen vorgenommen.

Ser: indische Gewichtseinheit, ca. 600 bis 1000 g.

Seth: reicher Mann, Kaufmann oder Bankier, auch Wucherer; wird für sie auch als ehrerbietige Anrede verwendet.

Sethānī: Frau eines Seths.

Shakuntalā: im Wald lebende Heldin des gleichnamigen Bühnenstücks des altindischen Dichters Kālīdās (wahrscheinlich 5. Jh. u. Z.).

Shankar: ein Name von Shiw.

Shāstras: heilige Bücher des Hinduismus, zu denen die Weden, die Purānas sowie altindische Traktate über die verschiedensten Wissensgebiete zählen.

Shiw: einer der Hauptgötter der hinduistischen Göttertriade. Er vernichtet das Böse, erneuert das Gute und gilt als Lebenspender, aber auch als Urheber des Yog. Shiw wohnt auf dem Berg Kailās, sein Reittier ist der weiße Stier Nandī. Oft wird er als halbnackter, nur mit einem Lendenschurz bekleideter Asket dargestellt, dessen Leib mit Asche eingerieben ist. Um seinen Nacken windet sich eine Schlange, und um seinen blauschwarzen Hals trägt er eine aus menschlichen Schädeln gefertigte Kette. Sein Haar, durch das die Gangā fließt, ist wie das eines Büßers in Zöpfe geflochten. Auf der Stirn befindet sich ein drittes Auge. Mit seinen vier Armen hält er einen Dreizack, einen Bogen, eine Trommel, einen Strick und eine Keule. Mit seiner Gemahlin Pārwatī gibt er sich dem Liebesspiel hin und gilt in dieser Form als der lebenspendende Gott der Zeugung. Seine Söhne sind Ganesh und Skand. Von vielen Indern wird Shiw als ihr oberster Gott verehrt, zu dem man um Wohlergehen betet.

Siddhi: die acht Siddhis sind durch Yog erlangbare übernatürliche Fähigkeiten.

Sikh: Angehöriger einer um 1500 von Guru Nānak (1469-1539) gegründeten Religionsgemeinschaft, die hinduistisches und islamisches Gedankengut in sich aufnahm, das Kastenwesen und die Autorität der brahmanischen Priester ablehnt und nur an einen Gott, den ›wahren‹, glaubt. Die Sikhs verehren insbesondere ihre geistlichen Führer, die Gurus. Als 1708 der zehnte Guru Gobind Singh (geb. 1675) ermordet wurde, erklärte man die Reihe der menschlichen Gurus für beendet und übertrug die Autorität der geistlichen Führung auf die heilige Schrift, den Adigranth (›Urbuch‹), der von da an auch Gurugranth heißt. Die Sikhs trinken keinen Alkohol, rauchen weder Tabak noch Zigaretten und scheren ihre Haare nicht.

Sindūr: Zinnoberrot. Mit einer Paste aus dieser Farbe färben sich die verheirateten indischen Frauen, die nicht verwitwet sind, täglich ihren Scheitel. Das erste Einfärben des Scheitels nimmt der Bräutigam während der Hochzeit vor, es ist ein wichtiger Bestandteil der hinduistischen Eheschließung.

Singh: ›Löwe‹, ›Held‹; wird oft als Anrede für Kshatriyas und Sikhs verwendet.

Sinhal: alter Name für die Insel Sri Lanka.

Sorhī: indische Gewichtseinheit, entspricht sechzehn Körperlasten.

Sūrya: wedischer Sonnengott, der auch jetzt noch große Verehrung genießt. Ihm wird beim Baden in der Gangā das Wasseropfer dargebracht, indem man, im Fluß stehend und das Gesicht der aufgehenden Sonne zugewandt, Wasser mit der Hand aus dem Fluß schöpft und dieses wieder in Richtung auf die Sonne in den Fluß zurückspritzt.

Swāmī: ›Gebieter‹; Titel und Anrede für einen hinduistischen Heiligen.

Tablā: Trommelpaar, das bei keiner Musikveranstaltung fehlen darf. Die rechte Trommel besteht meist aus Holz und wird mit einem anderen Instrument abgestimmt. Die linke Trommel besteht aus gebranntem Ton, mit ihr wird der Grundtakt geschlagen.

Takā: alte Kupfermünze, die zwei Paisās entsprach.

Tapasyā: Askese und Bußübungen.

Thākur: Großgrundbesitzer.

Tilak: rotes Stirnzeichen. An seiner Form erkennt man bei Männern die Zugehörigkeit des Betreffenden zu einer Kaste, Sekte oder ähnlichem. Als kleiner roter Kreis wird er der Braut bei der Eheschließung aufgemalt und dann von den verheirateten Frauen ständig erneuert. In den Städten verfällt dieser Brauch, da auch unverheiratete Frauen einen Tilak als eine Art kosmetischen Schönheitsfleck auf die Stirn auftragen. Der Tilak wird auch bei besonderen Anlässen, zum Beispiel einer Herrscherkrönung, beim Überreichen von Geschenken vor der Hochzeit an den Bräutigam usw., aufgetragen.

Tolā: indische Gewichtseinheit, ca. 12 g.

Tshamār: Bezeichnung für die Kaste der Abdecker, Gerber, Schuhmacher und Lederverarbeiter sowie für die ihr Angehörenden.

Tshāndī Ghāt: heilige Badestelle für hinduistische Pilger in einem Wallfahrtsort an der Gangā, meist in Benares, Allahabad, Hardwar oder Rishikesh.

Tsharanodak: Wasser, in dem Sādhus oder andere bedeutende fromme Menschen ihre Füße gebadet haben. Es ist den Hindus heilig.

Tshaupar, auch Tshausar: ein Würfelspiel für zwei Personen mit sechzehn vierfarbigen Steinen und drei länglichen Würfeln, das auf einem kreuzförmigen Tuch gespielt wird.

Tshitragupt: einer der vierzehn hinduistischen Todesgötter und Schreiber von Yam, der über die Tugenden und die Sünden aller Lebewesen Buch führt. Er genießt besonders bei den Kāyasths große Verehrung.

Waidya: hinduistischer Arzt, der mit traditionellen indischen Mitteln heilt.

Waishya: Stand der Händler und Kaufleute, der in der sozialen Hierarchie des Hinduismus den dritten Platz nach den Brahmanen und Kshatriyas einnimmt.

Wārānasī: ein Name von Benares, vgl. auch: *Kāshī.*

Wasant Pantshamī: das hinduistische Frühlingsfest. Es wird alljährlich zu Ehren der Göttin Saraswatī am fünften Tag in der hellen Hälfte des Monats Māgh, also Anfang Februar, gefeiert. Vor dem Bild der Göttin Saraswatī schichtet man alle Bücher und Schreibutensilien auf, die an diesem Tag nicht benutzt werden dürfen. Außerdem werden der Göttin weiße Blumen dargebracht.

Weden: Bezeichnung für die ältesten religiösen Schriften Indiens. Zu ihnen gehören: Rigwed mit Hymnen an die Götter, Sāmwed mit Opfergesängen, Yadshurwed mit Riten und Opferformeln und Atharwawed mit Zauberformeln. An die Weden schließen sich weitere Werke an.

Wetāl, Wetālin: böser Geist oder Dämon, der auf Friedhöfen haust und in Tote fährt.

Wishnu: einer der Hauptgötter der hinduistischen Göttertriade, der die Welt erhält. Er ist ein gütiger Gott, der seine

Gläubigen vor Unheil bewahrt, Übeltäter bestraft, gute Taten belohnt und deshalb oft vom Himmel auf die Erde herabsteigt. Wishnu hatte mehrere Inkarnationen, von denen die als Krishna und die als Rām die bekanntesten sind. Wishnus Reittier ist der Adler Garud. Meist sitzt er auf einer Lotosblume oder ruht mit seiner Gemahlin Lakshmī zu Füßen auf der im Ozean schwimmenden Weltschlange Anant, deren Köpfe sich wie ein Baldachin über Wishnus Kopf erheben. Oft wird er als junger Mann von dunkelblauer Farbe dargestellt, der mit seinen vier Armen eine Muschel, eine Wurfscheibe, eine Keule und eine Lotosblume hält. Von vielen Indern wird Wishnu als ihr oberster Gott verehrt.

Wishuwat-Sankrānti: hinduistisches Fest der Sommersonnenwende. Es wird gefeiert, wenn die Sonne auf ihrer scheinbaren Bahn ihren Wendepunkt auf dem Himmelsäquator erreicht hat.

Yam: Gott des Todes und Totenrichter, der in der Unterwelt herrscht. Er ist der oberste der vierzehn Todesgötter im Hinduismus. Seine Körperfarbe ist grün, er trägt rote Kleider, reitet auf einem Büffel und wird von zwei fürchterlichen Hunden begleitet. Als Waffen hat er eine Keule und ein Netz bei sich. Seine Boten bringen die Seelen der Verstorbenen zu ihm, über deren gute und böse Taten ihm sein Schreiber Tshitragupt berichtet. Danach entscheidet Yam über den weiteren Verbleib dieser Seelen, ob im Himmel oder in der Hölle.

Yampurī: Stadt der Toten, die Unterwelt, in der Yam herrscht.

Yamrādsh: ein anderer Name für Yam.

Yodshan: altes indisches Längenmaß, etwa 15 km.

Yog: altindisches philosophisches System, das seine Anhänger die Erlösung vom Körperlichen durch Askese, Ekstase, Beherrschung des Körpers und der Seele u. a. lehrt.

Yogī: Anhänger des Yog-Systems.

Zur Transkription und Aussprache der Hindī-Wörter

Aus Gründen der leichteren Lesbarkeit und Aussprache wurde auf eine exakte wissenschaftliche Transkription in den Märchen verzichtet und die Schreibung der z. T. nicht übersetzbaren Hindī-Wörter nach Möglichkeit deutschen Gegebenheiten angepaßt. Indische Wörter und Ortsnamen, die bereits zum deutschen Sprachgut gerechnet werden können, erscheinen in der im Deutschen üblichen Form: ›Brahmane‹, ›Sanskrit‹, ›Kadi‹, wobei die richtigere Schreibung vorgezogen wurde: ›Lakhnau‹ und nicht ›Lucknow‹, ›Pandshab‹ und nicht ›Punjab‹ usw.

Lange Vokale werden mit Längenzeichen gekennzeichnet, das silbische r̥* wird mit ›ri‹ wiedergegeben: ›Rishi‹. Nasalierte Vokale wie ā̃, ẽ usw. sind durch nachfolgendes ›ng‹ gekennzeichnet. Sie werden ähnlich den französichen nasalierten Vokalen wie in ›langue‹ [lã:g] ausgesprochen: ›Bhāngwar‹.

Im Gegensatz zum Sanskrit wird im Hindī kurzes ›a‹ in unbetonter Stellung häufig gänzlich reduziert. Obwohl eine Reihe von Wörtern im Deutschen in ihrer Sanskritfassung bekannter sind, wurde in den Texten auf dieses kurze ›a‹ verzichtet. So steht statt ›Yoga‹ (Sanskrit) hier ›Yog‹, statt ›Rāma‹ hier ›Rām‹ usw.

Die verschiedenen Nasallaute des Hindī (ṅ, ñ, ṇ und n) werden einheitlich als ›n‹ wiedergegeben, ebenso dentales t und zerebrales ṭ nur als ›t‹, dentales d und zerebrales ḍ nur als ›d‹ sowie palatales ś und zerebrales ṣ als ›sh‹, das velare k und das uvulare q als ›k‹, das velare g und das uvulare ġ als ›g‹. Gleiches gilt für die aspirierten Varianten, wo th und ṭh als ›th‹ und dh und ḍh als ›dh‹ erscheinen.

* Die Hindī-Laute werden hier bei ihrer Erklärung mit dem lateinischen Zeichen genannt, das üblicherweise für sie bei ihrer wissenschaftlichen Transkription aus der Dewnāgarī-Schrift verwendet wird.

Die palatalen Affrikaten c und j mit ihren aspirierten Varianten ch und jh erscheinen als ›tsh‹ bzw. ›dsh‹.
Der palatale Engelaut ›y‹ wird wie j im deutschen ›Jagd‹, ›Boje‹ u. a. ausgesprochen.
Der stimmlose uvulare Engelaut kh wird als ›ch‹ wiedergegeben und entspricht dem deutschen ch in ›Bach‹, ›kochen‹, ›Nacht‹; ›s‹ ist stets stimmlos wie ›was‹, ›Maß‹, und ›z‹ stets stimmthaft wie in ›singen‹, ›summen‹ auszusprechen. Der Öffnungslaut ›h‹ ist in jedem Falle hörbar zu sprechen, sowohl vor Konsonanten als auch bei aspirierten Konsonanten danach, jedoch stets als Hauchlaut und nie als Dehnungs-Konsonant wie in ›Rahmen‹ und auch nie wie ch in ›Dach‹. ›W‹ ist immer ein zwischen beiden Lippen gebildeter stimmhafter Engelaut wie in ›Wesen‹.
Die Betonung, die im Hindī schwach dynamisch ist, regelt sich analog zum Sanskrit nach der Quantität der Silben, d. h. nach deren Länge und Kürze. Lange Silben enthalten entweder einen langen Vokal, wobei e, o, ai und au als lang gelten, oder einen kurzen Vokal mit nachfolgendem Konsonanten. Als Silbe zählt im Hindī auch ein einzelner Konsonant, auf den ein reduziertes kurzes ›a‹ folgt. Den Ton trägt bei nicht zusammengesetzten Wörtern in der Regel die erste lange Silbe vor der letzten. Bei kurzen Silben verlagert sich die Betonung immer mehr zum Wortanfang hin, z. B.: Rā́-m, Ā́sh-ra-m, Bráh-mā, Pu-ró-hi-t, Gā́-ya-trī, Sa-rás-wa-tī.

Quellenverzeichnis

›Hamārī lokkathāeng‹, herausgegeben von Śiwsahāy Caturwedī; Verlag: Sastā Sāhitya Maṇḍal, Neu-Dehli 1965, 4. Ausgabe

›Puṇya kī jaṛ harī‹ herausgegeben von Ādarś, Kumārī; Verlag: Sastā Sāhitya Maṇḍal, Neu Delhi 1976, 3. Ausgabe

›Jaisī karnī waisī bharnī‹, herausgeben von Śiwsahāy Caturwedī; Verlag: Sastā Sāhitya Maṇḍal, Neu-Dehli 1965, 2. Ausgabe

›Satwantī‹, herausgeben von Candraśekhar Dube; Verlag: Sastā Sāhitya Maṇḍal, Neu-Dehli 1958, 1. Ausgabe

›Kar bhalā, hogā bhalā‹, herausgegeben von Bhagwāncandra ›Winod‹; Verlag: Sastā Sāhitya Maṇḍal, Neu-Dehli 1960, 1. Ausgabe

›Ākāś dānī de pānī‹, herausgeben von Gowind Cātak; Verlag: Sastā Sāhitya Maṇḍal, Neu-Dehli 1965, 1. Ausgabe

›Bhāgya kī balihārī‹, herausgeben von Laksmīniwās Birlā; Verlag: Sastā Sāhitya Maṇḍal, Neu-Dehli 1980, 1. Ausgabe

›Lakhṭakiyā‹, herausgeben von Lakṣmīniwās Biṛlā; Verlag: Sastā Sāhitya Maṇḍal, Neu-Dehli 1981, 2. Ausgabe

Inhaltsverzeichnis